Vida e destino de Jesus de Nazaré

Dados Internacionais de Catalogação na Publicação (CIP)
(Câmara Brasileira do Livro, SP, Brasil)

Marguerat, Daniel, 1943-
Vida e destino de Jesus de Nazaré / Daniel Marguerat ; tradução Francisco Morás. – 1. ed. – Petrópolis, RJ : Vozes, 2021.

Título original: Vie et destin de Jésus de Nazareth

Bibliografia
ISBN 978-65-5713-124-4

1. Cristianismo 2. Cristologia 3. Jesus Cristo – Biografia I. Título.

21-63263 CDD-232.901

Índices para catálogo sistemático:
1. Jesus Cristo : Biografia : Cristologia 232.901

Aline Graziele Benitez – Bibliotecária – CRB-1/3129

DANIEL
MARGUERAT

Vida e destino de Jesus de Nazaré

Tradução de Francisco Morás

Petrópolis

Tradução realizada a partir do original em francês intitulado
Vie et destin de Jésus de Nazareth.

Direitos de publicação em língua portuguesa – Brasil:
2021, Editora Vozes Ltda.
Rua Frei Luís, 100
25689-900 Petrópolis, RJ
www.vozes.com.br
Brasil

Editoração: Maria da Conceição B. de Sousa
Diagramação: Raquel Nascimento
Revisão gráfica: Fernando Sergio Olivetti da Rocha / Nilton Braz da Rocha
Capa: SGDesign

ISBN 978-65-5713-124-4 (Brasil)
ISBN 978-2-02-128034-0 (França)

Editado conforme o novo acordo ortográfico.

Este livro foi composto e impresso pela Editora Vozes Ltda.

A Jacques Schlosser,
professor convidado da Universidade de Strasbourg,
exegeta e amigo, fiel tanto às Escrituras quanto à Igreja,
autor de um *Jesus de Nazaré* (1999).

Sumário

Prefácio

Jamais, talvez, Jesus de Nazaré tenha sido tão fascinante. Enquanto o cristianismo do século XXI se descobre cansado, sua figura fundadora atrai sempre mais a atenção dos historiadores, dos escritores, dos cineastas. Por que este interesse vivo e jamais saciado por um homem que veio de Nazaré? Tudo, nestes dois milênios, já não foi dito, escrito, discutido, pregado a seu respeito? As pesquisas realizadas para encontrar o "verdadeiro Jesus" produziram um Jesus revolucionário, um Jesus *hippie*, um Jesus rabino, um Jesus profeta, um Jesus médico, um Jesus feminista, um Jesus filósofo... A qual retrato fiar-se? Dois mil anos depois, o enigma Jesus ainda persiste.

Este livro dá continuidade à pesquisa e propõe ao leitor e leitora um retrato do Jesus da história. Se, por um lado, a empresa se pretende séria, por outro ela não é fácil. O cristianismo, de fato, vive de uma particularidade única no mundo das religiões: o Senhor ao qual se refere pertencia à outra religião, ao judaísmo, que Jesus jamais teve a intenção de abandonar. A ação de Jesus visava a reformar a fé de Israel, e é ao fracasso desta reforma que o cristianismo deve seu nascimento. O movimento de Jesus, em seus primórdios uma seita de judeus messiânicos, foi progressivamente pressionado a transformar-se em grupo religioso autônomo. Sabemos hoje que este processo de autonomização foi longo e doloroso, desigual segundo as regiões do Império Romano, que levou pelo menos quatro séculos, e que os vínculos com a cultura judaica não foram rompidos de repente. Os escritos que falam de Jesus carregam os estigmas do conflito grave que opõe os cristãos à religião-mãe.

Por que dar hoje continuidade à pesquisa?

Uma primeira razão: dispomos de novos recursos. As pesquisas arqueológicas destes últimos trinta anos desenterraram em Israel construções e objetos que nos dão uma imagem mais exata da vida cotidiana do século primeiro. O estudo dos textos cristãos extracanônicos se acelerou; os evangelhos apócrifos saídos da penumbra mostram aspectos desconhecidos de Jesus, não considerados pelo Novo Testamento. A leitura dos historiadores judeus antigos, em primeiro lugar Flávio Josefo, dá acesso a informações de primeira-mão sobre o judaísmo contemporâneo a Jesus. Enfim, sabemos mais do que antes sobre o mundo de Jesus.

Uma segunda razão: a pesquisa avança com a ajuda de questões que não eram colocadas pelas gerações precedentes. Como se vivia na sociedade palestina no primeiro século tendo um pai que, ao que parece, não era o pai biológico? Teve Jesus um mestre espiritual? Não foi Ele tão poeta quanto profeta? Por que realizou tantas curas e exorcismos à maneira de um xamã? Qual foi exatamente sua originalidade diante dos rabinos de seu tempo? Por que subiu à Jerusalém no fim de sua vida?

Para avançar nestas questões, o historiador trabalha com indícios, à maneira de um investigador policial. Reconstruir a vida do Nazareno exige antecipar-se aos testemunhos antigos para perscrutar a obscuridade e adivinhar quem foi Ele, como apareceu a seus contemporâneos. Sem sombra de dúvidas, a ação de Jesus deixou uma impressão forte, cujos vestígios a memória cristã conservou. Na análise desses vestígios, as respostas não podem ser nem simples nem imediatas. Pois cabe ao historiador disponibilizar a parte da história que os autores antigos nos fornecem em seus depoimentos, em geral embelezando os fatos e às vezes se calando sobre parte deles. Cabe-lhe também comparar informações que divergem e às vezes se contradizem. A maioria destes testemunhos procede de autores cristãos e estão embebidos de sua fé. O recuo crítico, portanto, se impõe.

Este livro não pretende absolutamente revelar a seus leitores o "verdadeiro Jesus". Nossa concepção da história, de fato, evoluiu, mas também temos consciência dos limites da pesquisa histórica. A objetividade em história deve ser considerada por aquilo que ela é: um fantasma intelectual. Sabemos melhor do que ontem que qualquer descrição do passado é uma reconstrução, e que o exame mais objetivo das fontes à nossa disposição permanece condicionado pelo olhar daquele ou daquela que as examina. A pretensão de mostrar o "verdadeiro Jesus" deve ser deixada aos historiadores amadores e à literatura de fundo de quintal. Mostrar um Jesus "possível", provável, verossímil mesmo, posso fazê-lo. Mostrar um Jesus cujo retrato foi minuciosamente controlado pela análise rigorosa das fontes é minha ambição. Conduzir uma pesquisa que não recua diante das respostas não vislumbradas ou não desejadas, eis o que pretendo fazer. Mas não muito mais do que isto!

O historiador honesto renuncia hoje as certezas absolutas. A honestidade consiste também em dizer que aquele que escreve estas linhas é um homem de fé, e inclusive um teólogo cristão. Mas é justo acrescentar que se a crença do autor explica seu interesse pela pessoa de Jesus, sua pesquisa histórica não está aprisionada àquilo que a dogmática cristã, ao longo de dois mil anos, elaborou para prestar conta do Cristo da fé.

Pretendo dizer que a pesquisa sobre o Jesus histórico é perigosa para a fé cristã, que o trabalho dos historiadores solapa inutilmente as bases de uma crença bimilenar. Seria isto verdadeiro? É incontestável que certos resultados da pesquisa histórica podem redirecionar o destino. Quando se constata que o homem de Nazaré nunca reivindicou os títulos (Messias, Filho de Deus) que os evangelhos lhe atribuem, uma luz de alerta já se acende. Quando ouvimos dizer que Jesus teve um mentor espiritual, uma imagem tradicional se fende. Obviamente, o retrato que minhas pesquisas produzem não corresponde à imagética popular. Mas a busca do Jesus da história não é nefasta por definição. Ela confere mais profundidade à humanidade do Nazareno. Ela faz abandonar um Jesus ruminado para descobrir uma figura pouco conhecida, mais intrigante. Os resultados da pesquisa do historiador obrigam a revisar a memória das origens, mas não destroem esta memória.

O trabalho do historiador não asfixia a crença; ele participa de sua inteligência e de sua estruturação, e este trabalho que lhe presta é importante. O saber histórico sempre foi um antídoto intelectual contra os fundamentalismos. Minha esperança é que, ao ler este livro, o leitor e a leitora compreendam melhor a razão pela qual a figura de Jesus de Nazaré continua fascinando a humanidade, crentes ou não.

Esta obra se divide em três partes. A primeira ("Os primórdios") descreve as fontes documentárias à disposição e explica como explorá-las. Em seguida, o enigma do nascimento de Jesus é abordado, que, por sua vez, é acompanhado pela descrição da influência de seu mestre espiritual, João Batista.

A segunda parte ("A vida do Nazareno") considera o Jesus curandeiro, poeta do Reino e mestre de sabedoria; aqui também abordamos quem são seus amigos e seus concorrentes, que consciência Jesus tinha de sua vocação e a razão pela qual Ele morreu em Jerusalém. A questão, entre estas diferentes facetas do personagem, é discernir onde se encontra o centro de sua convicção (o núcleo principal, por assim dizer) e o que dá coerência a seu agir. Sempre me empenharei em mostrar em que sentido Jesus é um homem de seu tempo, surgido do meio do judaísmo palestino dos anos 20-30, e em que sentido Ele se revela singular e inimitável.

A terceira parte ("Jesus após Jesus") examina como a crença na ressurreição levou a reler a vida de Jesus após sua morte; interrogar-se sobre a historicidade dos acontecimentos da Páscoa reserva algumas surpresas. Por fim, o destino de Jesus nos três grandes monoteísmos (cristianismo, judaísmo, islã) ocupa a parte final do livro.

Algumas indicações de leitura.

Por preocupação de legibilidade, as notas foram reduzidas ao mínimo. Renunciei a assinalar progressivamente com quem eu mais me vinculava e de quem me separava. Meus colegas pesquisadores, a quem muito devo, que me perdoem. Uma bibliografia geral e depois uma breve bibliografia por capítulo indicam aos leitores algumas obras de referência. Deixei de distribuir minha (longuíssima) bibliografia de trabalho.

Os textos dos evangelhos dos quais me sirvo para estabelecer a imagem do Jesus da história foram avaliados previamente em função de sua fiabilidade histórica, e julgados aptos a enriquecer minha reconstrução. Teria sido fastidioso abrir a cada momento o dossiê complexo da crítica histórica. Que o leitor se fie neste meu trabalho de filtragem feito antes da redação.

Em geral os textos bíblicos citados seguem a *Tradução Ecumênica da Bíblia* (TEB). Às vezes não lhe sou tão fiel. Quando assumo tal e qual a tradução de um texto de um autor antigo, exceto para breves extratos, o nome do tradutor será indicado no final do texto traduzido.

Entremos, pois, no primeiro capítulo: "O que sabemos de Jesus?" Pode parecer técnico, mas o leitor/leitora ansioso por desde já adentrar-se no cerne da questão pode pular este capítulo, podendo voltar a ele posteriormente.

Daniel Marguerat

Écublens, dezembro de 2018.

Primeira parte
Os primórdios

1

O que sabemos de Jesus?

A história é escrita a partir de documentos. Segundo a definição de Marc Bloch, ela é um "conhecimento por vestígios"[1]. Que vestígios Jesus de Nazaré deixou? Visto que Ele nada escreveu, os únicos documentos à nossa disposição procedem de terceiros. Acontece que a partir de 1950 os vestígios sobre os quais trabalha a pesquisa do Jesus histórico se multiplicaram consideravelmente: ao inventário (clássico) dos evangelhos do Novo Testamento acrescentem-se os testemunhos dos escritos extracanônicos, os textos do judaísmo antigo e as descobertas arqueológicas na Palestina. Não é com uma raridade de vestígios que os pesquisadores se defrontam hoje, mas com uma profusão, e com a função de diagnosticar sua fiabilidade histórica. Entretanto, antes de inventariar estes vestígios e de examinar sua fiabilidade, convido o leitor a refletir sobre a antiguidade dos testemunhos históricos.

Jesus existiu?

Em seu livro *Décadence* (2017), o filósofo Michel Onfray retomou por própria conta a "teoria mítica" segundo a qual Jesus não existiu[2]. Para ele, a história da vida de Jesus se alimentaria na mitologia persa e mesopotâmica. Desta forma, sua morte e ressurrei-

---

1. BLOCH, M. *Apologie pour l'histoire ou métier d'historien*. Paris: Arman Colin, 1997.

2. ONFRAY, M. *Décadence*. Paris: Flammarion, 2017, p. 45-63.

ção não passariam de uma cópia do destino de Baal, de Marduk, de Attis, de Osíris ou de Adônis, os evangelhos seriam meras ficções, o cristianismo teria sido construído sobre essa farsa.

A tese não é nova. Dois filósofos (Volnay e Dupuis) a defenderam no final do século XVIII, mas, um século mais tarde, seu mais célebre propagandista foi Bruno Bauer, um filósofo e teólogo de Berlim (1809-1882[3]). Bauer nega qualquer valor histórico aos evangelhos e acena para a ausência de menção a Jesus junto aos escritores não cristãos do primeiro século. Aliás, acrescenta ele, o Apóstolo Paulo quase não fala de Jesus, e supõe sua existência sem jamais prová-la. Depois de Bauer ser deposto de seu cargo na Universidade de Berlim em 1839, por causa de suas ideias, um de seus universitários agravou seu ensinamento em seus próprios escritos: Karl Marx. No início do século XX, outro filósofo alemão, Arthur Drews, inspirou Vladimir Ilitch Lenin. Foi assim que o regime soviético difundiu em sua propaganda as teorias de Bauer e Drews sobre a farsa cristã. Nos Estados unidos, George Wells (1975) e Robert Price (2011) recentemente lhe deram mais vigor[4].

A tese de um Jesus imaginário não pode ser simplesmente descartada. Ela demanda uma verificação, e seus argumentos devem ser questionados: seria aceitável a afirmação de que Jesus só foi citado no primeiro século por escritores cristãos? A fiabilidade histórica dos evangelhos poderia ser demonstrada? O que Paulo sabia de Jesus? Será que a arqueologia nos poderia fornecer informações? Neste contexto torna-se imperioso um exame dos vestígios mais antigos de Jesus.

---

3. BAUER, B. *Kritik der Evangelien und Geschichte ihres Ursprungs*. Berlim: Hempel, 1951-1952 [reimpr., Aalen: Scientia, 1983]. Sobre a história da teoria mítica, cf. EHRMAN, B.D. *Did Jesus Exist?* – The Historical Argument for Jesus of Nazareth. Nova York: HarperOne, 2013, p. 14-34.

4. WELLS, G. *Did Jesus Exist?* Amherst: Prometheus Books, 1975. • PRICE, R. *The Christ-Myth Theory and Its Problems*. Cranford: American Atheist Press, 2011.

Documentos muito próximos

O visitador da John Rylands Library, em Manchester, pode admirar um fragmento de manuscrito exposto na penumbra. Seu nome: código P52. Este resquício de papiro escrito em grego, frente e verso, datado de 125, contém algumas palavras do Evangelho de João (18,31-33.37-38). Trata-se do mais antigo manuscrito conhecido do Novo Testamento. A redação deste evangelho é situada entre os anos 90-95, visto que ele menciona a exclusão dos cristãos da sinagoga, medida que não aparece antes dos anos 80 (Jo 9,22; 12,42; 16,2). Esta observação faz supor que uns trinta anos separam a redação do evangelho de sua cópia no manuscrito de Manchester. Um intervalo tão pequeno entre uma obra e sua cópia é sem precedentes na Antiguidade. Dispersados entre Paris, Filadélfia, Londres, Glasgow, Dublin e Barcelona, estão dezesseis papiros (manuscritos em junco) do século III, que apresentam fragmentos dos evangelhos. O mais antigo, que comporta um evangelho inteiro (o de João), é datado do ano 200 e está na biblioteca Bodmer, perto de Genebra. A partir do século IV, seu número se multiplica.

Tamanha abundância de manuscritos e uma comprovação tão precoce são únicas na literatura antiga. Se fizermos uma comparação com a obra de Homero (*Ilíada* e *Odisseia*), que foi muito difundida no mundo grego, o mais antigo manuscrito completo que nos é acessível data do século IX de nossa era, ou seja, dezesseis séculos após a época presumida de sua redação. O tratado denominado *Poética,* do filósofo Aristóteles, nos é conhecido por três manuscritos antigos, sendo o mais velho deles uma tradução árabe do texto grego realizada no século X, ou seja, 14 séculos após sua redação. O mesmo se aplica a todos os autores da Grécia antiga.

Acrescente-se que os grandes mestres da tradição de Israel, predecessores ou contemporâneos de Jesus (os rabinos Hillel, Shammaï, Gamaliel, Aqiba), nos são conhecidos pela Mishná, cuja redação data, o mais cedo possível, do ano 200; a única exceção é o rabino Gamaliel, citado no primeiro século por Flávio Josefo *(Autobiografia*, 190-191) e pelo livro dos Atos dos Apóstolos (5,34). Em contrapartida, a vida de Jesus (morte em 30) é referida por quatro evangelhos, cuja redação é situada entre os anos 65 (Marcos) e 95 (João). Não temos nenhum manuscrito autografado dos evangelhos, embora este seja o caso de todos os textos da Antiguidade: os manuscritos do autor foram perdidos, se é que algum autor fez alguma cópia de seus textos. A cópia em papiros era uma profissão dominada apenas por copistas.

Portanto, sobre nenhum personagem da Antiguidade possuímos, tão cedo e tão abundantemente, informações como as que temos sobre Jesus de Nazaré – com uma exceção: Júlio César, que escreveu suas Memórias, das quais o historiador Nicolau de Damasco tão cedo deu testemunho. No entanto, o único a competir com Jesus no campo da profusão e da precocidade da atestação documentária é Alexandre Magno, morto na Babilônia em 323 de nossa era. Quatro biografias deste fabuloso personagem foram escritas nos vinte anos que se seguiram à sua morte, redigidas por Calístenes, sobrinho de Aristóteles, Onesicrites, Nearco e Ptolomeu, este último um de seus generais. Outras *Vidas* foram escritas posteriormente.

Mas, alguém poderia objetar: o fato de Jesus ter sido testemunhado por autores cristãos não colocaria em dúvida sua existência? Será que autores não cristãos teriam falado dele?[5]

---

5. As fontes não cristãs sobre Jesus são inventariadas e analisadas notadamente em MEIER, J.P. *Un certain Juif, Jésus: Les données de l'histoire* – I: Le sources, les origines, les dates. Paris: Cerf, 2004, p. 47-70 [Col. "Lectio Divina"]. • FABRIS, R. *Gesù il "Nazareno"* – Indagine storica. Assis: Citadella, 2011, p. 108-129. • EHRMAN, B.D. *Did Jesus Exist?* – The Historical Argument for Jesus of Nazareth. Op. cit., p. 35-68. • MARKSCHIES, C. & SCHRÖTER, J. (eds.). *Antike christliche Apokryphen in deutscher Uebersetzung* – I/1: Evangelien und Verwandtes. Tubingen: Mohr Siebeck, 2012, p. 209-218. • SCHRÖTER, J. & JACOBI, C. (eds.). *Jesus Handbuch.* Tubingen: Mohr Siebeck, 2017, p. 159-171.

Roma: a "perniciosa superstição" cristã

Quanto aos historiadores romanos, a safra é verdadeiramente pobre. Junto a três autores é possível ler algumas rápidas menções. Em seus *Annales*, que datam do ano 115 ao ano 118, e que refazem a história de Roma de Augusto a Nero, Cornélio Tácito fala dos cristãos a propósito do incêndio de Roma do ano 64: Nero os acusa deste delito, e muitos foram executados. Tácito critica a acusação injusta de Nero, mas não é condescendente com o cristianismo, acusando-o de inimigo do gênero humano (*odium generis humani*). Ele relata que os cristãos "assumem o nome de Cristo (*Christus*) que, no tempo em que Tibério era imperador, tinha sofrido o suplício por seu Procurador Pôncio Pilatos. Reprimida momentaneamente, esta superstição perniciosa (*exitiabilis supertitio*) reapareceu não somente na Judeia, onde ela surgiu, mas também em Roma [...]" (*Annales*, 15,44). Vale lembrar que Tácito situa historicamente a execução de Jesus e menciona a existência, antes da cruz, de um movimento de Jesus que sua morte provisoriamente freou, antes de revigorar-se novamente.

A expressão "superstição nova e maléfica" aparece no escrito de Caius Suetonius Tranquillus (Suetônio), em sua *Vida dos doze Césares*, redigida por volta do ano 120. Referindo-se ao Imperador Cláudio, Suetônio afirma: "Como os judeus se rebelavam continuamente por incitação de Chrestus, ele [Cláudio] os expulsou de Roma" (*Cláudio*, 25,4). Sendo *Chrestus* um nome conhecido e atribuído a escravos (em sentido próprio significa "útil"), é possível que Suetônio estivesse se referindo a um agitador com este nome[6]. Entretanto, a explicação mais plausível é que Suetônio se enganou escrevendo *Chrestus* ao invés de *Christus*. A expulsão a que o texto se refere é

6. Esta explicação (*Chrestos* seria um nome recorrente atribuído aos escravos, e não designaria Jesus) foi recentemente defendida por Steve Mason (cf. SCHRÖTER, J. & JACOBI, C. (eds.). *Jesus Handbuch*. Op. cit., p. 161-162). Dificuldade: o nome *Chrestos* não é atestado nas estelas funerárias judias do primeiro século.

datada pelos historiadores do ano 49. Ela incidiu sobre as sinagogas judaicas da capital, abaladas por um conflito entre judeus e judeu-cristãos. Acusar os cristãos de *superstitio* por um romano significava acusá-los de difundir uma religião nova, intolerante e subversiva. A proibição do culto ao imperador, a rejeição a qualquer sincretismo, e o fanatismo dos novos convertidos desgostava enormemente.

Entretanto, Plínio o Jovem, governador das províncias do Ponto e da Bitínia, entre os anos 111 e 113, assim detalhou ao Imperador Trajano sobre os cristãos: "Eles costumam reunir-se num dia fixo, antes da alvorada, entoando um cântico ao Cristo-deus (*Christo quase deo*)" (*Lettres*, X, 96,7).

A morte do rei sábio

A estes três historiadores romanos somam-se dois autores do mundo sírio. Mara Bar (filho de) Serapion, um filósofo estoico preso em Roma, enviou a seu filho uma carta em siríaco para encorajá-lo a seguir modelos de sabedoria. O escrito é datado do século II, sem que seja possível precisar mais. Os sábios geralmente são perseguidos, escreve Mara Bar-Serapion a seu filho, mas a mensagem deles sobreviveu. Que lucro tiveram os atenienses matando Sócrates, ou as pessoas de Samos queimando Pitágoras? E continua, evocando três sábios:

> [A que serviu] aos judeus [matar] seu rei sábio, dado que seu reino foi imediatamente suprimido? Deus vingou justamente a sabedoria destes três homens: os atenienses morreram de fome, as pessoas de Samos foram castigadas pelo mar, e os judeus, massacrados e expulsos de seu reino, se dispersaram mundo afora. Sócrates não morreu, graças a Platão; Pitágoras tampouco, por causa da estátua de Juno; e o rei sábio não morreu, em razão das novas leis que editou (trad. de W. Curton).

O "rei sábio" não é nomeado, mas os indícios convergem para Jesus: o fim do reino judeu evoca a tomada de Jerusalém pelas legiões romanas no ano 70 e a deportação dos combatentes judeus que sobreviveram. Interpretar a destruição do Templo de Jerusalém como uma sanção divina é uma crença hebraica (2 Baruc 79,2; *b*Taanit 29a) e cristã (Mt 22,7; 23,38). Mara não é cristão, caso o fosse, teria sido mais explícito sobre Jesus. No entanto, ele compara Jesus aos grandes sábios e considera que Ele sobreviveu graças as suas "novas leis"; isto é, o evangelho.

O segundo autor do mundo sírio, e o último a citar, é Luciano de Samósata, um satirista nascido na Anatólia. Em seu tratado *De morte Peregrini*, escrito pouco antes de 165, ele narra a história de Peregrinus que, banido de sua cidade natal por ter matado o pai, se converteu ao cristianismo antes de optar pela filosofia cínica e pela revolução política. Nos parágrafos 11-13 ele ironiza ao falar dos cristãos da Palestina que "adoram ainda hoje um homem que foi empalado e vivem de suas leis, que desprezam indistintamente todas as suas posses e as consideram um bem comum". O verbo "empalar" (*anaskolopizô*) vale para a crucificação, suplício pouco conhecido e tão cruel que os Antigos não gostavam de mencioná-lo.

O que concluir das palavras destes três romanos e destes dois sírios? Nenhum deles põe em dúvida a existência histórica de Jesus de Nazaré. Mas eles falam dos cristãos, cuja crença observam, embora atribuam a Jesus a sabedoria e o ensinamento de um modo de vida que seus adeptos seguem. Para estes autores, Cristo é a divindade desta religião *new age*.

Em resumo: "Jesus" não foi objeto de estudo dos historiadores greco-romanos do século primeiro. Como o diz elegantemente John P. Meier, Ele não passou de "um bip sonoro no radar [deles]"[7]. A ex-

7. MEIER, J.P. *Un certain Juif, Jésus: Les données de l'histoire* – I: Le sources, les origines, les dates. Op. cit., p. 17.

plicação mais evidente não é a inexistência de Jesus (nenhum rabino judeu palestino é citado por estes historiadores), mas seu desinteresse pela vida e pela execução de um obscuro rabino numa obscura província do império. Muitos outros, em sua época, sofreram a mesma sorte. A historiografia greco-romana celebra os generais e suas batalhas, os imperadores e sua política. É significativo que o movimento de Jesus não desperte interesse (ou desprezo), a não ser quando perturba a ordem social.

Flávio Josefo ou a virtude da traição

Existe, pois, um testemunho não cristão do primeiro século sobre Jesus. Ele emana de um historiador judeu de linhagem sacerdotal, nascido em Jerusalém em 37: Flávio Josefo. Sua vida foi bastante agitada. Afiliado muito jovem ao movimento fariseu, ele foi um dos líderes da revolta judaica que eclodiu no ano 66. Feito prisioneiro pelos romanos, previu que o general romano Vespasiano se tornaria imperador, e, voltando-se contra seus compatriotas, ordenou-lhes que se rendessem. Uma vez realizada a previsão, Vespasiano, já imperador, tornou-se seu protetor, e Josefo, por reconhecimento, adotou então o nome da nova família imperial: Flavius.

Em Roma, Josefo consagrou sua vida a escrever. Dentre suas obras estão: *Guerra dos judeus* (que narra a insurreição dos anos 66-73 contra os romanos e seu fim desastroso para Israel) e *Antiguidades judaicas* (uma história de Israel desde a criação do mundo até o primeiro século). Nesta última obra, impressionante por seus vinte livros, o autor tenta explicar a fé judaica no mundo latino. Mas a tradição judaica não lhe perdoou a traição; ela ignorou seus escritos, que foram preservados durante a Antiguidade e na Idade Média por copistas cristãos, interessados por este afresco de história judaica, especialmente porque as *Antiguidades judaicas*, publicadas em 93-94, fazem duas referências a Jesus.

A primeira é episódica. Josefo explica que antes do desencadeamento da Guerra dos judeus – estamos no ano 62 –, o sumo sacerdote Hanne e o sinédrio (alta autoridade religiosa) condenaram à morte Tiago, o irmão de Jesus: Hanne "convocou os juízes do sinédrio e colocou diante deles o irmão de Jesus, que é denominado Cristo" (20, 200). Um cristão, ao contrário, teria falado em Tiago "irmão do Senhor", segundo a forma com que é sempre denominado no Novo Testamento. Esta menção de Jesus ao estilo de Josefo, feita "de passagem", com certeza saiu de sua pena.

O mesmo não acontece com a segunda passagem, nitidamente mais longa, que foi denominada *Testimonium Flavianum* (testemunho de Flávio). Este texto de algumas linhas apresenta um minirretrato de Jesus (18, 63-64), inserido numa longa narrativa de crimes de Pilatos na Judeia e antes de uma apresentação de "João, apelidado de Batista" (18, 116-119). Desde o século XVI, dúvidas sobre sua autenticidade foram levantadas: não teriam os copistas cristãos tentado assumir uma postura apologética compondo este trecho? Da forma como o texto se apresenta, efetivamente ele ostenta traços claramente cristãos. Mas a tese de uma interpolação, outrora defendida, está em vias de abandono. Todos os manuscritos gregos de que dispomos, bem como suas traduções latinas do século VI, conservaram esta passagem; o escritor cristão Eusébio de Cesareia (260-339) o cita duas vezes em sua *História eclesiástica* (I, 11,7-8) e em sua *Demonstração evangélica* (III, 3, 105-106). Seu estilo, aliás, é "josefino": um falsificador cristão jamais teria chamado Jesus de "homem sábio". Como explicar esta mistura de traços cristãos e josefinos, senão pelo fato que o texto do autor foi glosado, enfeitado pelo zelo dos copistas? Reproduzo abaixo esta passagem, na qual o que está em itálico corresponde às glosas cristãs, da forma como as propõe John P. Meier[8]:

8. Ibid., p. 52.

> Contemporaneamente surge Jesus, homem sábio, *mesmo que, no entanto, devamos afirmá-lo homem.* Ele era realmente um operador de prodígios, mestre dos que recebem com satisfação as verdades. Ele conquistou para si muitos judeus e também muitos gregos. *Era o Messias (Christos).* E Pilatos, condenando-o à cruz, segundo a indicação dos primeiros dentre os nossos, e os que inicialmente o haviam amado não cessaram de fazê-lo. *Ele lhes apareceu no terceiro dia novamente vivo, sendo que os divinos profetas haviam previsto estas coisas e dez mil maravilhas sobre Ele.* E até agora, a estirpe dos cristãos, assim denominados depois dele, não desapareceu (*Antiguidades judaicas*, 18, 63-64).

Assim expurgado, o texto corresponde à versão apresentada pelo bispo melquita Agápio de Manbij (Hierápolis), em sua *História universal* escrita em árabe no ano 941. No final de um estudo minucioso relativo a quatro séculos de disputas sobre a autenticidade do *Testemonium Flavianum*, Serge Bardet concluiu que uma fabricação cristã é infinitamente pouco provável; seria necessário supor "um talento de imitação sem equivalência na Antiguidade". Argumento adicional: a passagem que Josefo consagra a João Batista, nitidamente mais longa e mais elogiosa do que a consagrada a Jesus, teria sido mais bem elaborada por um escriba cristão. Expurgado, seu texto aparece como "o testemunho de um judeu sobre um grupo de judeus, marginais certamente, mas que se encaixam em sua descrição no judaísmo"[9].

Quando o texto original teria sido recheado de formulações cristãs? Duas referências cronológicas emergem: Eusébio de Cesareia (século IV) reproduziu o texto com seus acréscimos, ao passo que Orígenes (século III) não o conhece, já que declara que Josefo "não acreditava que Jesus fosse o Cristo" (*Contra Celso*, 1,47). As glosas foram acrescidas, portanto, neste intervalo de tempo.

---

9. BARDET, S. *Le Testimonium Flavianum*. Paris: Cerf, 2002, p. 229.

O olhar simpático que Josefo lança sobre Jesus deve ser destacado; sabedoria e busca da verdade correspondem à ética do historiador judeu. Visivelmente, escrevendo em Roma, Josefo tem diante dos olhos a existência de comunidades cristãs. É o que lhe permite não somente atestar sua sobrevivência "até o presente", mas também afirmar que Jesus reuniu ao redor de sua causa "muitos judeus e também muitos do mundo grego". Este sucesso junto aos não judeus, contestado pelos evangelhos, é perceptível, em contrapartida, em Roma.

"Ele seduziu e rejeitou Israel"

Os escritos rabínicos, como o mencionamos acima, não foram literariamente fixados antes do ano 200 (na Mishná), mesmo que relatem tradições mais antigas. Entretanto, não é esta discrepância cronológica que explica seu quase-silêncio sobre Jesus. No conjunto do Talmud de Jerusalém (século V) e do Talmud da Babilônia (século VII), temos apenas uma quinzena de menções de Jesus, geralmente breves. Envolvidos num conflito sempre mais agudo entre Igreja e Sinagoga, os eruditos judeus preferiram silenciar o nome de seu adversário. Mais adiante, no final do livro, consideraremos os textos mais tardios, os *Toledot Yeshu.*

Um texto, no entanto, chama a atenção. Ele se apresenta como uma *baraïtha* – isto é, uma tradição contemporânea à Mishná –, mas poderia ser mais tardio:

> Ensinaram-nos: na véspera da Páscoa, penduraram Yeshu ha-Notsri [Jesus de Nazaré]. E o arauto saiu à frente dele quarenta dias dizendo: Yeshu ha-Notsri foi apedrejado, pois praticou a bruxaria, seduziu e desencaminhou Israel. Qualquer pessoa que tem conhecimento de um elemento para a sua defesa, que se apresente e dê informações acerca dele! Mas nada encontraram em sua defesa e o enforcaram na véspera da Páscoa (tratado *b*Sanhedrin 43a; trad. T. Murcia).

O apedrejamento é o destino reservado aos falsos profetas. Destes textos judeus destacamos o fato que a existência de Jesus não é questionada; que a responsabilidade judaica na acusação que culminou em sua execução não é negada; e que sua atividade de milagreiro é atestada, mas enquadrada no rol da bruxaria.

Paulo, o primeiro testemunho

Passemos às fontes cristãs. Antes do surgimento dos evangelhos, identificamos duas fontes.

A primeira é a correspondência paulina, redigida entre os anos 50 e 58. A primeira epístola de Paulo aos Tessalonicenses foi redigida 20 anos após a morte de Jesus, ocorrida em 7 de abril do ano 30. Ora, o leitor tem do que se surpreender: de Jesus, o apóstolo fala pouco, a não ser para dizer que morreu e ressuscitou. Deduziu-se, mas erroneamente, que o apóstolo ignorava tudo de sua vida, já que os evangelhos ainda não tinham sido escritos. Em primeiro lugar, não esqueçamos que a memória de Jesus foi transmitida antes da redação dos evangelhos, por via oral. Em segundo lugar, não afirmemos muito rapidamente que Paulo ignora tudo da vida de Jesus. Aprendemos, ao lê-lo, que Jesus era descendente de Davi (Rm 1,3), nascido de uma mulher (Gl 4,4), sob a Lei (Gl 4,4), era israelita (Rm 9,3-4), filho de Abraão (Gl 3,16), servidor dos circuncisos (Rm 15,8). Ele tinha irmãos (1Cor 9,5), dentre os quais Tiago (Gl 1,19), tinha doze discípulos (1Cor 15,5), dentre os quais Pedro e João (Gl 2,9). Ele sofreu insultos (Rm 15,3), foi traído e fez uma última refeição com seus discípulos (1Cor 11,23-25). Sua obediência a Deus é conhecida (Fl 2,8; Rm 5,19), bem como seu despojamento radical (Fl 2,6-11), sua pobreza (2Cor 8,9), sua fraqueza (2Cor 13,4), seu amor (Fl 1,8).

O Jesus de Paulo não flutua numa nebulosa espiritual; Ele está bem enraizado na história. Aliás, o apóstolo sabe mais sobre Jesus do que afirma em seus escritos. Quando introduz a última refeição de Jesus com seus discípulos, Paulo supõe conhecida a Paixão, bem como as circunstâncias da prisão e o papel de Judas ("Na noite em que foi entregue, o Senhor Jesus [...]" (1Cor 11,23)). Falar "de Nosso Senhor Jesus Cristo que, por vós, de rico que era, fez-se pobre, para vos enriquecer com a sua pobreza" (2Cor 8,9) nada evocaria se os leitores não tivessem nenhuma ideia do estilo de vida do Nazareno. Além disso, a exortação a ser "imitadores de Cristo" (1Cor 11,1; 1Ts 1,6) cairia no vazio se ela não despertasse a imagem de uma vida. Enfim, *é absurdo imaginar que Paulo só teria testemunhado o "Senhor Jesus morto e ressuscitado", sem jamais narrar o que foi a vida deste homem.*

Mas, por que o Jesus dos encontros e das curas, o Jesus das parábolas e dos debates sobre a interpretação da Lei, não consta na correspondência paulina?

Existem duas razões simples. A primeira é que Paulo falou de Jesus em sua pregação missionária, por ocasião da fundação das comunidades; ele não o repete em suas cartas, que são escritas durante o último período de sua vida, quando é chamado a arbitrar desacordos teológicos. Segunda razão: a concentração sobre a morte e a ressurreição de Jesus é o resultado de uma opção teológica. Em conformidade com a teologia dos cristãos helenistas de Damasco e de Antioquia, que o catequizaram após sua conversão, o apóstolo estima que a morte de Jesus, realizada numa perspectiva pascal, é significativa por excelência de seu destino e da obra divina nele. A cruz é o lugar da revelação última de Deus em Jesus. Ao mesmo tempo, é ela que confere à fé cristã, tanto diante do mundo judaico quanto da cultura greco-romana, sua singularidade e sua força explosiva: "Nós, porém, pregamos um Messias crucificado, escândalo para os judeus, loucura para os pagãos" (1Cor 1,23). Com a tenacidade que lhe é peculiar, Paulo se agarra a esse núcleo e o lembra incansavelmente.

A Fonte escondida das palavras de Jesus

Foi em 1863 que o exegeta alemão Heinrich Julius Holtzmann desconfiou que houvesse uma fonte muito antiga de palavras de Jesus, e que posteriormente foi denominada "Fonte Q" (do alemão *Quelle* = Fonte[10]). Sua hipótese emanava de uma observação: do número significativo de versículos comuns aos evangelhos de Mateus e Lucas, mas ausentes em Marcos e João. Estes versículos consistem em palavras de Jesus que se estendem da pregação do Batista (Lc 3) ao limiar da Paixão (Lc 22). Eles formam o essencial do Sermão da montanha (Mt 5–7), ou de seu equivalente em Lucas, o Sermão da planície (Lc 6,20-49). Um único relato de milagre neles figura: a cura do escravo do centurião em Cafarnaum (Lc 7,1-10; Mt 8,5-13). Nestes versículos não é possível identificar nenhum traço do relato da Paixão.

Por longo tempo esta hipótese permaneceu nas gavetas dos pesquisadores. Uma dúvida persistia: nenhum documento atestava sua existência. A explicação era que Mateus e Lucas, cada um à sua maneira, se haviam servido desta coleção de palavras e que, uma vez integrada esta fonte em seus evangelhos, ela se tornou supérflua e assim desapareceu. Entretanto, que este primeiríssimo "evangelho" não tenha reunido senão palavras sem narrar a morte de Jesus – o inverso de Paulo! – parecia improvável. A descoberta em 1945 em Nag Hammadi (Alto Egito) do *Evangelho de Tomé*, na língua copta, dissipou esta dúvida: este evangelho apócrifo contém, de fato, sentenças de Jesus. A partir dos anos de 1970, o interesse pelas origens do cristianismo incendiou o interesse pela Fonte (Q). Não seria o mais antigo documento cristão, já que situamos sua primeira co-

---

10. Sobre a história da pesquisa relativa à fonte, cf. MARGUERAT, D. "Pourquoi s'intéresser à la Source? – Histoire de la recherche et questions ouvertes". In: DETTWILLER, A. & MARGUERAT, D. (ed.). *La Source des paroles de Jésus (Q) Aux origines du christianisme*. Genebra: Labor et Fides, 2008, p. 19-49 [Col. "Le Monde de la Bible", 62].

leção de palavras nos anos 40? Os ensinamentos colecionados na Fonte tratam de três temas: a missão em Israel, a obediência necessária à Lei e a necessidade de abandonar tudo para seguir a Jesus. A iminente proximidade do Reino, e do Juízo presidido pelo Filho do Homem, confere a essas exortações um caráter de urgência.

Gerd Theissen e Christopher Tuckett[11] mostraram que a Fonte refletia a situação das pequenas comunidades cristãs siro-palestinas dos anos 40-50, animadas por missionários itinerantes que as encorajavam a conformar-se com o estilo de vida vivido pelo primeiro grupo de discípulos. Estes missionários, mais interessados no estilo de vida do que na biografia do Mestre, foram os portadores da Fonte. No ano de 2000 surgiu uma edição crítica desta, reconstituída por uma equipe internacional de especialistas ao redor do americano James Robinson, do alemão Paul Hoffmann e do canadense John Kloppenborg[12]. Essa versão conta com 214 versículos ou fragmentos de versículos, além de 95 versículos ou fragmentos duvidosos: ao todo, são 300 versículos ou fragmentos que correspondem a um terço do Evangelho de Mateus. Lucas seguiu mais fielmente a ordem deste documento do que Mateus, que, por sua vez, distribuiu seus elementos em seus cinco grandes discursos. Em contrapartida, Mateus preservou melhor do que Lucas a linguagem da Fonte, marcada por expressões tipicamente hebraicas.

Aos poucos está se avaliando a importância capital desta Fonte, este primeiro depósito perceptível da imagem de Jesus. A ela se lhe atribui as tentações de Jesus, as bem-aventuranças, o Pai-nosso, as

---

11. THEISSEN, G. *Le Christianisme de Jésus* – Ses origines sociales en Palestine. Paris: Desclée, 1978 [Col. "Relais Desclée", 6]. • TUCKETT, C.M. *Q and the History of Early Christianity*. Edimburgo: Clark, 1996.

12. ROBINSON, J.M.; HOFFMANN, P. & KLOPPENBORG, J.S. (ed.). *The Critical Edition of Q*. Mineápolis/Lovaina: Fortress Press/Peeters, 2000. Apresentação abreviada em francês: ANSLER, F. *L'Évangile inconnu* – La Source des paroles de Jésus. 2. ed. Genebra: Labor et Fides, 2006 [Col. "Essais Bibliques", 30].

maldições contra os fariseus, a Parábola dos Talentos, ou formulações incisivas tais como: "Quem vos ouve a mim ouve, e quem vos rejeita a mim rejeita" (Lc 10,16; Mt 20,40), ou "Deixa os mortos enterrarem os seus mortos" (Lc 9,60; Mt 8,22). Mas a prudência se impõe. Por um lado, ignoramos a abrangência efetiva da Fonte: ela poderia ter comportado passagens que nem Mateus nem Lucas reproduziram. Por outro, mais antigo não significa forçosamente mais autêntico; na imagem de Jesus presente na Fonte *já* aparece um personagem interpretado. Apesar disso, *a Fonte nos revela um "outro" Jesus: exigente, vingativo, afiado, sem meio-termo, que transforma o retrato dos evangelhos que dele temos.* É bem provável que Mateus e Lucas, combinando diversas tradições, quiseram alterar o retrato rigoroso que a Fonte apresentava. Remontar aos tempos anteriores aos seus textos pode nos revelar surpresas.

Os evangelhos canônicos

Os quatro evangelhos canônicos são obras de síntese. Eles reúnem e combinam tradições mais antigas, em vista de oferecer ao seu público um retrato coerente de Jesus. Esta diversidade dos evangelhos ilustra a capacidade do cristianismo, a partir de uma matriz comum, de produzir sínteses culturais diferentes. Podemos dizer que cada um deles, à sua maneira, já elabora uma obra "ecumênica" articulando vários pontos de vista sobre o homem de Nazaré. Diferentemente de Paulo e dos portadores da Fonte, os autores dos evangelhos não pertencem à primeira geração, mas à segunda ou à terceira. Antes deles, a memória de Jesus circulou sob a forma oral. Progressivamente, entre os anos 40 e 60, pequenos relatos (palavras, parábolas, milagres) foram sendo aglutinados e fixados por escrito.

Dois fatores contribuíram para o nascimento dessa memória. De um lado, a comunidade dos fiéis tinha a necessidade de se apoiar na lembrança da vida de Jesus e de seu ensinamento para o culto, a catequese, a evangelização. De outro, e James Dunn insistiu nisso[13], é preciso contar com o "fenômeno Jesus": o impacto deixado sobre seus discípulos por esta personalidade fora do comum. Sob este duplo impulso, ao mesmo tempo em função das lembranças e das necessidades, um grande número de fragmentos de memória foram preservados. Estas condições explicam a razão pela qual alguns elementos biográficos que hoje tanto nos apaixonam estão ausentes: pouco sabemos, por exemplo, de sua aparência física, de seus sentimentos, de sua evolução psicológica. A memória coletiva não se nutria disso, mas dos gestos e palavras julgadas significativas. Além disso, a memória coletiva dos primeiros cristãos (frequentemente, mas nem sempre) não se ateve às circunstâncias nas quais foi proferida tal palavra ou tal parábola – se é que ela foi dita uma única vez! A palavra mesma valia mais do que todas as circunstâncias e do próprio interlocutor.

Marcos, que escreve por volta do ano 65, foi o pioneiro. Pela primeira vez um relato contínuo sobre Jesus reunia tradições dispersas, que vão desde a pregação do Batista até a morte de Jesus. Marcos recolheu narrativas de milagres em massa (um quarto de seu evangelho) e sequências de ensinamentos como a série de parábolas de seu cap. 4 (4,3-9.13-20.26-32). Ele integrou e ampliou a história da Paixão (Mc 14–15), da qual um primeiro relato com fins litúrgicos remonta à Igreja de Jerusalém dos anos 40. Este evangelista situa toda a vida de Jesus no horizonte de sua morte, anunciada desde o início (Mc 3,6). O gênero literário "evangelho" não é uma invenção de Marcos. Ele se associa à biografia greco-romana, um tipo de narrativa com objetivo moral, centrada num herói. A diferença está na intenção: não se trata de simplesmente apresentar uma vida exemplar, mas de nutrir a fé dos ouvintes/leitores através de uma narração religiosa de sua vida. A ambição

13. DUNN, J.D.G. *Jesus Remembered (Christianity in the Making*, I). Grand Rapids: Eerdmans, 2003, esp. p. 128-132.

de Marcos não é separar o verdadeiro do falso ao registrar os "fatos brutos" da vida do Nazareno, mas diagnosticar em seu itinerário biográfico a "boa-nova" do Filho de Deus (Mc 1,1). Apesar disso, a história não é dispensada.

Uma dezena de anos mais tarde, Mateus decide reescrever a vida de Jesus. Ele reutiliza quase todos os relatos de Marcos e copia sua estrutura, fato que sinaliza a autoridade atribuída a este primeiro evangelho. Mas outras tradições circulavam na comunidade de Mateus, e precisavam ser integradas. Mateus, portanto, amplia Marcos com palavras recolhidas na Fonte e nas tradições próprias de sua Igreja (a tradição M). Dentre estas tradições estão o evangelho da infância (Mt 1–2), as parábolas (do Joio e do Trigo, das Dez Virgens, do Empregado Impiedoso etc.) e os debates sobre a interpretação da Torá. Para facilitar o catecismo de sua comunidade, formada por fiéis judeu-cristãos da Síria (Antioquia?), ele reagrupa em cinco grandes discursos o ensinamento de Jesus. O ponto de vista que orienta sua pluma: mostrar que Jesus é o Messias de Israel, anunciado pelas Escrituras e rejeitado como tantos profetas o foram.

Uma dezena de anos depois de Mateus (entre os anos 80-90), Lucas redige um evangelho, seguido pelos Atos dos Apóstolos. Ele também retoma boa parte do Evangelho de Marcos e também palavras da Fonte, sendo que metade de seu evangelho é composto por tradições de sua própria comunidade (tradição L). A esta tradição própria pertencem o evangelho da infância diferente de Mateus (Lc 1–2), alguns novos relatos de milagres e um tesouro de parábolas (do Samaritano, do Filho Pródigo, do Rico e de Lázaro etc.). Lucas destina seu escrito a uma Cristandade de cultura grega, para a qual reformula a linguagem de suas fontes. Seu ponto de vista: Jesus é descrito à maneira dos filósofos itinerantes, sábio e compassivo.

O quarto evangelho, João, é uma fabricação completamente diferente. Tardio, ele resulta de uma impressionante reinterpretação da tradição de Jesus, independentemente de seus predecessores. Enquanto o Jesus de Marcos pouco fala e muito age, o Jesus de João profere longos discursos de forte densidade teológica. Esses discursos resultam de um longo processo de meditação no seio da escola joanina, centrada na relação entre Cristo e sua Igreja. Este evangelho é um retrato espiritual de Jesus, cujos elementos biográficos foram reduzidos ao mínimo. Por longo tempo ele foi considerado inutilizável na busca do Jesus da história, mas, aos poucos, a opinião foi se matizando. Como já o observava Ernest Renan em sua *Vida de Jesus*, de 1863, "uma obra recheada de intenções teológicas pode conter preciosos ensinamentos históricos"[14]. Três exemplos. A duração da atividade pública de Jesus, segundo o indica João, se eleva para três anos, ao invés de alguns meses (se adicionamos os registros cronológicos dos três primeiros evangelhos). Que os primeiros discípulos de Jesus tenham vindo do círculo de João Batista e que Jesus aí tenha batizado (Jo 1,35-37; 3,22), é relato historicamente confiável. A morte de Jesus deve ser datada na véspera da Páscoa (Jo 19,14), ao invés de situá-la no próprio dia da festa, como o deixa entender Mc 14,12. Assim, para além destes discursos claramente tardios, o quarto evangelho pode ser requisitado como uma fonte secundária considerável.

Em suma: *se adicionarmos as fontes cristãs do primeiro século, o número delas sobe para seis: Paulo, a Fonte das palavras de Jesus (Q), Marcos, a tradição M (Mt), a tradição L (Lc) e João.* Sendo Paulo e João menos produtivos historicamente, as principais fontes se agrupam ao redor da tradição sinótica; isto é, dos três primeiros evangelhos: Marcos, Mateus e Lucas. Mas, e quanto aos evangelhos não aceitos no Novo Testamento?

---

14. RENAN, E. *Vie de Jésus*. Paris: Gallimard, 1974, p. 505 [Col. "Filio Classique", 618].

Os evangelhos extracanônicos

O século XX foi o século dos apócrifos cristãos. Denominamos com esta expressão os escritos não aceitos entre os vinte e sete livros canônicos do Novo Testamento, seja simplesmente porque a Igreja não os quis, seja porque foram considerados tardios. Estabelecido essencialmente por volta do ano 200, o cânon neotestamentário foi definitivamente concluído em 450. Tendo o termo "apócrifo" um certo odor de enxofre ainda, prefiro falar de "textos extracanônicos". O século XX representa uma espécie de era dourada na (re)descoberta desses escritos, até então enterrados nas areias do Egito ou no fundo das bibliotecas de mosteiros ortodoxos.

Entre os pesquisadores, intensa foi a empolgação provocada pela valorização desses textos, que, por sua vez, ressuscitavam a crença de cristãos marginalizados e desaparecidos. Por outro lado, os desacordos foram tão grandes quanto a intensidade de tal empolgação.

Para alguns, como John P. Meier, esses textos, já que tardios, nada nos dizem do Jesus histórico[15]. Outros, como Bart Ehrman, redarguiram que a história sempre é escrita pelos vencedores. Traduzindo: os evangelhos canônicos teriam sido escolhidos pela Cristandade triunfante contra as correntes minoritárias, cuja memória, preservada nesses textos, mostra a visão que essas correntes tinham de Jesus[16]. Esporadicamente, novidades também agitam as mídias. Em abril de 2006 foi anunciada a publicação do *Evangelho de Judas*, um texto de meados do século II, que se acreditava perdido, mas cuja existência é conhecida desde Irineu de Lyon, em 180 (*Contra os hereges*, 1, 31, 1).

---

15. MEIER, J.P. *Un certain Juif, Jésus: Les données de l'histoire* – I: Le sources, les origines, les dates. Op. cit., p. 71-99. • MICHAUD, J.-P. "Jésus de l'histoire et écrits apocryphes chrétiens". In: GAGNÉ, A. & RACINE, J.F. (eds.). *En marge du canon*. Paris: Cerf, 2012, p. 33-84.

16. EHRMAN, B.D. *Les christianismes disparus*. Paris: Bayard, 2003. • NORELLI, E. *La naissance du christianisme* – Comment tout a commence. Paris: Bayard, 2015.

A questão que imediatamente se impõe é esta: podemos aprender algo de novo neste debate sobre Jesus? De imediato respondo: *as posições extremas são suspeitas de camuflar uma postura ideológica a favor ou contra a tradição da Igreja.* Nem a recusa cabal nem a pura incensação dos escritos extracanônicos são cientificamente justificáveis. O julgamento do historiador é menos espetacular, já que costuma considerar caso por caso. O desenterramento dos escritos destas cristandades esquecidas desperta um grande interesse, já que nos restitui a brilhante diversidade das espiritualidades cristãs das origens. Hoje a história dos primeiros cinco séculos cristãos não pode mais ser escrita como outrora. Entretanto, somente uma análise detalhada permite saber se um escrito contém materiais que se relacionam com o Jesus da história e omitidos pelos evangelhos canônicos, ou se são reinterpretações teológicas fortemente distanciadas da realidade dos anos 30-33 na Palestina. O *Evangelho de Judas* é um exemplo deste último caso: seu objetivo não era compilar uma crônica histórica, mas legitimar a espiritualidade de seu entorno.

Os escritos extracanônicos podem ser divididos em duas categorias, de acordo com a orientação teológica: textos de inspiração gnóstica e textos judeu-cristãos.

Os evangelhos salvos das areias

Os escritos extracanônicos mais importantes foram encontrados nas areias do Egito, onde as baixas taxas de higrometria demonstraram-se um perfeito fator de conservação dos manuscritos. O Egito é também o berço da Cristandade copta, marcada por uma espiritualidade gnóstica. A gnose, digamo-lo provisoriamente[17], é uma fé centrada na separação entre material e espiritual, através da qual os adeptos pretendem desligar-se do mundo terrestre para, pelo conhecimento, aceder à elevação celeste.

17. A gnose será apresentada na terceira parte desta obra, no cap. 11.

O *Evangelho de Tomé* é o escrito não canônico mais rico na pesquisa sobre o Jesus histórico. O manuscrito copta mais antigo data de 350 e foi descoberto em 1945 em Nag Hammadi (Alto Egito). Seu caso é fascinante, pois a metade das palavras que contém é sem paralelo nos evangelhos sinóticos. Helmut Koester criou alvoroço ao batizá-lo como "quinto evangelho", vendo aqui um relato mais antigo do que os Sinóticos, que remontaria ao ano 50[18]. Ora, o caso é mais complexo do que parece. Em seu estado atual, o texto data do ano de 150, com retoques até o ano 200; mas uma parte mais antiga (80 *logia* sobre 114) pode retroceder ao ano 100. Trata-se, portanto, de um texto que reflete uma longa evolução.

Nas camadas mais recentes encontramos esta declaração de Jesus, dirigida a Maria de Magdala: "Eis que a guiarei para torná-la varão, de modo a que ela também se torne um espírito vivo semelhante a nós" (*logion* 114[19]). Este mito gnóstico do andrógeno, que afirma que o humano deve matar nele a parte feminina, está a anos-luz do Jesus histórico. Lemos também nesse evangelho declarações oriundas da tradição sinótica, mas reinterpretadas: "Jesus disse: 'O Reino é semelhante a um homem que tinha um tesouro escondido em seu campo, mas sem sabê-lo'. Após sua morte, deixou-o para seu filho. O filho nada sabia do tesouro. Herdou o campo e o vendeu. O comprador, ao lavrar o campo, encontrou o tesouro. E pôs-se a emprestar dinheiro a quem quisesse" (*logion* 109). O original desta parábola está em Mt 13,44, mas, aqui, o tesouro simboliza a sabedoria

18. KOESTER, H. *Ancient Christian Gospels* – Their History and Development. Londres/Filadélfia: SCM Press/Trinity Press International, 1990. • KOESTER, H. & BOVON, F. *Genèse de l'écriture chrétienne*. Turnhout: Brepols, 1991.

19. Os textos extracanônicos são citados segundo BOVON, F. & GEOLTRAIN, P. (ed.). *Écrits apocryphes chrétiens*, I. Paris: Gallimard, 1997 [Col. "Bibliothèque de la Pleiade"]. A apresentação comentada dos fragmentos evangélicos extracanônicos sobre papiros: MARKSCHIES, C. & SCHRÖTER, J. (eds.). *Antike christliche Apokryphen in deutscher Uebersetzung* – I/1: Evangelien und Verwandtes. Op. cit., p. 357-399.

(gnose), que somente o iniciado descobre e é capaz de compartilhar. Uma interpretação análoga está na Parábola da Pérola (Mt 13,45-46; *logion* 76), na qual a pérola rara passa a simbolizar a sabedoria; ou na Parábola da Rede (Mt 13,47-50; *logion* 8), na qual o pescador sábio escolhe o melhor peixe e descarta os demais. Inúmeras sentenças do *Evangelho de Tomé* resultam da metamorfose gnóstica de palavras confirmadas nos evangelhos sinóticos.

Em contrapartida, um grupo de *logia* é original, e poderia remontar ao Jesus histórico. Por exemplo:

> Jesus disse: "Quem está perto de mim está perto do fogo! Quem está longe de mim está longe do Reino" (*logion* 82).

> Jesus disse: "O Reino do Pai pode ser comparado a um homem que queria matar um personagem importante. Antes, em casa, tira a espada da bainha e perfura a parede para experimentar a resistência de sua mão. Só posteriormente consegue matar o personagem importante" (*logion* 98).

> Jesus disse: "Ai dos fariseus! São como um cão deitado no cocho dos bois: não come nem deixa os bois comerem" (*logion* 102; trad. C. Gianotto).

O *logion* 82 está próximo de Lc 12,8-9, citado por Orígenes no século III. O *logion* 98 nos remete a Mc 3,27, e o *logion* 102 a Mt 23,13. Nossa pesquisa se respaldará, portanto, neste fundo copta das palavras que os evangelhos canônicos descartaram.

Também no Alto Egito, mas numa necrópole cristã em Akhmim, foi descoberto em 1886-1887 um manuscrito grego do *Evangelho de Pedro*, do qual só resta um fragmento, consagrado à Paixão e à Ressurreição. O Bispo Serapião de Antioquia (por volta de 190) o conhecia e desaconselhava sua leitura pública, pois, segundo ele, era usado por cristãos que negavam a humanidade de Jesus. Estaríamos diante do mais antigo dos evangelhos, como o propôs John Dominic Crossam?[20] Um exame rápido do texto revela que ele procede do cristianismo sírio do século II e acompanha os evangelhos canônicos, notadamente Mateus e João. A surpresa que ele revela no v. 40 é que, enquanto nenhum evangelho canônico descreve a ressurreição de Jesus, ele o faz ao descrever a saída do túmulo de dois homens carregando um terceiro cuja cabeça ultrapassa os limites dos céus. O Ressuscitado é assemelhado a um anjo colossal (cf. terceira parte deste livro, cap. 10). Seu forte antijudaísmo igualmente aponta para uma composição tardia.

Como os precedentes, o *Papyrus Egerton 2*, contendo apenas três folhas muito danificadas, foi descoberto no Egito. É tudo o que resta daquilo que se imagina ter sido um evangelho inteiro. Os fragmentos ainda legíveis evocam curas de Jesus e debates com os mestres da Lei próximos do que se pode ler em Marcos e, sobretudo, em João. Para Enrico Norelli, trata-se de uma nova redação evangélica baseada no Evangelho de João e originária de um ambiente cristão helenizado do século II[21].

O sitio arqueológico de Nag Hammadi continha uma verdadeira biblioteca. Dentre os livros constam vários escritos evangélicos: o *Evangelho de Felipe*, o *Evangelho de Maria* e o *Diálogo do Salvador*. Datados do século II, todos carregam um forte ranço gnóstico. O mesmo vale para o *Evangelho de Judas*, já citado. Pode-se igualmente ler na compilação de Bovon e Geoltrain, *Escritos apócrifos* I, fragmentos de algumas linhas: O *Papyrus Oxyrynque 840* (um debate violento sobre as regras de pureza que evocam Mc 7), o *Papyrus*

20. CROSSAN, J.D. *The Cross that Spoke* – The Origins of the Passion Narrative. São Francisco: Harper and Row, 1988.

21. NORELLI, E. "*Le Papyrus Egerton 2* et sa localisation dans la tradicion sur Jésus – Nouvel examen du fragment 1". In: MARGUERAT, D.; NORELLI, E. & POFFET, J.-M. (eds.). *Jésus de Nazarhet* – Nouvelles approches d'une énigme. 2. ed. Genebra: Labor et Fides, 2003, p. 397-435 [Col. "Le Monde de la Bible", 38].

Oxyrynque 1224 (quatro sentenças conhecidas de Jesus), ou o *Evangelho secreto de Marcos* (a ressurreição de um jovem por Jesus e seu encontro seis dias depois[22]).

Por que esta abundância de evangelhos?

Trata-se de um testemunho precioso da fluidez da tradição de Jesus nos séculos II e III. A transmissão oral não foi estancada com a redação dos evangelhos, que passaram a ser normativos. Ela continuou, curvando-se aos sabores das orientações teológicas dos grupos cristãos. À medida de sua marginalização diante da grande Igreja, que se instala e escolhe seus evangelhos normativos, estas correntes espirituais reivindicam sua legitimidade ao reescrever a tradição de Jesus. Eles se inspiram em setores tradicionais ausentes dos quatro evangelhos e recorrem a figuras marginalizadas pelo cristianismo majoritário como Tomé, Maria de Magdala, Felipe, Judas. O judeu-cristianismo adotará como figura tutelar Tiago, o irmão de Jesus, chefe principal da Igreja de Jerusalém após a morte de Pedro.

Os evangelhos judeu-cristãos

Procedentes de um horizonte teológico totalmente diferente, os evangelhos judeu-cristãos nos são conhecidos indiretamente: nenhum manuscrito chegou até nós, mas somente algumas citações dos Padres da Igreja, geralmente combatendo suas ideias. Eles emanam dessa Cristandade do século II que queria viver sua fé em estreita comunhão com o judaísmo, mas nos séculos seguintes desapareceu. Trata-se de três evangelhos ou, talvez dois, pois não se tem certeza quanto ao seu número nem sobre sua redação, já que os Padres da Igreja não os citam com exatidão: o *Evangelho dos Hebreus*, também denominado *Evangelho dos nazarenos* e o *Evangelho*

22. BOVON, F. & GEOLTRAIN, P. (ed.). *Écrits apocryphes chrétiens*, I. Op. cit., p. 63-69, 409-410, 419.

dos ebionitas[23]. Hegésipo e Clemente de Alexandria (século II), Orígenes (século III), Epifânio de Salamina e Jerônimo (século IV) a eles se referem.

Neles encontramos desenvolvimentos episódicos conhecidos pelos Sinóticos, como esta questão de Jesus a propósito do batismo de João, a que sua mãe e seus irmãos lhe propõem de se apresentar com eles: "Que pecado eu cometi para que tenha que me fazer batizar? A menos que aquilo que acabo de dizer não venha do desconhecimento?" (*Evangelho dos Nazarenos*, frag. 2). Ou ainda esta pergunta do homem da mão seca, que sublinha a dimensão social do milagre (Mc 3,1-6): "Eu era pedreiro, e era por minhas mãos que conseguia viver; eu te suplico Jesus, devolva-me a saúde, de forma que eu não passe pela vergonha de ter que mendigar meu sustento" (*Evangelho dos nazarenos*, frag. 10).

A crítica às riquezas no ensinamento de Jesus é acentuada na sequência que o *Evangelho dos nazarenos* concede ao diálogo com o homem rico. Junto a Marcos, este diálogo acaba bruscamente pela partida abatida do jovem ("Ao ouvir isto, ele ficou triste e foi embora abatido, porque possuía muitos bens" (Mc 10,22)); aqui ele continua:

> O rico pôs-se então a coçar a cabeça; aquilo não lhe agradava. E o Senhor lhe disse: "Como podes dizer: 'eu pratiquei a Lei e os profetas', se está escrito na Lei: 'Amarás teu próximo como a ti mesmo'? Eis que um grande número de teus irmãos, filhos de Abraão, está coberto de imundícies, morrendo de fome, enquanto tua casa está repleta de bens, e dela nada sai para eles!" (*Evangelho dos nazarenos*, frag. 16; trad. D.A. Bertrand).

Próximo do judaísmo, mas diferenciando-se dele, à imagem do Evangelho de Mateus, o *Evangelho dos ebionitas* aguça a crítica an-

---

23. Os fragmentos são apresentados e analisados em MIMOUINI, S.C. *Les fragments évangéliques judéo-chrétiens "apocryphes"* – Recherches et perspectives. Paris: Gabalda, 2006 [Col. "Cahiers de la Revue Biblique", 66].

tissacrificial: "Eu vim para abolir os sacrifícios, e se vós não vos afastardes do sacrifício, a ira não se afastará de vós" (frag. 6; cf. Mt 9,13). Uma sentença do *Evangelho dos hebreus* é reproduzida quase literalmente no *Evangelho de Tomé*: "Aquele que procura, continua sempre em busca, até que tenha encontrado; e quando tiver encontrado, sentir-se-á perturbado; sentindo-se perturbado, ficará maravilhado; e se tornará rei; tornado rei, terá então repouso" (*logia* 2, frag. 3b).

Os vestígios arqueológicos

Aos fragmentos escritos se somam os indícios sobre pedras. A exploração dos dados fornecidos pela arqueologia só está em seus inícios, pois as escavações, em Jerusalém e na Galileia, são recentes. O americano James Charlesworth[24] lutou para que fossem consideradas. Os traços arqueológicos são evidentemente indiretos: nem casa de Jesus nem objetos que lhe pertenceram; em contrapartida, eles tornam crível o ambiente em que Jesus viveu.

Seja como for, em três domínios as escavações renovam nossos conhecimentos. Elas revelam inúmeros objetos da vida cotidiana: louças, ferramentas, joias. Elas permitem reconstituir mais precisamente o mundo cotidiano palestino do tempo de Jesus. E foram desenterrados também os fundamentos de sinagogas da época de Jesus, fato que confirma os dados evangélicos, ao passo que, por longo tempo, os historiadores acreditavam que as construções sinagogais só teriam surgido após a destruição do Templo de Jerusalém em 70.

Segundo centro de interesse: as inscrições. Uma infinidade de inscrições em pedra foi desenterrada, uma parte considerável dela escrita em grego, inclusive em lápides funerárias. E isto, não somen-

---

24. CHARLESWORTH, J.H (ed.). *Jesus and Archeology*. Grand Rapids: Eerdmans, 2006. Cf. tb. CHARLESWORTH, J.H.; ELLIOTT, J.K.; FREYNE, S. & REUMANN, J. *Jésus et les nouvelles découvertes de l'archéologie*. Paris: Bayard, 2006. • CARSTEN CLAUSSEN, J.F. (ed.). *Jesus und die Archäologie Galiläas*. Neukirchen: Neukirchener Verlag, 2008 [Col. "Biblisch-Theologische Studien", 87].

te em Séforis e Tiberíades, as duas cidades reais. Este dado nos indica que a cultura helenística e o mundo judeu não eram realidades estanques; a imagem de um judaísmo palestino integrista e ensimesmado é um mito. Jesus, como muitos outros, dado o constante contato com os estrangeiros, pôde falar (um pouco de) grego.

Terceira descoberta fascinante: as *mikvaot* [piscinas para abluções]. Desde as escavações de Qumran já se conhecia a importância dessas piscinas destinadas às abluções rituais, mas pensava-se que sua multiplicação se limitasse apenas a esta comunidade sectária. Ora, inúmeras *mikvaot* foram encontradas em Jerusalém, demarcando a subida do Templo. Este dado mostra a importância dos rituais de pureza na vida cotidiana dos judeus praticantes, e permite compreender melhor a audácia das tomadas de posição de Jesus neste domínio (cf. segunda parte desta obra, cap. 6, "o puro e o impuro").

Acrescente-se que a exumação, em 1968, do esqueleto de um crucificado num ossuário de Givat HaMivtar (Jerusalém) nos trouxe a prova arqueológica da aplicação da pena de morte via crucificação no século I.

Sondar as fontes

Voltemos uma última vez aos testemunhos escritos. Uma evidência: todos os documentos antigos que nos falam de Jesus, cristãos ou não, resultam de uma leitura interpretativa dos acontecimentos. *Essa leitura é favorável ou crítica, ideologicamente orientada, fruto de uma memória coletiva ou individual, mas sempre subjetiva.* Como antecipar-se historicamente ao ponto de vista do autor para reconstituir a história?

Desde a década de 1950, os pesquisadores do Jesus da história refletiram metodologicamente sobre os critérios que melhor poderiam contribuir na avaliação da fiabilidade histórica das fontes. Dotados de um título ambíguo ("critérios de autenticidade"), eles ainda são objeto de um debate público[25]. Efetivamente não conseguimos mais ouvir a "voz de Jesus" de forma direta, mas da forma como os testemunhos a relataram no seio da memória coletiva dos primeiros cristãos. Como o lembra Jacques Schlosser, esta "autenticidade habitualmente insiste mais no conteúdo semântico do que no teor verbal ou gramatical"[26], tanto mais que as palavras de Jesus, proferidas em aramaico, foram muito cedo fixadas em grego. De minha parte, retenho cinco critérios.

1) O *critério da comprovação múltipla* insiste nos fatos e gestos de Jesus comprovados por ao menos duas fontes literariamente independentes uma da outra. Nesta lógica passa-se a dar mais atenção às temáticas das quais dão testemunho ao mesmo tempo Paulo e Marcos, ou Mateus e João, ou ainda Lucas e o *Evangelho de Tomé*. Exemplo: a pregação sobre o Reino de Deus, largamente atestada. Mas não façamos disso um dogma: a Parábola do Samaritano é relatada somente por Lucas (10,30-35), entretanto, oferecer como exemplo um samaritano é inaudito na tradição judaica e deve ser considerado, portanto, como um exemplo da originalidade de Jesus.

2) O *critério do constrangimento*: palavras ou atos de Jesus que criaram dificuldade na aplicação no seio das primeiras comunidades cristãs que se beneficiam de um índice elevado de historicidade. Exemplo de temas constrangedores: o batismo de Jesus por João (Mt 3,13-17), que situa o Nazareno numa relação de subordinação diante do Batista e coloca a Igreja em dificuldade em seu conflito com o círculo dos batistas. Ou ainda o anúncio da vinda iminente

25. Cf. THEISSEN, G. & WINTER, D. *The Quest for the Plausible Jesus* – The Question of Criteria. Louisville: Westminster, 2002. • THEISSEN, G. & MERZ, A. *Der historische Jesus* – Ein Lehrbuch. 4. ed. Göttingen, Vandenhoeck und Ruprecht, 2011, p. 96-124. • PORTER, S.E. *The Criteria for Authenticity in Historical Jesus Research*: Discussion and New Proposals. Sheffield: Sheffield Academic Press, 2000.

26. SCHLOSSER, J. *Jésus de Nazareth*. 2. ed. Paris: Agnès Viénot, 2002, p. 89.

do Reino de Deus, por não ter se reproduzido na vida cotidiana dos discípulos ("Em verdade, eu vos digo: alguns dos que aqui se encontram não morrerão antes de verem chegar com poder o Reino de Deus" (Mc 9,1)).

3) O *critério da originalidade*: são favorecidos os temas que sinalizam um traço próprio de Jesus e ausentes em seu entorno. Exemplo: o incisivo "Deixa os mortos enterrarem os seus mortos" (Lc 9,60) não tem igual na Antiguidade, a não ser junto a alguns raros filósofos cínicos. Formulado pela primeira vez por Ernst Käsemann em 1954 sob a denominação de "critério da dessemelhança"[27], este critério teve um efeito perverso: afastou do Jesus histórico tudo aquilo que era considerado como uma retomada de um elemento presente no judaísmo da época ou como efeito de uma releitura cristã pós-pascal. Desta forma era descartada a afirmação da autoridade da Torá (comum a todo o judaísmo) ou a reflexão sobre a organização da Igreja (típica do interesse dos primeiros cristãos). O efeito perverso é fazer de Jesus um óvni, abstraído de seu ambiente de origem, separado de sua tradição. O critério de originalidade deve, pois, ser imperativamente articulado a seguir.

4) O *critério de plausibilidade histórica* faz guardar o que é plausível no quadro do judaísmo palestino no tempo de Jesus (plausibilidade a jusante), mas também aquilo que explica a evolução da tradição de Jesus no período pós-pascal (plausibilidade a montante). Exemplo: o apego de Jesus à Torá atesta sua pertença ao judaísmo, e não pode ser suspeitado. Por outro lado, o fato de duas correntes antigas do cristianismo terem defendido, uma o apego à Lei (Mateus), e outra o desapego à Lei (Paulo e Marcos), fará atribuir ao homem de Nazaré uma posição ambivalente (reconhecimento *e* liberdade),

27. KÄSEMANN, E. "Le problème du Jésus historique" (1954). In: *Essais exégétiques*. Neuchâtel: Delachaux et Niestlé, 1972, p. 164 [Col. "Le Monde de la Bible", 3].

que explica a razão pela qual duas posições antagônicas puderam, tanto uma quanto a outra, valer-se dele[28].

5) Uma *lógica de crise* exige que toda reconstrução da vida do Nazareno faça aparecer a razão pela qual, e em quais condições, pôde se desencadear o conflito mortal que opôs Jesus aos líderes religiosos de Israel.

O luto da biografia

Em última análise, a abundância documentária não deixa nenhuma dúvida à teoria mítica do Jesus imaginário. As fontes mais fecundas são essencialmente oito: além do Testemunho de Flávio Josefo, existem sete fontes cristãs independentes (Paulo, Marcos, a Fonte das palavras [Q], a tradição M [Mateus], a tradição L [Lucas], João e Tomé). Jesus existiu? Ninguém mais pode negá-lo. Entretanto, a questão não é saber se Ele existiu, mas *qual* Jesus existiu.

O exame das fontes, no entanto, nos impõe um luto: a biografia de Jesus. Já que a memória oral raramente reteve as circunstâncias de uma palavra ou de um gesto, os evangelistas tiveram que reconstituir um quadro narrativo à vida de Jesus que narraram. *Salvo alguns materiais ligados à Galileia ou à Jerusalém, o quadro biográfico nos é, portanto, inacessível.* Entretanto, podemos confiar em Marcos: o essencial da atividade de Jesus é localizável na Galileia, antes de sua subida a Jerusalém, onde sua vida termina. Quanto ao resto, ninguém consegue localizar historicamente ou geograficamente a maioria dos atos de Jesus. É por isso que, renunciando a reconstituir um cenário biográfico inacessível, o livro que está em suas mãos buscará aproximar a vida de Jesus a estes centros de interesse.

---

28. MARGUERAT, D. "Jésus et la Loi dans la mémoire des premiers chrétiens". In: MARGUERAT, D. & ZUMSTEIN, J. (eds.). *La mémoire et le temps* – Mélanges offerts à Pierre Bonnard. Genebra: Labor et Fides, 1991, p. 55-74 [Col. "Le Monde de la Bible", 23].

2
Uma criança sem pai?

De onde vem Jesus? O evangelho mais antigo, Marcos, o faz entrar em cena no auge de sua vida, por ocasião de seu batismo no Jordão, realizado por João Batista (Mc 1,9-11). Mateus e Lucas, em contrapartida, são mais falantes: cada um deles apresenta um evangelho da infância, em cujo centro narram o esplêndido nascimento de Jesus (Mt 1–2; Lc 1–2). Esses relatos da infância são recentes, tanto em Mateus quanto em Lucas: eles não carregam a marca de uma longa transmissão anterior; além disso, nenhuma alusão a esses relatos ou ao nascimento virginal é perceptível no resto do evangelho. Cada evangelista os recolheu da tradição que circulava ainda oralmente naquele tempo. Tanto é verdade que, por um lado, sua redação exibe traços próprios a cada um, mas, por outro, eles encenam um drama que nenhum evangelista se teria permitido inventar.

O interesse pela origem de Jesus manifestou-se tardiamente junto aos primeiros cristãos. Em Marcos, esse interesse concentrou-se em sua atividade pública. Vinte anos depois, era necessário responder à questão: De onde Ele vem? Em geral, os biógrafos da Antiguidade pouco se interessavam pelos primeiros anos de seus heróis, a não ser para narrar um nascimento maravilhoso à altura do personagem. Não é raro que se acorde a um personagem ilustre um pai humano e um pai divino[29]. Os relatos de geração divina florescem

29. LINCOLN, A.T. *Born of A Virgin?* – Reconceiving Jesus in Bible: Tradition and Theology. Grand Rapids: Eerdmans, 2013.

na literatura antiga, quer se trate de faraós egípcios, de Alexandre Magno, do filósofo Platão, do Imperador Augusto, do ancestral Melquisedec ou de Moisés[30]. Dizê-los divinamente engendrados não era abrir um capítulo de ginecologia, mas era pronunciar-se sobre suas eminentes qualidades.

Os contos eruditos

Em Mateus, o evangelho da infância está impregnado de história judaica. Ele se abre com a genealogia de Jesus, que o faz remontar a Abraão. O anúncio de sua concepção pelo Espírito Santo chega a José, para exortá-lo a não repudiar Maria, sua noiva (Mt 1,18-25). A visita dos magos do Oriente desencadeia a fuga para o Egito, a fim de preservar a criança da fúria de Herodes. O que é contado lá é um êxodo invertido: Herodes, rei dos judeus, manda matar os recém-nascidos de Belém como o faraó havia exterminado as crianças do sexo masculino de Israel (Ex 1), e o Egito, que era o lugar da escravidão dos hebreus, se torna para a pequena família seu país de refúgio. Trágica inversão da história, em que a proteção divina segue suas imprevisíveis vias! Neste conto teológico de tonalidades sombrias, o nascimento de Jesus prenuncia o drama da rejeição que lhe será imposta.

Se a história de Mateus é dominada pelos homens, Lucas coloca em cena as mulheres. Zacarias, o sacerdote, recebe o anúncio angélico de que sua mulher Isabel, não obstante velha e estéril, está grávida; Maria, por sua vez, recebe a divina notícia de que dará à luz a um filho que denominará Jesus, ainda sem ter "relações conjugais" (Lc 1,34). Lucas segue seu programa teológico entrelaçando as figuras de João Batista e Jesus: anúncio do nascimento de João (Lc 1,5-25), depois o de Jesus (1,26-38) – visita de Maria a Isabel

30. CANNUYER, C. & VIALLE, C. (eds.). *Les Naissances merveilleuses en Orient – Jacques Vermeylen (1942-2014): in memoriam*. Bruxelas: Acta Orientalia Belgica, 2015, p. 28.

(1,39-56); nascimento de João (1,57-80), depois o de Jesus (2,1-21). Era necessário mostrar que o nascimento de Jesus se inscrevia na continuidade da história de Israel. Lucas pinta com minúcia o retrato de uma família israelita piedosa, no qual Maria louva a Deus em seu belo *Magnificat* ressoando o Saltério (1,46-55), e onde os pais fazem circuncidar o menino e o apresentam no quadro grandioso do Templo de Jerusalém (2,21-38). As testemunhas da Natividade não são os magos, mas os pastores, prefiguração do pequeno povo ao qual Jesus se devotará.

Estas duas histórias de nascimento, bem diferentes, não são emanações da fé popular, mas composições teológicas eruditas. Elas coincidem no lugar do nascimento (Belém) e na paternidade divina da criança: "O que foi gerado nela provém do Espírito Santo", revela o anjo a José (Mt 1,20); "O Espírito Santo virá sobre ti e o poder do Altíssimo te cobrirá com a sua sombra", é anunciado a Maria (Lc 1,35). Seria esta a última palavra? Obviamente não!

Um filho ilegítimo?

Um texto claramente mais antigo do que os evangelhos da infância coloca na boca dos habitantes de Nazaré a seguinte pergunta: "Não é ele o carpinteiro, o filho de Maria?" (Mc 6,3). Identificar uma criança pela mãe é incoerente na cultura judaica da época. Por que não vincular Jesus a seu pai? Foi exatamente nisso que pensou Lucas, corrigindo o que lhe parecia inconveniente: "Não é esse o filho de José?" (Lc 4,22). Mas trata-se de uma recomposição. Jane Schaberg, uma teóloga americana, deduziu disso que Jesus era um filho ilegítimo; Mateus e Lucas teriam travestido em concepção sobrenatural o que foi consequência de um estupro ou de uma união fora do casamento[31].

---

31. SCHABERG, J. *The Illegitimacy of Jesus* – A Feminist Theological Interpretation of the Infancy Narratives. São Francisco: Harper and Row, 1987.

Por mais surpreendente que ela pareça, esta hipótese não é nova. Orígenes cita as afirmações de Celso, um filósofo pagão, cujo *Discurso verdadeiro* (escrito por volta de 178) desapareceu. Celso diz ter ouvido de um judeu a história do nascimento ilegítimo de Jesus: Maria teria sido expulsa de casa por seu marido carpinteiro porque havia cometido adultério com um soldado romano denominado Pantera [ou Pandera] (*Contra Celso*, 1, 31). Vinte anos mais tarde, Tertuliano, um Padre da Igreja africana, relata o boato judeu que tratava Jesus de *quaestuariae filius*, "filho de prostituta" (*Dos espetáculos*, 30,6).

A tese da infância ilegítima é largamente transmitida nos *Toledot Yeshu*: Maria teria sido violentada por Ben Pantera, ou teria então tido uma relação às ocultas com ele[32]. Ao longo das versões, o nome do amante/violador de Maria varia: Panthera ou Pendera, Panther, Pandera, Pantiri... Supôs-se que Pantera podia ser um anagrama do grego *parthenos*, que quer dizer "virgem". Então, isso seria um artifício criado pelos rabinos para zombar da virgindade de Maria[33]. Mas esta ideia não se impõe: Pantera é um nome comum, frequente no exército romano.

Voltaire, em sua *Carta sobre os judeus* (1755), considerou os *Toledot Yeshu* como escritos mais antigos do que os evangelhos, e que relatariam a versão autêntica do nascimento de Jesus[34]. Ele se enga-

---

32. As diversas versões dos *Toledot Yeshu* são apresentadas e traduzidas em MEERSON, M. & SCHÄFER, P. *Toledot Yeshu*: The Life Story of Jesus. 2 vol. Tubingen: Mohr Siebeck, 2014 [Col. "Wissenschaftliche Untersuchungen zum Neuen Testament", 159].

33. A tese foi defendida inicialmente em NIETZSCHE, F. "Ueber eine Reihe talmudischer und patristischer Täuschungen, Welche sich an den missverstandenen Sponttnamen Ben-Pandira geknüpft". In: *Theologische Studien und Kritiken*, 1840, p. 115-120. Inventário das etimologias do nome em JAFFÉ, D. "Une ancienne dénomination talmudique de Jésus: Ben Pantera". In: *Theologische Zeitschrift*, 64, 2008, p. 258-270.

34. VOLTAIRE. "Oeuvres de 1767, II". In: FERRET, O. et al. (eds.). *Oeuvres completes*, 63b. Oxford: Voltaire Foundation, 2008, p. 470: "Ela parece ser do primeiro século, e inclusive escrita antes deles". Apud BARBU, D. "L'Évangile selon les Juifs:

na. Estas coletâneas de tradições populares judaicas data da Idade Média, ou, no mínimo, do século IX, mesmo se as tradições exploradas podem remontar ao século II. Seja como for, elas são posteriores aos evangelhos cristãos da infância, dos quais elas fazem uma espécie de paródia. A teoria que se desdobra nestes panfletos, nestes contraevangelhos, se poderia dizer, emana da polêmica judaica contra a fé cristã sobre o nascimento virginal: esta, para os judeus, não passaria de uma impostura visando a camuflar uma sórdida questão de costumes.

A versão dos *Toledot Yeshu* é seguramente tardia, mas ela pode se fundamentar em boatos bem mais antigos. O prova uma tradição relatada pelo Talmud da Babilônia em duas versões quase idênticas (*b*Shabbat 104b; *b*Sanhedrin 47a[35]). Um rabino do século IV nele relata uma palavra de um sábio do início do século II, Pappos ben Jehuda, segundo a qual Maria se mostrou infiel a seu marido e concebeu um filho com seu amante, Ben Pantera. Maria era *sota*; isto é, adúltera. Ora, o simples fato de suspeitar que uma mulher tem um amante torna suspeito o estatuto jurídico de seu filho. Esta tradição se associa àquela invocada por Celso, e tão próxima que Celso acrescenta ao adultério a origem pagã do pai de Jesus. Peter Schäfer conclui que as duas versões, a do Talmud, que data do século IV e a de Celso, do século II, se fundamentam numa mesma tradição. As considera um contrarrelato do evangelho da infância, visando a contradizer a teoria do nascimento virginal[36].

Isto seria suficiente? Bastaria classificar a teoria do nascimento ilegítimo como uma calúnia reativa às afirmações cristãs sobre a origem divina de Jesus?

à propos de quelques témoignages anciens". *Anabases*, 28, 2018, p. 157-180, citação p. 157.

35. SCHÄFER, P. *Jesus im Talmud*. 3. ed. Tubingen: Mohr Siebeck, 2017, p. 29-46.

36. Ibid., p. 41.

Uma leitura atenta mostra que *as dúvidas sobre o nascimento de Jesus são perceptíveis no interior dos relatos do Novo Testamento.* Elas emergem por ocasião de um intercâmbio tenso entre os judeus e Jesus, no Evangelho de João, onde os judeus lhe dizem: "Nós não nascemos da prostituição!" (8,41). No mesmo evangelho Jesus é questionado: "O teu pai, onde está ele?" (8,19).

Inquietante genealogia

Um indício ainda mais forte é a genealogia de Jesus narrada em Mt 1,1-17. Sabemos que o gênero literário das genealogias, que enumera a sucessão das gerações (ou *toledot*), é comum na cultura judaica. Ele ocorre já no primeiro livro da Bíblia hebraica (Gn 4; 5; 11). A genealogia é uma construção teológica que insere o indivíduo na longa história de Deus com seu povo. A de Mateus e a de Lucas diferem, mas tais divergências não são raras na Bíblia hebraica. Mateus remonta a Abraão (Mt 1,1), ao passo que Lucas remonta a Adão (Lc 3,38).

Ora, a genealogia de Mateus é marcada por *uma incongruência em relação aos padrões de gênero:* mencionar quatro mulheres. Uma vez que a transmissão da bênção em Israel só passa pelo gênero masculino, tradicionalmente as genealogias só podem ser assunto de varões; nomes femininos seriam improváveis. Além do mais, essas mulheres não são as matriarcas com as quais gostaríamos de contar: Sara, mulher de Abraão, por exemplo, ou a Rainha Ester, protetora de seu povo (Est 5–7), ou Judite, tida como "grande orgulho de nossa gente" (Jt 15,9). Os exegetas ficaram perplexos: por que estas quatro mulheres? Ao que parece, o que elas têm em comum é que nenhuma delas é judia: Rute é moabita, Raab vem de Jericó, Tamar é prosélita, Betsabeia é a mulher de Urias, o hitita. Pensou-se que Mateus, conscientemente, tivesse introduzido estas mulheres pagãs na linhagem de Abraão para prefigurar o alargamento da salvação de Israel a dimensões universais (Mt 28,16-20). A explicação, sem dúvida, é sedutora, mas nada confirma que algumas dessas mulheres fossem judias.

A dúvida recai sobre Betsabeia. Em contrapartida, estas quatro têm uma reputação escandalosa: Raab é prostituta em Jericó (Js 2), Betsabeia foi arrancada de Urias, seu marido, por Davi (2Sm 11), Tamar se disfarçou de prostituta para seduzir seu sogro (Gn 38), Rute entrou às escondidas à noite no quarto de Booz (Rt 3). As quatro mulheres escolhidas por Mateus estão, portanto, em situação de irregularidade sexual diante da norma conjugal. Isso não é comum.

Que intenção subentende esta escolha extravagante?

A localização da genealogia chama a atenção: justamente antes do anúncio a José da gravidez imprevista de Maria (Mt 1,18-25). Esta sucessão não é gratuita. Por evocação destes quatro destinos de mulheres fora das normas, o evangelista prepara seu leitor para esta outra irregularidade que é o nascimento de Jesus fora do casamento. Insisto: os boatos do nascimento ilegítimo de Jesus que acabam de ser citados procedem todos do ambiente judeu. Ora, o Evangelho de Mateus está totalmente inserido em ambiente judaico e judeu-cristão. A explicação que se impõe é que Mateus está por dentro dos boatos sobre a paternidade de Jesus, e quer combatê-los com dois argumentos: 1) a irregularidade sexual tem precedentes na história da salvação; 2) a irregularidade de Maria se explica por uma intervenção divina.

Se assim for, isto significa que *os boatos do nascimento ilegítimo datam já do século I*. Será que eles já circulavam no tempo de Jesus? A leitura das prescrições judaicas em matéria de moral sexual poderia nos fornecer a resposta.

Jesus o *mamzer*

Bruce Chilton propôs ver em Jesus um *mamzer*[37]. O *mamzer* é um bastardo, uma criança nascida fora do casamento. A este respeito

37. CHILTON, B. *Rabbi Jesus* – An Intimate Biography. Nova York: Doubleday, 2000, p. 3-22. • CHILTON, B. "Jésus, le *mamzer* (Mt 1,18)". In: *New Testament Studies*, 47, 2001, p. 222-227.

a legislação judaica é de uma severidade extrema: o *mamzer* é banido da congregação religiosa e seus descendentes o são até a segunda geração (Dt 23,3). Seus direitos de herança são mínimos, e aleatórias são suas possibilidades de fundar um lar e ter filhos. O *mamzer* só pode se casar com uma mulher de sua condição, uma *mamzeret*, e seus filhos serão considerados bastardos. O tratado *ketubot* 1,9 estabelece duas posições rabínicas diante da criança nascida fora do casamento: uma (liberal) que valida a nomeação do pai pela mãe; outra (restritiva) que exige testemunhas. A seita de Qumran optou pela linha dura da exclusão por causa da impureza (3Q 511).

A condição social do *mamzer* era extremamente difícil. Após ter folheado os textos, Joaquim Jeremias concluiu: "Se pensarmos que a mancha do bastardo [*mamzer*] marcava todos os descendentes varões para sempre e de forma indelével, e que se discutia inclusive calorosamente para saber se as famílias de bastardos teriam parte na libertação final de Israel, compreendemos que o termo 'bastardo' era a pior das injúrias"[38].

Ora, observa Chilton ao ler o tratado *Qiddushin* 4,1: a casta dos *mamzers* é associada aos *shetuqis*, um termo que significa "reduzido ao silêncio". Os *shetuqis*, que partilham as mesmas penalidades sociais e religiosas dos *mamzers*, são os indivíduos que conhecem sua mãe e não seu pai, aqueles cuja paternidade não pode ser provada ou que não estão em condições de atestar que seu nascimento é oriundo de uma união aprovada pela Torá[39].

Não seria exatamente esta a situação em que se encontrava Jesus?

A teoria do nascimento de Jesus como consequência de um estupro ou de uma relação fora do casamento de Maria é, como o vimos, uma reação polêmica à afirmação cristã do nascimento vir-

---

38. JEREMIAS, J. *Jérusalem au temps de Jésus*. Paris: Cerf, 1976, p. 443-448, citação p. 448.

39. CHILTON, B. *Rabbi Jesus* – An Intimate Biography. Op. cit., p. 13.

ginal. Em contrapartida, a incapacidade de provar a legalidade religiosa de seu nascimento deve datar do tempo de Jesus. *Jesus foi uma criança em delito de paternidade, incapaz de provar que seu nascimento se produziu dentro do quadro do direito conjugal.* Os evangelhos da infância estão efetivamente de acordo sobre este ponto: Maria e José não tiveram relações sexuais antes de Maria ficar grávida. Maria o declara ao anjo: "Como se fará isso, visto que não tenho relações conjugais" (Lc 1,34). Mateus o formula em termos jurídicos: Maria estava prometida em casamento a José (Mt 1,18); isto é, estavam vinculados por um acordo matrimonial, a *ketoubba*. Esse acordo previa que os noivos vivessem ainda separados, a noiva morando por um ano junto aos seus pais antes da festa das núpcias, cuja principal finalidade era a de preparar o enxoval. A coabitação matrimonial começava com as núpcias.

Se o noivo descobrir que sua prometida se deitou com outro homem, ele tem a opção entre a denúncia de adultério que leva ao apedrejamento (Dt 22,23-27), ou à redação de uma carta de repúdio (Dt 24,1). Esta última é pública e exige testemunhas. José havia previsto uma via ainda mais branda: repudiar secretamente Maria para preservar sua reputação (Mt 1,19). Ele será dissuadido pelo anjo. Traduzindo: recebe de Deus, em oração, a inspiração. *Suficientemente livre para aceitar casar-se com Maria nestas condições, José, inspirado, viola o código.* Resultado: em virtude do direito matrimonial, é considerado pai legal de Jesus mesmo não sendo seu pai biológico.

Esse falseamento só podia desencadear boatos e maledicência ao redor da criança ainda em gestação. Seria então necessário impressionar-se que a designação "filho de Maria" (Mc 6,3) já estivesse presente no próprio vilarejo onde José e Maria viveram seu noivado, o vilarejo da infância de Jesus, Nazaré? A rejeição da qual Jesus é vítima na sinagoga de Nazaré (Mc 6,1-6) é o reflexo do ostracismo do *mamzer* no vilarejo de sua infância.

Compreende-se que a partir da suspeita de *mamzerut* dirigida a Jesus ainda em vida, o anonimato do pai biológico se transformou em denúncia de um pai pagão (Ben Pantera). Com efeito, segundo a interpretação do tratado *Qiddushin* no Talmud da Babilônia, o fruto da união com um pagão ou um escravo é *mamzer* (*b*Qidd 70a[40]). Em última análise, as calúnias medievais dos *Toledot Yeshu* não aparecem como fantasias malvadas, mas como o distante avatar das dúvidas que os contemporâneos de Jesus de antemão emitiram a respeito deste nascimento irregular. Insisto: *quaisquer que tenham sido as modalidades da concepção de Jesus, a criança nasceu fora do casamento, e esse fato só podia gerar boatos e desconfianças.*

Um pai ausente

Por que a desconfiança de *mamzerut*, provocada por esse nascimento fora das normas, não foi combatida eficazmente quando Jesus ainda estava vivo? Uma resposta se apresenta: *a morte precoce de José*. É fato que os evangelhos evoquem Maria do nascimento à cruz, mas não José. Citado por ocasião do nascimento, e ainda por ocasião de seus doze anos (Lc 2,41-52), o pai legal de Jesus passa a ser a partir de então o grande ausente. O conjunto da atividade pública de seu filho (e uma parte de sua juventude?) parece ter-se passado sem ele.

O *Protoevangelho de Tiago*, um escrito apócrifo de meados do século II, faz de José um sacerdote idoso a quem a jovem Maria adolescente é confiada: "Tenho filhos e sou um idoso, ao passo que ela é uma mocinha" (9,2). Faz-se realmente aqui memória da idade de José? Seja como for, o unânime mutismo dos evangelhos a este respeito, exceto o nascimento e seu ofício de carpinteiro, o mais provável é o desaparecimento precoce de José.

40. CHILTON, B. "Jésus, le *mamzer* (Mt 1,18)". Op. cit., p. 225.

A imagem de um Jesus considerado *mamzer* teria influência sobre a nossa forma de compreendê-lo? E, mais profundamente: ter que assumir esta desconfiança influenciou a compreensão que Jesus teve dele mesmo? Sem pretender aventurarmo-nos nessas hipóteses psicológicas às quais as fontes documentárias não se prestam, vale a pena vincular a esse fenômeno algumas particularidades da atividade do Nazareno.

Estigmas da exclusão

As tensões entre Jesus e sua família aparecem de uma maneira nova, já que Jesus teve irmãos e irmãs (voltaremos à questão). E os evangelhos não escondem que suas relações foram acaloradas. Um dia, segundo Marcos, as pessoas se entulhavam em tamanha quantidade ao redor de Jesus que nem Ele nem seus discípulos sobravam tempo para se alimentar. Então a família intervém, dizendo: "Ele perdeu o juízo" (Mc 3,20-21). O verbo *existemi* é forte: significa "estar fora de si", "perder o juízo". Os outros evangelhos não ousaram reproduzir o incidente. Em outra ocasião, ao anunciar-lhe que sua mãe e seus irmãos estavam lá fora e que o procuravam, Ele respondeu: "Quem são minha mãe e meus irmãos?" E, fixando os olhos nos ouvintes sentados ao seu redor, declarou: "Eis minha mãe e meus irmãos. Todo aquele que faz a vontade de Deus, esse é meu irmão, minha irmã, minha mãe" (Mc 3,31-35). A recomposição da família ao redor da Palavra é uma decisão teológica do Nazareno. Mas ela também traduz uma desconfiança diante dos laços de sangue, que encontraria sua origem em seu estatuto anormal no próprio círculo familiar.

O que pensar do celibato de Jesus?

Que Jesus não se casou, contrariamente a todos os rabinos a quem a fé judaica cobrava o exemplo através da criação de uma família numerosa, este é um tema enigmático. Jesus participou da escola do "Batista", mas sem compartilhar de sua moral ascética e de sua vida rigorosa no deserto. Para um rabino, fundar uma família ilustrava a fecundidade da promessa divina para com seu povo ("Crescei e multiplicai-vos"). Casar-se era um dever. Por que Jesus permaneceu então celibatário, não obstante suas atitudes e ações jamais terem sido antifeministas? Quando falarmos, mais adiante, de suas frequentações, veremos a que ponto sua abertura com as mulheres foi singular e inovadora. Adviria seu não casamento de seu incômodo estatuto? Por que, a esta altura, esta pergunta? É que o Talmud impõe restrições estritas de casamento aos indivíduos suspeitos de *mamzerut*. *Nem casado nem pai, Jesus não era considerado, na sociedade de seu tempo, homem completo*. Impossível não pensar que a própria condição de marginalidade social tornou Jesus sensível à situação dos marginalizados da sociedade judaica, dos quais mais se aproximou.

Um último elemento merece menção: a relativização das regras de pureza de Jesus. Nas ações de Jesus nota-se seu desdém para com as exigências de pureza. Jesus está frequentemente em contato com os que a sociedade judaica de então considerava impuros: doentes, mulheres, colaboradores romanos, gente de moralidade duvidosa, pessoas em contato com pagãos etc. Jesus, em detrimento das medidas de precaução e de distanciamento observadas pelos piedosos, se aproxima delas. Não é inócuo dizer que desta marginalidade social por razão de pureza, Jesus, o menino *mamzer*, fez, outrora, pessoalmente, a dura experiência.

Separação da família, celibato, compaixão pelos marginalizados, relativização das regras de pureza: estes acentos fortes da ética de Jesus, a meu ver, carregam *os estigmas de uma infância exposta à desconfiança de impureza e de uma vontade de transcender esta exclusão social*.

Nascimento virginal

O que queriam dizer exatamente os primeiros cristãos sobre o nascimento virginal de Jesus? Precisamos recuar séculos de argumentação dogmática sobre o nascimento virginal para colocar-nos à escuta dos textos evangélicos.

Os textos dizem algo, mas bem menos do que as especulações que lhes foram impostas. Mateus diz: Maria ficou "grávida por obra [grego *ek*, = 'vir de; sair de'] do Espírito Santo" (1,18); "o que foi gerado nela provém [*ek*] do Espírito Santo" (1,20). Lucas, por sua vez, diz: "O Espírito Santo virá sobre ti e o poder do Altíssimo te cobrirá com a sua sombra" (1,34). Lembramos que Maria é denominada *parthenos*, que designa em grego uma donzela não casada (normalmente, mas não necessariamente) virgem. Os verbos *epierchomai* (vir sobre) e *episkiazo* (projetar sua sombra sobre) não têm conotação sexual; o último verbo indica a presença de Deus junto a seu povo no deserto (Ex 40,35; Nm 9,18.22; 10,34).

Por outro lado, no Sl 2, um salmo de entronização real, Deus se dirige ao novo rei nestes termos: "Tu és meu filho, hoje eu te gerei" (2,7). A fé judaica concebe esta geração como ascensão a um estatuto singular, em que o rei representa de maneira privilegiada a autoridade divina no meio de seu povo. O gerar aqui é empregado como categoria jurídica, não genética. Seja como for, nada lembra os relatos antigos de geração divina dos grandes homens, recheados de erotismo e de cenas de acasalamento.

O que deduzir da linguagem usada pelos evangelistas? Ela não fixa nada ao nível das modalidades de geração, mas se pronuncia sobre a origem: esta criança vem de Deus (*ek*). Nada mais, nada menos! Para os evangelistas, o que importa dizer sobre a procedência de Jesus, sua palavra, sua autoridade, é que tudo isso foge à iniciativa humana, e encontra sua fonte na inspiração divina. *Seja qual for a maneira como nasceu, Ele procede de Deus: eis a mensagem.* Paulo dirá igualmente dos batizados que Deus fez deles, por seu Espírito, seus filhos adotivos (Rm 8,15-17; Gl 4,6-7).

Esta declaração sobre a origem da criança assumirá mais tarde, após os evangelhos, a forma de nascimento virginal. Esta doutrina é uma concretização possível da palavra neotestamentária, mas não a única. Desta análise sublinhamos: 1) o historiador não está em condições de se pronunciar sobre as modalidades do nascimento de Jesus, já que o nascimento virginal é uma interpretação dos dados textuais; 2) existe concordância entre Mateus e Lucas sobre o fato que Jesus foi concebido antes que Maria e José passassem a conviver juntos e que José foi seu pai legal; 3) a identidade do pai biológico de Jesus permanece um enigma histórico.

Onde Jesus nasceu?

Melhor dizê-lo rapidamente: ignoramos onde e quando Jesus nasceu.

Mais uma vez, como para a quase totalidade dos grandes personagens da Antiguidade, os relatos de nascimento são construções tardias que visam a projetar no início da vida do herói as premissas de sua identidade de adulto. Não dizem as mães de personagens célebres que seus rebentos foram crianças excepcionais? Ainda assim, os dois evangelhos da infância (Mt 1–2; Lc 1–2) fornecem informações geográficas e históricas sobre as quais precisamos nos explicar.

Primeiramente o lugar de nascimento. À primeira vista, a hesitação parece não existir. Mateus e Lucas concordam em situar o nascimento da criança em Belém da Judeia (Mt 2,1; Lc 2,4), mas diferem no cenário. Segundo Mateus, José e Maria moram em Belém (Mt 1,18–2,12), de onde fogem para o Egito e posteriormente vieram "morar numa cidade chamada Nazaré" (2,23). Segundo Lucas, o casal sobe de Nazaré para Belém a fim de inscrever-se no recenseamento (Lc 2,4-5), depois volta para "a cidade de Nazaré (2,39).

Onde residiam antes: em Nazaré ou Belém? A suspeita que é Belém, cidade prestigiada por ser "a cidade de Davi" (Mt 2,1), foi preferida para o nascimento de Jesus a esta aldeia insignificante, jamais citada nas Escrituras, que é Nazaré. E isto tanto mais que – conforme o cenário de Lucas – o recenseamento não exigia da mulher, sobretudo se grávida, um deslocamento de 200km até Belém! Seria possível que Jesus tivesse nascido em Nazaré, considerando que seu nascimento em Belém não é citado alhures no Novo Testamento, e que Jesus é constantemente denominado "o Nazareno" (nos evangelhos) ou ha-Notsri (no Talmud)?

Os exegetas se dividem entre defensores de Belém e partidários de Nazaré. Mas, na busca do Jesus histórico, nada é simples! Por um lado, a opção teológica de Belém se compreende facilmente como a antecipação da messianidade davídica de Jesus. Jo 7,42 o confirma: "Não diz a Escritura que Ele será da estirpe de Davi e que Ele virá de Belém, a cidadezinha de onde Davi era originário?" Por outro lado, nenhum texto da tradição cristã situa o nascimento em Nazaré; esta última opção só aparece como solução à revelia, quando Belém é suspeita. Em contrapartida, pouco foi salientado que os dois evangelhos da infância se afinam num elemento: Jesus nasceu fora de Nazaré, onde os pais e a criança posteriormente fixaram morada. Sendo a pressão teológica em favor de Belém mais forte em Mateus, é necessário dar a preferência histórica a Lucas: a família de José, domiciliada em Nazaré, se expatriou por ocasião do nascimento do menino. Se a suspeita de *mamzerut* já pairava sobre este nascimento irregular, a decisão do pai legal de fazer Maria dar à luz fora de Nazaré pode ser facilmente compreendida.

Em conclusão: ignoramos onde nasceu Jesus, mas temos certeza de que não foi em Nazaré. A tradição preencheu este silêncio elegendo um lugar davídico. Bruce Chilton lembra que existiu uma Belém na Galileia, escavada recentemente pelos arqueólogos, distante 11km de Nazaré[41]; mas este vilarejo não era evidentemente a cidade de Davi.

A data de seu nascimento

A mesma incerteza reina quanto à data. Sobre este ponto, os pesquisadores são unânimes: os dados históricos fazem dificuldade. Existe uma concordância entre Mateus e Lucas em situar o nascimento de Jesus sob o reinado de Herodes o Grande (Mt 2,1; Lc 15). Este monarca, poderoso e brutal, extremamente ciumento (fez assassinar vários de seus filhos e sua mulher Mariana, suspeita de estar armando um complô contra ele), morreu no ano 4 antes de nossa era. Histórico ou não (mais provável que não), o massacre dos meninos de Belém, que lhe é atribuído em Mt 2, corresponde à reputação desse rei, cuja memória foi execrada pelo judaísmo após sua morte. Lucas fornece um segundo ponto de referência (2,1-2): um recenseamento ordenado "em toda a terra" pelo Imperador Augusto no tempo de Quirino, que obrigou José a inscrever-se em Belém. Ora, Quirino só se torna rei da Judeia no ano 6 de nossa era, no período em que Arquelau é deposto e que a Judeia passou a ser diretamente governada pela administração romana. Para tanto, Augusto ordenou um recenseamento provincial, e não em todo o império, que foi organizado por Quirino, em vista de inventariar os recursos fiscais da Judeia. O último recenseamento fiscal comandado por Herodes ocorreu no ano 6-7 de nossa era, e foi aplicado à totalidade de seu reino, Galileia e Judeia incluídas. Por outro lado, Augusto realizou no ano 8 de nossa era um recenseamento em todo o império, mas só foi aplicado aos cidadãos romanos[42].

---

41. CHILTON, B. *Rabbi Jesus* – An Intimate Biography. Op. cit., p. 9.

42. Três recenseamentos (*sensus populi*) foram ordenados por Augusto: em 28 e 8 a.C., depois no ano 14 de nossa era (*Res gestae Divi Augusti*, 8).

A gente se perde um pouco nesses intrincados acontecimentos. Duas possibilidades se nos aparecem: ou Lucas cometeu um erro, deslocando o recenseamento de Quirino para o período do reinado de Herodes ou confundindo os diversos recenseamentos (é o que pensa Raymond Brown[43]), ou um recenseamento provincial foi efetivamente organizado nessa época, de cuja existência, porém, os historiadores romanos não deixaram nenhum traço. Seja como for, Jesus não nasceu no ano 1. O monge Denys o Jovem (ele mesmo se atribuiu este apelido em sinal de humildade), no século VI, cometeu o erro de datar a morte de Herodes no ano 754 após a fundação de Roma ao invés de 750. Jesus nasceu, ao menos, 4 anos antes. Podemos até especular entre 7 e 5 anos antes. Difícil dizer mais. A Igreja antiga festejou o nascimento de seu Senhor no dia 28 de março, posteriormente na Epifania (6 de janeiro), antes de, finalmente, no século IV, optar pelo dia 25 de dezembro a fim de suplantar a festa romana do solstício de inverno (o *sol invictus*). Armand Puig i Tàrrech sublinha que segundo o papiro grego de Babatha, encontrado em Qumran, o período mais propício para os recenseamentos era o mês de dezembro, quando os trabalhos agrícolas estavam terminados...[44]

Seu nome

Seu nome, *Yeshu*, é a abreviatura popular de *Yeshuah*. Este nome é o de Josué, o grande herói bíblico da conquista de Canaã (em hebreu bíblico: *Yehôshuah*). Era um nome comum em Israel. Flávio Josefo enumera no século I nada menos que dez personagens conhecidos com este nome. É por isso que se diz que aquele Jesus lá era de *Nazaré*, ou então, o que se tornou muito rapidamente após

43. BROWN, R.E. *The Birth of the Messiah*. 2. ed. Londres: Chapman, 1993, p. 412-414. As diversas hipóteses sobre a identificação do recenseamento sob Quirino são enumeradas nas p. 547-556.

44. PUIG I TÀRRECH, A. *Jésus* – Une biographie historique. Paris: Desclée de Brouwer, 2016, p. 216.

sua morte comum, usar o cognome *Cristo*. A partir do século II, em razão da hostilidade entre judeus e cristãos, este nome comum desapareceu rapidamente das famílias judias.

Quiseram José e Maria dar ao seu filho mais velho o nome de um antepassado glorioso? Desde o século II antes de nossa era, a prática de dar às crianças o nome de um herói do passado se difundiu. De fato, todos os irmãos de Jesus (voltaremos a esta questão) têm nomes de patriarcas: Tiago carrega o nome de Jacó, e os outros, os nomes de três de seus filhos: Joset (ou José), Jude (ou Judas), Simeão (ou Simão). Eis a marca de uma família piedosa, onde se cultivava a tradição de Israel, ao atribuir a um filho um determinado nome.

Sabemos que todos os nomes hebraicos têm uma etimologia, e o nome Yeshu não foge à regra. Joseph Fitzmyer explica que na etimologia erudita significa "Deus ajuda", mas uma etimologia popular substituiu outra raiz para significar "Deus salva"[45]. É ela que Mt 1,21 cita: "Ela dará à luz um filho, a quem porás o nome de Jesus, pois é Ele que salvará o seu povo de seus pecados". Assim, um nome banal se tornava portador de um destino totalmente singular.

Jesus, seus irmãos, suas irmãs

Os habitantes de Nazaré, dos quais citei mais acima a intervenção por ocasião da primeira pregação de Jesus na sinagoga de sua infância, diziam mais sobre sua família: "Não é ele o carpinteiro, o filho de Maria e irmão de Tiago, de Joset, de Judas e de Simão?" (Mc 6,3; cf. Mt 13,55-56). O evangelista conservou-nos uma informação preciosa, estabelecendo a lista de ao menos seis irmãos e irmãs de Jesus: quatro irmãos e (ao menos) duas irmãs, cujo patriarcalismo de então não guardou os nomes.

Mas, eis a questão: poderia Jesus ter tido irmãos e irmãs?

---

45. FITZMYER, J.A. *The Gospel according to Luke I-XI*. Nova York: Doubleday, 1983, p. 347 [Col. "Anchor Bible", 28].

Desde o século II, a Cristandade se dividiu sobre este tema. O *Protoevangelho de Tiago*, romance apócrifo consagrado à vida de Maria e à infância de Jesus, defende a virgindade perpétua da mãe de Jesus. Em contrapartida, ele menciona os filhos de José nascidos de um primeiro casamento, o que faria deles meio-irmãos de Jesus (9,2). Epifânio, bispo no Oriente no século IV, popularizará esta ideia em seu *Panarion* e será muito citado na Antiguidade. Mas voltemos ao século II. Hegésipo – citado por Eusébio de Cesareia – fala de Judas "irmão de sangue do Senhor" (*História eclesiástica*, III, 20, 1). Tertuliano, por volta do ano 200, defende vigorosamente a humanidade de Jesus e afirma que Ele teve uma verdadeira mãe e verdadeiros irmãos (*Contra Marcião*, 4, 19). As opiniões são, portanto, divididas. Percebemos o que divide os espíritos: como o filho único do Pai, o filho "monogênico" (cf. Jn 1,14.18), poderia pertencer a uma família numerosa? A afirmação teológica encobre e problematiza a informação de Mc 6.

A influência mais forte contra a ideia de uma fraternidade do Senhor veio de Jerônimo, tradutor da Bíblia para o latim, a Vulgata (séculos IV-V). Ele foi o primeiro Padre da Igreja a sustentar que os irmãos de Jesus eram na realidade primos, e que Maria, assim como José, permaneceram virgens. Em sua época, a noção de virgindade perpétua de Maria ainda não se tinha imposto.

No entardecer de sua vida, Jerônimo se debruçou sobre o problema em seu tratado *Contra Helvídio sobre a virgindade perpétua da bem-aventurada Maria*. Helvídio batalhava contra os que negavam que Jesus tivesse sido verdadeiramente homem; ele afirmava que Jesus era filho e pertencia a uma verdadeira família, com seis irmãos e irmãs nascidos depois dele, da união de José com Maria. Jerônimo, por sua vez, era um fino linguista e judaizante; ele sublinhava que em hebraico, o termo irmão (*ach*) tanto pode significar "irmão" quanto "sobrinho" ou "primo". Ló [ou Lot], o sobrinho de Abraão, também é denominado "irmão" em Gn 14,14.16. No seio da parentela, o hebreu não distingue sutilmente os graus. Passando do hebraico para o grego, dizia Jerônimo, a Septuaginta (versão grega do Antigo Testamento) traduziu sistematicamente *ach* por *adelphos*, que significa seguramente "irmão". Daí seu uso, no Novo Testamento, para os irmãos de Jesus, que, na verdade, são seus primos. A influência da posição de Jerônimo foi enorme, como seria de se esperar, e de longa duração; ela foi partilhada por Tomás de Aquino, Beda, Lutero, Calvino e Zwinglio.

Poderíamos acrescentar-lhe um argumento histórico, não invocado por Jerônimo. A família antiga não se reduzia, muito evidentemente, ao modelo da família moderna nuclear. Na Palestina do século I, e mais geralmente na Antiguidade, o indivíduo não se entende como um ser autônomo e socialmente independente. A comunidade, o vilarejo, o clã constituem o tecido social que protege e fornece sua legitimidade ao indivíduo. De sua cidadela de Nazaré, estimada entre quatro centos e quinhentos habitantes, Jesus recebia um quadro social de reconhecimento e de segurança. Em suma, com certeza, Jesus não foi socializado num casulo, mas numa família à antiga, no interior de um clã.

Daí porque, volto a insistir, o espanto diante de sua primeira pregação na sinagoga de Nazaré: Jesus sai do papel que lhe é atribuído, tanto a Ele quanto à sua família. Ele transgride o acordo que rege os poderes no interior do grupo. Ele mesmo concluirá com um adágio: "Um profeta só é desprezado em sua pátria, entre os seus parentes e em sua casa" (Mc 6,4). Por esse provérbio, Ele se afasta do controle social e reivindica sua singularidade.

A argumentação do *Contra Helvídio* poderia, pois, apoiar-se na sociologia dos grupos fechados, que postula que uma fraternidade se estende para além de pais e filhos. Esse argumento, infelizmente, não se sustenta. A demonstração de Jerônimo é engenhosa, mas inadequada, já que o grego tem um termo para dizer "primo": *anepsios*. Após a verificação, o exegeta John P. Meier conclui: "É simplesmente falso dizer que a versão grega do Antigo Testamento emprega regularmente *adelphos* para significar 'primo' [...]"[46]. Esta exegese acrescenta que, na Bíblia grega dos Setenta, um único texto pode ser invocado como apoio à proposição de Jerônimo! (1Cr 23,22). Jamais, em grego, *adelphos* (irmão) é atribuído a um campo de significação que chega ao parentesco de primos. O *adelphos* é exatamente um "irmão", de sangue ou de direito.

Outras vozes se levantaram para sugerir que o termo "irmão" era usado para designar a fraternidade religiosa, os irmãos na fé (Mt 5,23 é um bom exemplo). É verdade que os fariseus usavam abundantemente este termo no quadro de suas confrarias. Mas trata-se lá de um sentido figurado, facilmente perceptível na leitura. Quem poderia imaginar que, quando o Apóstolo Paulo fala de "Tiago, o irmão do Senhor", encontrado em Jerusalém por ocasião de sua passagem após sua conversão (Gl 1,19), estaria designando um simples "irmão" da comunidade? Por outro lado, sabemos da importância que assumiu este irmão Tiago, que em At 15 o designa como líder da Igreja de Jerusalém, no momento em que Paulo lá foi defender a validade de sua missão contra os ataques judeu-cristãos.

Quando o autor de Atos dos Apóstolos fala dos discípulos reunidos em Jerusalém após a ascensão, ele desenha o quadro da primeira comunidade formada pelos onze discípulos e "Maria, a mãe de Jesus, e com os irmãos de Jesus" (At 1,14). Eis uma prova suplementar: a mãe de Jesus e seus irmãos fizeram parte e exerceram um papel particular no primeiro círculo de seus adeptos após seu desaparecimento. Conclusão: *não deixemos a teologia do "Filho único do Pai" encobrir a genealogia de Yeshu de Nazaré. Ninguém sonhou com isso antes que a ideia da Maria sempre virgem surgisse no século II. Jesus, no mínimo, tinha seis irmãos e irmãs – de direito, senão de sangue.*

---

46. MEIER, J.P. *Un certain Juif, Jésus: Les données de l'histoire* – I: Le sources, les origines, les dates. Op. cit., p. 196.

As línguas que Ele falava

Que língua falava Jesus? A resposta espontânea é: aramaico. Ora, a situação é mais complicada. Na Palestina do século I, quatro línguas eram faladas: latim, grego, hebraico e aramaico.

Deixemos imediatamente de lado o *latim*. Ele era falado pelas autoridades romanas em questões de intercâmbios políticos ou administrativos, e somente para estes fins. As únicas inscrições em latim foram encontradas em Cesareia Marítima (sede do governo) e em Jerusalém.

Contrariamente, desde as conquistas de Alexandre Magno, *o grego* se tornou o que seria hoje o inglês: a língua da comunicação universal. As inscrições das moedas cunhadas sob o reinado de Herodes o Grande são exclusivamente gregas. Em Qumran, 5% dos manuscritos são em grego. Todos os que mantinham relações comerciais ou tinham relações com não judeus falavam em língua grega. Por ocasião de suas peregrinações em família a Jerusalém, cidade santa, mas helenizada, Jesus esteve em contato com a cultura grega. Conversar com um centurião romano necessitava de uma língua comum (Mt 8,5-13). Não podemos concluir que Ele dominasse o grego falado, menos ainda o grego escrito; mas que o conhecia suficientemente para fazer-se compreender, sim. Talvez Ele tenha conversado com Pôncio Pilatos em grego, por ocasião de seu processo (Jo 18,28–19,12), mas a presença de um intérprete não é descartada.

E quanto ao *hebraico*? A língua sagrada, a língua das Escrituras, foi progressivamente sendo reservada ao uso escrito antes que falado. Objetou-se que a biblioteca de Qumran, essencialmente hebraica, provava, no século I, a prática de um hebraico vivo. Mas a multiplicação dos comentários escriturísticos (*targumim*) em aramaico, mesmo em Qumran, ruína a ideia da sobrevivência de um hebraico popular no tempo de Jesus. Ele lia em hebraico? A cena da sinagoga de Nazaré (Lc 4,16-30), em que Jesus desenrola o rolo de Isaías e lê antes de pregar, faz pensar que sim. Infelizmente, este quadro poderia ser uma composição tardia de Lucas, que se serviu de seu conhecimento da liturgia sinagogal; sua historicidade não é garantida. Em contrapartida, o fato de Jesus pregar na sinagoga e discutir com os escribas sobre a interpretação da Torá torna mais provável que Ele lesse o hebraico bíblico. Sem isso Ele não teria sido levado a sério. O hebraico era a língua de memorização dos textos bíblicos.

A língua corrente no século I, em Israel como no Oriente Médio, era o *aramaico*. Obviamente, era em aramaico que Jesus conversava com seus interlocutores, pregava e ensinava. O Novo Testamento conserva os indícios de expressões idiomáticas: *Abbá* (pai) para dirigir-se a Deus (Mc 14,36; Gl 4,6), *talitá qum* ("levanta-te") à filha de Jairo (Mc 5,41), *efatá* ("abra-te") a um surdo-mudo, e, sobretudo, seu grito na cruz em Mc 15,34: *Eloí, Eloí, lamá sabactáni* ("Meu Deus, meu Deus, por que me abandonaste?"). Joaquim Jeremias inventariou, fora dos nomes próprios, vinte e seis termos aramaicos atribuídos a Jesus pelos evangelhos ou pelas fontes rabínicas[47].

Em resumo, *Jesus era trilíngue*: falava um pouco de grego para dirigir-se aos estrangeiros e aos romanos, lia as Escrituras hebraicas e falava aramaico como sua língua materna. Esta constatação levanta imediatamente a questão: o que sabemos de seu nível de educação? John Dominic Crossan, baseando-se nas baixas taxas de alfabetização na Antiguidade, defendeu a imagem de um Jesus camponês iletrado[48]. Embora irreverente, sua tese não pode ser simplesmente descartada.

---

47. JEREMIAS, J. *Théologie du Nouveau Testament*: la prédication de Jésus. Paris: Cerf, 1996, p. 11-13.

48. CROSSAN, J.D. *Jesus* – A Revolutionary Biography. Nova York: HarperCollins, 1994, p. 25-26.

A educação de Jesus

O grau de alfabetização na Antiguidade era evidentemente variável; Ele dependia do país, do quadro sociológico (cidade ou zona rural), do nível cultural familiar e da vontade parental etc. Mas era notavelmente baixo: as avaliações oscilam entre 2 e 10% da população. Essas condições levaram pesquisadores como Crossan a se questionar: como imaginar que uma aldeia rural como Nazaré, além de insignificante, pudesse ser uma ilha de letrados no meio de um oceano de analfabetos?

Outros pesquisadores, como Shmuel Safrai, se basearam no Talmud para afirmar o elevado nível de educação em ambiente judeu[49]. Segundo este autor, uma escola elementar consagrada à leitura das Escrituras, o *beth ha-sefer* (casa do livro) existia em cada vilarejo na Palestina do século I. Segundo o Talmud da Babilônia, a educação obrigatória foi ordenada por Josué ben Gamaliel em meados do século I (*b*Baba Batra 21a). Estamos evidentemente falando de meninos. Sua formação escolar terminava aos doze ou treze anos, e os mais dotados podiam então frequentar um nível superior, o *Beth hamidrash*, onde se estudava a Torá junto aos doutores. A dificuldade levantada por essa invejável descrição é dupla: por um lado, as tradições nas quais se baseia Safrai são tardias, sua redação remonta ao século III com a Mishná; por outro lado, não dispomos de provas históricas de uma escola pública judaica da época, tanto na Palestina quanto na diáspora. Além do mais, nem Fílon de Alexandria nem Flávio Josefo mencionam a existência de tal instrução.

Entretanto, segundo estes mesmos dois autores, o conhecimento das Escrituras e o nível de formação dos filhos dos judeus deixavam boquiabertos seus contemporâneos do Império Romano. Flávio Jo-

49. SAFRAI, S. "Education and the Study of the Torah". In: SAFRAI, S. & STERN, M. (ed.). *The Jewish People in the First Century*, II. 2. ed. Assen-Maastricht: Van Gorcum, 1987, p. 945-970 [Col. "Compendia Rerum Lucaicarum ad Novum Testamentum"].

sefo afirma que a Lei ordenava aos filhos o aprendizado das leis e das ações de seus pais (*Contra Apião*, 2, 204). Nas cavernas de Murabb'at, último refúgio dos guerreiros zelotes com Bar Kochba por ocasião da segunda Guerra dos judeus (132-135 a.C.), resquícios de exercícios elementares de escrita foram encontrados. O mesmo aconteceu nas escavações da fortaleza de Herodes, a *Herodion*, perto de Belém. Em suma: mesmo que seja ariscado projetar para o século I a presença de um sistema escolar tão estruturado, a focalização do judaísmo no Livro não podia deixar de gerar um esforço de alfabetização. A relação com o Livro e sua interpretação efetivamente tiveram uma função identitária na fé de Israel.

Tratando-se de Jesus, como o dissemos, não é prudente apoiar-se no episódio da sinagoga de Nazaré (Lc 4,16-30) para provar sua faculdade de ler as Escrituras. Lemos, entretanto, em Jo 7,15: "Os judeus estavam surpresos com isso e diziam: 'como ele é tão letrado, se não estudou?'" Mas, sobretudo, é a capacidade incontestada de Jesus de debater sobre a interpretação da Torá com os escribas, fariseus e saduceus que atesta seu nível cultural. Como Ele aprendeu a escrever e a ler? Como adquiriu sua familiaridade com o texto bíblico? James Charlesworth fez dele um autodidata brilhante, que adquiriu seu saber frequentando os sábios de sua época[50]. Simon Claude Mimouni sugere que a família de Jesus era de ascendência sacerdotal, ou, no mínimo, levita, e que ela dispunha de um nível cultural e financeiro capaz de oferecer a Ele uma boa educação[51].

A certeza nos foge. Mas, de qualquer forma, a formação escolar do Jesus Menino não se deu sem o assentimento de seus pais. Além do mais, sendo Jesus o primeiro filho da família, os pais puderam dedicar uma atenção particular à educação desse primogênito. A

---

50. CHARLESWORTH, J.H. *The Historical Jesus* – An Essential Guide. Nashville: Abingdon, 2008, p. 69.

51. MIMOUNI, S.C. *Jacques le Juste, frère de Jésus de Nazareth*. Paris: Bayard, 2015, p. 165.

educação do Menino Jesus certamente começou na sinagoga de Nazaré. Mas ela continuou alhures, se considerarmos a surpresa de seus conterrâneos em face de sua pregação explosiva na sinagoga, e não obstante sua origem duvidosa (Mc 6,2-6).

Sua profissão

"Meu pai José, ancião abençoado, trabalhava como carpinteiro, e vivíamos do trabalho de suas mãos." É nesses termos que Jesus se expressa, num romance apócrifo copta denominado *História de José, o carpinteiro*, que remonta ao século IV (9, 2). Essa informação procede de Mt 13,55: "Não é ele o filho do carpinteiro?" Mateus reedita uma questão que Marcos, antes dele, já havia formulado: "Não é ele o filho do carpinteiro?" (Mc 6,3). Fundamentando-se nisso, a tradição concluiu que Jesus herdou a profissão de seu pai. Não sendo desprezível essa profissão, e tampouco honrada, não existe nenhuma razão para pensar que ela tenha sido inventada pelos primeiros cristãos. Por questão de exatidão, entretanto, o termo usado (*tektôn*) não explica exatamente o que modernamente entendemos por "carpinteiro". O *tektôn* é o artesão de um material sólido: madeira, mas também ferro e pedra. Justino o Mártir, no século II, afirmava que Jesus fabricava arados e cangas (*Diálogos com Trifão,* 88). Ou seja, na oficina de seu pai, Jesus podia produzir tanto vigamentos quanto portas, móveis, ferramentas ou baús.

Em Nazaré, um grande vilarejo rural, a maioria dos habitantes era formada de agricultores. A família de Jesus também devia viver de um lote de terra. Hegésipo (século II) relata o interrogatório pelo Imperador Domiciano feito a dois netos de Judas, um irmão de Jesus, que declararam possuir apenas um pequeno lote de terra que cultivavam (Eusébio de Cesareia, *História eclesiástica*, III, 20, 1-3). Socialmente, os artesões não faziam parte dos pobres, mas antes da classe média. Abaixo deles viviam os pequenos agricultores empobrecidos pelas taxas, os trabalhadores diaristas, os domésticos sazonais, os artesões itinerantes, e mais abaixo ainda os escravos. A família de Jesus não vivia, portanto, à beira da pobreza.

No campo, o artesão é apreciado por sua competência. A profissão exercida por Jesus exigia uma competência técnica e força muscular. "O frangote etéreo que nos apresentam frequentemente as imagens piedosas e o cinema hollywoodiano não teriam sobrevivido aos rigores que teve de enfrentar o *tektôn* de Nazaré da adolescência ao início de seus trinta anos", observa com humor John P. Meier[52].

A uma hora de distância de Nazaré abriu-se um enorme canteiro de obras, para a reconstrução de Séforis. Destruída por ocasião de uma revolta contra Roma no ano 4 a.C., a cidade foi escolhida como capital por Herodes Antipas e os trabalhos continuaram até o ano 26 de nossa era. Por isso, a imaginação de alguns historiadores se inflamou com a ideia de que José e seu filho pudessem ter trabalhado neste grande canteiro de obras. Nada se exclui, obviamente, mas, o que impressiona ao lermos os evangelhos, é a ausência total das grandes cidades na atividade de Jesus. Seus deslocamentos se concentram nos vilarejos e aldeias de tradição judaica: Nazaré, Cafarnaum, Naim, Corazim, Canaã. As cidades helenísticas de Séforis e Tiberíades são ignoradas.

Jesus foi um homem das aldeias e do campo. Suas parábolas colocam em cena pescadores, mulheres trabalhando em casa e trabalhadores da terra. Antes de seu deslocamento para Jerusalém, o universo de Jesus permaneceu o mundo rural de sua infância.

Os "anos escondidos"

O que aconteceu nos "anos escondidos" de Jesus de Nazaré, antes que Ele começasse, por volta dos trinta anos, sua atividade pú-

---

52. MEIER, J.P. *Un certain Juif, Jésus: Les données de l'histoire* – I: Le sources, les origines, les dates, p. 182.

blica? Os evangelhos apócrifos se precipitaram, buscando preencher essa lacuna, notadamente o *Evangelho da infância segundo Tomé* e o *Evangelho árabe da infância*, que narram as torpezas de um Jesus menino mau, que usava seu poder milagreiro para impressionar seus companheiros ou para enganá-los[53]. Na verdade, a infância de Jesus nos foge, assim como para a maioria dos personagens da Antiguidade. Para eles como para Jesus, a imaginação legendária veio a preencher as lacunas do saber. Talvez esse também tenha sido o caso para o episódio de Jesus adolescente em Jerusalém fazendo companhia a seus pais e encontrado debatendo com os sábios (Lc 2,41-52). O gosto pelo maravilhoso teve a última palavra!

Se, por um lado, ignoramos tudo da infância e da juventude de Jesus, as competências manifestadas pelo Jesus adulto, em contrapartida, permitem algumas deduções.

Sua frequentação das sinagogas, sua participação nas festas de peregrinação, sua prática da oração pressupõem uma aprendizagem dos ritos da lei judaica. Um dos mais antigos tratados da Mishná, o *Pirkê Avot,* diz: "Aos quatro anos de idade, a Escritura; aos dez, a Mishná; aos treze, os mandamentos; aos quinze, o Talmud; aos dezoito, o pálio nupcial [...]" (5,21). Esta sentença anônima remontaria ao século I. Talvez ela idealize, mas, seja como for, indica o modelo de educação religiosa nas famílias piedosas.

Ora, a família de José e Maria foi manifestamente uma família piedosa. Em seu seio, e depois na sinagoga, o pequeno Yeshu aprendeu a conhecer e a amar a Escritura, a memorizar suas passagens, a recitar o *shemá Israel*, a rezar, a respeitar o sábado, a descobrir as regras de pureza, a jejuar, a assistir ao ofício sinagogal do sábado. Contrariamente ao que às vezes lemos, Ele não se apresentou à *bar mitzvah*, pois esse rito de ascensão à maioridade religiosa (treze

53. Cf. BOVON, F. & GEOLTRAIN, P. (ed.). *Écrits apocryphes chrétiens*, I. Op. cit., p. 105-161, 189-238.

anos) é uma instituição medieval. Mas um rito de passagem, no entanto, devia existir, ao qual Ele deve ter-se submetido.

Esta situação durou até o momento em que na vida de Jesus aconteceu um grande choque: o encontro com João Batista. E este choque foi tão forte que desencadeou nele a conversão e o pedido do batismo. Seu batismo foi ocasião de uma revelação que transformou sua vida: ela o levou a abandonar a sua família para seguir o Batista e afiliar-se ao seu círculo de discípulos.

3

Na escola de João Batista

O movimento de Jesus não nasceu do nada, de geração espontânea. Jesus teve um mestre espiritual, um mentor, do qual foi o mais ilustre discípulo antes de assumir sua autonomia. Os evangelhos o nomeiam: João, o Batizador ou o Batista. Depois de relatar o batismo de Jesus, esses mesmos evangelhos já situam Jesus diante das tentações do deserto e de sua atividade de pregador (Mc 1,9-14). Ora, neste intervalo, houve alguma coisa, pois apresentar-se ao batismo não era uma formalidade: implicava um vínculo com quem batizava e um engajamento de vida. O Evangelho de João guardou a lembrança que Jesus batizava com João (Jo 3,22-23), mesmo se uma omissão posterior tenta minimizar o fato[54]. Antes de pregar por conta própria, Jesus fez parte de um círculo estreito de discípulos do Batista e foi associado, ao menos por alguns meses, à atividade deste mestre.

O profeta do deserto

Qual era a significação do batismo realizado por João? O historiador judeu Flávio Josefo desenha um retrato admirativo do personagem:

---

54. Jo 4,2 ("Na verdade, Jesus mesmo não batizava, mas seus discípulos") é uma tentativa tardia de neutralizar a realidade histórica. Cf. ZUMSTEIN, J. *L'Evangile selon saint Jean*. Genebra: Labor et Fides, 2014, p. 138 [Col. "Commentaire du Nouveau Testament"].

> Herodes, de fato, tinha matado [João], embora tivesse sido um homem de bem, que exortava os judeus a se comportar com virtude e justiça entre si e piedosos em relação a Deus, para poder receber o batismo. Pois é neste sentido que o batismo lhe parecia agradável a Deus: ele não servia para perdoar os pecados, mas para purificar o corpo, depois da alma ter sido purificada pela prática da justiça. Como os outros [judeus], em grande número, se reuniam ao seu redor e se exaltavam na escuta de suas palavras, Herodes temia que uma influência muito poderosa incitasse uma rebelião (*Antiguidades judaicas*, 18, 117-118).

Josefo evidencia a prática batismal de João, que foi visivelmente sua marca registrada e lhe valeu o cognome de "Batizador", ou "Batista" (tradução literal de *baptizon* ou *baptistes*). Josefo confirma também o vínculo entre o engajamento dos adeptos e o batismo: "virtude e justiça" precedem o ato batismal, que purifica o corpo. Aderir à pregação de João é, portanto, uma condição para o batismo.

Mas o historiador judeu cede à tentação de pintar João à maneira dos filósofos helenísticos imbuídos de virtudes. O que ele silencia, já que não lhe agrada, é que João era um pregador do fim do mundo. Os evangelhos sinóticos, por sua vez, guardaram a orientação escatológica de sua mensagem: "Crias de víboras, quem vos mostrou como fugir da cólera que vem? Produzi, pois, frutos que testemunhem vossa conversão" (Lc 3,7-8). A cólera que vem é o furor de Deus contra a impiedade do seu povo. Hoje, troveja o Batista, o fim do mundo é iminente com seu fogo destruidor: "O machado já está pronto para cortar a raiz das árvores; toda árvore, portanto, que não der bom fruto será cortada e lançada ao fogo" (Lc 3,9).

Na linha dos profetas de Israel, João foi o último de seus representantes e o mais incandescente. Ele proclama que *o tempo já se esgotou*: Deus vai encontrar seu povo e proceder ao Julgamento final decretando o fim dos tempos. O único meio de escapar à catástrofe final é confessar os pecados, corrigir a própria vida pela conversão e receber o batismo, pois este é ministrado "em vista do perdão dos pecados" (Mc 1,4). E que ninguém imagine que pertencer ao povo santo constituir-se-á em baluarte contra a ira divina, troveja o profeta desgrenhado: "Pois eu vos digo: destas pedras aqui Deus pode suscitar filhos para Abraão" (Lc 3,8b). Para retomar a expressão de Albert Schweitzer, o batismo de João era um "sacramento escatológico"[55]. Praticado na urgência da última hora, o batismo garantia aos batizados a remissão das faltas, ato que os levaria ao julgamento final. O batismo de João oferecia assim aos israelitas a última chance para livrar-se da catástrofe final, ou seja, da perdição.

Constrangimento cristão

Como não podia ser diferente, o batismo de Jesus por João mergulhou os primeiros cristãos no maior constrangimento do mundo.

Como admitir tamanha dependência de Jesus do profeta judeu dos últimos dias? E, sobretudo, como aceitar que Jesus se tivesse submetido a um batismo "em vista do perdão dos pecados", se a Cristandade o considerava sem pecado?[56] Esta situação se tornava mais desagradável ainda porque no século I uma rivalidade opunha as comunidades cristãs aos grupos de discípulos de João[57]. Esses conflitos religiosos são evocados em At 18,25 e 19,1-4, textos que declaram insuficiente o "batismo de João".

A tradição cristã, entretanto, não ocultou a figura de João. O Evangelho de Marcos o colocou no topo de seu relato (Mc 1,1-8), e a

55. SCHWITZER, A. *La Mystique de l'apôtre Paul*. Paris: Albin Michel, 1962, p. 204.

56. "Aquele que não conheceu o pecado, Deus o identificou ao pecado, por nós, a fim de que por Ele nos tornemos justiça de Deus" (2Cor 5,21). Cf. tb. Jo 7,18; 1Jo 3,5; Hb 4,15 e 7,26 etc.

57. Já nos evangelhos, João é denominado "rabi", ou "mestre", por seus discípulos (Lc 3,12; Jo 3,26).

Fonte das palavras de Jesus (Q) conservou a memória de sua pregação (Lc 3,7-18). Não obstante tudo, a contínua domesticação cristã do personagem é evidente. Em Mt 3,13-15, João fica chocado com o fato de Jesus pedir-lhe o batismo, já que o inverso seria o mais lógico. Mateus omite a menção de um batismo "em vista do perdão dos pecados". Em Lc 3,21, Jesus é batizado sem que o nome do Batista figure. No quarto evangelho, o batismo de Jesus desaparece. João o apresenta aos seus discípulos como "o cordeiro de Deus que tira o pecado do mundo" (Jo 1,29). Nos evangelhos apócrifos a domesticação encontra seu auge: Jesus protesta, diz não ter cometido pecado algum para ter que submeter-se ao seu batismo, e João se ajoelha então diante de Jesus e implora que o batize[58].

No final dessa interpretação, a relação entre Jesus e o Batista acaba se invertendo. Enquanto historicamente Jesus aderiu ao movimento popular de avivamento desencadeado por João, enquanto se apresentou ao seu batismo de conversão e se tornou seu discípulo, a figura do Batista metamorfoseou-se para que a figura de Cristo fosse se impondo. *O mestre espiritual tornou-se seu aluno, o mentor transformou-se em precursor. O último profeta de Israel foi reivindicado para servir à propaganda cristã.*

Entretanto, mais uma vez, os primeiros cristãos não apagaram os vestígios da proximidade entre estes dois personagens. Na boca de Jesus, por exemplo, não se percebe nenhuma crítica ao profeta da conversão. Muito pelo contrário: João é enaltecido, ele é "mais do que um profeta", e "dentre os nascidos de mulher, ninguém é maior do que João Batista" (Mt 11,9-11). Jesus compara sua própria rejeição, da qual é vítima, à rejeição de João (Mt 1,6-19). Contestado pelas autoridades religiosas de Jerusalém após seu gesto violento contra o Templo, Jesus as adverte por não terem acreditado no ba-

58. Cf. o *Evangelho dos ebionitas,* frag. 4: "João lhe diz: 'Eu te imploro, batiza-me'", e o *Evangelho dos nazarenos*, frag. 2: "Que pecado eu cometi para que tenha que me fazer batizar por ele?" (Texto citado mais acima.)

tismo de João (Mc 11,29-32). Mateus chega a equiparar a pregação de ambos em termos similares: "Convertei-vos; o Reino dos Céus está próximo" (Mt 3,2; 4,17). Quanto a Lucas, no primeiro capítulo de seu evangelho da infância faz um paralelo entre o anúncio do nascimento maravilhoso de João e o de Jesus (Lc 1). E transforma João em primo de Jesus, sem que possamos saber se historicamente se deva pensar num vínculo de sangue ou (antes) numa afinidade de ideias.

Além disso, as figuras de Jesus e de João são várias vezes confundidas. Herodes Antipas diz: "Esse João que mandei decapitar, é ele que ressuscitou" (Mc 6,16); as multidões, diante da pergunta, "Quem sou eu, no dizer dos homens?", respondem: "Alguns dizem que és João Batista [...]" (Mc 8,28). Em suma: uma leitura atenta dos evangelhos desenterra os traços de um vínculo forte e reconhecido entre o profeta do deserto e o homem de Nazaré.

Águas vivas, gafanhotos e mel silvestre

João, segundo Marcos, surgiu "no deserto" (1,4). No deserto "da Judeia", segundo Mateus. Na região do Jordão, segundo Lc 3,3. Para o quarto evangelho, em Betânia (Jo 1,20). A soma dessas localizações delineia uma zona tradicionalmente identificada como região desértica, composta por terras áridas que descem das colinas da Judeia em direção à margem ocidental do Mar Morto, lá onde foi descoberto o sítio arqueológico de Qumran. Portanto, a atividade de João teve lugar no baixo vale do Jordão, lá onde esse riacho, por suas margens exuberantes, rompe a aridez do deserto. Esse território faz parte da Pereia, ou da Transjordânia, que, assim como a Galileia, vivia sob o domínio de Herodes Antipas. É lá que, num dado momento, Jesus se depara com a atividade batismal de João. O lugar exato desses batismos por imersão em água corrente nos foge. De acordo com Jo 3,23, o Batista se deslocou em seguida para o norte, para Enon [Ainão], perto de Salim, dois vilarejos situados a oeste do Jordão[59]. Sua atividade, itinerante, fixou-se mais nos confins de Israel, na Transjordânia, lugar onde os batistas, após sua morte, se estabeleceram.

O Evangelista Lucas é mestre em datar os acontecimentos. Para ele, João começou sua atividade de guia espiritual no ano 15 do Imperador Tibério (Lc 3,1), o que nos situa no início do ano 28 de nossa era[60]. O batismo de Jesus teria se realizado ao longo do mesmo ano. De onde viria o profeta que o batizou? Lucas é o evangelista mais eloquente, já que descreve sua família: filho de Zacarias, o sacerdote, e de Isabel, sua mulher estéril (Lc 1,5-25). Entretanto, apresentando-se como uma narrativa historicamente confiável, esse relato legendário exagera ao apresentar um precedente ao nascimento de Jesus. Seja como for, uma indicação e uma atitude não devem ser menosprezadas: a primeira é que João descendia de uma família sacerdotal; a segunda é que ele cortou relações com sua família, e com seu entorno, produzindo uma ruptura.

Sua opção de vida causou fortes emoções: vestido de uma túnica de pelos de camelo e cingido por um cinto (ou, antes, vestindo uma bermuda) de couro, alimentava-se de gafanhotos grelhados e mel silvestre (Mc 1,6). João emprestou esse modo de vida dos habitantes nômades do deserto, mas sua austeridade é impressionante. De Elias, igualmente, a Bíblia relata semelhante vestimenta[61]. Estaria João buscando essa aproximação? Seja como for, ele é um asceta. Diante do luxo da corte herodiana, que se vestia suntuosamente (Lc 7,26), João desenvolve uma *contracultura*: a verdade sobre Deus é

59. As fontes de Salim se situam a 12km ao nordeste de Nablus.

60. Uma leve hesitação reina entre os anos 27, 28 ou 29, mas o período mais provável, segundo a contagem síria, situa-se entre o dia 1º de outubro e o dia 30 de setembro do ano 28. Cf. cálculo em PERROT, C. *Jésus et l'histoire*. 2. ed. Paris: Desclée, 1993, p. 83-85 [Col. "Jésus et Jésus-Christ", 11].

61. 1Rs 19,13.19; 2Rs 8,13-14; Zc 13,4. Essas são as vestes dos profetas de Israel.

buscada no deserto, na privação, e não no luxo das cidades reais. A opção pelo deserto comporta um simbolismo forte: na tradição bíblica, o deserto é um lugar de retirada e de comunicação com Deus, um êxodo. Para encontrar o Deus dos pais, urge retirar-se.

O batismo de João, vale lembrar, não gozava de uma eficácia mágica: ele devia fazer-se acompanhar de um engajamento moral. A Fonte das palavras de Jesus conservou os traços dessas injunções morais, que concretizam o que Flávio Josefo denomina "virtude":

> As multidões perguntavam a João: "O que devemos fazer?" Ele lhes respondia: "Se alguém tiver duas túnicas, reparta com aquele que não tem; se alguém tiver o que comer, faça o mesmo". Também vieram cobradores de impostos fazer-se batizar e lhe perguntaram: "Mestre, o que devemos fazer?" Ele lhes respondeu: "Não exijais nada além do que vos foi fixado". Os militares lhe perguntavam: "E nós, o que devemos fazer?" Ele lhes disse: "Não façais violência, nem mal a ninguém, e contentai-vos com o vosso soldo" (Lc 3,10-14).

Dividir os próprios bens com os pobres e lutar contra a corrupção dos funcionários: a receita de João é simples, mas imperativa. Vale lembrar que o inventário dos interlocutores confirma a notoriedade do Profeta João Batista, já relatada acima pelo historiador judeu. Cobradores de impostos e soldados: estes personagens, detestados pela opinião pública em razão do conluio que mantinham com a ocupação romana, fazem parte dos círculos próximos a Jesus.

Da morte trágica de João temos dois relatos que se complementam: o Evangelho de Marcos (6,17-29) e Flávio Josefo (*Antiguidades judaicas*, 18, 118-119). O drama do relato de Marcos está estampado na memória dos que conhecem o Novo Testamento: exorcizado pelo encanto da filha de Herodíades, que dança no aniversário de Herodes Antipas, este homem público promete dar-lhe instantaneamente o que ela desejar. Aconselhada pela mãe, ela pede a Herodes, num prato, a cabeça de João Batista. Não obstante sua dramaticidade, esta versão é levemente romanceada[62]. Uma verificação dos dados do historiador judeu revela o aspecto político da questão: as críticas feitas por João Batista ao novo casamento de Herodes, que repudiara sua primeira mulher para casar-se com Herodíades, mulher de seu meio-irmão, não apenas exasperaram a pretendente, mas incomodaram o próprio Antipas, que estava politicamente em conflito com o reino vizinho dos nabateus, de onde era originária sua primeira mulher. A crítica relativa à legitimidade de seu casamento inseria-se, portanto, numa guerra de fronteiras, e colocava em risco a reputação do tetrarca perante a opinião pública.

Temendo que o sucesso popular de João degenerasse em rebelião, Antipas mandou executá-lo na fortaleza de Maquero, na costa leste do Mar Morto, onde o havia encarcerado. Flávio Josefo sublinha que a opinião pública não lhe perdoou este crime, e considerou a derrota do exército de Herodes contra os nabateus como uma sanção infligida por Deus por ter matado o profeta do deserto. João pagou com a própria vida sua intromissão nos negócios públicos.

"Aquele que vem depois de mim é mais forte do que eu"

A particularidade de João Batista é a de desqualificar-se ao anunciar a vinda de alguém "mais forte do que eu, de quem não sou digno de, inclinando-me, desatar-lhe a correia das sandálias" (Mc 1,7). A imagem é impressionante: desatar as sandálias era uma função reservada aos escravos não judeus, e, portanto, o discípulo

62. Sabemos por Flávio Josefo (*Antiguidades judaicas*, 18, 136) que Marcos cometeu um erro ao fazer de Herodíades mulher de Felipe, meio-irmão de Antipas. Herodíades, em seu primeiro casamento, foi mulher de outro meio-irmão, conhecido simplesmente por Herodes; eles tiveram uma filha, Salomé. Esta sim se casou com Felipe.

não devia realizar essa função diante do mestre[63]. A quem se dirige esse sentimento de radical indignidade? Para os leitores cristãos, ele se aplica sem nenhuma dúvida a Jesus, mas, e para o Batista? Esse "mais forte" era aguardado, e realizaria o julgamento final, reunindo os eleitos e exterminando os malvados (Mt 3,12). Jesus não correspondeu à definição.

Com quem sonhava João? Pensou-se em Deus, pois "o forte" é uma designação de Deus no Antigo Testamento, e o julgamento último lhe é correntemente reservado. Mas o antropomorfismo da metáfora não combina com uma designação divina (sandálias para Deus?). Deve tratar-se antes de uma das incontáveis figuras celestes que povoavam o imaginário escatológico de Israel no século I: Messias, Filho do Homem, filho de Davi, novo Elias, novo Moisés, Melquisedec etc. A questão dos enviados de João a Jesus, "És tu aquele que vem ou devemos esperar outro?" (Mt 11,3) sinaliza que o profeta esperava mais um mediador do divino do que o próprio Deus. Mas, lembra Gerd Theissen, é sempre a intervenção de Deus que Israel vislumbra através das figuras supra-angélicas do futuro[64].

O mais interessante é salientar que *este personagem permanece indefinido, enigmático,* pelo menos na mensagem do Batista, da forma como foi preservada pelas fontes cristãs. Ou as fontes não guardaram mais detalhes de sua visão escatológica, ou – é o que estou tentado a acreditar – João deixou na incerteza a identidade do mediador celeste, porque o ignorava. Sua questão relativa a Jesus, que acabo de lembrar, vai nessa direção.

Aliás, uma de suas atividades chama a atenção: "Eu vos batizo com água [...]. Ele vos batizará no Espírito Santo e no fogo"

63. Cf. STRACK, H.L. & BILLERBECK, P. *Kommentar zum Neuen Testament aus Talmud und Midrasch*, I. 5. ed. Munique: Beck, 1969, p. 121.

64. THEISSEN, G. & MERZ, A. *Der historische Jesus* – Ein Lehrbuch. Op. cit., p. 188-190.

(Lc 3,16). Marcos simplesmente diz: "Ele vos batizará no Espírito Santo" (Mc 1,8). Teria se preservado as palavras do Batista, ou a releitura cristã teria infiltrado aqui uma referência ao batismo cristão para sugerir que ele é superior ao de João? A menção do fogo se inscreve na mensagem escatológica do Batista; ela é uma metáfora bíblica corrente do Julgamento último. Provavelmente se trata de um acréscimo cristão, pois ela confunde a identificação do "mais forte" com Cristo. A releitura cristã focalizada sobre o batismo no Espírito Santo é também real em At 1,5 e 11,16, onde o fogo desapareceu. A versão de Marcos e de Atos dos Apóstolos é, portanto, tardia.

Que João tenha diferenciado seu batismo de água do batismo escatológico pelo fogo purificador está conforme ao conjunto de sua mensagem. Ele teria dito mais? Estaria esperando a vinda do Espírito Santo nos últimos dias, como o Profeta Joel esperava? (Jl 3,1-5). Se esse for o caso, sua expectativa seria uma dádiva de Deus para os cristãos, que viram nisso uma pregação da vinda do Espírito em Pentecostes (At 2)[65]. *João vislumbrava para o futuro próximo uma ação vigorosa, que incluía para os ímpios o fogo destruidor, para os justos o auxílio do espírito de santidade*[66]. O futuro que o Batista esperava impacientemente evocava o acesso dos batizados à salvação, mas todo o peso de sua pregação repousava sobre a exterminação dos pecadores pelo fogo.

---

65. O discurso de Pedro em Pentecostes interpreta a vinda do Espírito Santo como uma realização da profecia de Jo 3,1-5: "Então [...] derramarei meu Espírito sobre toda carne [...]".

66. O auxílio escatológico do espírito de santidade é esperado em Jo 3,1-5. Qumran o espera conjuntamente com a destruição do espírito de perversidade (1QS 4,20-21). Cf. WEBB, R.L. *John the Baptizer and Prophet*. Sheffield: Sheffield Academic Press, 1991, p. 262-278, 289-295 [Col. "Journal for the Study of the New Testament – Supplement Series", 62].

Jesus e João

Poderíamos saber mais sobre a relação entre estes dois personagens? Como João considerou Jesus, e como Jesus considerou João? Dois textos, frequentemente atribuídos (mas erroneamente) a composições cristãs, ajudam a desvendar as questões.

Já mencionamos o primeiro: o procedimento dos enviados do Batista, quando este, encarcerado por Antipas na fortaleza de Maquero, os enviou a Jesus com esta questão: "És tu Aquele que vem ou devemos esperar outro?" (Mt 11,3). A resposta de Jesus surpreende, pois desloca a questão. Ele não responde absolutamente "sou eu", mas enumera uma série de acontecimentos impressionantes: "Os cegos recobram a vista e os coxos andam direito, os leprosos são purificados e os surdos ouvem, os mortos ressuscitam e a Boa-nova é anunciada aos pobres" (Mt 11,5). Os milagres citados por Jesus são a marca registrada da salvação escatológica da forma como é descrita no livro de Isaías[67]: eis os benefícios esperados pela restauração da nova criação por ocasião da vinda final de Deus. Um texto de Qumran relê estes mesmos milagres por ocasião da chegada do Messias: "Então curará os feridos e fará viver os mortos, anunciará a Boa-nova aos pobres e fartará os humildes, guiará os desgarrados e enriquecerá os famintos" (4Q 521, frag. 2). Este texto essênio testemunha uma expectativa messiânica de salvação em Israel no século I, expectativa na qual Jesus se insere.

Sua resposta opera dois deslocamentos significativos diante da questão do Batista.

Por um lado, ela se afasta de sua pessoa para focar no que se passa ao seu redor, que a profecia de Isaías permite interpretar como obra de Deus e de seu Messias. Por outro lado, sua resposta se afasta do Messias destruidor esperado por João para focalizar nos milagres

67. Ex 26,19; 29,18-19; 35,5-6; 42,18; cf. 61,1. Cf. tb. 1Enoc 25,5-6; 4Esd 8,53-54; 2Br 73,2-3 etc.

benéficos de Deus. *Jesus aceita, portanto, a questão de seu mestre espiritual, mas se esquiva da questão identitária; Ele reconfigura o porvir esperado, não confirmando a expectativa de um futuro tenebroso, mas desenhando um horizonte onde predomina o bem-estar humano.* Ele insiste, pois, no ponto em que sua mensagem se afasta daquela de seu mestre espiritual. O evangelho não menciona nenhuma reação do Batista à resposta de Jesus; podemos ver nisso um indício de que esse trecho não é uma criação posterior. A cristianização do personagem, da forma como ela se desenvolve no quarto evangelho, emprestará a João uma convicção: Jesus é saudado como "o cordeiro de Deus" (Jo 1,29-30).

O segundo texto que mostra o vínculo entre Jesus e João Batista é uma divertida parábola: as crianças que tocam e dançam na praça.

> A quem, pois, compararei os homens desta geração? A quem são comparáveis? São comparáreis a crianças sentadas na praça e que se interpelam umas às outras, dizendo: "Tocamos flauta para vós, e não dançastes. Entoamos um canto fúnebre, e não chorastes". De fato, João o Batista, veio: ele não come pão nem bebe vinho, e dizeis: "Ele perdeu o juízo". Veio o Filho do Homem, come e bebe, e dizeis: "Eis um comilão e um beberrão, amigo dos cobradores de impostos e dos pecadores". Mas a Sabedoria foi reconhecida como justa por todos os seus filhos (Lc 7,31-35).

Lá ainda é possível discernir o que Jesus compartilha com o Batista e o que o diferencia. Dois grupos de crianças se divertem na praça do vilarejo, um criticando o outro por não ter aceitado entrar na brincadeira. Quando um grupo toca flauta o outro não quer dançar. Quando entoa um cântico fúnebre, o outro não quer imitar o luto. Aos dois convites do primeiro grupo, o segundo se recusa a responder. A imagem é imediatamente decifrada. O convite ao luto simboliza a chegada de João, o asceta, sobre o qual dizem: "Ele perdeu o juízo". O convite à dança simboliza a vinda de Jesus, que come e bebe, mas sobre o qual dizem: "Eis um comilão e um beberrão". Os epítetos aplicados a Jesus são tão desagradáveis que seria impossível imaginar que foram inventados posteriormente; eles já circulavam em seu tempo de pregação.

Jesus valida a vinda do Batista e se alinha com seu predecessor: seus contemporâneos rejeitaram tudo, tanto a severa pregação de conversão de João quanto sua própria pregação, sob pretextos diversos. A João recriminou-se sua ascese; a Jesus, seu comportamento folgazão e suas indecentes amizades com as pessoas menosprezadas pelos piedosos. *A mesma luta entre João e Jesus, mesmo se as modalidades mudam, e a mesma rejeição*! A grande final unifica os dois homens: "Mas a Sabedoria foi reconhecida justa por todos os seus filhos". Quem percebeu nestes dois homens a emanação da Sabedoria divina reconheceu a exatidão de seu apelo a converter-se.

Uma oferta revolucionária

O batismo de João, ligado à exigência de conversão, não constituía apenas, na Galileia do século I, uma inovação religiosa: *o gesto de João era, em sentido próprio, revolucionário.* João é o primeiro, no seio do judaísmo, a praticar um rito batismal único. A fé judaica praticava as abluções rituais como virtude purificadora. A presença dos romanos na Palestina (ímpios que não respeitavam a Terra santa!) acentuaram o fenômeno; ele se traduzia pela multiplicação dos *mikvaot*, tanques de água que permitiam a purificação. No sítio arqueológico de Qumran eles abundam, mas também nas imediações do Templo de Jerusalém. Ora, João rompe com a prática das abluções repetitivas para prescrever uma purificação única, suficiente e eficaz. E seu batismo não apenas lava os fiéis das imundícies do mundo profano, mas apaga seus pecados em vista do Julgamento final.

Para a piedade judaica, se as abluções rituais restauravam a pureza dos fiéis, a concessão do perdão necessitava de outro rito: a oferta de um sacrifício. Todo indivíduo era convidado a realizar tal gesto. Além disso, uma vez por ano, na festa do Yom Kippur, o sumo sacerdote oferecia no Templo um grande sacrifício para a expiação dos pecados de todo Israel. Ora, apresentando-se como o canal exclusivo do perdão divino, o batismo de João invalidava essas práticas seculares e as declarava ineficazes. De fato, ele substituía o sistema sacrificial do Templo para a remissão dos pecados.

Verdade seja dita: João não foi o primeiro profeta a preferir a retidão moral aos ritos piedosos. Amós, no século VIII a.C., trovejava em nome de Deus: "Detesto, desprezo vossas peregrinações, não posso suportar vossas assembleias solenes [...]. Vossos sacrifícios de paz e de animais cevados, não os olho [...]. Que o direito jorre como água e a justiça seja uma torrente inestancável" (Am 5,21-24). João o Batista é dessa têmpera. Não se relata dele nenhuma palavra mordaz contra os ritos do Templo, mas *proclamar a urgência de ser batizado para escapar do Dia da ira significava julgar obsoletos os remédios clássicos*. Seu batismo se inscreve na sequência dos atos simbólicos dos profetas do Antigo Testamento, esses gestos provocadores, destinados a significar uma nova realidade[68]. João se colocava como o único mediador eficaz do perdão de Deus. Doravante o serviço do Templo não tinha mais nenhuma serventia.

Como explicar a novidade radical do Batista?

Naturalmente, o vemos aproximar-se dos sectários de Qumran, que também moravam no deserto da Judeia. Foi para lá que se retirou o núcleo forte dos essênios, esse movimento leigo que aspirava a uma pureza de vida. O eremita solitário teria formado na comunidade do deserto? Ninguém sabe, já que a seita não deixou nenhum registro de seus adeptos. Uma afiliação de João aos essênios é bas-

68. Trata-se de 1Rs 11,29-39 (o manto rasgado); Os 3,1-5 (a mulher adúltera); Jr 13,1-11 (o cinto danificado); 19,10-15 (o vaso quebrado); 32,6-15 (o tesouro do campo) etc. Cf. AMSLER, S. *Les Actes des profetes*. Genebra: Labor et Fides, 1985 [Col. "Essais Bibliques", 9].

tante improvável. Ela significaria que o antigo adepto teria reunido em si todos os princípios da seita: nem a obsessão de Qumran pela purificação por abluções repetidas, nem seu apego literal à Torá, nem sua preparação para a guerra santa dos eleitos contra os ímpios deixaram vestígios no discurso de João. Simon Légasse concluiu: "A origem da prática [batismal] e seu alcance não está senão no gênio pessoal e na inspiração religiosa do profeta"[69].

João, o filho de sacerdote, rompeu com a tradição de seu entorno, rompeu com a ritualidade sacrificial à qual seu pai se dedicava, para instaurar as medidas radicais que, em sua forma de ver, antecipariam a chegada do Deus vingador.

Os profetas do deserto

João não é, no entanto, um óvni no judaísmo palestino do século I. Ele não é o único a se retirar para o deserto. Flávio Josefo (também ele originário de uma família sacerdotal) reconheceu ter sido por vários anos a fio discípulo de um denominado Bannus, que "vivia no deserto", se vestia de vegetais e se alimentava do que encontrava pelo caminho, banhando-se dia e noite nas águas frias para preservar a castidade (*Autobiografia*, 11). O deserto era reputado ser o lugar da pureza original de Israel.

O mesmo Flávio Josefo fala de personagens denominados charlatães e impostores, e que "pregavam às multidões para que se abandonassem aos poderes divinos atraindo-as para o deserto, fingindo que lá Deus lhes mostraria sinais precursores de sua libertação" (*Antiguidades judaicas*, 2, 259). Os acontecimentos se situam no período em que Félix era procurador da Judeia (52-60 de nossa era). Lemos nas *Antiguidades judaicas* (20, 188) que seu sucessor, Festus (60-62), "enviou uma tropa de cavalaria e de infantaria contra os que

69. LEGASSE, S. *Naissance du baptême*. Paris: Cerf, 1993, p. 43 [Col. "Lectio Divina", 153].

haviam sido enganados por um impostor que lhes havia prometido a salvação e o fim de seus males se o seguissem no deserto".

Quinze anos antes, Teudas convenceu uma multidão a segui-lo até o Jordão para assistir à divisão do rio em dois; Josefo (*Antiguidades judaicas*, 20, 97-99) e os Atos dos Apóstolos (5,36) relatam o massacre de seus adeptos pelas tropas de ocupação. Os Atos dos Apóstolos também relatam que o Apóstolo Paulo foi confundido com "o egípcio que, nestes últimos tempos, sublevou e conduziu para o deserto quatro mil sicários" (21,38); assim eram denominados estes extremistas religiosos que andavam armados de um punhal (*sicários*). Josefo o confirma: este egípcio "havia se atribuído a reputação de profeta"[70] (*Guerra dos judeus*, 2, 161-263).

O historiador judeu não gosta destes personagens, denominando-os "falsos profetas". Ele estima que fizeram a cabeça de pessoas crédulas e desencadearam a primeira Guerra dos judeus, que, como o sabemos, terminou com a destruição do Templo no ano 70. Estes movimentos foram sistematicamente reprimidos sangrentamente pelos romanos, que sufocavam nas origens tudo o que cheirava à sublevação popular. João o Batista não era, pois, o único a adotar o deserto da Judeia como lugar de refúgio. Outros movimentos, às vezes violentos, haviam feito a mesma escolha.

Olhemos mais de perto esta atração pelo deserto. O que ela revela? Na fé de Israel, o deserto é o lugar mítico das origens, o lugar da recepção da Torá, a lembrança do idílio com o Deus libertador. Agitadores religiosos atraíam seus adeptos para fugir da terra manchada pela presença dos romanos e assistir aos milagres maravilhosos que haviam marcado o percurso de Israel durante o êxodo. Sua mensagem era clara: Israel está novamente em situação de escravidão, como no Egito; um novo êxodo permitirá a libertação da opressão. *A salvação vem do deserto*. Sempre segundo Josefo, o lema

70. Josefo lhe atribui "trinta mil enganados".

era "não ser escravos nem dos romanos nem de ninguém, a não ser de Deus: somente Ele é o mestre justo e verdadeiro dos homens" (*Guerra dos judeus*, 7, 323).

A nova ordem romana

Essa confusão de figuras do deserto é um indicador da atmosfera política e religiosa da Galileia e da Judeia sob a ocupação romana. Quando descreve o estado da "nação judaica" daquela época, o historiador romano Tácito diz: *sub Tiberio quies* ("tranquilidade sob Tibério"[71]). A estabilidade política é de fato impressionante. A inacreditável longevidade do reinado de Herodes Antipas, tetrarca da Galileia e da Transjordânia, é seu sinal inquestionável: quarenta e três anos (de 4 a.C. a 39 d.C.), um reino mais longo do que o reino de seu ilustre pai, Herodes o Grande! Desde a conquista de Pompeu em 63 a.C., Roma mantém com mão de ferro a Samaria (é a província da Síria), e desde o ano 6 ela administra a província da Judeia ao redor de Jerusalém. A calma, portanto, reina, segundo o historiador romano.

Mas, é sem contar com a resistência religiosa. Os governadores romanos bem como Herodes Antipas levam efetivamente uma campanha de aculturação da região à cultura greco-romana. Várias iniciativas de Pôncio Pilatos, governador da Judeia de 26 a 37, agitaram as consciências dos judeus: as moedas que ele fez cunhar carregam símbolos cultuais pagãos, ato que seus precursores haviam evitado até então; ele tenta introduzir imagens do imperador em Jerusalém, mas diante do escândalo recua; um conflito explode ao redor de um aqueduto que ele mandou construir usando fundos provenientes do tesouro do Templo, e (escândalo maior!) nas proximidades de um cemitério[72]. Uma notícia de caráter geral relatada a Jesus indica

71. TACITE. *Histoires*, V, 9, 2.

72. JOSÈPHE, F. *Guerre des juifs*, 2, p. 169-174. • JOSÈPHE, F. *Antiquités juives*, 18, p. 38, 55-59. • PHILON D'ALEXANDRIE. *Legatio ad Caium*, p. 299-305. Cf. LÉMONON, J.-P. *Ponce Pilate*. 2. ed. Ivry: De l'Atelier, 2007.

essa ambiência: "Aproximaram-se pessoas que relataram o caso dos galileus, cujo sangue Pilatos misturara ao dos seus sacrifícios" (Lc 13,1). Obcecado pela ordem pública, Pilatos sempre estava pronto a enviar seus legionários para espreitar as multidões. Foi, aliás, após sua repressão sangrenta a um agrupamento ao redor de um profeta samaritano no Monte Garizim que ele foi chamado a Roma em 37, e destituído do cargo.

Herodes Antipas, por sua vez, buscava salvaguardar as convicções judaicas. Entretanto, isto não o impediu de desafiar os costumes ao casar-se com a esposa de seu meio-irmão, não obstante as regras de casamento, e lançar a pedra fundamental de sua nova capital, Tiberíades, em cima de um cemitério. Por isso, a cidade inteira era reputada impura. Além disso, seu palácio era decorado com afrescos de animais, em contradição com o interdito das imagens; no início da Guerra dos judeus, uma multidão em cólera os destruiu[73].

Por conseguinte, de maneira brutal na Judeia, e de forma mais atenuada na Galileia, *a nova ordem romana ia se impondo na vida pública. Resultado: aumento potencial de uma resistência religiosa disposta a preservar os costumes do judaísmo.*

Nesses movimentos de resistência, como o destaca Gerd Theissen, fervor religioso e banditismo social se misturavam[74]. Os profetas do deserto recrutavam prioritariamente seus adeptos dentre as pessoas desfavorecidas e agricultores arruinados. Miséria econômica e protesto religioso se reforçavam mutuamente. A perspectiva

---

73. JOSÈPHE, F. *Antiquités juives*, 18, p. 36-38. • JOSÈPHE, F. *Autobiographie*, p. 65. Tiberíades foi construída, em substituição a Séforis, em 19 da era cristã.

74. THEISSEN, G. "Jésus et la crise sociale de son temps". In: MARGUERAT, D.; NORELLI, E. & POFFET, J.-M. (eds.). *Jésus de Nazarhet* – Nouvelles approches d'une énigme. Op. cit., p. 125-155. • THEISSEN, G. *Le Mouvement de Jésus* – Histoire sociale d'une révolution des valeurs. Paris: Cerf, 2006, p. 145-272. Pesquisa sociológica: HORSLEY, R.A. *Bandits, prophets and Messiahs* – Popular Movements in the Time of Jesus. 2. ed. Harrisburg: Trinity Press International, 1999.

de um governo teocrático, sob a égide de uma figura messiânica, só poderia inflamar esses excluídos da prosperidade. Quando Judas o Galileu desencadeou no ano 6 uma campanha de não pagamento dos impostos, ele brandiu um argumento teocrático: todo recenseamento fiscal é um sacrilégio, visto que só Deus detém o direito sobre a terra de Israel. Ele sacraliza, assim, um combate ao qual o povo simples, arruinado pelas taxas, estava particularmente tentado a subscrever[75].

João, portanto, se inscreve nesse movimento de resistência religiosa. No entanto, junto aos agitadores proféticos detestados por Flávio Josefo, ele ocupa um lugar à parte. Como eles, João protesta contra o pecado e a impiedade da sociedade, mas não prega nenhuma violência; não promete refazer os milagres de outrora; não exacerba o sentimento antirromano, mas, ao contrário, destrói toda segurança ligada à pertença ao povo de Abraão. No deserto João prepara um futuro em que o único ator é Deus. Com esse objetivo põe em prática um batismo de arrependimento que permite fugir ao iminente Dia da ira.

Estarrecedor batismo

No ano 28, um homem com aproximadamente 30 anos se apresenta ao batismo de João: Jesus, vindo de Nazaré, uma aldeia agrícola da Baixa Galileia. Ele não é o único. Multidões vinham da Judeia e de Jerusalém, relata Mc 1,5. A imersão tinha lugar nas águas do Jordão ou num *ouadi* adjacente. Se a imersão era feita aos moldes das abluções dos essênios, as mulheres deveriam estar vestidas de

75. JOSÈPHE, F. *Guerre des juifs*, 2, p. 117-118. • JOSÈPHE, F. *Antiquités juives*, 18, p. 4-10. O historiador judeu lembra que esses bandos armados eram recrutados junto aos agricultores arruinados pelos impostos (*Antiquités juives*, 18, p. 274), às pessoas endividadas (*Guerre des juifs*, 2, p. 426-427) e aos empobrecidos (*Guerre des juifs*, 4, p. 241). Alguns veem em Judas o Galileu, o fundador do movimento zelote.

túnicas e os homens de bermudas[76]. Jesus não está sozinho, mas, por que buscou o batismo? Os Antigos não são os únicos a se sentirem incomodados com a ideia de Jesus se apresentar a "um batismo de conversão para o perdão dos pecados" (Mc 1,4). Hoje, teólogos ainda o são. Alguns pensam que Jesus quis se solidarizar com o seu povo pecador; outros afirmam que Jesus não tinha nenhum pecado a ser perdoado[77]. Mas vamos à história e não à visão dogmática do Cristo. Contrariamente ao que imagina o evangelho apócrifo dos Nazarenos, Jesus não se declarou isento de pecado (cf. cap. 1, "Dos evangelhos judeu-cristãos"). Os textos permanecem mudos sobre sua motivação; seu campo de consciência nos é inacessível.

A honestidade histórica impõe que se registre seu pedido para receber o batismo de arrependimento, que pressupõe uma adesão ao programa moral de João. Os evangelistas não se sentiram obrigados a dizer mais. O comentário de Mateus ("[...] é assim que nos convém cumprir toda a justiça" (3,5)) aproxima Jesus e João sobre a realização do plano de Deus. Jesus discerniu no rito do profeta do deserto um apelo divino, e a ele respondeu.

Os evangelhos, em contrapartida, são mais eloquentes sobre o que se seguiu ao ato batismal. Lucas desenha um acontecimento de grandes proporções: "Ora, ao ser batizado todo o povo, Jesus, também batizado, rezava; enquanto rezava, o céu se abriu e o Espírito Santo desceu sobre Ele sob uma aparência corporal, como uma pomba" (Lc 3,21-22). O relato mais antigo de Marcos preservou a dimensão íntima e subjetiva do acontecimento: Jesus "fez-se batizar por João no Jordão. No momento em que Ele subia da água, viu os

---

76. JOSÈPHE, F. *Guerre des juifs*, 2, p. 161.

77. Primeira opinião: MEIER, J.P. *Un certain Juif, Jésus: les données de l'histoire* – II: La parole et les gestes. Paris: Cerf, 2005, p. 97-103 [Col. "Lectio Divina"]. Segunda opinião: PUIG I TÀRRECH, A. *Jésus* – Une biographie historique. Op. cit., p. 290-291. A fé cristã na impecabilidade de Jesus pode ser lida em 2Cor 5,21; Jo 7,18; 1Jo 3,5; Hb 4,15; 7,26 etc.

céus se rasgarem e o Espírito descer sobre si como uma pomba" (Mc 1,9-10). O sentido do relato de Marcos é claro: *Jesus, ao sair da água, teve uma visão.* Se essa memória se conservou, é porque provavelmente Ele contou aos seus discípulos esse acontecimento místico.

Da forma como chegou até nós, o relato assume um estilo pictorial (quem se impressionaria com uma visão?), emprestada da linguagem bíblica. No Antigo Testamento, quando Deus envia um profeta em missão, os céus se abrem (Ez 1,1). Aqui, eles se rasgam. O leitor das Escrituras tem na memória a súplica de Isaías: "Ah, se rasgasses os céus e descesses [...]" (Is 63,19). Essa irrupção esperada de Deus no mundo acontece agora. O Espírito desce sobre Jesus como uma pomba. Por que uma pomba? Podemos enumerar dezesseis proposições junto aos comentaristas: a pomba de Noé no dilúvio, o símbolo do amor, da paz, da sabedoria, de Israel...[78] Mas, registre-se que aqui o Espírito *não é uma pomba*; Ele desce como uma *pomba*. Provavelmente imaginou-se o sopro de Deus planando sobre as águas no momento da criação (Gn 1,2).

O mais importante é a mensagem da voz celeste: "Tu és meu filho muito amado; em ti coloco minha alegria". Quando Deus adota o rei de Israel por ocasião de sua entronização, declara-lhe: "Tu és meu filho; eu hoje te gerei" (Sl 2,7). Esta comparação permite sublinhar duas diferenças. Primeiramente, Jesus é o filho *muito amado*, o preferido, o único. Em segundo lugar, a voz divina revela uma opção já fixada: *em ti coloquei minha alegria*.

Eis o que Jesus guardou de sua visão mística. O batismo de João foi para Ele a ocasião de uma experiência interior intensa e estarrecedora: *Deus o escolheu para uma missão que não é descrita, mas que se resume a ser o filho, o representante, o porta-voz, a imagem de Deus pai.*

---

78. DAVIES, W.D.; ALLISON, D.C. *De Gospel according to Saint Matthew* – I: A Critical and Exegetical Commentary. Edimburgo: Clark, 1988, p. 331-334.

Marcos e Mateus vinculam diretamente o batismo de Jesus ao relato de suas tentações no deserto: seria sinal de que Jesus teve que se retirar para "digerir" o inacreditável acontecimento? Seja como for, o acontecimento do Jordão marca uma mudança radical em sua vida e o ponto de partida de sua vocação. Ele a realizará, num primeiro tempo, participando da atividade de João e de seus discípulos. Jesus, tendo se transformado em batizador, mas que em breve não batizará mais e abandonará o grupo batista, deve ao profeta do deserto a descoberta daquilo que deveria ser o seu destino.

Sem o encontro com João...

De tudo o que acabamos de dizer, uma evidência emerge: *Jesus não teria sido o que foi sem o encontro com João.*

O destino inteiro de Jesus é marcado por esse encontro com João, a tal ponto que a vida e a mensagem do profeta do deserto podem ser consideradas uma "matriz vital"[79] da prática de Jesus. Sob a influência do Batizador, sua vida mudou. Ele abandonou sua família e adotou um modo de vida sem domicílio fixo. Após a prisão de João, Jesus começa a pregar na Galileia a vinda iminente do Reinado de Deus; Ele exorta seus ouvintes à conversão e insiste na urgência de mudar de comportamento (Mc 1,15). Ele se dirige ao povo em geral, sem discriminação, e suscita um certo entusiasmo popular. Sempre lembra que ser israelita não garante absolutamente ser recebido no Reino, ou no festim dos filhos de Abraão (Mt 8,11-12). Ele choca ao declarar que os pecados são perdoados sem passar pelo sacrifício (Mc 2,5-7). A salvação que Ele anuncia está ao alcance de todos, através de uma conversão do coração. Ele reúne ao seu redor

79. MEIER, J.P. *Un certain Juif, Jésus: les données de l'histoire* – II: La parole et les gestes (Op. cit., p. 112) retoma aqui os resultados de BECKER, J. *Johannes der Täufer und Jesus von Nazareth*. Neukirchen: Neukirchner Verlag, 1972 [Col. "Biblische Studien", 63].

discípulos, dentre os quais um círculo de íntimos com os quais partilha uma vida itinerante. Como João, morrerá de morte violenta por ter desafiado as autoridades. Como João, será venerado após sua morte por seus discípulos. Dever-nos-íamos impressionar que à questão "Quem sou eu, no dizer dos homens?", a primeira resposta tenha sido "João o Batista"? (Mc 8,27-28).

Mas essas surpreendentes semelhanças não escondem o ponto sobre o qual Jesus rompeu com seu mentor. O movimento popular de conversão iniciado pelo Nazareno não reproduz a campanha penitencial do Batista. James Dunn não se engana ao afirmar que, para João, o presente devia ser mobilizado para fugir da ira vindoura, ao passo que Jesus vislumbrava o presente como uma manifestação da graça de Deus[80].

Outras diferenças entre Jesus e João: em primeiro lugar, Jesus não é um asceta, não vive no deserto, mas percorre as cidades e vilarejos da Galileia, antes de ir a Jerusalém. Ele come e bebe com os pecadores e coletores de impostos. Seu único traço aparente de ascetismo é seu celibato, que não significa absolutamente um desinteresse pelas mulheres; esse não casamento pode ser explicado por sua situação de menino *mamzer*, do qual falamos mais acima (cf. cap. 1, item "Jesus o *mamzer*"). Em segundo lugar, se a perspectiva do Julgamento último não está ausente em sua pregação, ela não constitui, como em João, o catalisador da urgência do agir; Jesus dá tempo à conversão. Enfim, a imagem do Reino vindouro se inverteu: não é mais a ira contra os pecadores que domina, mas o acontecimento de uma salvação jubilosa. Deus não está mais simplesmente próximo, mas à porta, e é o Deus da acolhida e do perdão. *Jesus não reflete a oferta penitencial da última chance que o selo do Batista apresentava, mas declara o estado de urgência diante do esquecimento do Deus de Israel.*

---

80. DUNN, J.D.G. *Jesus Remembered (Christianity in the Making*, I). Op. cit., p. 455.

Esses deslocamentos diante da mensagem de João se enraízam na experiência de Deus feita por Jesus. Esta experiência espiritual, enraizada em sua vivência batismal, foi tão forte que gerou no homem de Nazaré uma prática de exorcismo e de cura. É na direção dessa prática curadora – e lá se estanca a semelhança com João – que precisamos nos voltar agora. Por que Jesus cura?

Segunda parte
A vida do Nazareno

4

O homem das curas

Comecemos a apresentação da atividade de Jesus por seus milagres. Mas, antes disso, uma questão: Com quem fisicamente se parecia o Nazareno quando começou, por volta de seus trinta anos (Lc 3,23), sua atividade pública? Na verdade, não o sabemos. Os biógrafos da Antiguidade pouco se interessam pelo aspecto físico de seus heróis. Uma certeza: em nada Ele se parecia com o jovem ariano que os pintores costumam apresentar. Baseando-se nos resultados das escavações arqueológicas e nas esculturas do arco do triunfo que celebram em Roma a vitória de Titus sobre Jerusalém no ano 70, James Charlesworth arrisca algumas proposições[81]. O rosto de Jesus era mais castanho-escuro, curtido pelo sol, de traços semitas. Suas sobrancelhas e nariz seriam acentuados. Seu tamanho poderia variar entre um metro e sessenta e cinco e um metro e setenta, e seu peso entre cinquenta e oito e oitenta e cinco quilos. Essas estimativas, que devem ser tratadas com parcimônia, nos ajudam a tomar distância do imaginário tradicional.

Jesus, um curandeiro carismático

Desde sempre, os relatos de milagres de Jesus suscitaram veneração e ceticismo. Jesus expulsando um mau espírito, Jesus ca-

81. CHARLESWORTH, J.H. *The Historical Jesus* – An Essential Guide. Op. cit., p. 72.

minhando sobre as águas, Jesus multiplicando pães... realidade ou ficção? Um milagre é um acontecimento julgado benéfico que contraria as expectativas normais, e cuja origem é atribuída a uma força sobrenatural. Ernest Renan, em sua *Vida de Jesus* de 1863, escrevia: "Os milagres são essas coisas que nunca acontecem; somente os crédulos acreditam ver". E acrescentava: "Textos escritos, se os levássemos a sério, fariam crer que tais fatos aconteceram no passado; mas a crítica histórica mostra a pouca credibilidade de semelhantes narrativas"[82]. Renan vivia na época do racionalismo triunfante.

Hoje achamos graça diante de tal atrevimento. No século XXI, a aceitação das técnicas científicas mais sofisticadas não contradiz absolutamente a crença nos fenômenos paranormais. As práticas ditas paramédicas (curandeiros, xamãs) entraram na cultura. Mas, sobretudo, o que Renan diz da crítica histórica é totalmente contradito hoje. Os pesquisadores consideram que *a prática terapêutica de Jesus é um dos elementos historicamente mais seguros de sua atividade*[83]. Vários indícios concorrem em favor dessa constatação. O número é importante: vinte e sete milagres identificados, sem contar as narrativas coletivas ("Ele curou muitos doentes, que sofriam de males de toda espécie, e expulsou muitos demônios" (Mc 1,34)). E trata-se de relatos de milagres benéficos atestados por várias fontes independentes (Marcos, Fonte das palavras, João, evangelhos apócrifos, fontes judaicas). Além disso, Jesus transmitiu sua prática terapêutica a seus discípulos (Lc 10,9), e os primeiros cristãos deram continuidade a essas práticas. Além do mais, sua ação milagrosa se beneficia do testemunho de Flávio Josefo: Jesus, escrevia Flávio, "era de fato um operador de prodígios" (*Antiguidades judaicas*, 18, 63).

82. RENAN, E. *Vie de Jésus*. Op. cit., p. 37-38. • RENAN, E *Oeuvres complètes*, II. Paris: Calmann-Lévy, 1948, p. 1.163.

83. BECKER, J. *Jesus von Nazaret*. Berlim: De Gruyter, 1996, p. 211-233. • MEIER, J.P. *Un certain Juif, Jésus: les données de l'histoire* – II: La parole et les gestes. Op. cit., p. 457-474.

A esses indícios vem juntar-se o fator de plausibilidade histórica: a presença de curandeiros e milagreiros é atestada no século I tanto por escritos judeus quanto por historiadores greco-romanos. Os conhecemos pelo nome. Do lado judeu: Honi, o traçador de círculos, Hanan ha-Nehba, Hanina ben Dosa e Eleazar; do lado grego: Apolônio de Tiana, o Imperador Vespasiano ou os usuários anônimos de fórmulas encantatórias nos papiros gregos mágicos. Por outro lado, a presença de exorcismos judeus concorrentes é atestada pelo Novo Testamento (Mc 9,38; Mt 12,27; At 19,13). Em seu tempo, o homem de Nazaré não foi nem o primeiro nem o único na Palestina a fazer milagres.

Como se curava na Antiguidade? Uma pequena elite consultava os médicos; estes, renomados por seu saber, ofereciam serviços de cura de elevado custo. Temos um eco disso na história da mulher que perdia sangue e que gastou todos os seus haveres com cuidados médicos (Mc 5,26). Outra solução: frequentar os santuários dedicados aos deuses curandeiros (Asclépio, Serápis), encontrados em todas as cidades do Império Romano. Escavações em Jerusalém mostraram que a piscina de Betesda, onde Jesus curou um paralítico, era dedicada a Asclépio, talvez já no tempo de Jesus (Jo 2–9). Quanto à medicina popular, ela era praticada por exorcistas, mágicos e curandeiros. Fala-se de curandeiro carismático quando este se apresenta como um médium do divino; Jesus seguramente pertence a essa última categoria.

Em resumo: tanto a riqueza das provas documentárias dos milagres quanto a prática terapêutica no século I, sem esquecer a continuidade das curas nas comunidades cristãs, não deixam qualquer dúvida: *Jesus foi um dotado curandeiro carismático, e seus dons paranormais lhe valeram um claro sucesso popular.* Seus desempenhos milagrosos são tanto mais impressionantes que destoam entre as grandes figuras espirituais do judaísmo: nem do Mestre de Justiça fundador de Qumran, nem do grande Rabbi Hillel contemporâneo de Jesus, nem de João Batista se relata qualquer atividade terapêutica.

Profusão e diversidade

Os vinte e sete milagres atribuídos a Jesus não são apenas numerosos, mas também variados. As curas são as mais abundantes: 14 ao todo. A elas podemos equiparar uma segunda categoria: as três reivindicações de mortos, denominada erroneamente (logo mais veremos o porquê) ressurreições de mortos. Terceira categoria: cinco são os casos de exorcismo, em que Jesus liberta um indivíduo de um demônio ou de um espírito impuro. A quarta categoria engloba prodígios naturais: dois relatos de salvamento no mar (Jesus acalma a tempestade e caminha sobre as águas) e três relatos de generosidade (pães multiplicados, pescaria abundante, água transformada em vinho[84]).

Esses atos milagrosos foram objeto de diversas interpretações. Tomemos o exemplo de Jesus andando sobre as águas (Mc 6,45-52). Quem privilegia uma leitura *literal* não se surpreende: Deus, mestre da criação, pode derrogar as leis da natureza quando qui-

---

84. *Exorcismos*: Mc 1,23-28 e paralelos (par.); Lc 4,33-37 (sinagoga de Cafarnaum); 5,1-20 par.; Mt 8,28-34 e Lc 8,26-39 (demoníaco de Gerasa); Mc 7,24-30 par. E Mt 15,21-28 (filha da cananeia); Mc 9,14-29 par., Mt 17,14-21 e Lc 9,37-43 (filho epiléptico); Mt 9,32-34 par. e Lc 11,14 (mudo). *Curas*: Mc 1,29-31 par., Mt 8,14-15 e Lc 4,38-39 (sogra de Pedro); Mc 1,40-45 par., Mt 8,1-4 e Lc 5,12-16 (leproso); Mc 2,1-12 par., Mt 9,1-8 e Lc 5,17-26 (paralítico); Mc 3,1-6, par., Mt 2,9-14 e Lc 6,6-11 (homem da mão seca); Mc 5,25-34 par., Mt 9,20-22 e Lc 8,43-48 (mulher com hemorragia); Mc 7,31-37 par. e Mt 15,29-31 (surdo-mudo); Mc 8,22-26 (cego); Mc 10,46-52 par., Mt 20,29-34 e Lc 18,35-43 (cego); Lc 7,1-10 (escravo do centurião); Lc 13,10-17 (mulher curvada); Lc 14,1-6 (hidrópico); Lc 17,11-19 (leproso); Jo 5,1-9 (paralítico); Jo 8,1-8 (cego de nascença). *Revivificações de mortos*: Mc 5,21-24.35-43 par., Mt 9,18-19.23-26 e Lc 8,40-42.49-56 (filha de Jairo); Lc 7,11-17 (filho de uma viúva); Jo 11,1-44 (Lázaro). *Prodígios naturais:* Mc 4,35-41 par., Mt 8,23-27 e Lc 8,22-25 (tempestade acalmada); Mc 6,45-52 par., Mt 14,22-42 e Jo 6,16-21 (Jesus caminha sobre as águas); Mc 6,30-44 par., Mt 14,13-21, Lc 9,10-17, Jo 6,1-15, Mc 8,1-10 par. e Mt 15,32-39 (multiplicação dos pães); Lc 5,1-11 par. e Jo 21,3-7 (pesca abundante); Jo 2,1-11 (núpcias de Caná).

ser. Para o adepto de uma leitura *racionalista* - Renan, por exemplo -, o acontecimento é atribuído erroneamente a uma causa sobrenatural; de fato ele deve receber outra explicação (alucinação dos discípulos, fenômeno de levitação). Quem assume uma leitura *mítica,* por sua vez, considera que o desempenho atribuído a Jesus é puramente simbólico e que o relato é uma parábola. Quanto ao especialista da leitura *histórico-religiosa,* este dirá que caminhar sobre as águas é um prodígio legendário reservado aos homens divinos, que os evangelhos importaram.

No momento de analisar esses relatos de milagres, duas precauções devem ser observadas. Primeira: falar de "milagre" depende da confissão de fé. Nossa análise não tenta "provar" o milagre, mas reconstituir historicamente os atos de Jesus que levaram as testemunhas, e depois os primeiros cristãos, a falarem de milagre. O quarto evangelho emprega, com razão, o termo "sinais" para designar os gestos de Jesus que apontam para uma intervenção divina[85].

Em segundo lugar: respeitemos os diversos tipos de milagres. Sua gênese e sua evolução divergem em função da categoria à qual pertencem. Uma opinião global sobre a historicidade dos relatos - ratificá-los ou recusá-los em bloco - não é recomendável. Precaver-nos-emos, em particular, da atitude de negar espontaneamente a autenticidade dos relatos que, segundo nossa visão moderna, possam parecer menos "verossímeis". Exemplo: o exorcismo. Na maioria das culturas do hemisfério Norte, a alienação mental é atribuída a um tratamento psiquiátrico. Nas culturas do hemisfério Sul, o exorcismo é um ato terapêutico reconhecido e eficaz. Tobie Nathan militou por uma etnopsiquiatria que adapta os modos terapêuticos à cultura do sujeito[86].

---

85. Jo 2,11.18.23; 3,2; 4,48.54; 6,2.14.26.30; 7,31; 9,16; 10,41; 11,47; 12,18.37; 20.

86. NATHAN, T. & STENGERS, I. *Médicins et sorciers*. Ed. rev. Paris: La Découverte, 2012. Cf. tb. NATHAN, T. *La Folie des autres* (1986). Paris: Dunod, 2001.

Trataremos sucessivamente os exorcismos, as curas, as reivindicações de mortos e os prodígios naturais (relatos de salvamento no mar e milagres de generosidade).

Exorcismo, um combate cósmico

Flávio Josefo descreve um exorcismo ao qual assistiu na presença do Imperador Vespasiano e de sua corte:

> Vi um denominado Eleazar, um compatriota que, na presença de Vespasiano, de seus filhos, dos tribunos e de todo o exército, libertava pessoas possuídas por demônios. Eis como realizava a cura: ele aproximava do nariz do endemoninhado um anel cujo selo cobria uma das raízes indicadas por Salomão, e depois que o paciente cheirava, o curandeiro extraía o demônio pelas narinas; o endemoninhado caía imediatamente por terra e então Eleazar suplicava ao demônio que não retornasse mais, invocando Salomão e proferindo os feitiços que ele havia escrito. Eleazar, querendo persuadir os assistentes e convencê-los de que possuía tal poder, colocava um copo cheio de água ou uma bacia perto do endemoninhado e ordenava ao demônio saído do homem que os derrubasse, e assim buscava provar aos espectadores que o demônio tinha abandonado o homem e desaparecido (*Antiguidades judaicas*, 8, 46-48; trad. E. Nobet).

Assim Eleazar, exorcista judeu, se servia, para expulsar o demônio, de um livro de feitiços conhecido pelos rabinos e cuja redação, dizia-se, remontava a Salomão. Sua técnica faz imediatamente pensar nos relatos do evangelho: ameaçar o demônio, ordenar-lhe que saia da pessoa, impedir sua volta e demonstrar espetacularmente sua expulsão.

O verbo "ameaçar" que Jesus emprega é típico da linguagem exorcista (*epitimao*: Mc 1,25; 9,25). Será que Jesus estava recorrendo à fórmula de Zc 3,2: "Yhwh te ameaça, satanás"? Jesus também ordenou ao espírito mau que saísse do homem (Mc 1,25; 5,8; 9,25); mas os papiros gregos mágicos enumeram para este fim fórmulas de encantamento que não encontramos nas palavras do Nazareno. O interdito de voltar pode ser lido no relato do moço epiléptico: "Espírito surdo e mudo, eu te ordeno, sai deste rapaz e não entres mais nele" (Mc 9,25). Quanto à expulsão, ela se manifesta por gritos (Mc 1,26), por convulsões (Mc 9,26) ou pela migração para uma vara de porcos (Mc 5,2-13). A técnica exorcista de Jesus, portanto, é idêntica à de Eleazar, à exceção de dois procedimentos de sabor mágico: a utilização de um objeto ritual (o anel) e a recitação de fórmulas de encantamento. Em Jesus, o efeito exorcista se concentra na palavra com autoridade.

Num mundo antigo em que a crença nos espíritos e nos demônios faz parte da vida, o exorcismo é um fenômeno familiar. Atribui-se assim à influência dos espíritos maléficos a embriaguez, a devassidão ou fortes dores, mas também e principalmente os transtornos de personalidade: crise de epilepsia, dissociação mental, psicose. Quando o indivíduo parece não ser mais dono de si mesmo, quando o domínio de seu corpo lhe escapa, a invasão de um mau espírito é a explicação que a cultura circunstante oferece. Expulsar o intruso é então a terapia apropriada.

Diferentemente da cura, o exorcismo é uma luta contra o poder do mal. O exorcista se engaja numa luta mortal contra a força demoníaca; nenhum meio-termo é vislumbrável nesse combate que deve terminar com a derrota do demônio. À medida que os demônios são reconhecidos como seres satânicos, *é o combate cósmico contra os poderes hostis a Deus que guia o exorcista.* Atribui-se aos espíritos malignos a tentativa de fugir ao exorcista ao pronunciar o nome dele, pois o conhecimento do nome oferece o domínio sobre o adversário. É assim que na sinagoga de Cafarnaum estes termos são colocados na boca do homem possuído por um demônio: "Vieste para nos perder. Eu sei quem és Tu: o Santo de Deus" (Mc 1,24).

Além das cinco narrativas repertoriadas, as menções da atividade exorcista de Jesus são frequentes[87]. Como explicar um número tão elevado? John Dominic Crossan aproximou essa frequência à situação das sociedades colonizadas, na África notadamente[88]. De fato, nessas sociedades ocupadas por uma potência estrangeira, como era a Palestina, os casos de possessão demoníaca se multiplicavam. Tudo acontece como se a alienação da cultura e da religião autóctones por uma cultura estrangeira se sacralizasse, a nível do indivíduo, por um fenômeno de alienação pessoal. Dito diferentemente: o indivíduo incorpora nele a dissociação sociocultural que vive seu ambiente, despojado de sua identidade por um poder dominante. A multiplicação dos exorcismos na atividade de Jesus denuncia um mesmo estado de psicopatologia.

O caso do lunático de Gerasa, que vaga num cemitério e se automutila, corresponde perfeitamente a essa patologia; Jesus ameaça os espíritos impuros que o habitam, dos quais o próprio doente pronuncia o nome: "legião". Esses espíritos suplicam então a Jesus que os faça entrar numa vara de porcos, que, por sua vez, se lança de uma falésia no lago e se afoga (Mc 5,1-20). O relato carrega os traços de uma elaboração tardia, mas ele devolve a dimensão política da humilhação sentida pelos habitantes: Legião é o nome da tropa romana de ocupação e o porco, animal impuro, corresponde aos que mancham a Terra santa. *À angústia sociocultural do país de Israel no tempo de Jesus corresponde uma necessidade elevada de exorcismos.* Sua ausência no quarto evangelho bem como seu rápido declínio junto aos primeiros cristãos confirma que esses exorcismos já não eram mais atuais, diferentemente dos milagres de cura cuja necessidade, esta sim, perdurava.

---

87. Breves menções da atividade exorcista de Jesus: Mc 1,34.39; 3,11-12; Lc 7,21; 8,2; 13,32; cf. tb. Mc 3,22-23.

88. CROSSAN, J.D. *The Historical Jesus* – The Life of a Mediterranean Peasant. São Francisco: HarperSanFrancisco, 1991, p. 313-318.

Satanás caído do céu

A singularidade dos exorcismos de Jesus, no entanto, não se esgota na inexistência de fórmulas mágicas. Quando seus discípulos enviados em missão voltaram alegres dizendo "Senhor, até os demônios nos são submissos em teu nome", Jesus respondeu: "Eu via satanás cair do céu como o relâmpago" (Mc 10,17-18). Essa declaração é de uma importância capital: ela detém efetivamente a chave da compreensão que Jesus tinha de sua atividade de exorcista.

Salientemos em primeiro lugar que se trata de uma visão; pela segunda vez, após a experiência da abertura dos céus por ocasião de seu batismo, Jesus apresenta uma visão mística que implica um estado de consciência modificado. Esta constatação se associa aos inúmeros registros dos evangelhos sobre sua necessidade de se retirar para rezar[89], e denota uma dimensão mística do personagem, dimensão sobre a qual a tradição cristã pouco refletiu.

Mas qual é o objeto de sua visão? A derrota de satanás é um tema recorrente nos escritos apocalípticos do tempo de Jesus. *A vida de Adão e Eva*, *O testamento de Salomão*, *O livro de Enoque eslavo*, *O testamento de Levi*, *O rolo da guerra* de Qumran, *A assunção de Moisés* e *Os oráculos sibilinos*, sem exceção, falam desse momento ardentemente esperado em que o príncipe do mal será destituído de seu poder, vencido por Deus no céu e lançado sobre a terra[90]. Esta esperança aparece no livro bíblico do Apoca-

---

89. Mc 1,35; 6,46; 14,32-42; Lc 3,21; 5,16; 6,12; 9,18.28-29; 11,1 (Lucas poderia ter multiplicado estas menções).

90. *Vie d'Adam et Ève*, 12. • *Testament de Salomon*, 20,14-17. • *Hénoch slave*, 29,4-5. • *Testament de Lévi*, 18,12-14. • *Rouleau de la Guerre*, 1QM 6,5-6 e 15,12–16,1. • *Assomption de Moïse* 10,1-2. • *Oracles sybillins* 3,797-808. Cf. GRAPPE, C. "Jésus exorciste à la lumière des pratiques et des attentes de son temps". In: *Revue Biblique*, 110, 2003, p. 178-196. • EVANS, C.A. "Exorcisms and the Kingdom: Inaugurating of God and Defeating Satan". In: BOCK, D.L. & WEBB, R.L. (eds.). *Key Events in the Life of The Historical Jesus*. Tubingen: Mohr Siebeck, 2009, p. 151-179 [Col. "Vissenschaftliche Untersuchungen zum Neuen Testament", 247].

lipse, no qual o dragão é derrotado no céu e precipitado sobre a terra com seus anjos (Ap 12,7-9).

Que esse mal cesse e seja aniquilado por Deus, eis o futuro ao qual aspira ardentemente a apocalíptica judaica na virada da era cristã. Ora, o que Jesus "vê"? Se lhe revela que esse momento tão esperado chegou. A esperança de ver o poder de satanás derrotado, por tanto tempo cultivada, realiza-se. Seus exorcismos e os de seus discípulos não representam apenas a libertação de alguns indivíduos; eles fazem o mal recuar, aqui e agora. *Quando os demônios se retiram, é o poder do mal que desmorona no mundo.* A origem dessa revolução não é Jesus, mas Deus. Pois somente Deus tem o poder de vencer a satanás e de lançá-lo do céu. Portanto, Jesus interpreta teologicamente sua prática exorcista vendo Deus colocar um fim, graças a ela, às devastações do mal na humanidade. Por suas mãos passa poderosamente a salvação, e o poder do mal é assim desativado.

A importância fundamental dessa visão foi detectada há mais de um século por Johannes Weiss, que a considerava o acontecimento fundador da vocação de Jesus[91]. A antecedência da visão batismal faz matizar essa apreciação. Não é menos verdade que também aqui encontramos o fundamento da prática do Jesus que cura. *Jesus não curava porque dispunha de uma boa técnica médica; sua competência terapêutica foi posta ao serviço da luta de Deus contra o mal.*

Belzebu: a suspeita

Uma resposta de Jesus a uma crítica vem confirmar esta afirmação. A crítica é: "Este só expulsa os demônios por belzebu, o chefe dos demônios" (Mt 12,24). Certamente não foram os primeiros cristãos que inventaram essa história. Belzebu é a alcunha de uma divindade de baal na Síria (*Baal-Zebul*). Declarar que Jesus expulsa

---

91. WEISS, J. *Die Predigt Jesu vom Reiche Gottes* (1892). 3. ed. Göttingen: Vandenhoeck und Ruprecht, 1994, p. 92-96.

demônios por belzebu é acusá-lo de fazer magia em nome de um espírito satânico. Sublinhemos que a contestação não se refere aos exorcismos de Jesus e sua eficácia, mas à origem de seu poder.

> Percebendo suas reações, Ele lhes disse: "Todo reino dividido contra si mesmo precipita-se para a ruína: nenhuma cidade, nenhuma família, dividida contra si mesma, subsistirá. Se, pois, satanás expulsa satanás, ele está dividido contra si mesmo: como é, então, que seu reino subsistirá? E se é por belzebu que eu expulso os demônios, os vossos discípulos, por quem os expulsam? Eles mesmos, pois, serão vossos juízes. Mas, se é pelo Espírito de Deus que eu expulso os demônios, então o Reinado de Deus já vos alcançou. Ou ainda, como é que alguém pode entrar na casa do homem forte e apoderar-se de seus bens, sem primeiro ter amarrado o homem forte? Só então ele saqueará sua casa" (Mt 12,25-29).

O que responde Jesus? Primeiramente, Ele recorre à ironia: como é possível lutar contra o mal em nome do mal? Censurá-lo de apoiar-se em satanás para combater o próprio satanás é absurdo. Se o exorcismo é eficaz, é porque vem de Deus. Em seguida vem essa afirmação determinante: "Mas, se é pelo Espírito de Deus que eu expulso os demônios, então o Reinado de Deus já vos alcançou". Os pesquisadores são unânimes em detectar aqui uma palavra do Nazareno, mas não sob a forma como Mateus a escreveu. Pois este evangelista, contrariamente aos seus hábitos, modificou seu teor. Lucas preservou uma redação mais antiga: "Mas, se é *pelo dedo de Deus* que eu expulso os demônios, então o Reinado de Deus já vos alcançou" (Lc 11,20).

A curiosa fórmula "pelo dedo de Deus" é interessantíssima. Raramente ela aparece na Bíblia hebraica[92], mas a encontramos em Ex 8,15, num contexto que coincide com o debate aberto sobre os exor-

92. Ex 8,15 e 31,18; Dt 9,10; no plural, Sl 8,4.

cismos de Jesus. Estamos no Egito. Aarão desafia o Faraó com sinais milagrosos (as famosas "pragas"), para que ele autorize os israelitas a deixar o país. A terceira praga consiste numa invasão de mosquitos sobre os homens e sobre os animais. Os magos egípcios também tentam produzir mosquitos, mas não conseguem. Eles exclamam, então, estupefatos, diante do sucesso de Aarão: "É o dedo de Deus". "Mas – prossegue o texto – o coração do Faraó ficou endurecido".

O dedo designa uma intervenção eficaz. Em sua resposta ao Faraó, os mágicos se inclinam diante de um poder divino que não podem igualar. Êxodo 8 não fala explicitamente de demônios, mas a tradição rabínica o interpreta assim: "A partir do momento em que os mágicos concluem que não eram capazes de produzir mosquitos, reconhecem que esses atos provinham de Deus e não do demônio"[93]. O recurso a essa característica exótica dá uma ressonância particular à declaração de Jesus. Ela atesta que seu poder de exorcismo é de origem divina e não demoníaca, e ao mesmo tempo atribui a seus adversários a incredulidade do Faraó. Duvidar que o dedo de Deus age através de Jesus é alcançar a dureza de coração do Faraó; consentir com a origem divina dos exorcismos é colocar-se não somente ao lado de Jesus, mas também ao lado de Deus.

O final da declaração merece atenção: "[...] então o Reinado de Deus já vos alcançou". O verbo *phtano* significa "alcançar", "chegar", "estar lá". O Reinado de Deus não é mais uma aproximação; "aproximou-se", como diz Marcos em seu resumo sobre a pregação de Jesus (Mc 1,15); ele chegou; ele "se nos é incorporado" (essa é a tradução literal da expressão).

A afirmação, digamo-lo, é grandiosa: Jesus declara que seus exorcismos fazem do Reinado esperado uma realidade presente. Alcançamos aqui, positivamente, aquilo que Lc 10,18 afirmava negativamente: dizer que satanás caiu do Céu, que foi destituído de

93. *Midrash Rabba* sobre Ex 10,7 (*ad* Ex 8,15).

seu poder, é reconhecer que Deus, por consequência, instaurou seu Reinado. O direito de Deus doravante reina lá onde os homens são libertados das potências que os alienam. Aqui alcançamos o ponto que separa Jesus do Batista.

O Nazareno não somente acrescentou à mensagem de João uma componente milagrosa; o sucesso de seus milagres o levou a transformar sua mensagem. Seu sucesso enquanto exorcista lhe revelou de fato que o Reinado divino, cuja vinda estrondosa João aguardava, já estava presente. O presente do Reinado de Deus não é para ele o resultado de uma argumentação teológica, mas fruto de uma revelação visionária, ligada à sua capacidade de libertar os indivíduos de seus demônios. O "*Reinado já presente*" *surge das mãos de Jesus que cura.* Neste contexto, Jesus não é um teólogo especulativo, como podiam ser os apocalípticos com suas fantasmagorias futuristas; Ele é um teólogo pragmático. Ele descobre Deus agindo antes de especular sua possível vinda.

Jesus terapeuta (as curas)

Ao lado dos exorcismos figuram, em grande número, as curas. Febre, paralisia, cegueira, surdez, mutismo, lepra: as terapias de Jesus são múltiplas. Os Antigos, também em Israel, atribuem às doenças duas origens possíveis: a presença de um demônio ou uma carência de energia vital. Neste último caso, a terapia consistia numa transferência de energia do terapeuta para o doente. Um relato guarda seus traços: a cura da mulher que sofria de hemorragia contínua (Mc 5,25-34). No exato instante em que ela toca Jesus, sente em seu corpo que sua perda de sangue cessa, e Jesus percebe interiormente que uma força saiu dele.

O Evangelho de Marcos, mais do que os outros, preservou a memória dos gestos terapêuticos do Nazareno: o toque, o uso da saliva. A um surdo-mudo Jesus coloca os dedos nos ouvidos, cospe e lhe toca a língua (7,33). A um cego coloca saliva sobre seus olhos e lhe impõe as mãos (8,23). A virtude curativa da saliva era conhecida dos Antigos[94].

Mas, e então, o que diferencia Jesus dos outros curandeiros de seu tempo?

Seus *modus operandi* parecem idênticos, já que estes últimos também praticavam o toque terapêutico e usavam a saliva. Essas semelhanças levaram a suspeitar que o Nazareno, como tantos outros, não passava de um praticante da magia, cujos atos terapêuticos os primeiros seguidores cristãos, por seus relatos, teriam embelezado e glorificado[95]. É inegável que, vistos de fora, os atos terapêuticos de Jesus mal deviam se diferenciar da medicina popular. Aliás, eles foram tidos por obra de belzebu, como o vimos, o que significa acusar Jesus de magia negra. Entretanto, uma leitura atenta dos textos faz emergir claras diferenças.

Diferentemente dos mágicos, Jesus jamais mobiliza seu poder de maneira nefasta ou para prejudicar. A famosa "maldição da figueira", às vezes içada como contraexemplo, não passa de um gesto simbólico de teor profético para anunciar a inutilidade vindoura do Templo (Mc 11,12-14.20). Em segundo lugar, Jesus jamais se faz retribuir por suas curas. Ele não recorre a nenhuma fórmula de encantamento. Ele não faz exibição de seus encantos mágicos. Ele não pretende fazer pressão sobre a divindade para obter o que quer. Estas características, típicas da magia antiga, não aparecem nos evangelhos. Mesmo que o Talmud e o filósofo Celso, no século II, pretendam que Jesus tenha

---

94. ARISTOTE. *Histoire des animaux*, 8, p. 206-209. • PLINE L'ANCIEN. *Histoire naturelle*, VII, 2, p. 13-15. • ÉLIEN, C. *De la nature des animaux*, 9, p. 4 • ÉLIEN, C. *t*Sanhedrin 12,10 • ÉLIEN, C. *b*Sanhedrin 101a. • ÉLIEN, C. *Avot de Rabbi Nathan* A 36.

95. SMITH, M. *Jesus the Magician*. São Francisco: Harper-Collins, 1978. • CROSSAN, J.D. *The Historical Jesus* – The Life of a Mediterranean Peasant. Op. cit., p. 402-468.

frequentado a escola dos mágicos por ocasião de sua estadia no Egito com Maria e José[96], os evangelhos não lhe atribuem nem uma formação secreta nem o uso de fórmulas misteriosas.

Em contrapartida, dois traços singularizam a prática terapêutica do Nazareno.

Em primeiro lugar, como o constatamos a propósito dos exorcismos, *as curas de Jesus inscrevem no corpo do homem a irrupção do Reinado de Deus*. Sua resposta aos enviados do Batista associa as curas à emergência do Reino: "Ide referir a João o que ouvis e vedes. Os cegos recobram a vista e os coxos andam direito, os leprosos são purificados e os surdos ouvem, os mortos ressuscitam e a Boa-nova é anunciada aos pobres, e feliz de quem não cair por causa de mim" (Mt 10,4-6). Estes sinais escatológicos, anunciados pelas profecias de Isaías[97], brotam agora das mãos do Jesus que cura. Nenhum rabino taumaturgo em Israel teve essa ambição de fazer intervir o Reino divino por sua atividade curadora. Para Jesus, cada milagre é uma ativação do Reino de Deus no mundo[98].

Em segundo lugar, lemos várias vezes nos relatos de cura uma afirmação que não se encontra alhures junto aos curandeiros antigos: "Tua fé te salvou" (Mc 5,34; 10,52), ou "Seja feito conforme acreditaste" (Mt 8,13; 9,29; cf. Mc 7,29). Vincular tão fortemente a eficácia terapêutica à fé da pessoa é inaudito. *Jesus concede ao indivíduo um papel tão determinante em sua cura que podemos falar de uma sinergia entre o taumaturgo e o doente*. A pessoa curada vê assim

96. Talmud: *b*Shabbat 104b. • CELSO. "Origène". In: *Contre Celse*, 1, 28. A mais antiga atestação da aplicação da palavra "mágico" a Jesus data de 150-160, e pode ser lida em JUSTINO O MÁRTIR (*Apologie*, I, 30, 1 e *Dialogue avec Tryphon*, 69, 7) [opiniões atribuídas aos judeus].

97. Is 26,19; 29,18-19, 35,5-6; 42,18; 6,1. Cf. tb. Jubileus 23,26-31; Enoc 25,5-6; 4 Esd 8, 53-54; 2Br 73,2-3 etc.

98. Gerd Theissen formula diferentemente a mesma ideia: "Jedes Wunder Kann als Epiphanie verstanden werden" (In: THEISSEN, G. *Urchristliche Wundergeschichten*. 6. ed. Gütersloh: Gerd Mohn, 1990, p. 102 [Col. "Studien zum Neuen Testament", 8].

ressarcida, pela palavra do curador, sua parte decisiva no milagre. A convicção que emerge aqui é depositada em várias palavras de Jesus sobre a fé. Ao pai do rapaz epiléptico que lhe pede que o socorra, Jesus responde: "Tudo é possível para quem crê" (Mc 9,23). O sentido do dativo ("a quem crê") exige ser respeitado: não se diz que quem crê pode fazer tudo, mas que Deus torna tudo possível *em favor* de quem crê. A mesma convicção foi formulada nos termos da fé que desloca montanhas: "Tende fé em Deus [...] Tudo o que pedis rezando, acreditai que o recebestes, e vos será concedido" (Mc 11,22.24).

Se unirmos estas duas originalidades das curas de Jesus (a dimensão do Reinado de Deus e a parte do doente), percebemos que *os dois parceiros, Jesus e o doente, participam juntos e ao mesmo tempo da fé no poder curador de Deus*. Como o diz tão bem Annette Merz, "os milagres de Jesus são o resultado da crença compartilhada num mundo melhor que está em vias de potencialmente nascer, e a realização parcial desse mundo melhor"[99]. Assim como cada exorcismo alarga a soberania de Deus no mundo submetido a satanás, cada cura restabelece a pessoa em sua relação com Deus. A doença era efetivamente considerada em Israel uma das concretizações do pecado no mundo. Nesta criação desfigurada pelo sofrimento, o milagre vem instalar uma espécie de ilha de redenção.

A fórmula "Tua fé te salvou" deve ser entendida em seu sentido pleno: tua confiança em Deus curou teu corpo, mas ela te reintroduziu também nesse bem-estar com Deus que denominamos salvação.

As revivificações de mortos

Os três relatos e revivificação de mortos (um filho único em Naim, a filha de Jairo e Lázaro) são mais intrigantes. Estes relatos

---

99. MERZ, A. "Les miracles de Jésus et leur signification". In: DETTWILER, A. (ed.). *Jésus de Nazareth* – Études contemporaines. Genebra: Labor et Fides, 2017, p. 173-194, cit. p. 193 [Col. "Le Monde de la Bible", 72].

se encontram em Lc 7,11-17, em Mc 5,21-24.35-43 e em Jo 11,1-44. Por que a designação "ressurreição de mortos" é enganosa? A ressurreição não é o prolongamento da vida, mas a introdução por Deus numa outra vida, associada ao mundo celeste. Os três personagens citados não viveram essa realidade, mas um prolongamento inesperado da própria existência no mundo. Trata-se, portanto, de um suplemento de vida, que não evita que um dia morram. Esta passagem foi apenas adiada.

Uma primeira observação se impõe: esses três relatos não diferem em nada, do ponto de vista da composição literária, dos relatos de cura; a única mudança é a menção da morte prévia da pessoa. Essa semelhança leva a pensar que, na concepção dos evangelistas, esses relatos não constituem um gênero à parte, mas um caso particular das terapias de Jesus.

Uma segunda constatação vem reforçar essa ideia: na segunda etiologia que mencionei, a doença é considerada uma carência de energia vital; neste sentido, o estado de morte representa um nível de energia zero.

Terceira constatação: à época, a ciência médica era carente; diferenciar coma, ausência de sinais habituais de vida ou estado de morte clínica ultrapassava as possibilidades de diagnóstico. Filóstrato, em seu relato consagrado ao curandeiro helenístico Apolônio de Tiana (século I) descreve a revivificação de uma adolescente, durante seu casamento, que parecia ter morrido de morte súbita. Ele comenta: "Descobriu [Apolônio] nela alguma centelha de vida que fugia aos olhos daqueles que lhe prestavam os últimos socorros [...], reavivou [ele] e restaurou a vida que estava apagada antes? Impossível saber" (*Vie d'Apollonios*, 4, 45). Estas três observações fazem compreender que *a ressurreição de um moribundo ou de um "morto" pôde, naquele tempo, ser considerada o ápice, o ato extremo de uma cura.*

Nossa hesitação hoje diante desse tipo de intervenção de Jesus é análoga à do filósofo Filóstrato. Histórias de revivificações de mortos também circulavam na literatura antiga, tanto do lado greco-romano (Diógenes Laerte, Apuleio, Filóstrato) quanto do lado judeu (Elias e Eliseu[100]). Teriam os primeiros cristãos pensado que o Senhor poderia fazer o mesmo que Elias e Eliseu? As aproximações, de fato, são impressionantes: o milagre de Naim faz reviver o filho de uma viúva como Elias o fez em Sarepta (1Rs 17,17-24); Jairo se lamenta sobre sua filha como a mulher sunamita se lamenta sobre seu filho diante de Eliseu (2Rs 4,18-37). A hipótese de que esses relatos careçam de base histórica não são sólidas; os relatos são tão cheios de detalhes (lugar, pais, gestos de Jesus, palavras) que tornam pouco crível uma pura ficção. No caso da filha de Jairo, em Mc 5, o nome do pai, seu diálogo com Jesus, a menção dos doze anos, a palavra aramaica de Jesus *Talitá, qum* ("levanta-te"): são tantas precisões que não combinam com a ideia de uma invenção dos cristãos.

O núcleo histórico desses acontecimentos nos foge, mas *eles estão ancorados na vida do Nazareno.* É certo que depois da Páscoa esses casos de curas derradeiras foram realizados à luz da ressurreição. No entanto, já no tempo de Jesus eles devem ter causado grande impacto nas pessoas; impossível imaginar que eles tivessem sido guardados na memória se este não fosse o caso.

Vale lembrar, no entanto, que a leitura que os evangelhos fazem desses três acontecimentos não aponta para o seu aspecto extremo, mas para o fato que as pessoas aparentemente perdidas para os seus próximos lhes são restituídas: em Naim um filho foi restituído à sua mãe (Lc 7,15); a família de Jairo realimenta a menina (Mc 5,43); Lázaro reencontra suas duas irmãs Marta e Maria (Jo 12,2-3). Mais

---

100. LAERTE, D. *Vie et doctrines des philosophes illustres*, 8, p. 69 (Empédocles salva Panteia). • APULÉE. *Florilége*, 19 (Asclepíades salva um homem que está para ser enterrado). • FHILOSTRATE. *Vie d'Apollonius*, 4, 45 (Apolônio salva uma adolescente). • 1Rs 17,17-24 (Elias salva o filho de uma viúva em Sarepta). • 2Rs 4,18-37 (Eliseu salva o filho da Sunamita); cf. tb. 2Rs 13,20-21. • At 9,36-43 (Pedro salva Tabita); 20,7-12 (Paulo salva Êutico).

do que um corpo trazido de volta à vida, são as relações de amor que são reconstruídas.

Os prodígios naturais

Esta quarta categoria de milagres reagrupa prodígios naturais: Jesus acalma uma tempestade e caminha sobre as águas (relatado de salvamento); Jesus multiplica os pães; Jesus permite uma pesca abundante e transforma a água em vinho (milagres de generosidade). Esses relatos têm em comum duas características: por um lado, emprestam ao Nazareno um poder de transformação não somente dos seres humanos, mas também dos elementos naturais; por outro, recorrem a temas difundidos em todo o mundo religioso antigo. A parte fantástica que eles contêm sempre estimulou a imaginação popular, e é grande a probabilidade de que este mesmo fervor popular tenha participado de sua elaboração no seio das primeiras comunidades cristãs. O maravilhoso é intemporal.

O poder de *acalmar a tempestade* (Mc 4,35-41) é frequentemente evocado. Diz-se dos mágicos persas que eles salvaram a frota de Xerxes acalmando os ventos; de Orfeu, que ele acalmou as ondas com seu canto; da deusa egípcia Ísis, que ela era mestra das ondas; do filósofo Pitágoras, que salvou seus discípulos no mar; do filósofo Empédocles, que ele recebeu o cognome de "apaziguador dos ventos"; e tantos outros[101]. O Deus de Israel também é celebrado como mestre das águas (Sl 89,8-9; 107,23-30). Nos relatos judeus de tempestade acalmada, o autor do milagre é sempre Deus[102]. *Caminhar*

101. HÉRODOTE. *Histoire*, 7, p. 191. • LEMNOS, P. *La galerie de tableaux*, II, 15, p. 1. • ISIDORE. *Hymne 1*, 1, p. 39, 43, 49, 50. • JAMBLIQUE. *Vie de Pythagore*, 28, p. 135. • CLÉMENT D'ALEXANDRIE. *Stromates*, VI, 30, p. 1. Outra referência: COTTER, W. *Miracles in Grego-Roman Antiquity*. Londres: Routledge, 1999, p. 131-160.

102. Jon 1. • Testament de Nephtali 6,1-10. • *b*Baba Metsia 59b. • *jBerakot* 9,1.12c-13c.

sobre as águas (Mc 6,45-52) é por excelência considerada uma *performance* impossível a um humano, mas acessível o um ser divino; os gregos o atribuem aos seus heróis (Xerxes, Alexandre Magno); os romanos aos seus imperadores (Calígula); os judeus aos seus reis (Antíoco IV[103]).

A *multiplicação dos pães* (Mc 6,30-44; 8,1-10) desperta a lembrança de atos semelhantes feitos por Elias (1Rs 17,7-16) e Eliseu (2Rs 4,1-7; 4,42-44). Também se atribui o poder de multiplicar a comida aos mágicos egípcios, ao curandeiro Hanina ben Dosa e ao rei romano Numa[104]. A história da rede lançada que recolhe *uma pesca abundante* pertence a esta mesma lógica (Lc 5,1-11). Quanto ao milagre da água transformada em vinho em Caná (Jo 2,1-11), Ele faz ecoar um tema que alimenta tanto a esperança judaica do festim escatológico quanto o culto grego a Dionísio.

Visivelmente os primeiros cristãos vestiram seu Senhor de capacidades prodigiosas que a cultura de seu tempo atribuía aos seres excepcionais. O caso da pesca abundante é sintomático: enquanto o Evangelista João a situa na Páscoa e a atribui ao Ressuscitado (Jo 21,3-6), Lucas a antecipa colocando-a no momento da vocação de Pedro. O mesmo vale para outros prodígios naturais: eles emprestam ao carpinteiro de Nazaré os traços do Cristo da Páscoa. Podemos falar, a este respeito, de uma retroprojeção pascal na biografia do Nazareno.

O que sobraria então destes relatos, uma vez destituídos de seu verniz pascal?

Sobram os momentos da vida de Jesus com seus discípulos. Os salvamentos no mar reenviam às inúmeras travessias do lago de Ti-

---

103. CHRYSOSTOME, D. *Discours*, 3, p. 31. • MÉNANDRE. *Fragment* 924K. • SUÉTONE. *Vie des Césars*, IV, 22, p. 2-3; 2 M 5,21.

104. *b*Taanit 24b-25a. • ORIGÈNE. *Contre Celso*, 1, p. 68. • PLUTARQUE. *Numa*, 15, p. 2-3.

beríades por Jesus e seu grupo. A multiplicação dos pães ecoa as refeições de Jesus e sua generosa oferta de convivialidade. Caná evoca a resposta de Jesus às críticas que lhe foram feitas por não jejuar com seus discípulos: "Enquanto o esposo estiver com eles, não podem jejuar" (Mc 2,19). *Esses momentos foram para os discípulos ocasião de experiências memoráveis; sua forte carga simbólica lhes permitiu metamorfoseá-los, após a Páscoa, em prodígios.*

Qual é a razão de escolher estas lembranças e não outras, como o fizeram os discípulos do Rabi Eleazar (por volta do ano 90), a quem devemos o seguinte relato de prodígio, atribuído a seu mestre. Para provar a justeza de sua interpretação de um ponto da Torá, Eleazar ordenou a uma alfarrobeira que se desprendesse da terra com suas raízes e se replantasse mais longe (*Baba Metsia* 59b). A razão me parecer ser esta: os discípulos de Jesus não retiveram de seu mestre milagres autojustificantes; eles escolheram aqueles prodígios que emanaram do Jesus curador. Através de acontecimentos impossíveis de reconstituir detalhadamente, os discípulos fizeram a experiência de um Jesus que os curava de seus medos, de suas inseguranças, de seu sentimento de fracasso. O relato está à altura da experiência intensa de libertação que experimentaram.

O relato de milagre, um protesto contra o mal

No final de nossa análise queremos sublinhar que os milagres atribuídos a Jesus devem ser avaliados em função da categoria a que pertencem. Exorcismos e curas vinculam Jesus à prática terapêutica de seu tempo, com inegáveis originalidades: eles concretizam no presente a visibilidade do Reinado de Deus e valorizam a fé da pessoa no processo de cura ("Vai, tua fé te salvou"). Revivificar os mortos é um fenômeno extremo de cura. Quanto aos prodígios naturais, eles maximizam um acontecimento de libertação vivido com o Nazareno e habilitam os traços do maravilhoso.

Por que a tradição cristã continuou narrando, e profusamente, os milagres de Jesus? Porque eles simbolizam um protesto contra os estragos do mal que desfigura a humanidade; porque proclamam que o sofrimento não é uma fatalidade, tampouco um castigo divino; porque o vínculo estabelecido com o Reinado de Deus faz compreender que a transformação do corpo simboliza uma transformação do mundo, onde Deus é reconhecido em sua vontade benévola para com os seres humanos.

Um relato apócrifo, os *Atos de Pedro e dos doze apóstolos*, apresenta o Cristo ressuscitado sob a aparência de um médico chamando os apóstolos a também curarem; quando estes respondem que não aprenderam a arte médica, Jesus responde que curar o corpo permite curar também as almas (11,6-26). Jesus, médico das almas? O que este escrito do século III percebeu foi exatamente a especificidade da ação terapêutica de Jesus comparada à prática medicinal de seu tempo. A medicina grega de Hipócrates parte dos sintomas para identificar o órgão doente. Já que ela busca a causa da disfunção orgânica, podemos denominá-la "patogenética", o que significa dizer que ela se volta para a origem do sofrimento. A ação terapêutica de Jesus não é patogenética, mas (ousaria dizer) "*salvificogenética*"[105]: ela não busca a origem da doença, mas coloca o doente num estado de perdão, de compaixão experimentada, de bem-estar com Deus – num termo salvífico, Jesus explica a afirmação "Reinado de Deus". Aqui é Deus que passa a reinar. Esta prática terapêutica articula o corporal e o espiritual numa visão propriamente holística da pessoa humana.

A esta altura emerge um enigma: como Jesus pode anunciar simultaneamente o "ainda não" do Reinado de Deus e proclamar que, com seus exorcismos e suas curas, o Reinado de Deus "já está presente"? Este enigma deve ser investigado. Eis o objeto do próximo capítulo.

---

105. BENDEMANN, R. "Die Heilungen Jesu und die antike Medizin". In: *Early Christianity*, 5, 2014, p. 273-312, sobretudo p. 299-302.

5

O poeta do Reino

O Reino (ou Reinado) de Deus está no centro da pregação e da atividade de Jesus. Esta centralidade raramente foi contestada, tamanho o convencimento das provas. A formulação "Reino de Deus" ou, na versão de Mateus "Reino dos Céus", se repete sessenta e cinco vezes nos evangelhos[106], ao que podemos acrescentar vinte e duas menções do evangelho apócrifo de Tomé. Ela aparece em todos os tipos de discursos de Jesus: parábolas, exortações, controvérsias, sentenças. Além disso, as estatísticas mostram que se trata de uma expressão de sua linguagem própria. Os escritos do judaísmo do segundo Templo[107], mesmo que reflitam sobre a realeza de Deus, raramente recorrem à formulação *malkut YHWH* ("Reino de Deus"[108]). Depois de Jesus, seu uso sofre uma rápida diminuição junto aos primeiros cristãos: o Apóstolo Paulo o cita muito pouco, e o Evangelho de João menos ainda. *Esta constatação estatística nos coloca numa situação excepcional de sentir concretamente uma formulação*

106. Mc e paralelos: 12 ocorrências; Fonte das palavras de Jesus (Mt/Lc): 11; Lc: 14 ocorrências que lhe são próprias; Mt: 26 ocorrências próprias; Jo: 2. Adotando a formulação "Reino dos Céus", Mateus substitui o uso rabínico ao de Jesus.

107. Denominamos com esta expressão o período que se estende da volta do exílio babilônico (meados do século VI a.C.) à destruição do Templo e Jerusalém pelas legiões romanas (70 de nossa era).

108. As ocorrências são pouco numerosas: Sl 103,19; Dn 4,36; 6,26; 1Cr 17,14; 28,5; 2Cr 13,8; Sb 6,4; 10,10; Tb 13,1; Salmos de Salomão 5,18; 17,3 etc. • "Inventário". In: CAMPONOVO, O. *Königsherrschaft und Reich Gottes in den frühchristlichen Schriften*. Friburgo: Universitätsverlag, 1984 [Col. "Orbis Biblicus et Orientalis", 58].

distintiva de Jesus, que não teve mais repercussão depois dele. Fora do judaísmo palestino, onde ela foi aclimatada, a expressão "Reino de Deus" perdeu rapidamente seu potencial de sentido.

O problema surge a partir do momento em que se tenta fixar no tempo a realidade sobre a qual Jesus fala. O Reino de Deus aparece no futuro ou no presente? Vejamos o dizem os textos. Muitas palavras evocam um acontecimento nitidamente *futuro*. "Que teu Reino venha", diz o segundo pedido do Pai-nosso (Lc 11,2); "Felizes vós que agora tendes fome, pois sereis saciados [no Reino]", lê-se nas bem-aventuranças (Lc 6,21); "É mais fácil um camelo passar pelo buraco de uma agulha do que um rico entrar no Reino de Deus", adverte Jesus (Mc 10,25); "Em verdade eu vos digo, nunca mais beberei do fruto da videira até o dia em que o beber, de novo, no Reino de Deus", confidencia Jesus aos seus discípulos por ocasião da Última Ceia, antes da prisão (Mc 14,25). Poderíamos acrescentar a esta lista inúmeras outras alusões presentes nos discursos relativos ao Julgamento último, onde Jesus multiplica essas palavras[109] (cf. cap. 6, "O Deus do Julgamento").

Em outras palavras, o Reino de Deus se apresenta como uma realidade que pertence ao *presente*. É assim com a afirmação citada no capítulo precedente: "Mas, se é pelo dedo de Deus que eu expulso os demônios, então o Reinado de Deus já vos alcançou" (Lc 11,20). Existem outras: "Felizes vossos olhos porque veem, e vossos ouvidos porque ouvem. Em verdade eu vos digo, muitos profetas e muitos justos desejaram ver o que vedes e não viram, ouvir o que ouvistes e não ouviram" (Mt 13,16-17). Aos fariseus que lhes perguntavam quando viria o Reino de Deus, Jesus respondeu: "O Reino de Deus

109. As referências explícitas ou alusivas ao julgamento escatológico são muitas, tanto nas declarações de Jesus (Mc 4,25; 9,43-47; 10,30-31; Lc 6,20-25; 10,13-15; 12,8-9; 13,23-29; 17,34-35; Mt 7,19.22-23; 18,3-4 etc.) quanto em suas parábolas (Mc 4,26-29.30-32; Lc 6,46-49; 12,42-46.57-59; 14,15-24; 16,1-8; Mt 13,24-30.44-46.47-50; 25,1-13.24-30.31-46 etc.).

não vem como um fato observável. Não se dirá: 'Ei-lo aqui' ou 'Ei-lo ali'. Com efeito, o Reino de Deus está entre vós" (Lc 17,20-21). A tradução deste final de frase é difícil. O grego diz *entos humon*, o que significaria "dentro de vós", ao passo que "entre vós" se escreveria *en mesoi humin*. É que os tradutores detestam fazer do Reino de Deus uma realidade espiritual interior ao humano. Contudo, nos primeiros séculos, os Padres da Igreja sempre o compreenderam assim. Para guardar as duas dimensões ("entre vós" e "dentro de vós"), e para encontrar a intenção de Jesus que se opõe à ideia de um Reino projetado no futuro, seria necessário traduzir: "O Reino de Deus está *ao vosso alcance*". Claramente, Ele impacta o presente.

Eis o enigma: de um lado, a realeza divina está presente, de outro, sua vinda se situa num futuro próximo. Tão próximo, aliás, que várias declarações de Jesus mostram sua convicção de que esta transformação da história está na iminência de acontecer (Mc 9,1; 13,30). Se sua historicidade às vezes é discutida, a primeira dessas declarações está acima de qualquer suspeita, pois ela suscitou desconforto aos primeiros cristãos: "Na verdade eu vos digo, dentre os que aqui estão, alguns não morrerão antes de ver o Reino de Deus vindo com poder". Quem teria colocado na boca de Jesus uma pregação não realizada? Se, portanto, o Reino está ao mesmo tempo na iminência de acontecer e já presente, como vincular essas duas perspectivas?

A ideia de Reinado de Deus: uma longa história...

Por muito tempo se repetiu que esperar a vinda futura do Reinado divino era uma expectativa comum a Jesus e ao judaísmo, ao passo que conceber o Reinado presente era uma originalidade do Nazareno. Agora sabemos que não é bem assim. O judaísmo do segundo Templo conhecia essas duas dimensões do presente e do futuro. Mas como as vinculava? Um retorno à história faz-se necessário.

A realeza de Deus (*malkut YHWH*) é expressão da absoluta soberania do Deus de Israel sobre seu povo e sobre a criação. "Teu reino é um reino de todos os tempos e teu império dura através de todas as gerações" (Sl 145,13). É sobre essa confissão da realeza de Deus sobre seu povo e sobre o mundo que se cristalizam a fé monoteísta de Israel e sua teologia da criação. A instauração da monarquia em Israel, aos moldes das realezas cananeias, serviu de modelo cultural para esta representação. O lugar de veneração do Deus-Rei é o Templo de Jerusalém, a residência divina. O diálogo litúrgico do Sl 24 é revelador: "Portas, elevai vossos frontões! Elevai-vos, pórticos antigos! Que entre o rei da glória! Quem é o rei da glória? YHWH, o forte e valente, YHWH, o valente na guerra" (v. 7-8). A expressão visível da realeza divina é garantida pela celebração cultual, e não há surpresa alguma que os salmos sejam os textos privilegiados da exaltação do Deus-Rei[110].

Com o exílio na Babilônia (século VI a.C.) e a ruína do primeiro Templo, a ideia de realeza de Deus foi progressivamente sendo deslocada para o futuro. Aquele que denominamos segundo Isaías (Is 40–55) é um dos artífices desta mutação. A piedade dita "apocalíptica" se concentra na expectativa e na descrição desse tempo em que Deus manifestará aos olhos do mundo seu poder absoluto. Os desacertos políticos de Israel seguidos da ocupação romana desde o século I a.C. vão exacerbar o nacionalismo de uma esperança em que as nações pagãs serão subjugadas e varridas das terras de Israel. Quanto mais o poder se afasta das mãos do povo e de seus representantes, mais vai se reforçando a expectativa de uma massiva intervenção de Deus. Sob os nomes de Enoque, Moisés, Esdras, Baruc

110. Sl 5; 9; 10; 11,4; 22,28-30; 24; 29,9-10; 44,5; 47; 48,2-4; 68,25-36; 74,12-14.22-23; 89,5; 93. Os salmos reais: 95–99; 102,12-23; 103,19-22; 145,10-21; 146,9-10; 149. Além dos salmos: Is 6,5; 24,21-23; 25,6-8; 33,17.22; 37,16; 52,7; Mq 4,7; Sf 3,15; Ab 21; Zc 14,9.16-17; 1Cr 29,11.19-20; Dn 2,37.44.47; 7,14.18-22.27 etc. Para um inventário dos textos cf. GRAPPE, C. *Le Royaume de Dieu* – Avant, avec et après Jésus. Genebra: Labor et Fides, 2001 [Col. "Le Monde de la Bible", 42].

são relatadas profecias do fim da história, que se regozijam com a ideia da destruição deste mundo e a extinção do poder de satanás. Uma das características da piedade apocalíptica é sua visão dualista: estando o mundo presente inteiramente dominado pelo mal, este mundo deve ser destruído e assim abrir espaço para a nova criação.

O *Testamento* (ou *Assunção*) *de Moisés*, um escrito contemporâneo a Jesus, dá uma ideia da esperança do Israel da época:

> Então, sobre toda a criação seu Reino será manifestado. E será o fim do diabo e da tristeza com ele [...]. Pois de seu trono real se elevará o Celeste, e [Deus] sairá de sua morada santa, inflamado de ira em favor de seus filhos. E a terra tremerá, e será abalada até as próprias extremidades [...]. Pois Ele, o Deus Altíssimo, o único eterno, se elevará; e aparecerá para castigar as nações, e destruirá todos os seus ídolos. Então, Israel, será feliz! (10,1-4.7-8; trad. E.-M. Laperrousaz[111]).

Nada é mais claro sobre a popularidade dessa expectativa do que as orações recitadas cotidianamente pelos fiéis. O *Qaddish*, uma oração na qual Jesus se inspira no Pai-nosso, faz o fiel dizer: "Que Ele estabeleça seu Reino ao longo de vossa vida, e durante vossos dias, e os dias de toda casa de Israel, rapidamente, e logo". O segundo e o décimo primeiro pedidos dos *Shemoné Esreh* (Dezoito Bênçãos), que faziam parte da oração da noite, testemunham esta ardente aspiração pela restauração da grandeza passada de Israel:

> Faça ressoar a grande trombeta em favor de nossa libertação, ergue o estandarte para reunir nossos exilados, e reúna-nos dos quatro cantos da terra.

111. A expectativa do Reinado escatológico impregna a maioria dos escritos do período intertestamentário: Salmos de Salomão, 1Enoque, Jubileus, Testamento dos doze patriarcas, Oráculos sibilinos, Apocalipse de Baruc (2Baruc). Podemos ler esses textos em DUPONT-SOMMER, A. & PHILONENKO, M. (eds.). *La Biblie* – Écrits intertestamentaires. Paris: Gallimard, 1987 [Col. "Bibliothèque de la Pleiade].

> Bendito és Tu, Senhor, que reúnes os dispersos de teu povo Israel!
> Restabelece nossos juízes como nos tempos antigos, e nossos conselheiros como no princípio; afasta de nós aflição e tristeza. E reine sobre nós unicamente Tu, Senhor, com amor e misericórdia; e justifica-nos no Julgamento.
> Bendito és Tu, Senhor, Rei, que amas a justiça e o direito! (trad. J. Dessellier)

Em breves palavras podemos afirmar que todo mundo em Israel espera, com variável grau de agitação, o fim deste mundo e a vinda do Deus-Rei, ou de seu representante. É a razão pela qual a noção de Reinado de Deus foi empregada por Jesus sem que alguma introdução ou explicação prévia fosse necessária. As evocações dessa reviravolta da história compreendem, sem que seja possível desenhar um quadro articulado, o fim de satanás, a exterminação dos ímpios, a peregrinação das nações para Jerusalém, o Julgamento final, a ressurreição dos mortos, a renovação da criação. Paralelamente, uma minoria de ativistas se arma para preparar o evento da teocracia divina; eles formarão, nos anos 50, o movimento zelote. Os sectários de Qumran, por sua vez, segundo o testemunho dos Rolos da guerra (1QM), se preparam para a guerra santa contra os exércitos de Belial, o príncipe do mal.

Entretanto, ao lado dessa representação futurista do Reinado de Deus, a ideia de uma realeza presente subsiste. Seus traços são perceptíveis. Por um lado, os escritos rabínicos, obviamente tardios, mas perpetuando a piedade farisaica, falam em aceitar "o jugo do Reinado dos Céus"; trata-se de recitar cotidianamente o *shemá Israel* (confissão de fé) e de praticar uma obediência escrupulosa à Torá. Por outro lado, as celebrações cultuais são ocasião de exaltar a realeza de YHWH. Uma aclamação responsorial faz os fiéis dizerem: "Louvado seja o nome glorioso de teu reino, para sempre e eternamente"[112]. Em

112. *m*Yoma 3,8; 4,1; 4,2; 6,2. Tb. *m*Berakot 1,2.

Qumran, as liturgias do Shabat celebram a glória do Altíssimo como Criador, Senhor e Rei. A comunidade se percebe participante, pela liturgia, do culto celeste em que os anjos exaltam a soberania suprema de Deus (4Q 400-405). O livro dos Jubileus (século II a.C.) apresenta o Shabat como "dia da Realeza santa para todo Israel" (50,9).

O reflexo do Reino

O judaísmo contemporâneo de Jesus conhece, portanto, uma justaposição do Reinado futuro e do Reinado presente, o primeiro sendo esperado, o segundo celebrado pelo culto e pela fidelidade de vida. Esta mesma estrutura temporal governa o pensamento de Jesus. Mas com uma pequena diferença, embora, vale dizer, capital. A fé judaica faz coexistir, sem vinculá-las, a perspectiva futurista e a celebração da realeza eterna. Como o diz David Flusser, um sábio judeu: "Dentre todos os judeus conhecidos da Antiguidade, somente Jesus ensinou que não somente o fim dos tempos estava próximo, mas que o novo éon de salvação já havia começado"[113]. A diferença reside exatamente lá. *Jesus não convida, ao lado da esperança futurista, a tomar consciência da soberania imanente e eterna de Deus; é o Reinado esperado para o fim dos tempos que, afirma Ele, faz irrupção no presente.*

Para Ele, a secular expectativa de Israel chegou ao seu fim. Ou, para dizê-lo com as palavras do Evangelista Marcos, ao resumir a mensagem de Jesus: "Cumpriu-se o tempo, e o Reinado de Deus aproximou-se" (1,15). O tempo do verbo, mesmo que o aramaico nos fuja, é revelador em grego: *eggiken*, "aproximou-se", está no perfeito, um tempo que designa um acontecimento passado, mas cujos efeitos se desdobram no presente. O Reino esperado há séculos não *se aproxima*; ele *se aproximou*. Jesus exorta seus contemporâneos a perceber que a realeza de Deus se tornou mais próxima do que

113. FLUSSER, D. *Jésus*. Paris/Tel Aviv: De l'Eclat, 2005, p. 101.

nunca; a consequência deve ser tirada rapidamente: "convertei-vos" a esta inesperada presença do Deus-Rei (Mc 1,15). Diríamos que, se o Reino está presente, o é pontualmente, lá onde Jesus intervém; no futuro, Deus o estabelecerá em escala universal.

Como é possível que o Reino de amanhã possa estar à porta?

Jesus teve que se explicar. E o fez não por uma argumentação lógica, não por um discurso racional, mas por imagens, por palavras-imagens. *Este Reino ou Reinado de Deus, que Jesus não tinha necessidade de definir porque a noção era conhecida de seus ouvintes, ilustrou sua manifestação por parábolas, que se transformaram numa espécie de reflexo do Reino.* As parábolas do evangelho são, por assim dizer, o comentário daquilo que Jesus entende por "Reino de Deus".

Poderíamos retrucar que somente três parábolas começam com a introdução "O Reino de Deus é como [...]". Trata-se da Parábola da Semente, que cresce por si mesma (Mc 4,26-29), do grão de mostarda (Mc 4,30-32) e do fermento (Mt 13,33; Lc 13,20). O Evangelista Mateus multiplicou a fórmula para aplicá-la a outras parábolas[114]. Evidentemente, Ele usou o gênero parábola para falar de Deus e da condição humana diante de Deus. James Dunn não se engana ao afirmar que Jesus "usou de parábolas para ilustrar ou esclarecer o que tinha em mente quando falava do Reino"[115].

Examinaremos o que dizem esses "reflexos do Reino". Infelizmente, um persistente mal-entendido obscurece sua compreensão. Uma pequena digressão prévia faz-se, portanto, necessária.

"Uma mecha de um centavo"

Jesus falou em parábolas. Este instrumento pedagógico não foi inventado por Ele, mas o herdou de seu ambiente cultural. O Anti-

---

114. Mt 13,24.31.44.45.47; 18,23; 20,1; 22,2; 25,1.

115. DUNN, J.D.G. *Jesus Remembered (Christianity in the Making*, I). Op. cit., p. 385.

go Testamento[116] o usa muito pouco. A citação mais conhecida é a Parábola da Ovelha do Pobre, dirigida por Natan ao Rei Davi, para fazê-lo tomar consciência de sua atitude criminosa contra Urias, marido de Bersabeia (2Sm 12,1-4). O Talmud, em contrapartida, pulula de parábolas atribuídas aos rabinos, o que levou a pensar que, no tempo de Jesus, eles as usavam abundantemente. Mas é falso: as parábolas rabínicas são muito posteriores à época de Jesus; não temos praticamente nenhuma parábola rabínica que date de antes do ano 70[117]. O que impressiona, ao contrário, é o número de parábolas atribuídas a Jesus nos evangelhos: nada menos do que quarenta e três parábolas diferentes. É muita coisa![118]

A explicação mais plausível deste fenômeno é que a parábola era uma forma de ensinamento popular, mas cujo uso só foi generalizado pelos rabinos a partir do final do século I, ou seja, depois de Jesus. Além disso, eles usaram a parábola como instrumento de interpretação da Torá, sobretudo para apoiar suas argumentações

116. Cf. O canto da vinha (Is 5,1-7), as fábulas de Iotâm (Jz 9,7-15), Joás (2Rs 14,9-10) e a fábula da águia (Ez 17,3-19).

117. Cf., p. ex., o material coletado em LA MAISONNEUVE, D. *Paraboles rabbiniques*. Paris: Cerf, 1984 [Supplément Cahiers Évangile, 50].

118. Mc 2,21 par. (roupa remendada); 2,22 par. (vinho novo); 4,3-8 par. (semeador); 4,30-32 par. (grão de mostarda); 12,1-11 par. (arrendatários); 13,28-29 par. (figueira); 4,26-29 (semente); 13,34-36 (vigia). Mt 5,25-26 par. (processo); 7,24-27 par. (dois construtores); 11,16-19 par. (meninos na praça); 12,45-46 par. (espírito impuro); 13,33 par. (fermento); 18,12-14 par. (ovelha perdida); 22,2-14 par. (banquete); 24,43-44 par. (assaltante); 24,45-51 par. (servidor fiel ou infiel); 25,14-30 par. (talentos); 13,24-30 (joio e o trigo); 13,44 (tesouro); 13,45-46 (pérola); 13,47-50 (rede); 18,23-35 (servidor impiedoso); 20,1-16 (salário igual); 21,28-32 (dois filhos); 25,1-13 (virgens). Lc 7,41-43 (devedores); 10,30-37 (samaritano); 11,5-8 (amigo); 12,16-21 (rico); 12,36-38 (servos vigilantes); 13,6-9 (figueira); 13,24-25 (porta fechada); 14,8-11 (primeiro lugar à mesa); 14,28-30 (torre); 14,3-32 (rei guerreiro); 15,8-10 (dracma); 15,11-32 (filho perdido); 16,1-8 (gerente astuto); 16,19-31 (rico e Lázaro); 17,7-10 (servidor inútil); 18,2-8 (juiz e a viúva); 18,10-14 (fariseu e cobrador de impostos). Cf. tb. o inventário, sob reserva, das parábolas do *Evangelho de Tomé*.

ou esclarecer passagens difíceis. *Jesus, por sua vez, fez uma opção preferencial por esse modo de ensinamento e o aplicou em sua pregação sobre o Reino de Deus. No interior do judaísmo de seu tempo não encontramos um paralelo equivalente.* Esta foi uma opção particular de Jesus. Seus discípulos, que curavam como seu mestre curou, não se apropriaram deste instrumento didático.

O que é uma parábola?

Definição: a parábola é um pequeno relato de ficção que: a) usa uma realidade conhecida dos ouvintes (significante), mas que: b) comporta um sinal de transferência de sentido para outro plano da realidade (significado[119]). *Primeiro elemento*: diferentemente da fábula, a parábola de Jesus não usa antropomorfismos (plantas ou animais falantes); sua opção pelo mundo real, ainda o veremos, é altamente significante. *Segundo elemento*: a linguagem é indireta, e diz mais do que parece dizer; o sinal de transferência de sentido no plano religioso pode ser uma introdução ("O Reino de Deus é como [...]"), ou uma conclusão ("Assim acontece com [...] vós, porém [...]" etc.), ou a presença de códigos metafóricos da cultura judaica. Esses códigos metafóricos são conhecidos e constam nas Escrituras. Por exemplo: a vinha evoca o povo de Deus, a colheita designa o Julgamento último, a relação rei/servos ou patrão/operários ilustra a relação Deus/homem etc. Quando o narrador de parábolas começa por "Um rei quis ajustar contas com seus servos" (Mt 18,23), o ouvinte imediatamente compreende que se trata da fidelidade dos homens à aliança. Jesus, portanto, recorre aos códigos de sua cultura para fazer passar uma mensagem nova.

Podemos ler no *Cântico Rabba* esta bela definição do *mashal*, que é ao mesmo tempo uma sentença e uma palavra-mensagem;

119. É a definição preferida por vários pesquisadores e se encontra em ZIMMERMANN, R. (ed.). *Kompendium der Gleichnisse Jesu*. 2. ed. Güterloh: Gütersloher Vergagshaus, 2015, p. 25-28.

portanto, uma parábola: "Nossos mestres disseram: 'Que o *mashal* não seja algo insignificante aos teus olhos, pois, graças a ele, o homem pode compreender as palavras da Torá. Parábola de um rei que, em sua casa, perdeu uma peça de ouro ou uma pedra preciosa. Ele não a buscará com uma mecha que não vale mais do que um centavo?'" (I, 7-8). Por que Jesus, inspirando-se na prática do ensinamento popular de seu tempo, escolheu esse tipo de relato "que não vale mais do que um centavo?" É tentador afirmar que o fazia por estar se dirigindo preferentemente às pessoas simples. Mas é exatamente aqui que reside um mal-entendido.

A parábola choca

Parece efetivamente sensato dizer: Jesus, pregador popular, optou por um modo de comunicação simples, a fim de permitir que pessoas pouco cultivadas pudessem ter acesso a realidades complexas. Esta era a definição dada por Adolf Jülicher, um exegeta alemão, no final do século XIX. Esse exegeta, exímio conhecedor da Antiguidade, assemelha a parábola à fábula. Como esta, a parábola ilustraria "um pensamento importante, uma lei geral"[120]. Assim ela é considerada uma história simples, escolhida para ilustrar um pensamento religioso ou moral abstrato e atemporal. E como a fábula, a parábola responderia às regras postas pela retórica antiga: brevidade, clareza, plausibilidade (*brevitas, luciditas, probabilitas*[121]).

O exegeta alemão revolucionou a compreensão das parábolas ao romper com dezenove séculos de leitura alegórica. Ele insistia no fato de que a matéria narrativa da parábola é emprestada da vida cotidiana dos interlocutores de Jesus, e que ela não devia ser imediatamente espiritualizada. É o que acontecia com a alegoria.

---

120. JÜLICHER, A. *Die Gleichnisreden Jesu*, I (1886, 1910). 2. ed. Darmstadt: Wissenschaftliche Buchgesellschaft, p. 107 [reimpr., 1976].

121. QUINTILIEN. *Institution oratoire*, IV, 2, p. 31.

Os evangelhos apresentam algumas alegorias, raras, por exemplo, Mc 4,14-20, onde cada um dos elementos da Parábola do Semeador é transferido para um plano espiritual: os pássaros que recolhem o grão caído no caminho representam satanás retirando a Palavra do coração dos fiéis etc. Ora, segundo Jülicher se trata de exceções. A Parábola do Semeador não é uma alegoria; ela faz sentido pelo conjunto de seu cenário narrativo, que é crível e plausível: todas as sementes que caem no caminho não produzem fruto.

A parábola de Jesus não é a mensagem secreta de outro mundo; ela *é* a mensagem. Sobre este ponto, Jülicher tinha razão. Mas ele se engana ao pensar que a parábola veiculava uma verdade geral e atemporal. Para tanto, ele se apoiava nas conclusões de gênero: "Assim vosso Pai que está nos céus não quer que nenhum desses pequeninos se perca" (Mt 18,14, Parábola da Ovelha Perdida e Encontrada). Ora, a crítica literária mostrou que estas lições morais ou religiosas eram geralmente remendos, acréscimos posteriores feitos ao longo da transmissão catequética das parábolas nas comunidades cristãs. Originalmente elas estariam desprovidas desses remendos.

Mas, sobretudo, seria verdade – como o afirma Jülicher – que a parábola responde sempre à regra da plausibilidade? Quando um samaritano (herético detestado) acode o ferido antes que o sacerdote e o levita, ou quando um rei perdoa seu servo de uma inacreditável dívida de dez mil talentos (hoje falaríamos de milhões), a parábola teria se juntado ao senso comum? Não, ela choca! Hoje a abordagem das parábolas não se apoia mais numa teoria da comparação, como o fazia Jülicher, mas *numa teoria da metáfora, formulada por Paul Ricoeur*[122]. A metáfora nasce da interpenetração

122. RICOEUR, P. *La Métaphore vive*. Paris: Seuil, 1975. Sobre a aplicação à parábola, cf. WEDER, H. *Die Gleichnisse Jesu als Metaphern*. 2. ed. Göttingen: Vandenhoeck und Ruprecht, 1980 [Col. "Forschungen zur Religion des Alten und Neuen Testaments", 120]. • HARNISCH, W. *Die Gleichniserzählungen Jesu* (Uni-Tachmbücher 1343). Göttingen: Vandenhoeck und Rupreścht, 1985, p. 109-176. • RAU, E.

de dois planos de realidade: de um lado o Reino dos Céus, de outro o grão de mostarda que se torna uma grande hortaliça (Mc 4,30-32). É a interpenetração entre o plano teológico (significado) e o plano figurativo (significante) que confere à parábola a força de sua linguagem. A parábola é uma metáfora narrativa, no sentido que o relato inteiro faz metáfora.

Explico-me. A comparação diz: este homem é *como* um tubarão. *Uma discrepância* surge entre estes dois planos de realidade (o humano e o tubarão). A metáfora gera também *uma surpresa*, porque inova pela escolha de seu material narrativo (voltarei ao tema), e *um efeito de choque imaginário*, porque impressiona a imaginação pela escolha inesperada de sua história.

Desta forma a parábola afilia-se à poesia, já que ela não dita comportamento; ela não desenvolve uma lógica a + b, mas *constrói um novo olhar sobre a realidade.* Ela se dirige ao cérebro direito antes que ao cérebro esquerdo, e solicita o imaginário, tocando o afetivo antes que o reflexivo. É por isso que intitulei este capítulo "O poeta do Reino". No sentido etimológico, "poeta" deriva do grego *poietes,* formado do verbo *poieo,* "fazer"; o poeta é um criador, um fabricante, um artesão. É aquele que *faz* com as palavras. Melhor ainda: é aquele cujas palavras *fazem*, cujas palavras têm um efeito, tocam, comovem, impressionam, chocam, surpreendem... Uma questão surge: como as parábolas de Jesus produziram um efeito? Em que sentido e como Jesus, o contador de parábolas, foi poeta?

Enquanto metáfora narrativa, a parábola pode ser de dois tipos. De um lado existe a *parábola-evidência*: ela é frequentemente agrícola e se apoia na observação e na experiência dos ouvintes-leitores (semeaduras, germinação do grão, colheita, ação do fermento na massa, preocupação do pastor com o rebanho), por outro existe a

---

Reden in Vollmacht. Göttingen: Vandenhoeck und Ruprecht, 1990, p. 53-73 [Col. "Forschungen zur Religion des Alten und Neuen Testaments", 129].

parábola de eventos, que relata uma história de caráter geral tirada da vida cotidiana (um pai com dificuldades com seus filhos, um patrão contrata operários, um proprietário está em conflito com seus arrendatários). Nos dois casos, o material narrativo procede daquilo que os ouvintes de Jesus podem observar, e que não depende do registro religioso, ou seja, a parábola é um discurso não religioso sobre Deus. Nos dois casos, uma discrepância igualmente surge entre os dados da experiência e o relato do narrador da parábola. Essa discrepância corresponde ao que poderíamos denominar *extravagância da parábola*.

A parábola-evidência

Tomemos dois exemplos de parábola-evidência, começando com a história da semente que cresce espontaneamente.

> Sucede com o Reino de Deus o mesmo que com um homem que lança a semente na terra: quer ele durma, quer esteja levantado, de noite e de dia, a semente germina e cresce, sem que ele saiba como. A terra produz por si mesma; primeiramente uma vegetação rasteira, depois o caule e a espiga, e, por fim, a espiga cheia de trigo. E mal o trigo amadurece, logo se lhe mete a foice, pois é a época da colheita (Mc 4,26-29).

Esta parábola é própria ao Evangelho de Marcos. Mateus e Lucas, provavelmente incomodados em seu voluntarismo ético por uma mensagem que oculte a atividade humana, não a reproduziram. Entre a semeadura (v. 26) e a colheita (v. 29), o crescimento é longamente comentado (v. 27-29). O relato se concentra na força irrefreável e contínua da germinação do grão, de noite e de dia. Onde reside a extravagância? Jesus, seguramente, força a barra. O camponês palestino sabe por experiência o que o trabalho do campo exige. Ele mede a importância de seu labor para que advenha a colheita. A parábola, aliás, não opõe a atividade da semente à passividade do agricultor, mas insiste no crescimento do grão que, definitivamente, foge à compreensão total do ser humano. Pois o agricultor palestino também não ignora que a força da germinação é um milagre da natureza, que procede do Deus criador (Gn 1,11). A fé em Deus criador constituía, no século I, a explicação teológica do processo de crescimento vegetal[123].

O desempenho do narrador de parábolas é comparar o Reino de Deus a este processo irrefreável. O que quer que os homens façam, quer durmam ou trabalhem, o Reino vai crescer neste mundo. *Transferir para o Reino divino esta força de evidência, eis a extravagância e a audácia da parábola.* Pois, o discurso de Jesus sobre o Reino não é o dos apocalípticos, para quem Deus imporá estrondosamente seu império no mundo. Também não é o discurso dos sábios, que exortavam os fiéis a assumir sobre si o "jugo do Reino dos Céus". Aqui o Reino de Deus surge como uma dinâmica engajada no presente, e que vai se desenvolver sem que ninguém o impeça. Seu desenvolvimento é tão certo quanto o processo natural de germinação, pois Deus é a garantia de ambos. O auge desse processo é a colheita, metáfora bíblica clássica para designar a vinda escatológica de Deus e do julgamento final.

A Parábola do Grão de Mostarda, por sua vez, funciona pela evidência.

> Ele dizia: "Com que vamos comparar o Reino de Deus, ou com que parábola representá-lo? É como um grão de mostarda: quando semeado na terra, é a menor de todas as sementes do mundo; mas depois de semeada, cresce e torna-se a maior de todas as hortaliças, e dá grandes ramos, de tal forma que, à sua sombra, os pássaros do céu podem fazer seus ninhos" (Mc 4,30-32).

---

123. Cf. GEMÜNDEN, P. *Vegetationsmetaphorik im Neuen Testament und seiner Umwelt*. Friburgo/Göttingen: Universitätsverlag/Vandenhoeck und Ruprecht, 1993, p. 189-192 [Col. "Novum Testamentum et Orbis Antiquus", 18]. • RAU, E. *Reden in Vollmacht*. Op. cit., p. 124-129.

Como o atesta a Mishná, a pequenez do grão de mostarda era proverbial[124]. Enquanto ela mede aproximadamente um milímetro, o pé de mostarda pode atingir dois ou três metros de altura. O contraste era conhecido e flagrante. Suas folhas eram cozidas e servidas como salada, seus grãos eram usados como condimento, e serviam tanto para o uso medicinal como de alimento para os pássaros. Não é surpreendente, portanto, que o ouvinte de Jesus compreenda que os "pássaros do céu" nidifiquem em seus ramos ou à sua sombra. É menos habitual ouvir dizer que um homem semeia "um" grão de mostarda em seu campo (o pé de mostarda é mais uma planta do campo do que da horta, mesmo denominada hortaliça); sua semeadura é feita jogando-se as sementes para longe com um punhado delas na mão. A insistência no contraste entre o grão minúsculo e a planta em sua maturidade explica este enfoque.

A surpresa, no entanto, não nasce do contraste, mas da aplicação ao Reino dos Céus. Trata-se de uma inovação de Jesus, cujo equivalente inexiste na literatura judaica. De fato, quando a tradição bíblica fala do Reino escatológico, ela convoca imagens grandiosas e poderosas: o cedro (Is 17), ou a grande árvore (Dn 4); estas imagens evocam a envergadura deste império, para onde as nações do mundo acorrerão como pássaros do céu, buscando refúgio. Como vimos acima, a fé judaica se nutria dessa expectativa. Ora, para evocar o Reino, Jesus não direciona o olhar de seus ouvintes para as montanhas do Líbano, mas para um pé de hortaliça! Não é a magnificência do Reino vindouro que retém a atenção, mas a *pequenez de seu começo.*

A opção de Jesus, portanto, incide sobre uma realidade ao mesmo tempo minúscula e cotidiana, em ruptura com a linguagem empregada por seus contemporâneos para evocar o Reino. Esta opção

124. GÄBEL, G. Apud ZIMMERMANN, R. (ed.). *Kompendium der Gleichnisse Jesu*. Op. cit., p. 330-332.

não é única no ensinamento de Jesus. A mesma invocação ocorre quando Ele compara a vinda do Reino à chegada, inesperada, de um ladrão (Lc 12,39), ou ao poder transformador de um punhado de fermento na massa (Lc 13,20-21).

A extravagância consiste em escolher por metáfora do Reino uma realidade tão miserável. Mas – e o camponês palestino o sabe – nesta minúscula semente se esconde já *in nuce* o esplendor vindouro. Quando desperta a atenção para a modéstia do desabrochar do Reino, Jesus se refere à sua própria atividade, julgada medíocre ou insatisfatória por seus contemporâneos. A parábola faz compreender o paradoxo de uma realeza divina da qual todo fiel judeu exaltava a magnificência vindoura, mas que um rabino galileu, totalmente desconhecido, dizia estar presente graças à sua pessoa. O Reino começa de forma minúscula no mundo, diz Jesus – mas começa! *A parábola constrói assim outro olhar sobre a atividade de pregação e de milagres do Nazareno: ela é portadora da grandeza escatológica vindoura.*

Vale ressaltar que a parábola não ilustra uma verdade geral ou uma lição moral. Ela não explica o Reino, não o ilustra, tampouco o descreve. Ela lhe dá significado por uma história singular, que assume valor universal. Podemos dizer dela o que o pintor Paul Klee dizia da arte: "A arte não reproduz o visível, ela o torna visível"[125]. Da mesma forma, *a parábola torna visível o Reino*. E, para aquele e aquela que o compreendeu, importa fazer o máximo para conformar-se a essa realidade. É o que mostram as parábolas do Tesouro Descoberto no Campo e da Pérola Descoberta por um mercador de peças raras (Mt 13,44-46).

Aqui se percebe claramente que a escolha do material narrativo na parábola de Jesus não é um suporte pedagógico destinado a

---

125. KLEE, P. *Credo du créateur* – Conferénce, 1920, p. 34. Este *slogan* é largamente argumentado em seu livro: *Théorie de l'art moderne*. Paris: Gallimard, 2007 [Col. "Folio essais", 322].

expor verdades celestes abstratas. Eis por que, diferentemente da fábula e de certas parábolas rabínicas, a parábola não coloca em cena nem plantas nem animais, mas humanos. Dessa forma a escolha da realidade cotidiana manifesta a atualização do Reino de Deus no mundo dos ouvintes. A parábola não se evade na ficção, à maneira das fantasmagorias apocalípticas, mas – e aqui reside seu efeito propriamente poético – ela opera um recorte do real. Dito diferentemente: *a ficção parabólica recorta o real propondo aos ouvintes-leitores uma leitura teológica do mundo.* O ouvinte, cujas referências são embaralhadas, é convidado a pousar outro olhar sobre o seu mundo. Esta constatação emerge mais verdadeira ainda ao abordarmos o segundo tipo de parábolas: a parábola de eventos.

A parábola-acontecimento

Diferentemente da parábola-evidência, este segundo tipo narra um acontecimento extraído da vida social. A regra de plausibilidade parece ser observada: o acontecimento é plausível, ao menos pela situação que ele evoca. Mas, num dado momento, a intriga pende para o excesso, para a extravagância.

A Parábola do Filho Perdido (Lc 15,11-32) encena uma situação de crise familiar. O filho mais novo reclama sua parte da herança. Segundo Dt 21,17, o filho mais novo, por ocasião da morte do pai, herda um terço dos bens da família. O Talmud regra os casos de partilha antecipada do patrimônio enquanto o pai ainda está vivo (*b*Baba Batra 136a). Estamos, pois, diante de um cenário plausível. Entretanto, o filho dilapida seus haveres no estrangeiro "numa vida desregrada" (v. 13). Esta expressão evoca um desperdício irreversível e uma conduta moralmente repreensível. Tendo uma grande fome assolado o país em que se encontrava, o filho mais novo se vê num *status* servil e impuro (cuidar de porcos). Ele conjectura então voltar para a casa de seu pai. Mas, sabendo que foi destituído de seu estatuto de filho, apressa-se a mendigar um estatuto de diarista. Preferível à indigência, o estatuto de trabalhador diarista não era socialmente desejável. O discurso que o filho preparou para seu retorno inclui a consciência de ter cometido uma falta: "Pai, pequei contra o céu e contra ti" (v. 20).

A reação do pai, na acolhida do filho arrependido, corresponde à sua reinvestidura no estatuto familiar através de uma série de simbolismos: a corrida ao seu encontro, o abraço, a túnica, o anel, as sandálias, o banquete com o bezerro mais cevado... Essa extravagância vai provocar a reação ciumenta do filho mais velho. Geralmente essa parábola era lida à luz da seguinte ilustração teológica: a incomensurável bondade de Deus em relação ao filho que retorna, que "estava morto e voltou à vida" (v. 24). Essa ilustração não é falsa, mas insuficiente. A que reenvia, pois, a parábola? Não a uma noção teológica, mas a uma realidade que os ouvintes de Jesus têm sob seus olhos: a acolhida dos pecadores. Lucas reconstituiu esse contexto lembrando no início de seu cap. 15 a reação dos fariseus e dos escribas ao dizerem a Jesus: "Este homem dá boa acolhida aos pecadores e come com eles" (Lc 15,2). A Parábola do Filho Perdido e Reencontrado faz, portanto, *ler teologicamente a prática de Jesus.* Ela coloca em cena o protesto dos "justos", mas também a acolhida dos pecadores e pessoas moralmente suspeitas, interpretada como a acolhida que Deus reserva aos que voltam a Ele.

Não é o único caso em que se entrecruzam o *ponto de vista de Jesus, o narrador, e o ponto de vista de seus interlocutores.* O retrato contrastado do fariseu e do cobrador de impostos em oração, um exibindo sua piedade e outro afundado em seu sentimento de pecado, evidencia o desprezo das pessoas piedosas criticadas por Jesus (Lc 18,10-14). A história do camponês inebriado por suas grandes colheitas e que se acredita ao abrigo do infortúnio, mas que não desconfia que a morte o buscará na mesma noite, ilustra o falso sentimento de segurança dos abastados (Lc 12,17-20). Na Parábola do Joio e do Trigo, o reflexo de querer arrancar as ervas daninhas visa à intolerância dos "justos" contra os que eles julgam impuros (Mt 13,24-30). Através da ficção narrativa, são os interlocutores que Jesus visa.

Uma justiça subversiva

Na parábola que examinaremos agora, a inserção da reação dos ouvintes no relato é particularmente bem-sucedida.

A Parábola dos "Trabalhadores da Décima Primeira Hora" receberia um nome mais apropriado se a registrássemos com o nome de "Parábola do Salário Idêntico" (Mt 20,1-15). A situação narrada no relato diz respeito à contratação de trabalhadores diaristas por um proprietário de um vinhedo. Na Antiguidade, o cultivo da vinha foi se transformando numa espécie de ofício sempre mais exigente e, por consequência, mais lucrativo. O trabalho sofria fortes flutuações sazonais por ocasião do corte das parreiras ou da vindima. Ele necessitava, portanto, do engajamento temporário de trabalhadores. A contratação era favorecida pelo desemprego em Israel, fenômeno sobre o qual o historiador Flávio Josefo faz alusão (*Antiguidades judaicas*, 20, 219-220). Nossa parábola, em contrapartida, nos dá um interessante testemunho. O salário combinado com os trabalhadores contratados na aurora é de uma moeda de prata (um denário). Trata-se, na verdade, do salário usual, mesmo que o costume previsse sua duplicação ou triplicação, segundo o caráter mais ou menos penoso do trabalho. A decepção dos primeiros contratados também é compreensível a partir deste pano de fundo: "Estes que chegaram por último só trabalharam uma hora, e tu os tratas como a nós, que suportamos o peso do dia e o calor intenso" (v. 12). Que o salário dos últimos contratados fosse idêntico ao dos primeiros tornou-se mais escandaloso ainda pelo fato do pagamento combinado ter sido comparativo e não meramente generoso.

Estranho é o fato de a contratação ter-se repetido à terceira hora (9 horas), à sexta, à nona e à décima primeira hora (17 horas). Ela poderia ser explicada por um péssimo planejamento do proprietário em relação ao trabalho a ser realizado. Entretanto, o diálogo com os últimos contratados vai numa outra direção: "Por que ficastes aí o dia inteiro sem trabalho? É porque, disseram eles, ninguém nos contratou" (v. 6-7). O narrador da parábola quer fazer seus ouvintes entenderem a preocupação do patrão e a situação desses desempregados, ou seja, ele sinaliza menos a urgência do trabalho a executar do que a vontade do patrão de oferecer trabalho aos que não foram contratados por ninguém.

Na hora do pagamento acontece a surpresa. É bom lembrar que após a contratação dos trabalhadores da primeira hora, o montante do salário deixou de ser especificado, a não ser que seria "justo" (v. 4). No espírito do ouvinte, este silêncio induz à ideia de um pagamento decrescente. Mas, trata-se da astúcia do contador de histórias: toda a estratégia do narrador da parábola é a de fazer harmonizar a reação dos ouvintes com o protesto indignado dos primeiros contratados em face da desigualdade salarial de todos os diaristas. É exatamente a justiça do mestre que esses trabalhadores questionam quando invocam a duração e o caráter penoso do trabalho. A resposta do patrão se desdobra em três tempos (v. 13-15): 1) ele sublinha que, juridicamente, sua decisão é correta: o salário prometido foi pago; 2) ele lembra que, enquanto dono, pode dispor de seu dinheiro como quiser; 3) ele subentende que a verdadeira razão do ressentimento dos trabalhadores poderia ser a não aceitação de sua generosidade: "Teu olho é mau porque eu sou bom?"

Duas concepções de justiça contrastam aqui. De um lado, a justiça distributiva, que é ligada ao desempenho; de outro, o que desde Aristóteles denominamos justiça comutativa, que atribui a cada um a mesma parte. A primeira é uma justiça meritocrática, que gratifica cada um segundo o esforço dispensado. A segunda nivela as situações e pratica a igualdade salarial. A extravagância da parábola consiste em introduzir um princípio igualitário num domínio (a retribuição salarial) dominado pela justiça distributiva. Essa extravagância é tão flagrante que o Talmud conhece algumas parábolas muito próximas, notadamente a do Rabbi Zeera, em seu elogio fúnebre à Rabbi Bun, morto prematuramente em 325.

> A que Rabbi Bun, filho de Rabbi Hiyah, se assemelha? A um rei que contratou muitos trabalhadores. Um deles tinha muita dificuldade em seu trabalho. O que fez o rei? O levou a fazer cem passos juntos. Quando a noite chegou, os trabalhadores vieram receber seu salário e o rei pagou um salário completo também a este trabalhador. Os outros se queixavam dizendo: "Nós penamos o dia inteiro enquanto este não penou senão por duas horas, e o patrão lhe dá um salário completo como a nós!" O rei lhes disse: "Este aqui penou mais em duas horas do que vocês todos ao longo da jornada" (*j*Berakot 2,8,5c[126]).

O parentesco entre as duas parábolas, redigidas a três séculos de distância uma da outra, é fascinante. De ambos os lados o relato gira em torno da generosidade do rei e de seu poder de decisão. Mas, na parábola de Rabbi Zeera, o princípio da retribuição é inalterado: a brevidade do trabalho é compensada por sua intensidade[127]. Nada disso se encontra na parábola de Jesus: a lógica compensatória implode sob o golpe da "generosidade" do patrão.

Aqui ainda, a parábola não ilustra uma verdade teológica abstrata. *Ela configura o Reino de Deus, que não reside nem no além nem no futuro, mas se desenvolve como uma extravagância na ordem do*

126. Tradução emprestada de LA MAISONNEUVE, D. *Paraboles rabbiniques*. Op. cit., p. 23.

127. O midraxe *Tanchuma* 19b apresenta uma variante: sem ter acertado previamente o salário, um rei distribui uma peça de ouro para cada um dos trabalhadores que plantou pelo menos uma árvore durante a jornada. A questão gira em torno do segredo: Deus não revelou o salário vinculado a cada mandamento da Torá para que a obediência não fosse motivada pela busca de recompensa. Cf. MARGUERAT, D. *Le Jugement dans l'Évangile de Matthieu*. 2. ed. Genebra: Labor et Fides, 1995, p. 448-475 [Col. "Le Monde de la Bible", 6].

cotidiano. Este excesso extravagante se mostra naquilo que se passa ao redor de Jesus: sua prática de cura, seu ensinamento, suas frequentações, sua comensalidade, oferecidos independentemente do estatuto religioso das pessoas. A extravagância da parábola legitima o inesperado do comportamento do homem de Nazaré.

Como muitas outras parábolas, a do Salário Idêntico é um relato de final aberto. Que atitude os trabalhadores da primeira hora adotarão: manterão sua lógica compensatória ou concordarão com a bondade do patrão? A questão recai sobre os ouvintes: cabe a eles decidir. O próprio do poeta é interpelar, sugerir, evocar. O Reino é proposto, nunca imposto.

A Galileia de Jesus

Uma última questão se impõe: de onde o Jesus poeta tira sua inspiração? Suas palavras, já o dissemos, usam um repertório de temas tradicionais para falar de Deus e de seu povo: a vinha, a colheita, o banquete, a relação rei/servos, patrão/trabalhadores, pais/filhos etc. As parábolas rabínicas também se servem dos mesmos motivos. Mas, para além desse código cultural, é o *entorno geográfico e social de Jesus e de seus ouvintes que transparece em suas ficções parabólicas.* Jesus põe em cena o que está debaixo de seus olhos.

As parábolas oferecem uma imagem preciosa da baixa Galileia, esta região montanhosa onde Jesus concentrou sua atividade antes de subir a Jerusalém. O mundo das parábolas é um mundo de agricultores, vinhateiros, pescadores. É um mundo em que a perda de uma ovelha pode ser um drama para o pastor. Um mundo onde os administradores de um domínio podem agir desonestamente. Um mundo de intercâmbios comerciais. Um mundo em que a riqueza convive com a pobreza. Um mundo onde o banditismo é um perigo constante.

A Galileia era um mundo rural, majoritariamente judeu. Além da pesca, seus recursos eram a cultura da uva, do trigo e da oliva[128]. Presente em Cafarnaum, Betsaida e Magdala, a atividade da pesca era lucrativa graças à salga do peixe. Em Magdala, escavações arqueológicas de 2009 revelaram instalações portuárias e uma sinagoga do século I composta de três salas: um compartimento destinado ao estudo da Escritura, uma sala maior ladeada de bancos para a leitura comunitária e um depósito para os rolos da Torá.

Num vilarejo como Cafarnaum, a vida repousava sobre uma economia de subsistência, dependente dos recursos do lago e da terra. A Galileia exportava óleo de oliva e peixes do lago de Tiberíades. A descoberta de inúmeras moedas prova a frequência desses intercâmbios comerciais com as regiões não judaicas circunstantes: os vilarejos da costa oeste, a Transjordânia (ou Decápole) ao leste. A economia agrícola vivia de um regime misto: grandes explorações eram confiadas a arrendatários por seus proprietários, que geralmente viviam longe do país, mas a maioria, no entanto, era composta de pequenos domínios familiares, passados de pai para filho, ou vivia-se na penúria. O regime fiscal, que dependia da soberania de Herodes Antipas, era pesado: as taxas chegavam a 30% dos rendimentos. Péssimas colheitas obrigavam a endividar-se para liquidar o imposto e, na pior das hipóteses, ser vendido como escravo para saldar a dívida. Sem ser pobre em sua totalidade, a Galileia não conhecia o nível de vida da Judeia ou de Jerusalém: as diferenças entre abastados e indigentes eram enormes.

As cidades, já o mencionei, não faziam parte do universo de Jesus. Os dois lugares que mereciam o nome de cidades eram Séforis e Tiberíades, duas capitais sucessivas de Herodes Antipas; elas jamais foram mencionadas pelos evangelhos. Séforis, a cidade mais

128. Cf. FREYNE, S. *Jesus* – A Jewish Galilean. Londres: Clark, 2004. • CHARLESWORTH, J.H.; ELLIOTT, J.K. et al. *Jésus et les nouvelles découvertes de l'archéologie*. Paris: Bayard, 2007.

importante, com seu teatro com uma capacidade para quatro mil e quinhentas pessoas, era "a joia da Galileia", segundo Flávio Josefo (*Antiguidades judaicas*, 18, 27). Lá, bem como em Tiberíades, se concentrava uma população helenizada. Mas Jesus se manteve distante desse mundo urbano para frequentar os povoados nas imediações de Cafarnaum, tornada sua pátria adotiva, após seu distanciamento de João Batista. Avalia-se em aproximadamente dois mil os habitantes de Cafarnaum. Por ser um burgo fronteiriço, eixo rodoviário que dava para a *Via Maris,* que levava do Mediterrâneo a Damasco, Cafarnaum abrigava uma guarnição. A cura de um servo do centurião da guarnição é relatada em Mt 8,5-13. A riqueza das habitações de Séforis ou de Tiberíades não é comprovada; as casas, construídas em pedras brutas de basalto, se resumem num único compartimento comum, que se abre para um corredor central, compartilhado por várias famílias.

Não exageremos também na importância dos deslocamentos de Jesus no seio desta microrregião que Ele incansavelmente percorreu. Dificilmente podemos falar em nomadismo, à medida que Betsaida dista entre 4 e 5km de Cafarnaum, ao passo que Magdala (em grego: Tarichae) fica a 8km. A frequente referência a "casa" no Evangelho de Marcos[129] faz pensar que Jesus e seu grupo tinham escolhido Cafarnaum como base residencial de irradiação de seus deslocamentos. A "casa de Pedro", escavada pela arqueologia, uma modesta morada de pescadores do século I, transformada posteriormente em Igreja judeu-cristã, guarda a lembrança desta domiciliação.

O enraizamento de Jesus na Galileia é uma concretização de sua judeidade. Ora, quem diz *judeidade*, diz *apego à Lei*. Era inevitável que Jesus se posicionasse sobre este tema. Esta é a grande questão que nos espera: como Jesus interpretou a Torá?

---

129. Mc 1,29; 2,1; 3,20; 7,17; 9,28.33; 10,10.

6

O mestre de sabedoria

A mudança mais espetacular ocorrida no século XX em nossa compreensão de Jesus concerne à sua judeidade.

Na origem deste sismo se encontra a tomada de consciência do horror que foi a *shoah*. A questão tornou-se então imperiosa: por que a fé cristã não foi um escudo suficiente contra a escalada do antissemitismo? Os pesquisadores se interrogaram sobre a imagem do judaísmo veiculada pelo Novo Testamento. Ao designar os judeus como desencadeadores da morte de Jesus, relatando suas disputas teológicas com o Nazareno, não teriam eles contribuído para construir uma imagem negativa e odiosa do judeu?

Por mais extraordinário que possa parecer, *foi necessário esperar a década de 1980 para os pesquisadores concluírem que Jesus era 100% judeu*. Ninguém ignorava até então que o homem de Nazaré nascera numa família judia, lia a Torá e frequentava as sinagogas. Mas as consequências dessa imersão não tinham sido refletidas. Mais exatamente: pensava-se que Jesus viera para romper com sua religião de origem. Para captar a radicalidade da mudança ocorrida, avaliemos o caminho percorrido até então.

Busca de Jesus: os inícios

A busca pelo Jesus da história dotou-se de um pai na pessoa de Hermann Samuel Reimarus (1694-1768), um alemão especialista em línguas orientais. Não esqueçamos, porém, que houve predecessores, dentre os quais alguns teístas ingleses e franceses (Locke, Meslier, Toland[130]). Todos desconfiavam que Jesus não fosse o que a dogmática eclesiástica, e já os evangelhos, haviam feito dele. Mais penetrante, entretanto, é a afirmação de Reimarus, que só foi publicada após sua morte, em 1778: *Von dem Zwecke Jesu und seiner Jünger* ("O desígnio de Jesus e de seus discípulos"). Sua tese: a pregação de Jesus, que anunciava a vinda iminente de um Reino messiânico, foi brutalmente interrompida por sua execução; para superar o que consideraram um fiasco, seus discípulos inventaram a teoria de sua morte expiatória e a fábula de sua ressurreição. Pela primeira vez, de maneira sistemática, um erudito comparou entre si os evangelhos, colocou suas divergências à prova da crítica histórica e aplicou a teoria do complô para restabelecer os fatos em sua "verdade". Os trabalhos de Reimarus inauguraram a assim chamada *primeira busca* do Jesus da história.

A ambição desses pesquisadores era a de reconstruir o "verdadeiro Jesus", escondido nos meandros dos textos contaminados pela dogmática eclesiástica. No entanto, os motivos que os animavam não eram os mesmos. Para Reimarus, era imperioso demonstrar que a fé cristã é uma fraude; para David Strauss, a história de Jesus concretiza o mito do homem-Deus (1835-1836); para Heinrich Paulus, os milagres devem ser explicados racionalmente (1828). Outros, como o alemão Heinrich Holtzmann (1863), ou o francês Ernest Renan (1863), confiam nos evangelhos para reconstruir a personalidade religiosa de Jesus, vendo-o como um mestre espiritual fascinante[131]. O ambiente judeu do qual Jesus procedia era então pouco conheci-

---

130. Inventário dos predecessores: PESCE, M. "The Beginning of the Historical Research on Jesus in Modern Age". In: JOHNSON HODGE, C.; OLYAN, S.M. et al. (ed.). *The One Who Sows Bountfully* – Essays in Honor of Stanley K. Stowers. Atlanta: Society of Biblical Literature, 2013, p. 77-88.

131. STRAUSS, D.F. *Das Leben Jesus, kritisch bearbeitet.* 2 vol. Tubingen: Osiander, 1835-1836. • PAULUS, H.E.G. *Das Leben Jesu als Grundlage einer reinen Geschichte*

do; ele realmente não interessava aos pesquisadores, a não ser para fornecer o pano de fundo de onde o Nazareno se desvinculava. Em seu famoso curso do ano de 1900 sobre a *Essência do cristianismo*, Adolf von Harnack opõe "a fonte pura da santidade" que é o Evangelho de Jesus aos "entulhos e [aos] destroços" acumulados pelos fariseus que tinham "sobrecarregado, obscurecido, deformado, tornado ineficaz e privado de sua seriedade" a religião de Israel[132].

Esta primeira onda de pesquisas foi literalmente nocauteada no início do século XX por duas formidáveis objeções. A primeira veio em 1906 de Albert Schweitzer, o teólogo, futuro doutor de Lambaréné (Gabão)[133]. Schweitzer faz um balanço devastador de um século de pesquisa, mostrando que os autores interpretam os textos ao bel-prazer para moldar o Jesus que lhes convêm. A segunda objeção vem, uma década mais tarde, do estudo dos evangelhos seguindo a história das formas literárias (*Formgeschischte*). Esta escola, vinculada aos nomes de Rudolf Bultmann e Martin Dibelius, detecta que os evangelhos resultam de uma composição tardia e não da compilação de testemunhas oculares; que os relatos sobre Jesus circularam vários decênios na tradição oral; e que o quadro biográfico dos evangelhos é uma criação narrativa de seus autores. Em suma: a leitura "imediata" dos textos que a primeira busca fez é tachada de ingênua. Trata-se, portanto, de fazer a triagem entre textos antigos e textos tardios e só conservar a versão primitiva como fonte para reconstituir a vida do Nazareno.

Afetada por essas duas objeções, a pesquisa recobra fôlego por volta de 1950, e faz uma *segunda busca* do Jesus da história. A in-

---

des Urchristentums. Heidelberg: Winter, 1828. • HOLTZMANN, H.J. *Die synoptischen Evangelien*. Leipzig: Engelmann, 1963. • RENAN, E. *Vie de Jésus*. Op. cit.

132. HARNACK, A. *L'Essence du christianisme*. Genebra: Labor et fides, 2015, p. 116-117 [original alemão, 1900].

133. SCHWEITZER, A. *Geschichte der Leben-Jesu-Forschung* (1906). 2 vol. Munique: Siebenstern, 1966, p. 77-78, 79-80 [Col. "Siebenstern-Taschenbuch"].

vestigação histórica, doravante, é mais bem controlada. Critérios são definidos para verificar a fiabilidade histórica das fontes (eles foram apresentados no cap. 1 deste livro). Doravante renuncia-se à tentativa de reconstruir sem detalhes a vida de Jesus, mas se busca reconstituir seu ensinamento e sua atividade; se reconhece no anúncio do Reino de Deus o centro de sua pregação; se suspeita que os títulos cristológicos (Filho de Deus, Messias, Filho do Homem) surgiram depois da Páscoa, e não durante a pregação do Nazareno... Joaquim Jeremias emerge no cenário esclarecendo as parábolas de Jesus a partir do Talmud[134]. Mas, mesmo se, graças a ele, o conhecimento do judaísmo faz irrupção no trabalho dos historiadores, a reconstrução da vida de Jesus ainda é dominada pela ideia de um divórcio entre o Nazareno e o judaísmo de seu tempo. Em seu bom livro sobre Jesus, Günther Bornkamm opõe a leitura judaica da Lei, que "não suscita mais o encontro com Deus [mas] o vazio de seu conteúdo" à leitura de Jesus, que "libera a vontade divina de sua petrificação sobre as tábuas da Lei e toca o coração do homem que se havia fechado na fortaleza segura de sua legalidade"[135].

O homem de Nazaré aparece aqui como o herói livre de uma religião do coração confrontado com um judaísmo legalista, impertinente, amesquinhado e, finalmente, desumanizado.

"Rejudaizar" Jesus

A onda de choque desencadeada pela *shoah*, já o mencionamos acima, gerou a tomada de consciência de uma dimensão antijudaica na leitura dos evangelhos. A publicação, em 1977, do livro de Ed Sanders, *Jesus e o judaísmo palestino*, está na origem da *terceira bus-*

134. JEREMIAS, J. *Les Paraboles de Jésus*. Le Puy: Xavier Mappus, 1962 [original alemão, 1947].

135. BORNKAMM, G. *Qui est Jésus de Nazareth?* Paris: Seuil, 1973, p. 121 [original alemão, 1956].

ca do Jesus histórico[136]. Profundo conhecedor da literatura judaica antiga, Sanders denuncia uma leitura caricatural do judaísmo do século I, fechado na imagem de um rigorismo monolítico, ao passo que, na verdade, ele constituía um vibrante conjunto diversificado. Entre fariseus, saduceus, essênios e batistas, o judaísmo do segundo Templo, pleiteia Sanders, era um mundo enriquecido por uma multiplicidade de correntes que discutiam entre si. O debate (incontestável) de Jesus com seus contemporâneos não foi um debate *contra* o judaísmo, mas *no interior* do judaísmo.

A terceira busca não é um movimento homogêneo, mas uma nebulosa. Os pesquisadores que animam essa nebulosa defendem concepções divergentes: Jesus é um místico animado pelo Espírito (Marcus Borg); um filósofo cínico itinerante (John Dominic Crossan); um profeta milenarista (Ed Sanders); um reformador social (Richard Horsley); um carismático itinerante (Gerd Theissen); um curandeiro à maneira dos *hassidim* judeus (Geza Vermes[137]). No centro dessa variedade de retratos, no entanto, uma constante se impõe: a necessidade de revisitar o judaísmo antigo para situar a pessoa de Jesus. A *terceira busca empreende uma "rejudaicização" consistente do Jesus da história.* O Nazareno é compreendido como um judeu, marginal para John P. Meier,

---

136. SANDERS, E.P. *Jesus and Palestinian Judaism*. Londres: SCM, 1977.

137. BORG, M.J. *Jesus: A New Vision* – Spirit, Culture, and the Life of Discipleship. São Francisco: HarperSanFrancisco, 1987. • BORG, M.J. *Meeting Jesus for the First Time*. São Francisco: HarperSanFrancisco, 1994. • CROSSAN, J.D. *The Historical Jesus* – The Life of a Mediterranean Peasant. Op. cit. • CROSSAN, J.D. *Jesus* – A Revolutionary Biography. Nova York: HarperCollins, 1994. • SANDERS, E.P. *Jesus and Palestinian Judaism*. Op. cit. • THEISSEN, G. *Le Christianisme de Jésus* – Ses origines sociales en Palestine. Op. cit. • HORSLEY, R. *Sociology and the Jesus Movement*. Nova York: Continuum, 1989. • HORSLEY, R. *Jesus and the Spiral of Violence* – Popular Jewish Resistance in Roman Palestine. São Francisco: Harper and Row, 1987. • VERMES, G. *Jésus le Juif*. Paris: Desclée, 1978 [Col. "Jésus et Jésus-Christ", 4] [original inglês, 1973]. • VERMES, G. *Enquête sur l'identité de Jésus*. Paris: Bayard, 2003 [original inglês, 2000].

central para André Lacocque[138], mas judeu, e não mais um protótipo do cristão.

Essa mudança de paradigma foi apoiada pelo conhecimento do fato de que a separação entre judaísmo e cristianismo foi bem mais tardia do que imaginávamos: ela não começa senão no final do século I, e foi um processo longo, variável segundo as regiões (mais avançado na Ásia Menor do que na região siro-palestina). Imputar a Jesus a criação de uma nova religião é simplesmente anacrônico.

Mas, se doravante Jesus deve ser apreendido – e esse é um progresso da pesquisa – no interior da órbita judaica, como levar em consideração sua judeidade sem ocultar sua singularidade? Dito de outra forma: *como considerar simultaneamente sua pertença ao judaísmo palestino e o conflito que levou as autoridades religiosas a propor sua eliminação física?* Anteriormente vimos: nem a pregação do Reino de Deus (largamente difundida) nem sua fama messiânica (Ele não foi o único) são suficientes para julgá-lo insuportável. Tachá-lo de mago por suas curas não passava de uma bagatela. Portanto, faz-se necessário buscar em seu ensinamento o nó da crise. E, para um rabino judeu, quem fala em ensinamento está falando de interpretação da Torá. A tarefa que nos ocupa agora é a de sondar a leitura que Jesus fez da Torá a fim de buscarmos aquilo que o vincula aos seus contemporâneos e o que o separa.

Curar em dia de sábado

Nas camadas mais antigas da tradição, de Jesus não encontramos nenhuma declaração de princípio sobre a Torá ou sobre a autoridade da Torá. As declarações de Jesus de Mateus, que defendem a

138. A obra monumental de John P. Meier (*Un certain Juif, Jésus*: les données de l'histoire. 5 vol. Op. cit., 2004-2018) tem por título original inglês *A Marginal Jew* ("Um judeu marginal"). André Lacocque publicou recentemente, em resposta: *Jésus, le Juif central*. Paris: Cerf, 2018 [Col. "Lire la Bible", 194] [original inglês, 2015].

validade eterna da Torá, procedem da Cristandade à qual pertence o evangelista ("Antes que passem o céu e a terra, não passarão da Lei um *i* nem um pontinho do *i*, sem que tudo se cumpra" (Mt 5,18)). O Nazareno se entende, portanto, sob a autoridade milenar da Lei, dom de Deus ao seu povo Israel. Ele não a legitima, tampouco a problematiza: *ela se explica por si mesma, tanto para Ele quanto para qualquer fiel judeu*. A vinculação à Lei constitui efetivamente um dos dois pilares identitários do judaísmo antigo; o outro é o Templo. Em sua grande diversidade, o judaísmo do segundo Templo encontra sua coerência em seu vínculo com estes dois pilares identitários. Até a comunidade de Qumran, que repudia o Templo de Jerusalém por considerá-lo impuro, erigiu-se, ela mesma, em Templo espiritual[139].

Jesus não questiona a autoridade da Torá, mas discute sua interpretação, atitude normal de qualquer sábio.

Por outro lado, as curas em dia de sábado não contestariam a prescrição divina? De fato, e de maneira seguramente provocativa, Jesus curou em dia de sábado. A frequência dos conflitos provocados por essa transgressão à regra do repouso sabático é atestada pela tradição (Mc 2,23-28; 3,1-6; Mt 12,9-14; Lc 13,10-17; Jo 9,13-16 etc.). Ora, observa Sanders, a suspensão ocasional do descanso sabático prescrito pela Torá não é uma preocupação exclusiva de Jesus; é uma questão largamente debatida no judaísmo antigo. Por ocasião das guerras macabaicas do século II a.C., milhares de judeus se deixaram dizimar por ocasião de um ataque perpetrado em dia de sábado (1Mc 2,29-42). O parecer que prevaleceu desde então é que, mesmo em dia de sábado, era lícito defender-se e até matar. Confrontado com um homem com a mão paralisada, Jesus lança a questão: "Quem dentre vós, se só tem uma ovelha, e ela cai num buraco num dia de sábado, não vai apanhá-la e tirá-la dali?" (Mt 12,11). Sobre a questão de saber se era permitido socorrer naquele

139. 1QS 8,4-10; 4Q174 3,6.

dia um animal caído num poço ou num buraco, conhecemos a resposta dos essênios – era não: se um animal "cai numa cisterna ou numa fossa, que ele não seja retirado em dia de sábado" (*Escrito de Damasco*, 11, 13-14). A posição dos fariseus não nos é conhecida. Um ensinamento rabínico ulterior prescreve que retirar o animal não é autorizado, mas é lícito providenciar-lhe alimento ou lançar-lhe alguma coisa para se apoiar e assim manter-se vivo (*s*Shabbat 14,3). Podemos supor, mas sem garantia, que essa postura mais permissiva era partilhada também pelos fariseus no tempo de Jesus.

Jesus, portanto, não inova colocando essa questão; Ele entra numa discussão aberta com seus contemporâneos. Entretanto, vale sublinhar duas originalidades de sua posição. Primeira originalidade: Ele toma como testemunho aquele que só tem uma ovelha e que a vê em perigo. Jesus se junta à experiência dos camponeses palestinos, para quem nenhuma hesitação é permitida. Ele não abre o debate como um erudito da Lei, não disseca a prescrição sabática, mas se apoia na *experiência cotidiana de seu ouvinte*. Ao acrescentar "o homem vale mais do que uma ovelha!" (Mt 12,12), Jesus transfere para o incapacitado da mão paralisada que está diante dele um reflexo espontâneo de compaixão. Segunda originalidade: Jesus generaliza para um caso de doença o que constituía um caso de urgência: o animal em perigo de morte em dia de sábado. Ora, aqui, nenhuma urgência, nenhum perigo de morte. Ou, melhor dizendo: Jesus faz entender que o *sofrimento de outrem é um caso de urgência*. Assim procedendo, Ele entra no debate interpretativo da Torá, mas faz implodir sua lógica ao conferir ao caso-limite uma abrangência ilimitada: "Logo, é permitido fazer o bem em dia de sábado" (Mt 12,12).

Amar a Deus e ao próximo

O que autoriza – melhor: o que ordena – suspender o repouso sabático é a necessidade de ir ao encontro de outrem. Estabelecer uma hierarquia entre duas prescrições da Lei era uma preocupação de todos os mestres da Torá. Entre os duzentos e quarenta e oito mandamentos e as trezentas e sessenta e cinco interdições a que estavam obrigados os fiéis, como optar diante de deveres contraditórios? O debate entre os rabinos era aberto. Alguns afirmavam que todas as prescrições reclamavam igual observância, outros hierarquizavam as prescrições em nome de um princípio superior que denominavam *kelal*[140]. Jesus opta pela segunda posição ao resumir a Torá ao duplo mandamento do amor.

> Um escriba adiantou-se. Tinha-os ouvido discutir e via que Jesus respondia bem. Perguntou-lhe: "Qual é o primeiro de todos os mandamentos?" Jesus respondeu: "*O primeiro é: Ouve, Israel, o Senhor nosso Deus é o único Senhor. Amarás o Senhor teu Deus de todo o teu coração, com toda a tua alma, com todo o teu pensamento e com toda a tua força* (Dt 6,4-5). Eis o segundo: *Amarás o teu próximo como a ti mesmo* (Lv 19,18). Não há mandamento maior do que estes" (Mc 12,28-31).

O quadro narrativo da conversa deve proceder do Evangelista Marcos, mas não seu conteúdo. Jesus enuncia seu *kelal* ao associar dois textos da Escritura. A junção de duas passagens é um procedimento exegético que os rabinos denominarão mais tarde *gezera shawa*; ele consiste em aproximar, para interpretá-los um pelo outro, dois versículos que apresentam uma característica comum (aqui: "amarás"). A unicidade e a transcendência do Deus de Israel figura na cabeça do *shemá Israel*, a mais célebre confissão de fé judaica (Dt 19,18). Sua menção não é uma surpresa; entretanto, o versículo que lhe é associado, este sim: "Amarás o teu próximo como a ti mesmo" (Lv 19,18). Notemos que amar, na linguagem bíblica, não tem a dimensão exclusivamente afetiva que lhe damos hoje; amar a Deus

140. *Pirqé Avot* 2,1 ("Seja atento a um mandamento fácil como a um mandamento difícil, pois tu não conheces a retribuição dos mandamentos"). *Pieqé Avot* 1,18 ("Rabino Simeão ben Gamaliel dizia: 'O mundo se mantém por três coisas: a justiça, a verdade e a paz'").

significa prestar-lhe honra e fidelidade, amar o próximo consiste em querer seu bem e respeitar seu direito. Ora, em nenhuma outra parte alhures, nem no Antigo Testamento, nem da literatura judaica intertestamentária, nem em Qumran, nem em Fílon de Alexandria encontramos a justaposição dessas duas passagens[141]. Situar o amor ao próximo em pé de igualdade com o amor a Deus só se lê nos lábios de Jesus.

Isso seria, portanto, uma novidade absoluta? É aqui que precisamos ser cirúrgicos, precisos, já que a resposta é *sim* e *não*.

Comecemos pelo *não*. A ideia de que fidelidade a Deus e amor ao próximo caminham juntos não é desconhecida da fé judaica. Descobrimo-la junto a autores cronologicamente próximos a Jesus: a *Carta de Aristeias* (por volta do ano 100 a.C.), Fílon de Alexandria (entre 25 a.C., e 50 de nossa era), Flávio Josefo (37-100 d.C.[142]). Estes autores resumem as duas tábuas do Decálogo pelo *slogan*: *piedade e justiça* (ou *philanthropie*). Nenhum desses textos procede do judaísmo palestino, mas o paralelo que apresentam atesta que Jesus se afiliou a uma ideia que estava no ar. *A originalidade da sabedoria do Nazareno está alhures: em sua definição de próximo e na força impressionante que dá ao mandamento do amor.* Na tradição judaica, a definição de próximo é restritiva: o próximo é o compatriota, o israelita. O sentido é claro em Lv 19,18, pois o próximo é diferenciado do *ger*, o estrangeiro que vive no país. O alargamento da definição no século I tenderá a resumir-se ao membro da confraria (junto aos fariseus) ou à comunidade (Qumran). A definição de Jesus é bastan-

141. MEIER, J.P. *Un certain Juif, Jésus: les données de l'histoire* – II: La parole et les gestes. Op. cit., p. 300-317.

142. *Lettre d'Aristée*, 131. • PHILON D'ALEXANDRIE. *De specialibus legibus*, 2, p. 63. • PHILON D'ALEXANDRIE. *De virtutibus*, 51, p. 95. • JOSÈPHE, F. *Antiquités juives*, 6, p. 265; 8, p. 121; 10, p. 215; 15, p. 376 etc. Outra referência: BERGER, K. *Die Gesetzesauslegung Jesu* – I: Markus und Parallelen. Neukirchen: Neukirchener Verlag, 1972, p. 151-165 [Col. "Wissenschaftliche Monographien zum Alten un Neuen Testament", 40].

te clara nas palavras reunidas por Mateus no Sermão da montanha: "Ouvistes o que foi dito: *Amarás o teu próximo* (Lv 19,18) e odiarás o teu inimigo. Eu, porém, vos digo: Amai vossos inimigos" (Mt 5,43-44). Obviamente, não encontramos nas Escrituras prescrições que estimulem odiar o inimigo, mas a fórmula transcreve a dimensão negativa da definição judaica do próximo, segundo a qual a proteção exigida em favor do compatriota não se estende ao estrangeiro, muito menos ao inimigo.

Jesus se fundamenta no amor ilimitado do Deus-pai, que faz nascer o sol sobre bons e maus, para destruir qualquer limite introduzido no amor ao próximo (Mt 5,45-47). Com isso não estamos concluindo que os judeus do tempo de Jesus eram incapazes de filantropia. Há relatos do grande Rabbi Hillel, ativo na virada da era cristã, esta sentença: "Amai as criaturas e levai-as à Torá" (*Pirqé Avot*, 1,12). Mas Jesus vai além da filantropia. *Igualar o amor ao próximo (sem qualquer restrição) ao amor exigido para com Deus não se lê alhures senão no ensinamento de Jesus.*

Recusar a violência

O que dizer do poder de fogo do qual dotou o Nazareno seu *kelal*? A prescrição de amar os inimigos, cuja atribuição a Jesus não oferece nenhuma dúvida[143], foi sentida tão violentamente pelos primeiros cristãos que não ousaram reproduzi-la como tal fora de sua recepção junto a Mt 5,44 e Lc 6,27. Paulo oferece uma versão adocicada: "Abençoai os que vos perseguem" (Rm 12,14). O *kelal* de Jesus, na verdade, se impõe com tamanha força que invalida os outros mandamentos. Nem mesmo o grande Hillel ousou fazê-lo! Quanto

143. Cf. PIPER, J. "*Love your enemies*". Cambridge: Cambridge University Press, 1979, p. 20-49 [Col. "Society for New Testament Studies – Monograph Series", 38]. • MEIER, J.P. *Un certain Juif, Jésus: les données de l'histoire* – IV: Enquête sur l'authenticité des paroles. Op. cit., p. 335-356.

a Jesus, Ele o fez a propósito do repouso sabático e na posição adotada em relação à lei do talião.

> Ouvistes que foi dito: *Olho por olho e dente por dente.* Eu, porém, vos digo: não resistais ao malvado. Pelo contrário, se alguém te esbofeteia na face direita, vira-lhe também a outra. A quem quer conduzir-te ante o juiz para tomar a tua túnica, cede-lhe também o teu manto. Se alguém te força a andar mil passos, anda com ele dois mil. Dá a quem te pede; a quem quer pedir-te emprestado, não vires as costas (Mt 5,38-42).

"Olho por olho, dente por dente": essa regra fundamental é formulada várias vezes nas Escrituras (Ex 21,23-25; Lv 24,19-20; Dt 19,21). Os primeiros traços estão presentes no código babilônico de Hamurabi, que legisla sobre as reparações financeiras ou físicas após um dano sofrido. A lei do talião era de uma utilidade social evidente nas sociedades antigas, onde a justiça era exercida pelos indivíduos; ela funcionava como um regulador da agressividade, evitava o excesso da vingança e fundava a legítima defesa. O talião limitava a vingança impondo uma regra de proporcionalidade entre o mal sofrido e o mal infligido: olho por olho, nada mais. Mas a regra é ambígua: "Eu, porém, vos digo: não resistais ao malvado". De fato, a não resistência ao malvado significava sofrer a injustiça. Alguns exemplos são oferecidos para aplicar essa renúncia à vida cotidiana: não replicar o insulto da bofetada, mas oferecer-lhe a outra face; dar mais do que é exigido em situação de processo; fazer mais do que o outro pede.

As sociedades antigas são regidas por um código de honra, que obriga a responder a fim de obter a reparação de um mal sofrido. Jesus rompe com essa lógica da resposta e antecipa uma nova postura: não responder violência com violência. Essa é a concretização de um amor que chega a acolher os indesejáveis; isto é, os inimigos. Por isso, a lei do talião é totalmente invalidada. Abandonando a ideia de uma contrapartida violenta, Jesus manda que o cristão responda desproporcionalmente às demandas de outrem.

Questão: isso seria razoável? Mais adiante voltaremos a esta questão, pois, antes disso, urge afinar o perfil da surpreendente sabedoria de Jesus. As recomendações de abster-se da vingança, de suportar o sofrimento mesmo injusto, pululam na Antiguidade, tanto no mundo judeu quanto greco-romano. Tanto os rabinos quanto os grandes filósofos estoicos (Epíteto, Sêneca) aconselhavam o pacifismo. Mas, uma vez mais, Jesus se singulariza por um traço que lhe é próprio: *a ausência de qualquer motivação em sua exortação.* Se for preciso sofrer a injustiça, para os sábios de Israel, é porque Deus vingará os injustos, e também na esperança de converter os inimigos[144]. Para Sêneca, é inútil vingar-se das ofensas dos grandes, já que ela não serve para nada ("eles o farão novamente"). Epíteto vê no sofrimento imposto o privilégio do filósofo cínico, "que deve ser espancado como um asno" para "amar os que lhe batem"[145]. A exortação de Jesus se diferencia pela ausência de qualquer justificação desse tipo.

Jesus, para legitimar seu discurso, não apela nem para a moderação dos afetos nem para a razão. Só permanece o aspecto da provocação: a recusa de responder se torna uma demonstração da violência sofrida, a exibição do mal exercido contra si. Essa atitude protesta simbolicamente contra a violência, mas precisamente submetendo-se a ela. Eis a dimensão denunciadora dos gestos proféticos. A palavra de Jesus aponta unicamente para *a necessidade de romper com a espiral da violência que domina o mundo*. Semelhante radicalidade é inaudita no mundo antigo. O melhor comentário vem de Leão Tolstoi, o escritor, que se converteu ao ler essa sentença

---

144. Deus vingará os inimigos: *Hénoch slave*, 50,4. • *Pirqé Avot* 4,19. • 1QS 10,17-18. • Eclo 28,1. Reprimir a ira e evitar a querela: Pr 15,18; 16,32; 24,29; 29,11; 30,33; Is 50,6; Eclo 1,22-24; *j*Shabbat 88b.

145. SENÈQUE. *De la colère*, II, 33, p. 1-2. • ÉPICTÈTE. *Entretiens*, III, p. 22, 54. Outra referência: GEMÜNDEN, P. "La gestion de la colère et de l'agression dans l'Antiquité et dans le Sermon sur la montagne". In: *Hénoch*, 25, 2003, p. 19-45.

de Jesus. E então escreveu a Gandhi: "Uma vez admitida a violência, sejam quais forem as circunstâncias, a lei do amor é reconhecida como insuficiente, daí a negação mesma dessa lei"[146]. Autorizar a revanche é matar o amor.

Ele incita à criatividade

O Sermão da montanha apresenta uma série de antíteses, assim denominadas porque por seis vezes Jesus opõe à Lei lida pelos rabinos fariseus sua própria compreensão relativa ao imperativo divino: "Ouvistes o que foi dito aos antigos [...] eu, porém, vos digo" (Mt 5,2-48). O Evangelista Mateus compilou estas exortações morais de Jesus para mostrar sua reinterpretação da Lei.

Olhando de perto percebemos que todas essas antíteses denunciam a violência. Dito diferentemente: *cada vez que reinterpreta o imperativo divino, Jesus recusa uma maneira de ler a Lei que tolere a violência feita a outrem.* A primeira antítese estende o interdito de morte à ira e à injúria; Jesus eleva o limiar do interdito para aplicá-lo à violência verbal: insultar outrem já é uma maneira de atentar contra a sua vida (5,21-26). A segunda antítese reprime o olhar de cobiça considerando-o um ato predador do homem sobre a mulher, nivelando-o com o adultério (5,27-30). Para a terceira antítese, o uso da carta de divórcio (privilégio do marido) é recusado como insuportável violação à conjugalidade (5,31-32). A quarta antítese trata do juramento, denunciado como uma violência feita a outrem quando se falsifica o engajamento assumido (5,31-37). A lei do talião é condenada porque participa na geração da violência pela violência (5,38-42). Enfim o amor ao próximo: porque desviado de sua intenção e brandido como uma permissão para odiar o inimigo, é reconduzido à sua exigência extrema (5,43-48). As antíteses são *um apelo a recompor a Torá* ao redor de dois

146. TOLSTOI, L. Carta a Gandhi, 07/09/1910.

elementos: o amor a outrem e a denúncia da agressão que a leitura tradicional da Lei autoriza.

Nenhuma referência explícita é feita, neste contexto, ao Reino de Deus. Salvo, talvez, a resposta de Jesus ao escriba que o interrogava para saber qual era o primeiro mandamento. Já lemos este texto mais acima. Ora, após o escriba ter corretamente reformulado o *kelal* do duplo mandamento do amor a Deus e ao próximo, Jesus "vendo que ele havia respondido com sabedoria, lhe disse: 'Não estás longe do Reino de Deus'" (Mc 12,34). Por que ele não está longe? O que lhe falta? Falta-lhe compreender que o Reino não é uma concepção geral, mas uma realidade a torná-la presente – visível neste mundo. Que essa resposta seja devida ao evangelista ou não, pouco importa; o que importa é que ela vai direto ao ponto: *assim como as parábolas tornam o Reino visível no coração do mundo ordinário, a reinterpretação da Lei por Jesus configura um mundo em que o amor ilimitado de Deus por suas criaturas torna o humano capaz de amar inclusive seu adversário.*

É a razão pela qual o homem de Nazaré não substitui a antiga Lei por uma nova ou o antigo regulamento por outro mais severo. Os exemplos que Ele dá simultaneamente provocam e estimulam. No caso do talião, a revogação da regra é seguida de alguns exemplos (oferecer a outra face, dar seu manto, fazer dois mil passos), voluntariamente provocativos: eis até onde deve ir o amor a outrem para extirpar das relações humanas a violência mortífera – intento que a regra do talião fracassava ao tentar realizar. E estimulam porque pretendem despertar a criatividade do ouvinte: invente gestos criadores de vida e não de morte. Consentindo com esse convite, o homem e a mulher ativam esse mundo novo que Jesus denomina Reino de Deus.

Mais uma vez: isso seria razoável? Não responderemos agora, pois antes precisamos abordar uma violação bem mais forte à moral: a contestação que Jesus faz do conceito de pureza e impureza.

O puro e o impuro

A distância imaginamos mal a importância crucial com que na fé de Israel se revestia a conservação do estado de pureza. A fronteira entre puro e impuro era extremamente importante, já que a pureza ritual era vista como condição de acesso a Deus e a impureza excluía este acesso. A Torá de Moisés foi dada a Israel "para estar à altura de distinguir o sagrado do profano, o puro do impuro" (Lv 10,10).

Para premunir-se do risco de contaminação, a seita de Qumran fazia uma triagem de seus membros em seu ingresso, afastando os suspeitos de impureza: "Um insensato, um louco ou qualquer retardado, um fraco de visão que nada vê, um estropiado, um aleijado, um surdo, um menino, nenhum deles pode ser admitido na comunidade" (*Escrito de Damasco*, 15,15-17[147]). O número de piscinas ou tanques rituais (*mikvaot*) encontrados no local aponta, da parte da comunidade, uma fixação extrema nas obrigações de purificação. A retirada para o deserto visava justamente colocar-se ao abrigo de um mundo julgado impuro. Ora, a arqueologia trouxe recentemente à luz o grande número de *mikvaot* nas sinagogas e nas imediações do Templo de Jerusalém. A preocupação com a pureza, portanto, não se confinava à comunidade dos essênios. Os fariseus se mostravam particularmente interessados nela: este movimento leigo transferiu para seus adeptos o ideal de pureza imposto aos levitas em razão das funções destes últimos no Templo.

Os contatos interpessoais, a realização de tarefas cotidianas, a alimentação: tudo era dominado pela preocupação em não manchar-se com materiais ou pessoas impuras. O fiel se encontrava permanentemente exposto ao risco de ser contaminado por seu entorno. Por isso devia observar escrupulosamente as prescrições rituais,

---

147. O texto está corrompido. Sigo a reconstituição de MEIER, J. *Die Qumran-Essener*: Die Texte vom Toten Meer, I. Munique: Reinhardt, 1862, p. 31 [Col. "Uni-Taschenbücher"] [tradução minha].

cujos procedimentos se encontravam no Levítico (Lv 11–16). É que pureza rimava com santidade: para preservar o estatuto de povo santo, escolhido por Deus, Israel devia velar por sua pureza. A mesma preocupação de pureza-santidade guiava os ritos alimentares. O código alimentar prescrito pelo Levítico enunciava os critérios que designavam um alimento (animal ou vegetal) permitido ou não ao consumo. Regras eram estabelecidas para preparar e tornar o alimento próprio ao consumo. Essa preocupação de *kashrout* perdurou ao longo da história do judaísmo.

Cientes disso, é fácil supor que a seguinte afirmação de Jesus tenha caído como um raio na cabeça dos puritanos: "Não há nada exterior ao homem que penetrando nele possa torná-lo impuro, mas o que sai do homem, eis o que o torna impuro" (Mc 7,15). Trata-se de uma sentença que figura numa longa controvérsia relatada por Mc 7, na qual Jesus contesta as tradições farisaicas. Seus interlocutores foram perfeitamente escolhidos, já que a questão da pureza lhes era particularmente pertinente.

Os exegetas se perguntam se essa posição inequívoca de Jesus reflete sua posição, ou, antes, a situação das comunidades cristãs confrontadas com a pressão judaica, que teriam justificado desta forma seu abandono dos códigos alimentares. Sabemos, de fato, que essa questão dilacerou as primeiras Igrejas, compostas de fiéis de origem judaica (ligados à *kashrout*) e de fiéis de origem não judaica (indiferentes à *kashrout*). Uma passagem da epístola aos Gálatas (2,11-21) transcreve a violenta discussão entre Paulo e Pedro a esse respeito. Mas, se o conjunto da controvérsia de Mc 7 não pode ser, com toda certeza, retrocedido a Jesus, o mesmo não ocorre com a sentença do v. 15. Detectamo-la efetivamente como pano de fundo de uma citação de Paulo na epístola aos Romanos, onde o apóstolo se refere explicitamente a Cristo: "nada em si é impuro" (Rm 14,14). Naquele momento Paulo é confrontado com uma crise entre judeu-cristãos e pagão-cristãos sobre as prescrições alimentares; apoiando-se na tradição de Jesus, ele afirma que nenhum alimento em si não é nem puro nem impuro.

Voltemos à sentença de Mc 7,15. O que ela diz? Afirmar que nada de exterior ao homem pode torná-lo impuro é declarar a inutilidade dos códigos alimentares e os temores de contaminação por contato pessoal. Nada do que o homem absorve ou toca ameaça sua pureza. Mas Jesus não é indiferente às regras de pureza, pois acrescenta: "o que sai do homem, eis o que o torna impuro". Dito de outra forma: a preocupação pureza-santidade não é dispensada, mas deslocada. Jesus jamais disse não se importar com a diferença entre puro e impuro. Ele afirma que a contaminação não reside naquilo que chega ao indivíduo, mas naquilo que sai. *Jesus relativiza o ritual alimentar deslocando o lugar da impureza: doravante são as palavras e os gestos que vinculam o indivíduo ao seu entorno que decidem sobre sua pureza ou contaminação.*

Assim agindo, Jesus contradiz a lógica inerente à definição farisaica de pureza. Isto porque os fariseus, com o resto de Israel, tinham uma concepção defensiva da pureza: premunir-se de qualquer contaminação externa. Essa concepção defensiva entende que a eliminação da contaminação precede, como indispensável condição prévia, o restabelecimento da comunhão. Falando do deslocamento que Jesus opera, o exegeta alemão Klaus Berger sublinhou com razão que Jesus passa de uma concepção defensiva para uma concepção ofensiva da pureza[148]. A pureza defensiva é "uma qualidade passiva que só requer ser preservada, e que sempre, novamente, deve ser defendida", ao passo que a pureza ofensiva "é uma pureza que se propaga a partir daquele que é seu portador, que é contaminante, que pode tornar o impuro puro, que se difunde, que é expansiva"[149].

---

148. BERGER, K. "Jesus als Pharisaër und frühe Christen als Pharisaër". In: *Novum Testamentum*, 30, 1988, p. 231-262.

149. Ibid., p. 240.

Doravante já não é mais a impureza (do outro) que é contagiosa, mas a pureza (de si) que contagia. A afirmação ficaria mais clara ainda se falássemos da passagem de uma pureza que *exclui* para uma pureza que *inclui*. O Nazareno, de fato, faz uma inversão da definição: a relação com o outro não é mais estigmatizada como um risco potencial de contaminação, mas como um domínio em que o fiel é convidado a concretizar sua pureza-santidade.

As refeições comunitárias de Jesus e suas frequentações chocantes encontravam aqui sua justificação: Jesus "encarnava uma pureza que carismaticamente resplandecia"[150].

As refeições ou a santidade compartilhada

As refeições de Jesus não passaram despercebidas, tanto que Ele foi considerado glutão e beberrão (Lc 7,34). Entretanto, não era o consumo de comida que chocava, mas as companhias que o rodeavam. Jesus comia com pecadores, prostitutas, coletores de impostos[151] – esses grupos declarados moralmente impuros ou contaminados por seus contatos com os pagãos. Segundo o Evangelista Marcos, no início de sua atividade pública, numa refeição junto a Levi, filho de Alfeu, um cobrador de impostos que acabava de ser chamado para segui-lo desencadeou a hostilidade dos fariseus: "O que é isto? Ele come com os cobradores de impostos e pecadores?" (Mc 2,16).

Para medir o impacto dessas críticas, é necessário lembrar a função que as refeições exerciam na Antiguidade. As refeições antigas garantiam uma função poderosa de consolidação dos vínculos no interior de um grupo social, filosófico ou religioso; elas concretizam a pertença ao grupo e confirmam a lealdade em relação aos seus valores. Símbolos de uma vida compartilhada, elas são interdi-

150. THEISSEN, G. & MERZ, A. *Der historische Jesus* – Ein Lehrbuch. Op. cit., p. 211.

151. Mc 2,14.15-17; Mt 11,19; Lc 5,8.30; 7,34.36-50; 15,1-2; 18,11-13; 19,7.

tadas às pessoas estranhas ao grupo e às suas regras. No judaísmo, elas funcionam como um vetor poderoso de separatismo que traça as fronteiras do grupo religioso e o protege de toda contaminação exterior. "Conversa com pessoas inteligentes e todos os teus discursos versem sobre a Lei do Altíssimo, que os justos sejam teus companheiros de mesa" (Eclo 9,15-16a). Os sectários de Qumran "comerão em comum e bendirão em comum e deliberarão em comum" (1QS 6,2-3). A exclusão do "banquete dos Muitos", sua refeição comunitária, constituía a primeira medida disciplinar contra os faltosos (1QS 7,20). Os fariseus comiam em confrarias. Em suma: na Antiguidade, come-se com os semelhantes e com quem compartilha os mesmos valores.

E Jesus? Jesus faz o contrário.

Ele aparece junto aos que a sociedade judaica (com maior ou menor rigor) mantinha afastados dos justos e dos piedosos. Para ele, a renovação de Israel não passa pela fundação de um povo separado, como em Qumran, mas pela criação de uma comunidade inclusiva, a comunidade dos filhos de Deus: "Todo aquele que faz a vontade de Deus, esse é meu irmão, minha irmã, minha mãe" (Mc 3,35). O evangelho apócrifo de Tomé o confirma: "Os que fazem a vontade de meu Pai, esses é que são meus irmãos e minha mãe. E esses é que entrarão no Reino de meu Pai" (*logion* 99).

As fronteiras comumente admitidas do povo de Deus são assim brutalmente transgredidas. A comensalidade que Jesus oferece faz com que se lhe atribua a etiqueta pejorativa da qual Ele e seus amigos são vítimas: Ele mesmo é tachado de "comilão e beberrão, amigo dos coletores de impostos e dos pecadores" (Lc 7,34). Com Jesus, a irrupção do Reino desencadeia uma prática de comunhão, que tem precedência sobre as separações. Essa acolhida dos marginalizados, excluídos da santidade de Israel, vai de par com sua aproximação dos doentes: Jesus convive e toca os doentes impuros, e até mesmo os impuros dos impuros, que eram os leprosos[152]. Ele se deixa tocar por uma mulher cuja hemorragia a tornava impura permanentemente, o que, por sua vez, também o contaminava (Mc 5,25-34). A Mishná é categórica a esse respeito: é necessário manter-se a distância de toda mulher em menstruação (*m*Zabim 2,1; 5,1-11). Jesus se encontra com estrangeiros e mulheres, aqueles que os piedosos publicamente evitavam. Suas frequentações foram julgadas socialmente e religiosamente chocantes, e os evangelhos guardaram traços dessas indignações que elas provocavam[153].

As refeições de Jesus foram marcantes. Todos os evangelhos as mencionam, e inúmeras vezes. Mais do que uma marca registrada de simpatia ou de tolerância social, elas eram efetivamente um lugar de santidade compartilhada, demonstrando a acolhida que Deus reserva a todos os membros do povo, sem exclusão. *As refeições de Jesus oferecem a imagem de um Reino divino inclusivo e acolhedor, ou, melhor ainda, elas simbolizam a exclusão da exclusão.* O símbolo não foi escolhido por acaso: o banquete com Abraão, Isaac e Jacó é um motivo forte de esperança de Israel para o fim dos tempos. Fiel à sua concepção de Reino de Deus, Jesus antecipa: as refeições já garantem no presente a visibilidade de um Reino onde a discriminação não existe mais. O adágio de Mc 7,15 se encontra confirmado: a pureza de Jesus é contagiosa.

Um judaísmo "ultrajado"?

Resumamos o caminho percorrido. A valorização significativa da judeidade de Jesus no seio da terceira busca do Jesus histórico é uma conquista irreversível; a imagem do Nazareno como óvni pro-

152. Mc 1,40-45; 14,3; Mt 10,8; 11,5; Lc 17,11-19.

153. Lc 5,30; 7,34; 15,1-2.25-32. O narrador faz essas frequentações funcionarem como contramodelos dos "justos" (18,9-14). Os pecadores são igualmente postos a distância e marginalizados pelos piedosos, mas por razões de impureza (Lc 5,8.32; 7,37.39; 18,13; 19,7).

tocristão no seio do judaísmo palestino deve ser dispensada. Esse homem 100% judeu articula em seu ensinamento os temas centrais da fé judaica: a esperança do Reino, a autoridade da Torá, a pureza-santidade do povo. Somente a função do Templo de Jerusalém é apagada de sua mensagem, por razões que abordaremos mais adiante (cf. cap. 9, "O Templo ultrajado").

Mas, cuidado: afundar Jesus na normalidade judaica não é mais sensato do que ocultar sua judeidade. James Charlesworth propõe ver no Nazareno "um judeu devoto e até conservador, podendo mostrar-se extremamente liberal em questões sociais"[154]. Não! Já evidenciei a singularidade das posições adotadas por Jesus, tanto em sua concepção sobre o Reino de Deus quanto em sua interpretação da Torá. As recordo: o poder de impacto acordado ao imperativo do amor, invalidando qualquer prescrição que não se adéque a esse imperativo; a revogação de um princípio socialmente utilitário como a lei do talião; a subversão da noção de pureza.

Voltemos à questão: as exortações de Jesus são razoáveis? Convidar a amar os inimigos, a oferecer a outra face, a banir qualquer insulto... seria realista esse programa ético? A ética de Jesus, tanto no Sermão da montanha quanto na exortação de perdoar até setenta vezes sete, se singulariza efetivamente pela ausência de qualquer reflexão sobre sua exequibilidade. Os mandatos de Jesus beiram a um absoluto espantoso. *O meio-termo não é mais uma opção.* Como explicar essa moral exagerada?

Sua ausência de pragmatismo constitui uma tremenda diferença com a sabedoria israelita, impregnada de ponderações e moderações. Joseph Klausner, primeiro grande historiador judeu dos inícios do cristianismo e autor da bela monografia *Jesus de Nazaré* publicada em 1922, percebeu claramente o problema. Ele comenta

---

154. CHARLESWORTH, J.H. *The Historical Jesus* - An Essential Guide. Op. cit., p. 60; cf. p. 45-61.

assim o Sermão da montanha: "Em tudo isso, Jesus é o mais judeu dos judeus, mais judeu inclusive de Shimeon ben Shetah, mais judeu até mesmo de Hillel. No entanto, nada é mais perigoso para o judaísmo nacional do que esse judaísmo *ultrajado*; é a ruína da civilização nacional, da organização nacional e da vida nacional"[155]. Segundo Klausner, a ética deve fundar uma vida social no quadro de uma comunidade nacional. Ora, ao declarar anacrônicas a observância do sábado e a ritualidade alimentar, criticando os acomodamentos da interpretação farisaica da Lei para substituí-los por imperativos radicais, Jesus "carece completamente das grandes qualidades políticas que haviam mostrado os profetas que, com olhares de águia, sabiam abarcar os reinos e as nações de todo o universo"[156]. Numa palavra: Klausner critica o homem de Nazaré de não ter se portado como um sábio, obcecado que era por suas "quimeras apocalípticas"; com isso Ele entende se referir ao imaginário do Reino de Deus.

Klausner tem razão em apontar para o Reino de Deus. Para Jesus, é a perspectiva de um Reino futuro, mas já visível no presente, que confere à decisão moral o seu caráter de urgência. Aqui reside a diferença entre Jesus e João Batista: para João, a iminência da catástrofe vindoura não deixa espaço a nenhum atraso, sob pena da perda total e imediata do indivíduo; para Jesus, o homem dispõe de um prazo. A Parábola dos Dois Litigantes o diz excelentemente: "Põe-te logo de acordo com teu adversário, enquanto estás ainda a caminho com ele, para que não aconteça que esse adversário te entregue ao juiz, e o juiz, ao policial, e sejas lançado na cadeia. Em verdade, eu te digo: de lá não sairás enquanto não tiveres pago o último centavo" (Mt 5,25-26). A sombra do Reino já está presente, muito embora a hora já não faça mais parte do cálculo. A intimação feita aos discípulos "vem e segue-me" ilustra essa urgência.

---

155. KLAUSNER, J. *Jésus de Nazareth* – Son temps, sa vie, sa doctrine. Paris: Payot, 1933, p. 538-539 [Col. "Bibliothèque Historique"] [original hebraico, 1922].

156. Ibid., p. 535.

Klausner, no entanto, se enganou sobre a origem da urgência. Ela não é primeiramente questão de temporalidade como em João Batista, já que Jesus não é um apocalíptico centrado na iminência do fim; a urgência se origina na imagem que Jesus tem de Deus. Na formulação "Reino de Deus", é em "Deus" que recai o interesse. Mas de qual Deus estamos falando?

O Deus de Jesus

Quem é o Deus de Jesus? Os textos não nos permitem brincar de fazer uma psicologia religiosa de Jesus; em contrapartida, nos permitem saber como Ele fala de Deus. A constatação emerge rapidamente: diferentemente das orações de seus contemporâneos, que juntavam os títulos majestosos ao redor do nome de Deus, Jesus é de uma total sobriedade. Embora fale de Reino ou Reinado de Deus, Ele jamais chama a Deus de rei. *Quando fala de Deus ou a Ele se dirige*[157]*, Jesus usa de um único título: Pai.* Aliás, Ele emprega um termo aramaico de sua língua que passou para a linguagem dos primeiros cristãos: *Abbá*, que equivale a "papai", um epíteto afetuoso que os filhos dirigiam a seus pais ou os discípulos aos seus rabinos[158].

E o que Jesus diz desse Deus-Pai? Para Ele é o Deus celeste que perdoa as faltas (Mt 6,15-16), que alimenta os pássaros (Mt 5,26), que sabe o que os homens precisam (Mt 6,32), que oferece coisas boas aos seus filhos (Mt 7,11), que não quer que nenhum deles se perca (Mt 18,14). É ao Pai (e não ao rei) que Jesus convida seus discípulos a elevar suas preces (Lc 11,2; Mt 6,9). Um versículo de Mateus impressiona: "Vós, portanto, sereis [ou sede] perfeitos como o vosso Pai celeste é perfeito" (5,48). Mateus provavelmente reformula uma palavra da qual Lucas conservou um teor mais antigo: "Sede generosos como vosso Pai é generoso" (Lc 6,36). Jesus segue o

157. Lc 11,2 par.; Mt 6,9 par.; Lc 10,21; Mc 14,36 par.

158. Mc 14,36 par.; Gl 4,6; Rm 8,15.

motivo bíblico da imitação de Deus. Entretanto, enquanto o Antigo Testamento o aplica à santidade de Deus ("Sede santos, pois eu sou santo" (Lv 19,2)), Ele o aplica à compaixão. *É a misericórdia de Deus que se torna modelo da sabedoria de Jesus.* Mateus a compreendeu assim, pois a "perfeição" divina é definida num texto anterior: é a generosidade de Deus que "faz nascer o sol sobre bons e maus, e cair a chuva sobre justos e injustos" (5,45). Invocar a ordem da natureza para falar da sabedoria imanente ao mundo não é raro junto aos sábios de Israel[159]. Mas Jesus se apoia na generosidade sem reserva do Deus-providente para fazer dele o modelo de um amor não discriminatório: "Se amais aqueles que vos amam, que recompensa tereis por isso?" (Mt 5,46). Suas refeições ilustram esse adágio.

Jesus, o filho *manzer*, o filho sem pai, coloca toda a sua sabedoria no Deus-pai, cuja presença, solicitude e infinita bondade autorizam um comportamento extravagante de pureza compartilhada.

O realismo de Jesus está aí: confiar radicalmente no Deus-providência, que "sabe bem que precisais de todas essas coisas" (Mt 6,32), que são as necessidades elementares. Esse tema do amor gratuito, sem expectativa de reciprocidade, volta sempre em suas exortações. É o amor que abandona o terreno da troca pela troca para arriscar-se a acolher sem discriminação:

> Quando deres um almoço ou um jantar, não convides teus amigos, nem teus irmãos, nem teus parentes, nem vizinhos ricos, senão eles também te convidarão em troca, e isso te será retribuído. Ao contrário, quando deres um festim, convida pobres, aleijados, coxos e cegos, e serás feliz porque eles não têm com que retribuir: com efeito, isso te será retribuído na ressurreição dos justos (Lc 14,12-14).

Interrogamo-nos sobre a origem desta radicalidade na exortação que Klausner deplora, visto que seu exagero contrasta com a

159. VON RAD, G. *Israël et la sagesse*. Genebra: Labor et Fides, 1971, p. 170-185.

moderação da sabedoria israelita. É no amor aberto, gratuito e universalista de Deus que Jesus se respalda para desenvolver sua ética de exortações provocantes. Aos seus olhos esta insondável compaixão divina não tolera nenhum meio-termo – sobretudo se alguém se apoia na Lei para afastar-se das necessidades de outrem! Nem o sábado, nem a preocupação com a pureza, nem a santidade de Israel saberiam resistir à invasão, no presente, do Reino amoroso de Deus.

Mas, ainda não é tudo...

O Deus do Julgamento

...mesmo se os estudos sobre o Deus de Jesus geralmente se reduzem ao Deus todo-amoroso, embora, o mais frequentemente, com uma antinomia escondida entre o Deus da ternura de Jesus e o Deus da ira do Antigo Testamento. Mas esta antinomia não respeita os evangelhos, pois, em conformidade com a fé de seu povo, Jesus acredita no Julgamento último. Acabamos de mencionar o Deus que perdoa as faltas; mas Jesus acrescenta: “Se não perdoardes aos homens, também vosso Pai não vos perdoará vossas faltas” (Mt 6,15). A Parábola do Julgamento Último coloca em cena esse fim da história humana, momento em que Deus avaliará a fidelidade de cada um. As metáforas, todas bíblicas, afloram: esse momento último é descrito como uma colheita, uma triagem, um acerto de contas, a chegada do esposo, o retorno do mestre etc.[160] Mesmo que Mateus tenha multiplicado essas parábolas, a maioria remonta ao Nazareno.

Essas parábolas de crise não alimentam um terrorismo do Julgamento, visto que, uma vez mais, a fonte da ética de Jesus está na

---

160. Estas parábolas de crise remontam realmente a Jesus: Mc 13,33-37 (o vigia); Mt 25,1-13 (as dez virgens); 25,14-30 (os talentos); Lc 12,16-21 (o camponês rico insensato); 12,39-40 (o assaltante); 12,42-46 (os dois servos); 12,57-59 (os dois litigantes); 16,1-8 (o administrador prudente); 16,19-31 (o rico e Lázaro). Talvez, também, Mt 22,11-13 (o convidado sem trajes de núpcias); 25,31-46 (o grande julgamento).

acolhida sem limite de Deus. Entretanto, elas lembram que *benefi-ciar-se deste amor implica uma responsabilidade: fazer repercutir esse amor nos outros*. Dito de outra maneira: é possível afirmar que Jesus assume as duas faces do Deus bíblico, ou seja, o Deus da eleição e o Deus da Lei. Nele, no entanto, o primado da eleição varre qualquer discriminação inter-humana que a Lei pretendesse fundamentar.

A questão que surge então é essa: que autoridade Jesus tinha para se colocar diante de Moisés e recompor, assim, a Lei? Como Ele legitima a sabedoria provocadora que pratica? Abordaremos mais diretamente esta questão no cap. 8. Antes, porém, vejamos as reações que sua palavra e sua ação provocaram. Para tanto, começamos com a seguinte pergunta: quem foram os amigos e os inimigos de Jesus?

7

Seus amigos, seus concorrentes

Uma pessoa se revela por suas relações: "Dize-me com quem andas e te direi quem és", diz o velho adágio. Com quem Jesus se encontra? Com quem se confronta? E onde? A provocação que representou o anúncio do Reino de Deus, com suas radicais consequências, criou ao redor de Jesus uma polarização entre simpatizantes e concorrentes.

Uma coisa é certa: Jesus praticamente só encontrou mulheres e homens judeus, na terra de Israel. Suas raras incursões em regiões de maioria pagã, tanto na região costeira (Tiro, Sidom) quanto na Transjordânia, foram momentos de encontros ocasionais com não judeus; mas não estavam inscritos em seu programa, fato confirmado pelo impressionante encontro com uma mulher siro-fenícia perto de Tiro (Mc 7,24-30). Jesus começa se recusando a exorcizar sua filha: "Deixa que os filhos se fartem primeiro, pois não fica bem tirar o pão dos filhos para atirá-lo aos cachorrinhos". A obstinação dessa mulher, no entanto, o impelirá a retirar a excepcionalidade da barreira entre o povo eleito e as nações, concedendo-lhe o que ela pede. Exceção, também, é sua resposta positiva à súplica do centurião de Cafarnaum em favor de seu escravo doente (Mt 8,5-13). Neste caso específico, é difícil imaginar que um oficial da legião romana fosse judeu. Nestes dois casos excepcionais, porém, é o curandeiro que intervém e não o pregador.

Os primeiros cristãos acharam interessante valorizar essa abertura de Jesus aos não judeus; *o homem de Nazaré, por sua vez, vis-*

lumbrava sua vocação em Israel e para Israel. O passo que Ele não deu (proclamar a salvação fora do judaísmo), os cristãos de Antioquia o deram, após sua morte, e, segundo os Atos dos Apóstolos, por volta do ano 35 (11,19-20).

Um Jesus popular

Segundo a opinião unânime dos evangelistas, Jesus e seu grupo atraíram multidões. Poderíamos, obviamente, atribuir aos seus desejos de embelezamento as seguintes imagens de afluência: a casa onde "tanta gente se aglomerou que não havia mais lugar, nem sequer diante da porta" (Mc 2,2), ou a margem do lago aonde, "a pé, vindas de dos os vilarejos", as pessoas acorriam ao encontro de Jesus (Mc 6,32). Certamente a ênfase exerce um papel importante, mas as menções de afluxo de pessoas são tão numerosas, e presentes em todas as fontes disponíveis[161], que não podem ser mero produto de uma sacralização da memória. *Visivelmente, Jesus cativou por seus milagres e por sua palavra.* Movimentos de multidões indo à sua procura são frequentemente sublinhados. As pessoas se espremem tanto na margem do lago, que Ele precisa subir numa barca para falar-lhes (Mc 4,1). A multidão aflui em tão grande número que Jesus não quer despedi-la sem alimentá-la (Jo 6,5). As pessoas se apertam de todos os lados, ao ponto dele nem saber quem o tocou (Mc 5,31). Jesus experimenta o mesmo sucesso popular que o Batista[162], sucesso obviamente reforçado por sua atividade de cura.

O banho de multidão que representou a entrada de Jesus em Jerusalém, com aquela inacreditável cena dos mantos estendidos no caminho e ramos agitados em sua passagem (Mc 11,8), prova que sua popularidade o havia precedido na Judeia. Como o veremos

---

161. Marcos insiste na popularidade de Jesus (Mc 2,2.13; 3,7-12; 3,20; 4,1-2; 6,21; 8,1 etc.). Cf. tb. Mt 9,33; 12,23; Lc 6,20; 7,24; 11,31-32; Jo 6,5.14-15; 7,49 etc.

162. Mc 1,5; Lc 3,7. • JOSÈPHE, F. *Antiquités juives,* 18, p. 118.

ainda, a simpatia das multidões culminará na Paixão. Mas, até lá, o esplendor carismático de Jesus lhe havia conferido um impressionante poder de atração.

Dois indícios históricos corroboram sua popularidade. O primeiro é o testemunho de Flávio Josefo; o historiador judeu atribui ao Nazareno a façanha de haver atraído para si "muitos judeus e muitos do mundo grego" (*Antiguidades judaicas*, 18, 63; cf. cap. 1, o item "Flávio Josefo ou a virtude da traição"). A menção dos gregos atraídos por Jesus impressiona, mesmo que essa informação só conste no Evangelista João (12,20); deve-se tratar de judeus helenizados. O que nos interessa aqui é o sucesso que lhe reconhece Flávio Josefo, pois ele não tinha nenhum interesse em inventar. Segundo indício histórico: o complô dos saduceus para prender e condenar Jesus. Como o observou John P. Meier, a ameaça que representava o Nazareno para os saduceus não teria nenhuma consistência se Ele não tivesse atraído multidões[163]. Era justamente sua aura popular que o tornava, aos olhos dos saduceus, perigoso, tanto que era imperativo eliminá-lo. O vínculo entre a notoriedade de Jesus e seu fim violento parece evidente.

Se a imagem de Jesus cercado pelas multidões é histórica, aquela de um grupo de discípulos reduzido aos "doze apóstolos" não passa de uma visão enfática, mas tradicional e, até certo ponto, ingênua. Esta é a representação que os pintores antigos gravaram na memória cristã; a Igreja, que via no círculo dos Doze sua prefiguração, tinha interesse em enfatizar essa imagem. Ora, uma leitura atenta dos textos evangélicos mostra que a realidade era muito mais fluida e que, sobretudo, esta fixação no grupo dos doze íntimos de Jesus teve o efeito desastroso de ocultar a figura das mulheres discípulas. Acasos da história para alguns, esfrega patriarcal contra a presença

163. MEIER, J.P. *Un certain Juif, Jésus: les données de l'histoire* – II: Attachements, affrontements, ruptures. Op. cit., p. 32-34.

das mulheres para outros: sempre é ao historiador que cabe a tarefa de reconstituir o quadro em sua diversidade. A análise dos dados evangélicos mostra que o entorno de Jesus se compunha de três círculos concêntricos: *os Doze, os discípulos, e, enfim, os simpatizantes.*

Os dois termos que os evangelhos usam abundantemente para indicar o estado de discípulo são a palavra "discípulo" (*mathetes*) e o verbo "seguir" (*akolouthein*[164]). O exame do vocabulário permite verificar que "discípulo" não equivale aos "Doze": o Natanael do cap. 1 de João não faz parte dos Doze, tampouco José de Arimateia, que é denominado "discípulo de Jesus" (Jo 19,28: é ele que pede a Pilatos para tomar conta do corpo de Jesus). Os dois discípulos galileus nomeados em At 1,23 (José Barsabás e Matias) também não fazem parte dos Doze, assim como Cléofas, o peregrino de Emaús (Lc 24,18). Em suma: os evangelistas não confundem absolutamente o grande número dos discípulos e o círculo restrito dos Doze. Lucas pode falar da "grande multidão de seus discípulos" que, com o povo, escuta o sermão da planície (Lc 6,17). Marcos menciona a presença ao pé da cruz de três mulheres (Maria de Magdala, outra Maria e Salomé), "que o seguiam e o serviam quando Ele estava na Galileia" (Mc 15,40).

Constatamos *in fine* que o estado de discípulo recobria uma entidade fluida, seguramente mais larga do que o círculo dos doze íntimos, e composta por homens e mulheres.

Um chamado a seguir

Os evangelhos são unânimes em dizer que Jesus convidou homens e mulheres a compartilhar suas convicções e seu estilo de vida. Numa palavra: Ele os convidou a segui-lo. Essa decisão emana de

164. *Mathetes* (discípulo) se aplica 70 vezes aos discípulos de Jesus em Mateus, 43 vezes em Marcos, 35 vezes em Lucas, 74 vezes em João. *Akolouthein* (seguir) tem 35 ocorrências em Mateus, 19 em Marcos, 17 em Lucas e 19 em João.

sua mensagem fundamental: o anúncio do Reino de Deus que virá, mas que já é visível no presente. Jesus mobilizou ao seu redor pessoas decididas a visibilizar no presente a esperança do Reino e a viver de acordo com essa esperança. A mensagem do Reino ia de par com uma militância compartilhada. *Ao redor do líder que Jesus era se reagruparam seus adeptos, que reconheciam seu carisma e compartilhavam seu programa.*

Nem todos, no entanto, compartilhavam de seu *ethos*, ou seja, de seu estilo de vida, pois Ele exigia itinerância e separação da família. Os adeptos de Jesus se dividiram assim em itinerantes e sedentários, os primeiros acompanhando o Nazareno em sua atividade de pregação e cura, os segundos permanecendo inseridos em seu quadro de vida anterior. Os primeiros eram os discípulos e, dentre eles, o círculo dos Doze; os segundos eram os simpatizantes.

A tradição guardou os traços dos convites ao seguimento de Jesus. São três tipos diferentes.

O *primeiro* é o mais célebre: à margem do lago de Tiberíades, Jesus aborda duas duplas de irmãos, Simão e André, Tiago e João, filhos de Zebedeu, os convida a abandonar as redes e a segui-lo (Mc 1,16-20). O mesmo acontece com Levi, em sua coletoria de impostos, que imediatamente "se levantou e o seguiu" (Mc 2,14). Mesmo que as cenas tenham sido estilizadas, não deixando nenhum espaço para questionamentos e hesitações, elas manifestam os três traços distintivos da vocação de discípulo: 1) um convite imperioso do mestre; 2) a necessidade de abandonar seu meio social e profissional para uma nova existência; 3) a orientação dada a essa nova vida para o seguimento do mestre, que consiste em compartilhar suas convicções e sua vida.

Nos relatos do *segundo tipo*, descritos nas Fontes das palavras de Jesus (*Q*), às vezes os próprios indivíduos se dispõem a seguir o Nazareno (Lc 9,57-62; Mt 8,18-22). Um, ao declarar querer seguir a Jesus, é prevenido: "As raposas têm suas tocas, os pássaros do céu seus ninhos; mas o Filho do Homem não tem onde recostar a cabeça" (Lc 9,58). Outro que, ao convite de Jesus, solicita permissão para primeiro enterrar seu pai, tem por resposta: "Deixa os mortos enterrarem os seus mortos, mas tu, vais anunciar o Reinado de Deus" (Lc 9,60).

Esses relatos do segundo tipo evidenciam a radicalidade do chamado: qualquer outra consideração deve ser apagada diante da nova prioridade que é o seguimento do mestre. Essa radicalidade tem algo de assustador: mesmo os vínculos mais invioláveis, mesmo os deveres mais sagrados devem ceder diante do chamado do Reino. O aforismo "Deixa os mortos enterrarem os seus mortos" é o mais dessacralizante que Jesus já pronunciou, segundo os evangelhos; Ele é sem equivalente na Antiguidade, a não ser junto a alguns filósofos de moral antissocial[165]. Os deveres funerais para com a família, mais fortes ainda para com o pai, constituíam no judaísmo um imperativo sagrado que autorizava a suspensão de qualquer outra prescrição da Torá. Os ritos funerários familiares eram, aliás, estritamente codificados. Nenhuma dúvida que uma palavra tão provocativa vinda de um jovem de uns trinta anos, e além disso não casado, não tenha sido considerada uma insanidade por um bom número de seus ouvintes. Para Ele, no entanto, esse era o preço a ser pago para entrar na comunidade do Reino. Compreende-se que os denominados "simpatizantes" tenham recuado diante do que lhes parecia e se lhes aparecia como uma monstruosidade antissocial.

O chamado do *terceiro tipo* pode ser lido em Jo 1,35-51. Uma reação em cadeia aqui é relatada: João Batista exorta a dois de seus

165. Os paralelos são raríssimos. Cf., p. ex., JAMBLIQUE. *Vie de Pythagore*, 17, 73: os membros que eram excluídos do grupo de Pitágoras "recebiam o dobro de seus bens e, como se estivessem mortos, uma tumba lhes era erigida"; aqueles não haviam sido admitidos, os discípulos "diziam que aqueles que eles haviam tentado 'plasmar' estavam mortos".

discípulos, dos quais André, a seguir a Jesus; André vai encontrar seu irmão Simão Pedro e o leva a Jesus; Jesus chama Felipe a segui-lo; e o próprio Felipe convence Natanael a ver o novo rabino. A sequência como tal é uma recomposição do quarto evangelista, mas ela guardou a memória de outro tipo de vocação: o boca a boca. Que o Batista tenha encaminhado alguns de seus adeptos para seu discípulo (o mais eminente) não é totalmente impossível.

Enfim, o recrutamento dos adeptos de Jesus serviu-se de modalidades variadas: chamado, engajamento voluntário, efeito de contágio. De uma forma ou de outra, a relação pessoal com o Mestre foi determinante: *é Jesus que decide, e é a Ele que seus adeptos seguiram, tornando-se discípulos.*

Não rabino, mas profeta

Para os conhecedores do judaísmo antigo, a primeira analogia dessa relação entre mestre e discípulo que vem à mente é o modelo rabínico. Os rabinos reuniam seus alunos numa casa de ensino e estes compartilhavam, ao menos parcialmente, sua vida. Mas, olhando mais de perto, a analogia se desfaz quando as diferenças são confrontadas. O rabino é sedentário, ao passo que Jesus é um pregador itinerante; o rabino só explica a Torá aos homens, ao passo que mulheres seguem a Jesus; o aluno do rabino pode mudar de mestre e, no final da aprendizagem, torna-se, por sua vez, mestre, mas o seguidor de Jesus não tem a alternativa da busca de outro mestre e o aluno jamais substitui seu mestre; o rabino faz aprender seu ensinamento por memorização, Jesus, por sua vez, nada escreveu e não dita doutrinas para que sejam aprendidas de cor. Única exceção, talvez: o "Pai-nosso", oração distintiva comunicada por Jesus ao grupo dos discípulos (Lc 11,2-4).

Se não é do lado rabínico que se encontra o modelo, onde buscá-lo então?

O primeiro tipo de relato de vocação dos evangelhos nos indica a via a seguir (Mc 1,16-20). Este chamado imperioso a seguir, duplicado pela separação da família e pela obediência imediata do discípulo, tem um precedente bem conhecido na Bíblia hebraica: a vocação de Eliseu (1Rs 19,19-21). Eliseu, como Levi, é surpreendido em pleno trabalho pelo Profeta Elias; ele vai se despedir de seu pai e de sua mãe – como lhe autoriza o costume[166]; ele sacrifica os bois, os oferece como comida à família e acompanha Elias. Vale lembrar novamente que ao impedir o adeus à família, Jesus fez oscilar os costumes. Mesmo assim, a radicalidade da vocação dos discípulos encontra aqui seu antecedente. *É à maneira imperiosa de um profeta, e não de um rabino, que Jesus convida a segui-lo.*

Outro traço aponta para o mesmo sentido: o envio em missão dos discípulos. Não somente Jesus convida seus adeptos a inscrever suas vidas no horizonte do Reino, não somente os convida a compartilhar com Ele valores e exigências, mas os associa à visibilidade do Reino ao pedir-lhes que preguem, dotando-os também com o poder da cura. O Evangelho de Marcos e a Fonte das palavras (Q) são concordes neste ponto: Jesus envia seus adeptos a proclamar o Reino de Deus dando-lhes autoridade sobre os espíritos impuros (Mc 6,7; Lc 9,2). Proclamação e cura vão de par. *Jesus dota seus discípulos de sua mensagem escatológica e de seu poder terapêutico.* Nada, como o deixa entender Marcos, indica que esse envio missionário tenha sido feito uma única vez e que tenha sido reservado exclusivamente aos Doze. Ao se lançarem em missão após a morte e a ressurreição de seu Senhor, os discípulos não fizeram senão continuar uma empresa já iniciada enquanto Jesus ainda vivia.

O mais impressionante a destacar é o *extremo despojamento* imposto pelo mestre aos seus discípulos missionários: "Deu-lhes instruções de nada levar para o caminho, exceto um bastão; nem pão,

---

166. Nem o relato de 1Rs 19 nem Flávio Josefo (*Antiguidades judaicas*, 8, 354) criticam Eliseu por cumprir os ritos de despedida.

nem alforje, nem dinheiro no cinto, mas, como calçado, sandálias; e não vistais duas túnicas" (Mc 6,8-9). O texto paralelo da Fonte exclui inclusive o bastão, muito embora necessário como instrumento de defesa no caminho: "Não leveis nada para a viagem, nem bastão, nem alforje, nem pão, nem dinheiro; não tenhais duas túnicas cada um" (Lc 9,3). Aos olhos dos contemporâneos de Jesus, os mensageiros do Reino deviam assemelhar-se àqueles essênios ou filósofos cínicos que, também eles, percorriam os caminhos como pregadores ambulantes. Salvo que os essênios, por sua vez, tinham direito ao bastão para se defender[167].

Os enviados de Jesus deviam conformar a própria existência à mensagem que veiculavam: nem riqueza, nem reservas, nem meios de defesa. Desprovidos, estavam livres à acolhida que lhes era reservada ou recusada. A única segurança residia em Deus. Tampouco o discurso deles era autoritário; o único poder de que dispunham era o de curar. O que Jesus diz de uma vida livre de qualquer preocupação lhes é diretamente destinado:

> "Não vos preocupeis por vossa vida, nem por vosso corpo quanto ao que vestireis. Pois a vida é mais do que o alimento, e o corpo mais do que a roupa." [*Colhendo à maneira dos sábios as lições da natureza, onde Deus cuida dos pássaros do céu e dos lírios do campo, Jesus conclui:*] "Não procureis o que comer nem o que beber e não vos atormenteis. Tudo isso, os pagãos deste mundo o procuram sem descanso; mas vós, o vosso Pai sabe que precisais disso. Procurai antes o seu Reino, e tudo o mais vos será dado por acréscimo" (Lc 12,22-33).

Os enviados de Jesus eram a *própria encarnação do Reino no qual acreditavam*: confiantes na providência, mediadores da misericórdia divina, habitados por essa convicção de que a graça é oferecida a todos, indiscriminadamente.

---

167. JOSÈPHE, F. *Guerre des juifs*, 2, p. 125.

Uma hipótese frequentemente sustentada na pesquisa é que essa forma de missão, audaciosa e arriscada, não foi abandonada com a morte de Jesus. Ela teria sido perpetuada na região Siro-Palestina por aqueles a quem devemos a fonte das palavras. Essa coleção de sentenças, que remonta ao ano 40, constituiria efetivamente a compilação sobre a qual os evangelistas basearam sua mensagem[168]. É a esses sucessores dos discípulos missionários que debitamos, pois, a mais antiga fonte documentária sobre o Jesus histórico.

Discípulos e simpatizantes

Além do círculo dos Doze do qual falaremos mais adiante, a massa dos adeptos de Jesus, como o afirmei acima, parece ter-se dividido em duas categorias: os discípulos propriamente ditos e os simpatizantes. Os primeiros adotam a vida itinerante do mestre, os outros permanecem sedentários. Dentre os simpatizantes contamos com o homem possuído por um espírito impuro curado em Gerasa (Mc 5), as mulheres que sustentavam o grupo de Jesus (Lc 8,1-3), Zaqueu, o chefe dos cobradores de impostos de Jericó (Lc 19), talvez Simão, o fariseu (Lc 7), Lázaro e suas irmãs Marta e Maria (Jo 11; Lc 10), Nicodemos (Jo 3), José de Arimateia (Jo 19), o proprietário anônimo da sala onde Jesus e os Doze fizeram a última refeição (Mc 14,13-15) etc. Como o constatamos a propósito de José de Arimateia, chamado pelo Evangelista João de "discípulo de Jesus" (Jo 19,38), a fronteira entre discípulos e simpatizantes é fluida; é bem provável que alguns tenham se deslocado de uma categoria para outra.

---

168. SCHMELLER, T. "Réflexions socio-historiques sur les porteurs de la tradition et les destinataires de Q". In: DETTWILER, A. & MARGUERAT, D. (eds.). *La Source des paroles de Jésus (Q)* – Aux origines du christianisme. Genebra: Labor et Fides, 2008, p. 149-171 [Col. "Le Monde de la Bible" 62]. Sobre a fonte, cf. cap. 1 "A fonte escondida das palavras de Jesus".

Seja como for, a cada categoria correspondeu um tipo de *ethos* diferente ou, se preferirmos, *um grau de exigência diferenciado.* Não é imaginável que Jesus tenha feito às mesmas pessoas a exigência de cortar relações com mulher e filhos para segui-lo (Lc 14,26) e impedi-las de divorciar-se (Mt 5,31-32). Cortar os laços familiares não combina com a prescrição de manter o vínculo conjugal.

A diferenciação das exigências é patente também no diálogo entre Jesus e o homem rico, que lhe pergunta o que fazer para receber a vida eterna (Mc 10,17-22). Jesus o reenvia aos Mandamentos e à segunda tábua, o Decálogo, ao que ele responde tê-los seguido desde a juventude. "Jesus fitou-o e começou a amá-lo; e lhe disse: 'Só uma coisa falta; vai, vende tudo o que tens e dá aos pobres e terás um tesouro no céu; depois, vem e segue-me'" (Mc 12,21). Mateus escreveu: "Se queres ser perfeito, vai, vende o que possuis [...]" (19,21). As duas formulações se afinam ao dizer: existe um degrau a mais no engajamento, um passo a mais, para quem quer ser discípulo seguidor de Jesus.

O duplo modelo de pertença também se encontra junto aos essênios. Um núcleo principal do movimento se havia concentrado no deserto da Judeia, em Qumran, onde os adeptos viviam um regime de vida estrito, celibatários, doando seus bens à comunidade. Em outro núcleo, essênios casados viviam nos vilarejos, conservando suas propriedades, mas praticando um ideal de partilha e convidados a oferecer ajuda e hospitalidade aos membros do movimento[169]. Da mesma forma, os simpatizantes do movimento de Jesus acolhiam, abrigavam e alimentavam o grupo por ocasião de sua passagem. O episódio de Marta e Maria em Lc 10,38-42 é uma bela ilustração. Os simpatizantes sedentários puderam funcionar

169. JOSÈPHE, F. *Guerre des juifs*, 2, p. 120-161. "Eles não moram em uma única cidade; em contrapartida, são numerosos em cada uma daquelas onde se estabelecem. Eles colocam todos os seus bens à disposição dos membros vindos de alhures, a fim de que os usem como se fossem seus" (p. 124; trad. A Pelletier).

como benfeitores do grupo[170]. Vejamos o *ethos* que Jesus propõe a cada um.

Os discípulos, uma família alternativa

Aos que o seguem em sua itinerância, Jesus propõe compartilhar seu modo de vida. Quando retorna a Nazaré após uma passagem pela comunidade do Batista, Jesus não está mais em sua casa. A desconfiança que a sinagoga de Nazaré tinha em relação a Ele o levou a citar o adágio: um profeta só é desprezado em sua pátria (Mc 6,1-6). As tensões com sua família são recorrentes: Ele é tratado como louco (Mc 3,21). Quando sua mãe e seus irmãos querem recuperá-lo, Ele declara às pessoas sentadas ao seu redor que o ouviam: "Eis minha mãe e meus irmãos. Todo aquele que faz a vontade de Deus, esse é meu irmão, minha irmã, minha mãe" (Mc 3,34-35). O chamado a segui-lo doravante inclui a ruptura com os vínculos familiares: "Se alguém vier a mim sem me preferir ao seu pai, à sua mãe, à sua mulher, aos seus filhos, aos seus irmãos, às suas irmãs e até à própria vida, não pode ser meu discípulo" (Lc 14,26). Mateus adocicou a formulação: "Quem ama seu pai ou sua mãe mais do que a mim não é digno de mim" (Mt 10,37). Mas o original está do lado de Lucas: o chamado do Reino implica a renúncia às lealdades mais invioláveis. É nesse sentido que Jesus declara: "Não penseis que eu vim trazer a paz sobre a terra; eu não vim trazer a paz, e sim a espada" (Mt 10,34). Jesus não busca a hostilidade, mas previne: o seguimento implica renúncia aos vínculos familiares e ao seu código de honra. Doravante, é a confiança na misericórdia divina que se torna lei.

Enrico Norelli sublinhou a coerência entre esta exigência e a abolição da lei do talião, com seu apelo a oferecer a outra face, da

170. THEISSEN, G. *Le Mouvement de Jésus* – Histoire sociale d'une révolution des valeurs. Op. cit., p. 37-109.

qual ainda há pouco falamos[171]. Separar-se da família e dos bens significa efetivamente renunciar aos mecanismos de proteção que lhes são associados. Esses mecanismos podem exigir o uso da violência, pois a defesa da honra familiar impõe obter reparação pelo mal sofrido, incluindo, inclusive, a vingança. O pai de família que não se vingava da honra ofendida era socialmente desprezado. Jesus substitui esse código de honra pela absoluta confiança em Deus.

Essa ruptura com a família de sangue introduz o discípulo numa outra família, composta por aqueles que escutam a palavra de Deus ensinada por Jesus: a *familia dei* (família de Deus). O grupo de Jesus constitui desde então *uma contrassociedade,* na qual *as relações de dominação são questionadas e substituídas por relações fraternas.* As refeições do grupo negam as exclusões sociais ao acolher os marginalizados da sociedade; a prática da cura nega a estigmatização social dos doentes ao restabelecer para eles o vínculo cortado com Deus; a frequentação de pessoas tachadas de impuras participa de uma estratégia de inclusão.

A contrassociedade de Jesus prefigura o Reino vindouro. Mas esta estratégia tem seu preço. Recusar o código de honra em vigor na sociedade, romper com a lealdade familiar desprezando o quinto mandamento ("Honra teu pai e tua mãe"), percorrer os vilarejos em completa indigência: tal comportamento do grupo de Jesus só podia provocar em Israel reprovação e indignação. É neste contexto que Gerd Theissen fala em fenômeno de *autoestigmatização*[172]. Ou seja, ao adotar um estilo de vida coletivo que contradiz o sistema de valores da sociedade, recriando uma família alternativa como um espaço aberto para o amor e o perdão

171. NORELLI, E. "Jésus en relation: des adeptes, des alliés et des adversaires". In: DETTWILLER, A. (ed.). *Jésus de Nazareth* – Édudes contemporaines. Genebra: Labor et Fides, 2017, p. 100-101 [Col. "Le Monde de la Bible", 72].

172. THEISSEN, G. & MERZ, A. *Der historische Jesus* – Ein Lehrbuch. Op. cit., p. 199.

de Deus, o grupo de Jesus se coloca como contramodelo do *ethos* circunstante.

Esse modo de vida alternativo emerge como um corpo estranho ao qual a cultura majoritária reage pela rejeição. Jesus advertira seus discípulos que não iriam compartilhar apenas sua esperança e seu poder carismático de curar; eles compartilhariam também seu destino difícil e ameaçado. "O discípulo não está acima do seu mestre [...]. Se trataram o dono da casa de belzebu, com tanto maior razão dirão o mesmo dos de sua casa!" (Mt 10,24-25).

Essa associação dos discípulos ao destino do mestre, esse envio em missão, essa partilha dos carismas fazem a originalidade do movimento de Jesus. Nem os discípulos do Batista nem os missionários cínicos gozavam de um vínculo tão estreito com o líder de seu grupo.

Os simpatizantes, adeptos sedentários

Como viviam aqueles e aquelas que não tinham feito a opção radical da itinerância com o mestre? De que maneira aderiram aos valores do Reino? Estas questões de *ethos* são mais complexas, pois as exortações de Jesus a estes grupos se misturaram com as tradições relativas às ordens da itinerância. Por isso, três temas parecem ter sido mais particularmente destinados a estes grupos: o perdão recíproco, o perigo das riquezas e a atitude diante do poder político.

A afirmação recorrente do perdão divino acordado aos pecadores (Lc 15,7.10.32) tem por corolário a necessidade de *reproduzir o perdão nas relações humanas.* Jesus insistiu nessa necessária reciprocidade na Parábola do Servo Impiedoso, que após ter-lhe sido perdoada uma dívida enorme, não concordou em perdoar uma dívida minúscula a seu companheiro de trabalho (Mt 18,23-35). Não existe vida comunitária sem fundá-la na liberdade de perdoar a outrem. Jesus dá ênfase a uma fórmula exigente: "Se perdoardes aos homens as suas faltas, vosso Pai celeste também vos perdoará; mas se não perdoardes aos homens, também vosso Pai não vos perdoará vossas faltas" (Mt 6,14-15).

As advertências sobre *o perigo das riquezas* foram conservadas em particular pelo Evangelista Lucas. Jesus não exige de seus simpatizantes o abandono de seus bens, mas aponta para o perigo de submeter-lhes o coração. "Nenhum servo pode servir a dois senhores: ou odiará um e amará o outro, ou se apegará a um e desprezará o outro. Não podeis servir a Deus e ao dinheiro" (Lc 16,13). Esta sentença preservada pela Fonte (*Q*) não estabelece a incompatibilidade entre Deus e o dinheiro, mas entre duas prioridades: orientar a vida pelos valores do Reino ou pela segurança material. É a vida que está em jogo. A este respeito, Jesus enuncia fórmulas incisivas: "E que proveito terá o homem em ganhar o mundo inteiro, se o paga com a própria vida?" (Mc 8,36); "Quem procurar conservar a sua vida perdê-la-á e quem a perder há de salvaguardá-la" (Lc 17,33). Não salvamos a vida a não ser doando-a: esta é a lei do Reino. Várias parábolas apresentam o perigo de acumular riquezas ao preço da própria alma: a história do agricultor surpreendido pela morte enquanto se acreditava guarnecido por seus bens (Lc 12,16-21); o drama do rico totalmente indiferente à miséria de Lázaro (Lc 16,19-31); ou ainda a astúcia do administrador que usa do dinheiro para se salvar (Lc 16,1-8). A palavra de ordem é: "Onde estiver o teu tesouro, ali também estará o teu coração" (Mt 6,21).

Sob a ocupação romana, o problema do *imposto devido a César* é lancinante, tamanha a soma de todas as taxas de impostos acumuladas. Além disso, ele se agravava por uma problemática religiosa: pagar o imposto não seria submeter-se ao poder ímpio? A questão colocada a Jesus: "Será permitido, sim ou não, pagar o tributo a César?" é carregada de implicações (Mc 12,13-17). Jesus começa observando que a moeda tem a esfinge do imperador. Podemos concluir que a questão lhe foi posta em Jerusalém, pois, na Galileia, Herodes

Antipas guardou-se de chocar a piedade ao não cunhar moedas com esfinge humana. A conclusão de Jesus não é tão enigmática assim: "Dai a César o que é de César, e a Deus o que é de Deus". Dito de outra forma: dai a César o que lhe pertence sim, mas a autoridade imperial é relativizada, pois é a Deus, o criador do céu e da terra, que toda prioridade deve ser reconhecida. Diante do nacionalismo judeu, onde o debate sobre o imposto era incandescente, Jesus desloca a questão: não é sobre o poder político que urge se concentrar, mas sobre a vontade de Deus. O *slogan* "Procurai antes o seu Reino, e isso vos será dado por acréscimo" (Lc 12,31) não diz outra coisa senão o que acaba de ser dito por Jesus.

Os Doze

Jesus reuniu ao seu redor um círculo unido: os Doze. Doze homens, escolhidos e chamados. A seguinte ideia foi lançada por Julius Wellhausem, e retransmitida por Günther Klein: a existência dos Doze é uma invenção pós-pascal[173]. Esta ideia, no entanto, não tem fundamento: o grupo já é mencionado numa antiquíssima confissão de fé, citada por Paulo em 1Cor 15,5. Além disso, quem teria inventado posteriormente a teoria de Jesus traído por "um dos Doze"? A lista dos Doze pode ser lida quatro vezes nos textos neotestamentários (Mc 3,1-6; Mt 10,2-4; Lc 6,14-16; At 1,13): Simão Pedro, André seu irmão, Tiago e João filhos de Zebedeu, Felipe, Bartolomeu, Mateus, Tomé, Tiago filho de Alfeu, Tadeu, Simão o cananeu (ou o zelote) e Judas Iscariotes. Lucas substitui Tadeu por Judas, filho (ou irmão) de Tiago. Foi Lucas também que os chamou de "apóstolos", ao passo que este termo significava "*enviados*", e que no século I se aplicava a todos os encarregados de uma missão em nome de Cristo.

173. KLEIN, G. *Die zwölf Apostel* – Ursprung und Gehalt einer Idee. Göttingen: Vandenhoeck und Ruprecht, 1961 [Col. "Forschungen zur Religion und Literatur des Alten und Neuen Testaments", 59].

A tradição seguiu o costume de Lucas, mas é preferível conservar seu nome de "discípulo".

Esse grupo de doze discípulos, portanto, é heteróclito. Nele encontramos nomes gregos (Felipe, André) ao lado de nomes hebreus. Dentre os Doze também encontramos pescadores (Simão e André, Tiago e João) ao lado de um zelador da lei (Simão, o cananeu, dito o zelote), e um coletor de impostos (Mateus, dito Levi). Todos são galileus, identificados e até ridicularizados por seus sotaques, como o relata Mateus ao referir-se à abordagem feita a Pedro em Jerusalém: "Teu sotaque te denuncia" (26,73). Nenhum deles é escolhido por suas qualidades teológico-intelectuais. Jesus parece inclusive brincar com apelidos: o caráter impetuoso de Tiago e João, filhos de Zebedeu, lhes valeu a alcunha de *Boanerges*, que Marcos traduz por "Filhos do trovão". Simão, no entanto – em aramaico Symeon –, dentre os Doze parece ter exercido uma função mais preponderante, embora, com toda certeza, Jesus jamais deve ter-lhe dito: "Tu és Pedro, e sobre esta pedra edificarei a minha Igreja" (Mt 16,18). Isto porque Jesus sempre falou do Reino, e não da Igreja. Estamos, portanto, diante de uma formulação cristã[174], muito embora Jesus tenha chamado Pedro de *Cefas*, em grego, pedra, mas talvez para significar sua solidez, ou sua obstinação. Vale lembrar que na tradição cristã este cognome acabou assumindo a função de nome, justamente porque, *Petros*, em grego, inexiste.

Em última análise poderíamos dizer que este grupo dos Doze é o oposto de uma elite. Sua composição heterogênea reflete a abertura de Jesus a um Deus que não discrimina. Entretanto, ao afastar-se para o deserto com seus companheiros, a fim de fixar morada em Qumran, o Mestre de Justiça fez exatamente o contrário: circundou-se de um pequeno grupo relativamente obscuro de pessoas tidas

174. Mesmo John P. Meier, defensor de teses mais conservadoras, reconhece que a expressão "minha Igreja" não pode ter sido pronunciada pelo Jesus histórico (*Un certain Juif, Jésus* – Les données. Op. cit., p. 164-169).

por puras. Entretanto, que interesse teria levado Jesus a fazer-se circundar de um círculo de íntimos?

O número abre a porta ao entendimento, já que o círculo tem valor enquanto grupo. Ignoramos quase tudo dos indivíduos, exceto de Simão Pedro e Judas Iscariotes. O valor coletivo é confirmado pelo fato de que os primeiros cristãos continuaram falando dos "Doze", mesmo que Judas tenha traído seu mestre. À exceção de Pedro, os Doze desaparecerão rapidamente de cena após a Páscoa, e não tiveram sucessores.

Todos os exegetas estão de acordo num ponto: *o número doze é bíblico e reenvia às tribos do antigo Israel.* A expectativa da restauração do antigo reino de Davi fazia parte do *fundamentum* da esperança escatológica de Israel, e incluía todas as tendências religiosas. A partir do exílio, a reunião das doze tribos sob a égide de Deus ou de seu Messias tornou-se um tema emblemático nas representações do fim dos tempos. Na viragem da era cristã, a esperança faz-se muito mais ardorosa, já que o povo de Israel se sentia desintegrado, disperso e submetido a uma potência estrangeira; esperava-se que Deus restaurasse a unidade das origens. Por ocasião da guerra final contra o príncipe deste mundo, segundo Qumran, a bandeira dos soldados de Deus carregaria a inscrição "Povo de Deus, assim como o nome de Israel e de Aarão e os nomes das doze tribos de Israel" (1QM 3,13-14).

Por via de consequência, o simbolismo do número doze não era desconhecido de ninguém no tempo de Jesus. Instituir um grupo de doze homens é significar simbolicamente o novo Israel dos últimos tempos. O gesto de Jesus aplica-se ao Reino, pois configura no presente a esperança de Jesus. *É assim que o povo de Deus será reconstituído em sua totalidade, não somente os "puros", mas todos os filhos do Pai.* O Israel inteiro, o pleno Israel ardentemente esperado assume rosto e forma no presente. À imagem dos atos proféticos, que não simbolizam apenas uma convicção, mas a instalam no presente, Jesus, ao dotar-se de um círculo íntimo de doze indivíduos, exibe sua visão do Reino de Deus. O grupo dos Doze antecipa o novo Israel, o Israel reformado, que Jesus ambiciona construir por sua palavra e seu agir: nem seita nazarena, nem resto de Israel, nem sinagoga separada, mas um povo do qual nenhuma pessoa é excluída.

Em resumo: o grupo dos Doze se reveste de uma *tríplice função*. Estes íntimos de Jesus concretizam por excelência a condição dos discípulos que seguem seu mestre, ouvintes de seu ensinamento, testemunhas de seus milagres, que compartilham em missão de seu carisma de pregador e homem das curas. Juntos representam o núcleo da nova realidade do Reino. Finalmente, Jesus lhes concede participar da potencialidade do Reino. Uma palavra enigmática, mas de autenticidade dificilmente contestável, lhes promete: "Vos assentareis sobre tronos para julgar as doze tribos de Israel" (Lc 22,30). Aos discípulos que compartilharam da sorte do mestre e da rejeição da qual foi objeto, Jesus lhes promete a função de julgar; isto é, de governar o novo Israel. Gerd Theissen deu um nome a essa condivisão de sofrimento e glória futura: "messianismo de grupo"[175].

Jesus e as mulheres

Foi dito mais acima que a focalização da Igreja no círculo dos Doze havia lançado no limbo a presença das mulheres discípulas. É verdade que o termo "discípulo" (*mathetes*) jamais é atribuído a uma mulher nos evangelhos[176]. Mas limitar-se a isso seria dar provas de miopia, já que a segunda marca do estado de discípulo, o verbo "seguir", se aplica a um grupo feminino. Lucas faz o inventário das

175. THEISSEN, G. "Gruppenmessianismus – Überlegungen zum Ursprung der Kirche im Jüngerkreis Jesu". In: *Jahrbuch für Biblische Théologie*, 7, 1992, p. 101-123.

176. O feminino de *mathetes*, i. é, *mathetria*, só aparece uma vez no Novo Testamento sob a pluma de Lucas em At 9,36, para qualificar Tabita. Em aramaico, o vocábulo "discípulo" (*talmid*) só se declina no masculino.

pessoas que acompanhavam Jesus e Marcos descreve as testemunhas da crucificação.

> Jesus caminhava através das cidades e aldeias; Ele proclamava a boa-nova do Reinado de Deus. Os Doze estavam com Ele, e também mulheres que tinham sido curadas de espíritos maus e de doenças. Maria, dita de Magdala, da qual haviam saído sete demônios, Joana, mulher de Cusa, intendente de Herodes, Susana e muitas outras, que os ajudavam com seus bens (Lc 8,1-3).

> Havia também mulheres que olhavam a distância, e entre elas Maria de Magdala, Maria, mãe de Tiago, o Menor, José e Salomé, que o seguiam e serviam quando Ele estava na Galileia, e várias outras, que tinham subido com Ele para Jerusalém (Mc 15,40-41).

Nenhuma necessidade de discutir! *O patriarcalismo da tradição cristã eliminou a presença das mulheres em favor dos únicos "apóstolos"*. Ora, as mulheres estão presentes na vida de Jesus: beneficiárias de suas curas, ouvintes de sua palavra, anfitriãs do grupo, comensais de suas refeições, personagens das parábolas[177]. A participação das mulheres em seu ensinamento destrói o tabu social e religioso: os rabinos não divulgavam as palavras da Torá às mulheres. A educação religiosa familiar era confiada ao pai. Eis mais um traço da *familia dei* de Jesus, traço percebido como subversivo por seus contemporâneos.

Maria de Magdala

As duas citações acima fazem concluir que as mulheres inscritas no seguimento de Jesus podiam proceder de classes abastadas,

177. De maneira geral, nada permite excluir mulheres das multidões que ouviam Jesus ou dos doentes que para Ele afluíam em busca de cura. Cf. esp. Lc 8,1-3; Mc 14,40-41; 1,29-31; 5,25-40; Lc 7,36-50; 13,10-17; 10,38-42; 11,27-28; Jo 4,4-42 etc. Parábolas ou sentenças de Jesus respeitam a polaridade masculino/feminino: Lc 4,25-27; 13,18-21; 15,3-10; 11,5-8 e 18,1-8; 12,41-42; Mt 2,21; 6,26.28; 24,40-41 etc.

como Joana, mulher de Cusa, intendente de Herodes Antipas. Elas também permitem realçar o lugar eminente reservado a Maria de Magdala: nestas listas femininas, Maria de Magdala é sempre citada por primeiro, a exemplo de Pedro nas listas masculinas. É uma forma de mostrar a importância que a tradição atribuía àquela que Hipólito de Roma, teólogo do século III, chamou de "Apóstolo de Cristo"; ele via nela o apóstolo dos apóstolos por ter-lhes transmitido a ressurreição (Mt 28,8; Jo 20,18[178]).

Olhemos mais de perto o destino dessa mulher esquecendo sua reputação de prostituta, que lhe foi fraudulentamente atribuída pelo amálgama medieval de duas figuras: a confusão entre ela e a mulher pecadora que lavou os pés de Jesus com óleo e lágrimas (Lc 7,36-50). Ora, o evangelho nunca atribuiu a esta última o nome de Maria. A fusão destes dois personagens está na origem da fabricação de "Santa Maria Madalena"[179]. Única indicação biográfica dos evangelhos: Jesus curou Maria de sete demônios (Lc 8,2), o que sugere uma grave alienação. Ela é dita "de Magdala", cidade importante na costa ocidental do lago de Tiberíades. O fato de, contrariamente ao costume, não ser identificada nem pelo nome de seu pai nem de seu marido ("Maria, mulher de Cléofas", p. ex.) abriu espaço a uma hipótese sugestiva: Maria, a Madalena, teria sido uma mulher solteira e socialmente independente, em condições de se juntar ao grupo itinerante de Jesus.

Além de sua presença no seguimento do mestre e ao pé da cruz, Maria de Magdala ocupa um lugar eminente na ressurreição; ela se

---

178. HIPPOLYTE DE ROME. *Commentaire du Cantique des Cantiques*, 25, 6-10: "Oh alerta novo: Eva se tornou apóstolo!"

179. A fabricação de "Santa Maria Madalena" resulta do amálgama entre Maria de Magdala, a pecadora de Lc 7, e Maria de Betânia, irmã de Lázaro. Esse amálgama, que não foi constituído senão no século XVII por Lefèvre d'Étaples, parece ter sido obra do Papa Gregório Magno, morto em 604, desejoso de oferecer à piedade popular uma figura de penitência e de absolvição. Cf. BURNET, R. *Marie-Madeleine* – De la pécheresse repentie à l'épouse de Jésus. Paris: Cerf, 2004, p. 31-37.

beneficia em primeira mão de uma aparição pascal do Ressuscitado segundo Mt 28,9-10 e Jo 20,11-18, bem como o final tardio de Mc 16,9. Mas é principalmente nos relatos apócrifos que a figura de Maria, a Madalena, floresce. Vale lembrar que esses textos extracanônicos procedem de cristãos marginais, cujo interesse era perfilar determinados personagens em vista de fazê-los garantes de sua legitimidade teológica. O *Evangelho de Maria* (meados do século II) lhe concede um lugar privilegiado ao lado de Jesus.

> Pedro lhe disse: "Irmã, nós sabemos que o Mestre te amou diferentemente das outras mulheres. Diz-nos as palavras que Ele te disse, das quais tu te lembras e das quais nós não tivemos conhecimento". Maria respondeu e disse: "Aquilo que não vos foi dado escutar, eu vos anunciarei" (10,1-8). [*Este lugar predileto suscitou o protesto de Pedro:*] "Será possível que o Mestre tenha conversado assim, com uma mulher, sobre segredos que nós mesmos ignoramos? Devemos mudar nossos hábitos e escutar esta mulher? Será que Ele verdadeiramente a escolheu e a preferiu a nós?" (17,15-20).

O *Evangelho de Felipe*, descoberto em 1945 na biblioteca gnóstica de Nag Hammadi, segue a mesma lógica com o episódio do beijo, que fez rolar muita tinta; o texto data, provavelmente, do século IV.

> A Sabedoria, que é denominada "a estéril", é a Mãe dos anjos. E o associado [*koinonos*] do Filho é Maria Madalena. O Senhor amava Maria mais que a todos os discípulos e a beijava [na boca[180]] frequentemente. Os outros discípulos o viram amando Maria e lhe disseram: "Por que a amas mais que a todos nós?" O

180. Dado o péssimo estado do manuscrito, a reconstituição do texto é incerta. Eu emprego a tradução Jacques E. Ménard (*L'Évangile selon Philippe*. Paris: Letouzey et Ané, 1976). A declaração [na boca] é uma conjectura de leitura, já que o manuscrito apresenta neste lugar uma lacuna. Para justificar a conjectura cf. PAINCHAUD, L. Apud MAHÉ, J.-P. & POIRIER, P.-H. (eds.). *Écrits gnostiques*. Paris: Gallimard, 2007, p. 357 [Col. "Bibliothèque de la Pleiade"].

> Senhor respondeu: "Por que pensais que não os amo tanto quanto a ela?" (55; trad. J. Ménard).

Era a gota que faltava para justificar a teoria de Maria esposa secreta de Cristo. Mas isto infelizmente seria ignorar o código de leitura dos textos gnósticos. A espiritualidade esotérica à qual pertencem esses dois evangelhos usa efetivamente de uma linguagem não sexual (ela, ao contrário, bane o sexo), mas simbólica. Beijando-se em plena boca, Jesus e Maria trocam seus alentos, unem-se no sopro espiritual. O beijo ilustra o sopro de conhecimento que Jesus transmite a Maria para que ela se torne inspiradora de sua mensagem. Maria não é a amante de Jesus, mas seu "associado" (o termo está no masculino), seu mensageiro, seu discípulo preferencial – seu, por assim dizer, *alter ego*.

Digamo-lo diferentemente: para apoiar sua leitura evangélica, a Cristandade gnóstica tinha necessidade de uma figura titular. Se Pedro era requisitado pela Igreja majoritária, esta Cristandade erige Maria de Magdala como garante de uma doutrina recebida à revelia dos outros discípulos. Podemos inclusive pensar que *quanto mais a Igreja majoritária foi se fazendo patriarcal e fechando sua leitura ao redor dos "doze apóstolos", mais os cristãos marginais optaram pelas figuras femininas*. O que pode indicar, mas não obrigatoriamente, que as mulheres exerciam nestas comunidades um papel mais destacado que alhures.

Voltemos à Maria dos evangelhos. Teria sido ela uma mulher discípula mais próxima de Jesus do que os outros? Teria tido Jesus uma afeição mais acentuada por ela? Não é impossível, e o papel que a tradição lhe reconhece em torno da morte-ressurreição de Jesus seria sua confirmação. Essa proximidade explicaria também a razão pela qual as cristandades marginais puderam, espelhando-se nessa convivência, apropriar-se dessa figura. Mas, a falta de informações históricas a respeito gerou especulações altamente engenhosas. Recentemente Thierry Murcia reabilitou a interpretação ortodoxa que identifica Maria com a mãe de Jesus[181]. Paremos por aqui, antes que a imaginação engula de vez a razão histórica...

Os concorrentes

E os concorrentes de Jesus? Com quem Ele se defrontou? Quem reagiu negativamente à sua provocação?

Foi dito no capítulo precedente que o judaísmo daquele tempo era extremamente diversificado, seccionado internamente em múltiplas famílias espirituais, fato que nos leva a falar mais à vontade *dos* judaísmos antes que *do* judaísmo antigo. Não é senão após a catástrofe do ano 70, que viu Jerusalém invadida pelas legiões de Titus e o Templo incendiado, que o judaísmo se recompôs fazendo emergir uma ortodoxia sob a égide dos fariseus. Outrora, a pluralidade era a lei. Nenhuma surpresa que no seio da grande família judaica tenha havido reações diversas à mensagem do Nazareno.

Flávio Josefo apresenta o judaísmo anterior aos anos 70 sob a forma de três "escolas de filosofia" (termo que utiliza, *à la grega*): saduceus, fariseus e essênios[182]. Ele acrescenta uma quarta, nacionalista e contestatária, formada nos anos 50 pelo grupo dos zelotes, e que se oporá militarmente aos romanos; Josefo detesta esse grupo[183]. Saduceus e fariseus são mencionados nos evangelhos, assim como, dentre os Doze, "Simão o Zelota", mas os essênios não constam. Além disso, os evangelhos citam os mestres da Lei (ou escribas) e os herodianos.

---

181. MURCIA, T. *Marie appelée la Madgaléenne* – Entre traditions et histoire, 1er siècles. Aix-en-Provence: Presses Universitaires de Provence, 2017.

182. JOSÈPHE, F. *Guerre des juifs*, 2, p. 119-166. • JOSÈPHE, F. *Antiquités juives*, 13, p. 171-173; 13, p. 297-298; 18, p. 11-25.

183. JOSÈPHE, F. *Guerre des juifs*, 18, p. 23-24. A fundação desse movimento é atribuída a Judas o Galileu, que por ocasião da deposição de Arquelau (ano 6 de nossa era) lança uma campanha de não pagamento de impostos.

Tratando-se do judaísmo anterior aos anos 70, nossa informação segue modalidades surpreendentes. A fonte judaica mais antiga é a Mishná, cuja compilação data aproximativamente do ano 200 de nossa era; ela recolhe tradições antigas, mas filtradas e reformatadas ao longo dos dois primeiros séculos. Por isso, as informações historicamente mais próximas procedem dos evangelhos e dos Atos dos Apóstolos de um lado, e de Flávio Josefo de outro. Mas não devemos ignorar que os evangelhos fazem prova de anacronismo ao projetar em suas narrativas a imagem do judaísmo que eles têm sob seus olhos e com o qual estão em conflito. Essa pressão da imagem do judaísmo contemporâneo é fraca em Marcos, mais forte em Mateus, e esmagadora em João, para quem "os judeus" são uma massa monolítica hostil a Jesus. Lucas, em contrapartida, respeita a pluralidade das correntes. Urge, portanto, desoxidar cuidadosamente as informações evangélicas sobre os grupos concorrentes de Jesus para retirar deles as ferrugens tardias e os anacronismos.

Mestres da Lei e fariseus

O termo "escriba" designa em grego um indivíduo capaz de ler e escrever. No judaísmo, esta capacidade se aplica ao documento escrito por excelência: a Torá. Os escribas eram os catequistas do povo; eles preenchiam esta função indispensável na decretação de como as prescrições divinas deviam ser aplicadas à vida cotidiana. Alguns pertenciam ao partido farisaico, outros não. Compreende-se imediatamente a razão pela qual os escribas, mestres populares, foram os primeiros a entrar em competição com Jesus. A leitura radical da Lei de Jesus devia intrigá-los, assim como sua liberdade assumida em relação ao jejum e ao repouso sabático. A interpretação da Torá era matéria de debate no seio da família judaica, mas a provocação do Nazareno era tão forte, que a questão primeira foi a de saber sobre qual autoridade Ele se apoiava para falar e agir daquela maneira. Normalmente um rabino apresenta suas fontes e apoia-se nas mais antigas para legitimar sua opinião; Jesus teve a "petulância" de não fazê-lo.

Os evangelhos geralmente associam escribas e fariseus. Os fariseus igualmente eram concorrentes naturais de Jesus, dado que se apresentavam como especialistas da observância da Torá na vida cotidiana. Os evangelhos lhes atribuem uma hostilidade crescente na relação com o Nazareno, entretanto, uma vez mais, esse retrato é contaminado pela tensão entre os cristãos e os rabinos, descendentes dos fariseus, que reconquistaram o judaísmo após a catástrofe de 70. Segundo Jacob Neusner, as tradições recolhidas pela Mishná, mesmo tardias, permitem identificar junto aos fariseus um acentuado interesse pela pureza ritual, pelos tabus relativos à agricultura e uma fixação no sábado e no dízimo[184]. O movimento fariseu (seu nome, *perushim,* significa "separados") nasceu no século II a.C., em reação à helenização da corte asmoneana[185]. A reação dos *hassidim*, os piedosos, teria engendrado na mesma época o movimento essênio, do qual saiu o grupo de Qumran. Depois do século III, os fariseus abandonaram o campo político para concentrar-se numa fé vivida em pequenos grupos meio obscuros; sua influência sobre o povo vinculava-se à ascendência exercida por seus ensinamentos, onde a obediência exigida em relação à Torá beirava à minúcia. Quando Jesus os chama de hipócritas, não é para criticá-los por serem falsos, mas porque se enganam sobre o essencial da Lei ao negligenciar o imperativo do amor (Mc 7,6; Lc 13,15; Mt 23,13-15). Na pequena

---

184. MEUSNER, J. *Le Judaïsme à l'aube du christianisme*. Paris: Cerf, 1986, p. 86-91 [Col. "Lire la Bible", 71]. • MEUSNER, J. "Pharisaic Law in New Testament Times". In: *Union Seminary Quarterly Review*, 26, 1971, p. 331-340.

185. Os soberanos asmoneus se inscrevem no *trend* helenizante na sequência das conquistas orientais de Alexandre Magno. Cf. MIMOUNI, S.C. *Le Judaïsme ancien du VIe siècle avant notre ère au IIIe siècle de notre ère*: des prêttres aux rabbins. Paris: PUF, 2012, p. 234-236 [Col. "Nouvelle Clio"]. O autor indica outra etimologia para *perushim*: "os que explicam"; ela se referiria à sua tradição interpretativa da Torá.

Parábola do Fariseu e o Coletor de Impostos Ele ridiculariza sua autossatisfação (Lc 18,11-12).

O ensinamento farisaico, ao militar por uma estrita obediência à Torá, visava a preservar a identidade de Israel; na viragem da era cristã Ele difundia uma propaganda eficaz sobre a crença na ressurreição dos mortos, como o reconhece o Apóstolo Paulo (At 23,6). *Que eles entrem em competição com o ensinamento de Jesus era inevitável, não somente porque o Nazareno defendia outra leitura da Lei, mas porque era portador de outra visão da identidade de Israel, fundada numa santidade inclusiva e não exclusiva.* Este movimento de leigos ambicionava efetivamente observar as regras estritas de pureza impostas aos levitas, impostas justamente a eles em razão de suas funções religiosas.

Entretanto, o interesse dos fariseus pelo debate exegético com Jesus nos foi preservado, sobretudo no Evangelho de Lucas[186]. Eles não tinham nenhuma razão de nutrir um ódio mortal contra Jesus, nem de colaborar no complô mortal contra Ele. Prova disso é que nem Marcos nem Lucas mencionam sua presença por ocasião da Paixão; somente Mateus e João o fazem, mas sabemos da tendência de ambos de acentuar a conotação negativa dos fariseus (Mt 27,62; Jo 18,3).

Zelotes, herodianos, saduceus

Se o desacordo dos fariseus não os impulsionava à conspiração, quem mais?

Para começar, os *zelotes*. Em 2013, Reza Aslan publicou um livro, traduzido no ano seguinte para o francês sob o título *O Zelote*[187]. O escândalo foi imediato nos Estados Unidos. Aslan declarou revelar a "verdadeira vida" de Jesus. Sua ideia: Jesus foi um

186. Lc 5,17.21; 6,2; 7,36.43; 11,37-38; 11,53-54; 13,31; 14,1; 16,14; 17,20; 19,39.

187. ASLAN, R. *Le Zélote*. Paris: Les Arènes, 2014.

revolucionário zelote, um rebelde letrado, dedicado unicamente à causa dos judeus, partidário de uma exterminação dos romanos. Os evangélicos americanos criticaram severamente o autor muçulmano – convertido por um tempo à fé cristã e retornado em seguida à sua religião de origem – de querer arruinar o cristianismo ao denegrir seu fundador. Fazer de Jesus um agitador político, diziam eles, significaria considerar os evangelhos uma farsa, uma camuflagem religiosa da realidade. Seguramente, o livro de Reza Aslan entra em conflito com os dados evangélicos e cria um personagem que não existiu; mas, para além do exagero, ele lembra que anunciar o Reino de Deus não é um ato politicamente trivial. Um profeta galileu pregando o *malkut YHWH* (Reino de Deus) interessava aos zelotes.

No tempo de Jesus, os zelotes não eram ainda o movimento de insurreição armada que veio a ser nos anos 50[188]. Inicialmente eles formavam a ala dura do farisaísmo, adicionando à piedade e à expectativa do Reino uma dimensão ativista e violenta. Tratava-se de livrar a Terra Santa das ocupações ímpias. Esses "zelosos" por Deus eram recrutados em todas as camadas da sociedade, mesmo junto aos sacerdotes e, sem dúvida, particularmente junto aos jovens. Se a pregação de Jesus sobre o Reino de Deus despertou o interesse deles, a posição não violenta de Jesus, aos seus olhos, o desacreditava. Flávio Josefo os crítica pelo radicalismo (*Guerra dos judeus*, 4, 161). Junto à população certamente eram vistos à maneira com que hoje são vistos os integristas religiosos em nossos países; isto é, com uma mistura de respeito e temor.

No outro extremo do tabuleiro político encontramos os *herodianos*, mencionados duas vezes no Evangelho de Marcos. Não se trata de uma escola de pensamento, mas de partidários ou aduladores de

188. Christophe Mézange descreve a história do movimento zelote desde sua fundação atribuída a Judas o Galileu no ano 6 de nossa era. Cf. MÉZANGE, C. *Les Sicaires et les Zelotes* – La revolte juive au tournant de notre ère. Paris: Geuthner, 2003.

Herodes Antipas, o tetrarca da Galileia. Eles protestam contra uma cura em dia de sábado (Mc 3,6) e fazem a Jesus a ardilosa pergunta sobre o imposto ("Será permitido, sim ou não, pagar o tributo a César?" Mc 12,14). Os imaginamos como espiões políticos, prontos a denunciar qualquer sublevação contra o poder estabelecido.

Os *Saduceus*, em contrapartida, são mais bem organizados. Eles representam a elite sacerdotal e leiga de Israel; as famílias dos sumos sacerdotes exerciam um papel determinante em seu seio. Embora não tenham deixado nenhum escrito, sabemos que eles consideravam o Pentateuco a base bíblica da fé de Israel. Eles praticavam uma espécie de fundamentalismo bíblico opondo-se à tradição oral, essa tradição interpretativa cara aos fariseus. É essencialmente em Jerusalém que se concentravam os saduceus, o que explica o fato de os evangelistas tê-los feito intervir pouco na Galileia. O único debate doutrinal que tiveram com Jesus ocorreu justamente em Jerusalém: tratava-se da fé na ressurreição que, em virtude de sua ausência no Pentateuco, constituía aos olhos dos saduceus uma incongruência (Mc 12,18-27). Mas a objeção teológica é marginal diante da suspeita que nutriam esses guardiães da ordem pública em relação a esse Nazareno arruaceiro.

Praticamente ausentes ao longo da atividade de Jesus na Galileia, os saduceus crescem em importância por ocasião da breve estada do Nazareno em Jerusalém. *São eles que, como o veremos, assumem a responsabilidade do projeto de eliminar Jesus.* A facção dos saduceus ao redor do sumo sacerdote no Sinédrio, à qual se juntaram os escribas obedientes aos saduceus e os anciãos (notáveis leigos), exerceu um papel determinante nos acontecimentos que levaram o Nazareno à morte. É destas três instâncias que emanou a questão indignada, feita a Jesus: "Em virtude de que autoridade fazes isso? Ou quem te deu autoridade para fazer isso?" (Mc 11,28). Aqui emerge a reprovação da elite diante do que lhe parecia ser uma perigosíssima arrogância, e da forma mais evidente possível.

A questão desses grupos também é a nossa: em nome de qual autoridade Jesus agiu? Sobre o que Ele se apoiou para desestabilizar tanto seus contemporâneos? Que consciência Ele tinha de seu papel? Eis o tema de nosso próximo capítulo.

8

Jesus e sua vocação

O que Jesus pensava de sua vocação? Ele se considerava o Messias, o Filho do Homem, o Filho de Deus? Sua identidade lhe era evidente?

Até o século XVII, salvo indicação contrária, ninguém ousava contrapor-se: o leitor sempre era remetido ao Evangelho de João, e para aquela interminável sequência de "eu sou": eu sou o bom pastor, eu sou a verdadeira vinha, eu sou o caminho, a verdade, a vida. Bastava ler: "O Pai ama o filho e entregou tudo em sua mão" (Jo 3,35) para explicar a causa. A partir da pesquisa relativa ao Jesus da história esta certeza estilhaçou-se. O pioneiro desta pesquisa, Hermann Samuel Reimarus (1694-1768), postulava que Jesus se havia entendido como um Messias político, um revolucionário judeu, e que, após sua morte, seus discípulos o metamorfosearam em Messias espiritual. Entretanto, a partir de 1900, esta tendência se inverteu: desde então passou-se a considerar que Jesus nunca se havia apresentado como Messias. A maioria dos pesquisadores enveredou por essa via, estimando que os títulos outorgados pelos evangelhos (Messias, Filho do Homem, Senhor, Filho de Deus) eram pós-pascais, e traduziam mais a fé dos primeiros cristãos do que a convicção do Nazareno.

Jesus, um profeta galileu batizado *post mortem* Messias ou Filho de Deus por seus adeptos?

Diante desta questão, os evangelhos nos colocam numa situação desconfortável. É que algumas vezes (mas raramente) eles mencionam sentimentos de Jesus como a emoção, a tristeza ou a ira[189], não associando esses sentimentos à sua interioridade, e menos ainda à consciência que Ele tinha de si mesmo. O que dizes de ti, Nazareno? Marcos, Mateus e Lucas permanecem mudos nesse ponto. Em nenhum lugar ouve-se Jesus dizer: eu sou o Filho de Deus, eu sou o Messias, eu sou o Filho... E esse grande silêncio abre grandemente o campo das hipóteses. Se todo mundo está de acordo no fato que os discípulos, após a Páscoa, disseram *mais* de Jesus do que Jesus disse de si mesmo, *como avaliar esse "mais"?*

Há dois séculos essa questão vem dividindo a pesquisa em dois campos[190]. Uns falam de uma cristologia *implícita*: os discípulos, após a Páscoa, teriam formulado o *não dito* no tempo de Jesus. Outros mantêm uma cristologia *explícita*: Jesus teria reivindicado abertamente certos títulos, o de Messias, por exemplo. Gerd Theissen e Annette Merz abriram uma terceira via ao invocarem uma cristologia *equivocada*: Jesus teria suscitado por sua ação esperanças que correspondiam aos títulos que lhe foram atribuídos mais tarde; eram, por exemplo, as multidões que viam nele um Messias, mas Ele mesmo não concordava com essa designação[191].

Não seguirei a via, muito frequentemente cultivada, que consiste em passar um pente fino sobre os títulos atribuídos a Jesus nos evangelhos para selecionar entre os que datariam do Jesus histórico e os que remontariam ao período pós-pascal. Isto porque estimo que os títulos cristológicos são uma espécie de condensado de uma identidade que se afirma, primeiramente, pelo gesto e pela palavra. Até o momento a importância dos títulos foi fortemente exagerada na pesquisa. Ora, parece-me que o silêncio dos evangelistas respei-

---

189. Mc 1,41.43; 6,34; 8,2; Lc 7,13; 19,41; Jo 11,35.

190. Breve história da pesquisa em THEISSEN, G. & MERZ, A. *Der historische Jesus* – Ein Lehrbuch. Op. cit., p. 449-455.

191. Ibid., p. 454.

tou o mutismo de Jesus. Estou convencido de que *Jesus não disse o que era; Ele fez o que era*. É no nível de seu fazer (ação e palavra) que se desenvolveu uma identidade que foi cristalizada (mais à frente veremos em quais circunstâncias) nos títulos honoríficos que conhecemos.

Se, por um lado, os evangelhos sinóticos não emprestam a Jesus autodeclarações sobre sua identidade, por outro eles não se esquivam em demonstrar como as multidões o viam: como um homem que cura, um mestre, um profeta. Vejamos em que sentido Jesus corresponde ou não a esses rótulos.

O homem das curas

Jesus curou e exorcizou. A afluência das multidões que, de "toda a região, começaram a transportar os doentes em macas para os lugares onde descobriam que Ele estava" (Mc 6,55) diz muito sobre seu sucesso popular. Tanto ou talvez mais do que outros curandeiros carismáticos da época, o terapeuta Jesus foi reconhecido por sua eficácia. Mas, como o vimos, se a prática terapêutica do Nazareno pouco se diferenciava dos curandeiros de seu tempo, a significação que Ele atribuía aos seus milagres era sem equivalente. Aos discípulos que compartilhavam de seu poder de exorcizar Ele declarava: "Eu vi satanás cair do céu como um relâmpago" (Lc 10,18). Jesus é o único, no século I, a fazer dos exorcismos uma ativação do Reino de Deus. A derrota das potências do mal, concretizada pelo exorcismo, instala no presente o novo mundo prometido por Deus. A vitória sobre satanás, esperada desde a criação do mundo, enfim se manifesta.

A mensagem das parábolas ditas "parábolas de contraste" se orienta na mesma direção. Quer se trate de um grão de mostarda, do fermento, do semeador ou do grão que cresce sozinho (Mc 4,1-9.26-32; Lc 13,20-21), essas parábolas dão a conhecer o evento do Reino na pequenez de seus inícios. Ora, esses inícios estão ligados à presença de Jesus e de sua ação. Nele, pontualmente, o novo mundo de Deus toma forma no mundo dos homens. Quando Jesus declara aos que perscrutam os sinais dos tempos que "o Reinado de Deus não vem como um fato observável [...]; e que, com efeito, o Reinado de Deus está entre/em vós" (Lc 17,20-21), Jesus remete ao que acontece ao seu redor e através dele. Apropriar-se dessa realidade, no entanto, exige um engajamento sem meio-termo nem hesitação: urge vender tudo para adquirir o tesouro! (Mt 13,44).

Inscrita no quadro de seu anúncio do Reino, a atividade terapêutica de Jesus nos apresenta um primeiro indício da compreensão que Ele tem de si mesmo: *Jesus não somente quer anunciar o Reino vindouro, mas, pela destruição pontual do mal, fazê-lo surgir no presente.* E quer engajar os seus nessa dinâmica.

O mestre

As multidões também se apinhavam para ouvir seus ensinamentos. Frequentemente seus interlocutores o chamavam de "mestre"[192]. Marcos sublinha de passagem: "Eles ficavam impressionados com o seu ensinamento; pois ensinava como quem tem autoridade e não como os escribas" (Mc 1,22). Qual é esta diferença entre os escribas que, no entanto, eram catequistas qualificados e apreciados pelo povo? O fato que o mestre itinerante igualmente ensine as mulheres, e não somente os homens, é insuficiente para explicar essa fascinação.

Urge ler o Sermão da montanha para encontrar tal explicação. Independentemente do que possa ter acontecido, não encontramos na literatura judaica o equivalente à formulação "pois eu vos digo", empregada por Jesus em Mt 5,21-48. Mesmo que a repetição seja

192. Mc 4,38; 9,17.38; 10,17.35 etc.; Mt 19,16; 22,16; Lc 7,40; 11,45 etc. Em Mc 5,35, Mt 9,11 e 17,24 fala-se dele como um mestre. A denominação *didaskalos* (mestre) não aparece na boca dos discípulos, salvo em Judas, no Getsêmani (Mt 26,49).

obra de Mateus, não foi ele quem a inventou. Quando anunciavam sua explicação da Torá, os rabinos situavam sua opinião na linha da explicação dada por seus predecessores. Quanto a Jesus, Ele dispensa a linha secular da tradição rabínica para afirmar-se diante da autoridade de Moisés: "Ouvistes o que foi dito aos antigos, eu, porém, vos digo [...]". O lembrei mais acima: Jesus não substitui a Torá, tampouco a revoga, mas, de uma maneira inaudita até então, se apresenta como intérprete autorizado da Lei, radicalizando o mandamento ou abolindo determinadas prescrições (carta de divórcio, lei do talião) em nome do imperativo sobre-eminente do amor a outrem. *Ninguém antes se havia permitido tamanha liberdade, tanto que Jesus não justifica sua interpretação pela Escritura, como o deveria, mas unicamente por seu "eu".*

Jesus também escandaliza ao declarar ao paralítico levado até Ele por seus amigos: "Teus pecados te são perdoados" (Mc 2,5). "Por que este homem fala assim? Ele blasfema. Quem pode perdoar os pecados a não ser unicamente Deus?", se insurgem indignados os escribas. O tema do perdão dos pecados volta frequentemente no ensinamento de Jesus, tanto nas parábolas e no Pai-nosso quanto nas exortações[193]. Para o judaísmo, o perdão está vinculado ao rito cultual do sacrifício de expiação, oferecido no Templo. Afirmar que Deus perdoa não é uma transgressão da parte de Jesus; o sacerdote no Templo devia proceder da mesma forma. Os Salmos de Salomão, um escrito fariseu do século I a.C., resumem essa convicção: "Ele purificará de seus pecados o homem que se confessa e se acusa [...] e a bondade circundará os pecadores arrependidos" (Salmo de Salomão 9,6-7). Mas Jesus faz mais. Ele declara peremptoriamente, e sem o arrependimento prévio da pessoa, que Deus a perdoou.

A leitura, aqui, deve ser fina, cirúrgica. Quando Jesus declara ao paralítico "Teus pecados te são perdoados", usa de uma fórmu-

193. Mc 2,1-12; 11,25; Mt 6,12.14-15; 18,23-35; Lc 7,41-43; 15,11-32; 18,9-14.

la passiva que reenvia a Deus como autor: por "foram perdoados" subentende-se Deus perdoou. Jesus, segundo o costume, podia ter evocado a misericórdia divina ou afirmar sua confiança na compaixão de Deus para com os pecadores. Ele podia ter anunciado o perdão sob reserva da aprovação divina. Mas seria ir bem mais além do que dizer: Deus efetivamente te perdoou. É o que efetivamente Jesus fez. *Sua fórmula declaratória e incondicional de perdão não é encontrada alhures, na literatura judaica*[194].

As refeições de Jesus com pessoas de moralidade ou de pureza duvidosas revelam uma atitude semelhante. Elas também chocaram. Declarar Jesus "um comilão e um beberrão, amigo dos coletores de impostos e dos pecadores" (Lc 7,34) não é somente criticar seu aspecto de boa-vida; é ofender-se igualmente com o fato de Ele ignorar a contaminação do pecado e as exigências do arrependimento. Jesus assume o sentido oposto: *Deus perdoa, ou seja, Jesus assume o lugar de Deus para declarar esse perdão*. É a consciência dessa vocação que o faz dizer: "Eu não vim chamar os justos, mas os pecadores" (Mc 2,17). Lembremos que o Batista, por sua vez, tinha rompido com o ritual sacrificial do perdão das faltas; mas seu batismo, não sua palavra nua e crua, constituía-se em sacramento do perdão.

O profeta

Tão impressionante quanto ao que foi dito acima, a formulação "em verdade eu vos digo" (precisamente: *amen* eu vos digo) é uma invenção linguística de Jesus. A constatação pode surpreender o leitor da Bíblia hebraica, para quem a locução *amen*, notadamente num contexto de oração, é familiar. Ao dizer *amen*, o orante ex-

194. Gerd Theissen e Annette Merz apontam uma exceção possível em Qumran: a declaração do perdão dos pecados do rei da Babilônia por um judeu anônimo, citado na oração de Nabonido em 4Q242, frag. 3 (*Der historische Jesus* - Ein Lehrbuch. Op. cit., p. 459); mas a tradução não é segura: "um exorcista perdoou meu pecado. Era um judeu [...]".

prime sua participação na oração enunciada e a ratifica. Mas, em termos de exatidão, *amen* é conhecida por seu uso responsorial. O Apóstolo Paulo, que segue a prática veterotestamentária, se serve do *amen* para ratificar fórmulas de bênção ou doxologias (Rm 1,25; 9,5; 11,36), ou para sublinhar um desejo (Rm 15,33). Ora, o uso do *amen* nos evangelhos é triplamente surpreendente. Em primeiro lugar, seu uso é frequente: o encontramos nas diversas correntes da tradição sinótica (Marcos, tradições M e L) e em João[195]. Em segundo lugar, o *amen* só é ouvido nos pronunciamentos de Jesus. Em terceiro lugar, ele não é responsorial, mas introdutório; não ratifica a palavra de outrem, mas evidencia a palavra de Jesus. Poderíamos traduzir assim: *está assegurado, garantido* (amen), *porque sou eu que estou dizendo.*

Enquanto a linguagem dos profetas se caracteriza pela famosa fórmula do mensageiro "assim fala o Senhor" (*ko amar YHWH*), Jesus antecipa sua palavra com o seu "eu". Como no-lo ensinou Joaquim Jeremias[196], tanto a frequência da fórmula, seu uso comum nas correntes tradicionais quanto seu uso singular por Jesus nos colocam diante de um caso – raro! – de uma locução autêntica do Nazareno. Por esta expressão, tique de linguagem, *Jesus evidencia a autoridade não derivada de sua própria palavra.* É por própria conta e responsabilidade que Ele fala de Deus[197].

Com a fórmula do mensageiro "assim fala o Senhor", há pouco fiz alusão aos profetas. Ora, era justamente a um profeta que ge-

---

195. *Amen* é posto na boca de Jesus 13 vezes em Marcos, 21 vezes na tradição própria a Mateus, 3 vezes nos escritos de Lucas e 25 vezes em João. A expressão parece ausente da Fonte das palavras (única exceção eventual: Q 12,37).

196. JEREMIAS, J. *Théologie du Nouveau Testament*: la prédication de Jésus. Op. cit., p. 47-48.

197. Para Takashi Onuki, o discurso em "eu" de Jesus visa desenvolver junto aos seus ouvintes uma ética da responsabilidade. Cf. ONUKI, T. *Jesus* – Geschichte und Gegenwart. Neukirchen: Neukirchener Verlag, 2006, p. 167-170 [Col. "Biblisch-Theologische Studien", 82].

ralmente as pessoas assemelhavam Jesus (Mc 6,15; 8,28). Em geral, logo após um milagre proclamavam: "Um grande profeta se ergueu em nosso meio" (Lc 7,16); dele se exige, como dos profetas do Antigo Testamento, um sinal (Lc 11,29); à sua entrada em Jerusalém, a multidão exclama: "É o profeta Jesus, de Nazaré da Galileia" (Mt 21,11); após seu processo no Sinédrio, faz-se troça dele dizendo: "Banca o profeta!" (Mc 14,65). Aliás, é provável (mas o veremos em detalhe no próximo capítulo) que Jesus tenha sido condenado pelo Sinédrio como blasfemador; isto é, como falso profeta. Ele mesmo havia predito de si mesmo: "Um profeta só é desprezado em seu país, entre os seus parentes e em sua casa" (Mc 6,4).

É preciso reconhecer *que não faltavam argumentos para assemelhar Jesus a um profeta*. Em primeiro lugar, Jesus usa formas de linguagem próprias ao profetismo: declarações de felicidade ou de infelicidade, pregações... Em seguida, Jesus tem visões (Mc 1,10-11; Lc 10,18). À semelhança dos profetas Ele faz ações simbólicas: sua entrada em Jerusalém (Mc 11,1-11); a maldição da figueira (Mc 11,12-14); seu gesto violento no Templo (Mc 11,15-17) (cf. próximo capítulo). Ele se diz agraciado pelo dom do Espírito Santo, fato relatado por ocasião de seu batismo (Mc 1,10). Jesus era um carismático, mas o que mais impressionava é que Ele via o Espírito, acordado aos antepassados e aos profetas do passado, atuando no presente, ao passo que a tradição esperava que o Espírito fosse outorgado ao povo de Israel no fim dos tempos (Jl 3,1-5). Além disso, Jesus, no serviço de sua mensagem, investiu não somente sua palavra, ou alguns gestos, mas toda a sua vida; Ele segue os traços de um Oseias, de um Jeremias ou de um Ezequiel.

O Israel do tempo de Jesus esperava a volta de um profeta escatológico que inauguraria o fim dos tempos. Tratava-se tanto da volta de Elias quanto de um profeta como Moisés. Que Jesus seja o Elias que retorna é evocado pelas pessoas em Mc 6,15 e 8,28. Em contrapartida, o retorno de um profeta como Moisés, anunciado em Dt

18,15, exerce uma função importante em At 3,22 e 7,37, mas muito pouco nos evangelhos. Uma característica de Jesus é que *Ele jamais ratifica positivamente essas expectativas de retorno.* Ele se reconhece mais na linha dos profetas rejeitados por Israel (Lc 13,34). O próximo capítulo deste livro, consagrado à sua morte, dedicar-se-á mais especificamente a este tema.

Não obstante tudo, Jesus não se desliga totalmente da tradição profética, embora afirme que, nele, *há mais que um profeta.* Numa invectiva contra sua geração, que exige um sinal para tornar crível seu estatuto de profeta, Ele se altera declarando que àquela geração não seria dado nenhum sinal senão o de Jonas (Lc 11,29). Os primeiros cristãos viram nisto o símbolo da morte (de Jonas no ventre do peixe) e da ressurreição (Jonas regurgitado). Mas não era isso que entendia Jesus, como o mostra a sequência da invectiva: como o judaísmo de seu tempo, Jesus considerava o Profeta Jonas um modelo de pregador de conversão.

> Por ocasião do Juízo, a rainha do Sul se erguerá com os homens desta geração, e os condenará, pois ela veio da extremidade da terra para ouvir a sabedoria de Salomão; pois bem, aqui está mais do que Salomão. Por ocasião do Juízo, os homens de Nínive se erguerão contra esta geração e a condenarão, pois eles se converteram à pregação de Jonas; pois bem, aqui está mais do que Jonas (Lc 11,31-32).

Na história de Israel, Jesus escolheu um modelo de sabedoria (Salomão) e um modelo de profecia (Jonas) para lembrar que, ao ouvi-los, as pessoas se converteram. Ora, sua geração não se converteu, embora estivesse lá "mais do que" um Salomão ou um Jonas. *Jesus tem consciência de inaugurar um tempo qualitativamente diferente e qualitativamente superior.* "A lei e os profetas vão até João; desde então a boa-nova do Reinado de Deus é anunciada e todo homem emprega a sua força para nele entrar" (Lc 16,16). Seja qual for a maneira de entender esse final enigmático (um encorajamento a buscar o Reino? Uma denúncia de pregadores?), uma coisa é certa: João o Batista marca o corte entre um antes e um depois, e esse depois, inaugurado por Jesus, é a chegada do Reinado de Deus. Jesus é mais do que Salomão, mais do que Jonas, mais do que João. Como Ele se apresentava? Os textos não vão além do "mais do que".

A referência ao Julgamento, em questão na sentença de Salomão e de Jonas, pode ser encontrada também na Parábola dos Dois Construtores, que sem hesitação podemos atribuir a Jesus. A Fonte das palavras (*Q*) o colocou na conclusão do Sermão da montanha.

> Todo homem que vem a mim, que ouve as minhas palavras e as põe em prática, eu vou mostrar-vos a que é comparável. Ele é comparável a um homem que constrói uma casa: cavou, aprofundou e lançou os alicerces sobre a rocha. Sobrevindo uma cheia, a torrente se lançou contra essa casa, mas não a pôde abalar porque estava bem edificada. Mas aquele que ouve e não põe em prática é comparável a um homem que construiu uma casa no chão raso, sem alicerces: a torrente se lançou contra ela e imediatamente ela desmoronou, e sua destruição foi total (Lc 6,47-49).

A imagem da inundação avassaladora é uma metáfora do Julgamento final. *A consciência que Jesus tem de seu papel chega aqui ao seu auge.* Mais uma vez, nenhuma reivindicação de título, nenhuma declaração do tipo "eu sou", mas uma garantia estrondosa: escutar e colocar em prática seu ensinamento é ter a garantia de ser honrado por Deus no Julgamento. Dito de outra forma: *Jesus está convencido de que sua interpretação da vontade divina é a porta de entrada no Reino.*

Uma impressionante discrição

Poderíamos resumir o que foi dito até aqui dessa forma: *Jesus continua inclassificável em seu meio.* Ele foi reconhecido por seus contemporâneos naquilo que podemos chamar de três funções sociais disponíveis na sociedade judaica de então (excluindo a função de sacerdote): curandeiro, mestre e profeta. As razões que a multidão tinha de atribuir a Jesus um ou outro desses títulos podemos identificá-las no evangelho. Mas, em cada caso, constatamos também que Jesus transgredia a definição da função: seus milagres visualizavam o Reino de Deus no presente, seu ensinamento ultrapassava os padrões teológicos admitidos, sua intervenção profética se autolegitima e pretende definir as chaves do julgamento escatológico. Sobre esses três registros se manifesta um "mais do que", afirmado por Jesus, mas sem defini-lo. Colocando-se como o enviado último de Deus, Jesus não se serve de nenhum título para legitimar sua autoridade; Ele a reivindica sem justificação: *eu, porém, vos digo.* Será que os títulos cristológicos viriam definir esse não dito? Chegou o momento de explorar este aspecto, mas não sem guardar na memória (e o dever de explicar) a impressionante discrição do Nazareno a este respeito.

Tratando-se dos dois últimos títulos (Senhor e Filho de Deus), o veredicto histórico é inapelável: eles foram outorgados após a Páscoa e inseridos na biografia de Jesus. Trata-se de uma leitura de fé relativa à vida de seu Senhor feita pelos discípulos após sua ressurreição. Apesar disso, mesmo tendo sido objeto de uma retroprojeção anacrônica na biografia de Jesus, os evangelistas Marcos, Mateus e Lucas não falsificaram os dados. O que isso quer dizer? Significa que eles nunca colocaram esses títulos na boca de Jesus, fazendo-o dizer: "Eu sou o Senhor/o Filho de Deus". O título "Filho de Deus" é enunciado por Deus no batismo e na Transfiguração (Mc 1,11; 9,7), pelos espíritos impuros (Mc 3,11; 5,7), pelo narrador (Mc 1,1), ou pelo oficial romano após a morte de Jesus (Mc 15,39). Quanto ao "Senhor" (*Kyrios*), que é o título de Deus no Antigo Testamento grego, ele é colocado na boca dos discípulos, onde pode ser igualmente compreendido em sentido não teológico de uma forma de delicadeza; os de fora, interlocutores ou adversários, chamam Jesus de "mestre", nunca de "Senhor". Voltarei a estes três títulos na conclusão, mas, por serem posteriores, devem ser eliminados do debate histórico.

Os dois títulos a considerar são: Messias (Cristo) e Filho do Homem. Devo dizê-lo desde já: nenhum deles coincide com a imagem que acabamos de desenhar de Jesus em base ao seu dizer e ao seu fazer. Por qual razão, não obstante isso, eles figuram em lugar de destaque nos evangelhos sinóticos? É o que urge investigar! Mas, antecipo o resultado da pesquisa: *o fato destes títulos não coincidirem com a consciência que Jesus tem dele mesmo, à luz de sua atividade, explica a razão pela qual Ele jamais se atribuiu os títulos de Messias ou Filho do Homem.*

Os messianismos judaicos

Hoje melhor do que ontem sabemos que não devemos falar *do* messianismo, mas *dos* messianismos judaicos. A aplicação a Jesus do termo Messias/Cristo nos fez crer num sentido unívoco deste termo. A redescoberta da extrema diversidade do judaísmo anterior aos anos 70, sobre a qual trabalham os pesquisadores desde a década de 1980, nos fez entender que a esperança da vinda de um *mashiah* (Ungido) era proteiforme[198].

Um pouco de história. Inicialmente, os beneficiários do sacramento da unção eram o rei de Israel, o sumo sacerdote e, às vezes, o profeta[199]. Mas o crescimento da expectativa escatológica em Israel, cristalizada inicialmente pela esperança da vinda de Deus, progressivamente se duplicou com a expectativa de um agente realizador do poder divino, encarregado de garantir a salvação dos eleitos e de exterminar os ímpios. Sob a pressão da derrocada política e da ocupa-

---

198. Cf. GUIDA, A. & VITTELLI, M. (eds.). *Gesù e i messia di Israele*. Trapain: Il Pozzo di Giacobbe, 2006 [Col. "Oi christianoi", 4]. Cf. tb. a excelente *Encyclopédie des Messianismes Juifs dans l'Antiquité* [HAMIDOVIC, D.; LEVIEILS, X. & MÉZANGE, C. (ed.). Lovaina: Peeters, 2017 [Col. "Biblical Tools and Studies", 33].

199. O rei: 1Sm 12,3.5; 1Rs 19,16; Sl 2,2; 18,51; 1Cr 29,22 etc. O sumo sacerdote: Lv 4,3.5.16; Ex 29,4-37; 1Cr 29,22; Eclo 45,15; Dn 9,25-26. O profeta: 1Rs 19,16; Sl 105,15; Is 61,1.

ção romana, esta expectativa de uma figura libertadora se intensificou desde o século I a.C. A primeira certificação do termo *mashiah*, em sua tradução grega *Christos*, emana dos Salmos de Salomão, escritos sob o golpe da conquista da Palestina por Pompeu em 63 a.C. Podemos dizer do messianismo popular que ele é ao mesmo tempo *real, nacionalista e guerreiro*. É assim que ele está configurado nos escritos que datam da viragem da era cristã: os Salmos de Salomão, o Enoque etíope, o 4º livro de Esdras e o Apocalipse siríaco de Baruc[200]. Os pretensos messias, que se levantaram por ocasião da morte de Herodes o Grande (4 a.C.), e fanatizaram as multidões antes de serem massacrados pelas tropas romanas, tinham, escreve Flávio Josefo, "tiaras por diadema e assumido o título de rei" (*Antiguidades judaicas*, 17, 273.280-281). Eis ao que se assemelha este Messias real, segundo os Salmos de Salomão:

> O ímpio devastou o nosso país que não tem mais habitante. Ele massacrou jovens e velhos juntamente com seus filhos. Em sua ardente ira, ele os exilou até o poente, com os príncipes do país, para que se riem deles, sem piedade. Seu caráter de estrangeiro levou o inimigo a orgulhar-se: seu coração era estrangeiro ao nosso Deus [...].
> Veja, Senhor, e suscita-lhe seu rei, filho de Davi, quando o quiseres, ó Deus, para que Ele reine sobre Israel teu servidor! E cinja-o de força para que Ele extermine os príncipes injustos, para que purifique Jerusalém das nações que a espezinham e a arruínam! Que Ele afaste, pela sabedoria e pela justiça, os pecadores da herança! Que Ele triture o orgulho do pecador como um vaso de oleiro! Que Ele quebre com um espectro de ferro toda a sua segurança! [...]
>
> Então as nações virão das extremidades da terra para contemplar sua glória, trazendo para cá os filhos que haviam sido dispersados, e para contemplar a glória do Senhor, da qual Deus a glorificou. É um rei justo

200. Salmos de Salomão 17–18; 1Enoque 48,10; 52,4. 4Esd 7,28; 2Br 29,3; 30,1 etc.

> que Deus introduz e coloca à sua frente. Nenhuma injustiça perdurará durante seus dias entre eles: todos eles são santos, e seu rei é o Messias Senhor (Salmos de Salomão 17,11-13.21-24a.31-32; trad. P. Prigent).

Nesta expressão clássica do messianismo real davídico se percebe o enraizamento político-religioso da esperança: contaminada pelos ímpios, a Terra Santa deve ser libertada. O Messias é uma figura idealizada em seu extremo poder: dele se espera o extermínio dos incrédulos e a condução de um projeto de renovação, a reunião do povo e a purificação de Jerusalém. Mas sua força é ambivalente: sabedoria e mão de ferro andam juntas. Seu reino inverterá as relações atuais de poder: as nações se dobrarão diante de um Israel unificado após seu retorno da diáspora. O *Magnificat* de Maria ressoa perfeitamente essa complicada esperança (Lc 1,47-55).

O horizonte da expectativa, no entanto, se embaralha a partir do momento que se considera outros testemunhos contemporâneos sobre a esperança do fim dos tempos. Recuperando a origem da unção, a seita de Qumran esperava três messias: o Messias-sacerdote, o Messias-rei e o Messias-profeta. A figura maior é o Messias-sacerdote, fato que explica a razão pela qual esta seita do deserto da Judeia se compreendia como comunidade de sacerdotes santos[201]. O autor do 4º livro de Esdras promove a expectativa de um Messias inaugurando na terra um reinado de quatrocentos anos com seus eleitos, antes da destruição do velho mundo e da chegada do mundo novo onde o mal terá desaparecido. O Apocalipse siríaco de Baruc também espera um reino intermediário do Messias, após o

---

201. 1QS 9,9-11; CD 12,22; 14,18-19; 19,10-11; 20,1. A fórmula "Messias de Aarão e de Israel" parece indicar a preeminência do Messias sacerdotal sobre o Messias real na escatologia da comunidade de Qumran (1QS 9,11; CD 12,23–13,1; 14,19; 19,10-11; 20,1 etc.). Cf. HAMIDOVIC, D. "Peut-on penser une histoire intellectuelle du premier messianisme juif à partir des manuscrits de Qumran?" In: HAMIDOVIC, D. (ed.). *Aux origines des messianismes juifs*. Leiden: Brill, 2013, p. 101-120 [Col. "Supplements to Vetus Testamentum", 158].

que “os que adormeceram em sua esperança ressuscitarão” (2Baruc 30,1). A oração cotidiana das Dezoito Bênçãos suplica a Deus que volte a Jerusalém e a reconstrua sob a égide do “rebento de Davi, teu servidor” (*Shemone Esreh*, 14-15). As variantes desse milenarismo messiânico são muitas. Elas também podem ser percebidas sem que o título *mashiah* seja enunciado: quer se espere a volta de Elias ou de um profeta como Moisés, do patriarca Enoque ou do sacerdote Melquisedeque, ou ainda a vinda do Filho do Homem, a esperança vinha recheada de promessas de libertação e uma volta à grandeza de antanho[202].

Portanto, não é falso dizer que “a expectativa do Messias era muito fluida naquela época”[203], tão fluida quanto o significado de nosso atual termo “libertador”. O messianismo judaico cristalizou um ideal de felicidade na terra sob a proteção de um ser de origem divina, que implicava uma radical transformação do mundo[204]. Lado a lado conviviam várias ideias de Messias: um Messias combativo e um Messias não violento; um Messias exterminador das nações e um Messias universal; um Messias provisório e um Messias eterno. Não impressiona, portanto, que tenha sido a versão mais clássica (Messias real, guerreiro e nacionalista) que animou a fé popular.

---

202. Os nomes e os atributos variam: Dn 7,13-14 e 1Enoque 37–71 (Filho do Homem); 1Enoque 90,9-27.37-38 (homem); Testamento de Levi 18 (novo sacerdote); Testamento de Judas 24 (semente do Altíssimo); Oráculos sibilinos 3,49-50.286-287.652-653 (rei); FHILON. *De praemiis et poenis*, 95 (homem); 11Q13 (Melquisedec); 4Q174 frag. 3,10-13 (rebento de Davi) etc.

203. THEISSEN, G. “Du Jésus de l’histoire au Fils de Dieu du kérygme – L’apport de l’analyse sociologique des rôles à la compréhension de la christologie du Nouveau Testament”. In: *Études Théologiques et Religieuses*, 83, 2008, p. 594.

204. Definição sociológica de Henri Desroche: “O messianismo representa o fundo comum das doutrinas que prometem a felicidade perfeita na terra, sob a direção de um personagem, de um povo, de um partido, de movimentos coletivos [...]”, in *Dieux d’hommes: dictionnaire des messianismes et millénarismes du 1er siècle à nos jours*. Paris: Berg International, 2010², p. 21.

Jesus Messias?

E quanto a Jesus? Não é difícil constatar que Ele jamais se proclamou Messias. As raras infrações a esta regra são pós-pascais e não lhe são imputadas[205]. A questão do Batista ("És tu aquele que há de vir ou devemos esperar outro?") não teria nenhum sentido se Jesus claramente se tivesse declarado Messias. Jesus tampouco consentia quando outros o chamavam de Messias. Única exceção: no Sinédrio, por ocasião do processo, sua resposta à questão do sumo sacerdote ("Tu és o Messias?") é afirmativa em Marcos, mas fluida junto a Mateus e Lucas (Mc 14,62; Mt 26,64; Lc 22,70). Dito de outra forma: Jesus só eventualmente consentia a designação messiânica, sobretudo quando percebia que o jogo já estava decidido e quando a situação contradizia violentamente o que tradicionalmente se esperava do Messias.

Desde o século XIX, incontáveis foram os comentaristas que deduziram desse mutismo que o título messiânico não tinha sido atribuído a Jesus em vida, mas só posteriormente por seus discípulos, impulsionados pelos acontecimentos da Páscoa. Ora, esta tese é historicamente insustentável. Por quê?

Primeiro argumento: o título se difunde rapidamente depois da Páscoa, tanto que dez anos mais tarde os adeptos de Jesus são chamados de *christianoi* (cristãos), e que junto a Paulo *Christos* se transformou no nome próprio de Jesus[206]; a ausência deste título antes da Páscoa torna-se altamente improvável.

---

205. A exortação a apoiar os discípulos, dado que pertencem "o Cristo" (Mc 9,41), é pós-pascal e caracteriza o período pós-pascal. As duas referências a Cristo em Lc 24,26.46 são colocadas na boca do Ressuscitado. Além disso, quando Jesus fala do Messias e de sua origem davídica (Mc 12,35-37), Ele não aplica o título a si mesmo.

206. At 11,26 situa a primeira aparição da denominação *christianoi* em Antioquia; estamos no início dos anos 40. *Christos* é uma designação já tradicional em Rm 5,8; 14,9.15; 1Cor 8,11-12; 15,3; 2Cor 5,15, Gl 2,21. Paulo usa 270 vezes o nome *Christos*, ao passo que usa 190 vezes o nome duplo *Iesous Christos* ou *Christos Iesous*.

Segundo argumento: tanto os adeptos quanto os inimigos de Jesus o chamam de Messias. Pedro o confessa Messias (Mc 8,29), e Bartimeu, o cego, o chama de "filho de Davi" (Mc 10,47). Jesus é condenado à morte como "rei dos judeus" (Mc 15,26) e seus adversários zombam dele na cruz nestes termos: "O Messias, o rei de Israel! Desça agora da cruz, para que vejamos e acreditemos" (Mc 15,32). Quando amigos e inimigos se entendem sobre um ponto, a verdade histórica pode estar bem próxima.

Terceiro argumento: num país onde a expectativa de um libertador autóctone é aquecida à incandescência, como imaginar que um pregador que anuncia a vinda próxima do Reino de Deus não cristalize sobre si o fervor messiânico? Prova disso é a ovação que Ele recebe por ocasião de sua entrada em Jerusalém (Mc 11,1-10). Uma candidatura ao messianismo não surpreenderia; todo o interesse se transplantaria para os sinais que autenticariam ou não essa pretensão.

Em suma: a ideia de uma invenção cristã é totalmente excluída. Ninguém, no judaísmo de então, se tornaria Messias ressuscitando dos mortos.

Mas, e então, como explicar a discrição de Jesus antes da Páscoa e a adoção do título por seus adeptos logo depois? É aqui que, sem querer complicar as coisas, urge aliar a continuidade e a descontinuidade entre o antes e o depois da Páscoa. Existe continuidade porque Jesus foi confrontado com a expectativa messiânica de seus contemporâneos – para o seu bem e também para a sua desgraça (a cruz). Existe descontinuidade, pois aquilo com o qual Jesus não consentiu, os discípulos se fizeram testemunhas. Claramente: Jesus se manteve a distância do rótulo messiânico em razão da dimensão nacionalista e possivelmente guerreira desse Messias. A não violência e sua recusa ao fechamento nacionalista estão no centro da ética de Jesus (Mt 5,38-48). *Seus amigos, após a Páscoa, afirmaram que Ele era exatamente o libertador que Israel esperava, mas um libertador diferente do ideal que a fé judaica nutria. Foi assim que os cristãos forjaram essa noção, jamais imaginada pela fé de Israel, de um Messias sofredor.*

A figura do servo sofredor de Isaías 53 não está ausente da esperança judaica, mas ela nunca foi relacionada com a imagem do Messias; os cristãos fizeram essa referência para ilustrar que *Jesus partilhava da esperança de seu povo, mas como um Messias diferente.*

O messianismo cristão deriva, portanto, do messianismo judeu, mas ao preço de uma total redefinição. André Lacocque tem razão ao falar do messianismo de Jesus como um "messianismo em devir"[207], sabendo que somente o fim de sua vida podia clarear como Ele compreendia sua vocação. Podemos adivinhar a demonstração de força teológica que foi este confisco do título de Messias em benefício de um homem executado por blasfêmia e morto pelo pior suplício imaginável. No cap. 10 buscaremos captar a origem desta revolução teológica. Por ora basta lembrar que a rápida difusão do título junto aos primeiros cristãos se explica pela expansão greco-romana do evangelho, acelerando a mutação de uma denominação esvaziada de seus acentos nacionalistas e violentos.

A origem davídica de Jesus talvez tenha favorecido as coisas. Eusébio de Cesareia, no século IV, relata o comparecimento diante do Imperador Domiciano de dois sobrinhos-netos de Jesus, bisnetos de Judas, camponeses de seu estado. O imperador "lhes perguntou se eram da raça de Davi e disseram que sim" (*História eclesiástica*, III, 20, 2). Portanto, contrariamente ao que por muito tempo se imaginou, a pertença de Jesus à descendência de Davi não seria produto da crença cristã.

O Filho do Homem

Com o título Filho do Homem estamos diante de um cenário inverso ao do Messias. Isto porque, a) Enquanto nos evangelhos Jesus

207. LACOCQUE, A. *Jésus, le juif central*. Op. cit., p. 400.

não usa o título de Messias, mas somente seus amigos e inimigos o fazem, ninguém, a não ser Ele, serve-se do título Filho do Homem[208]; e, b) Enquanto o sentido de *mashiah* ("Libertador ungido") é claro, o sentido de *huios tou anthropou* ("Filho do humano") não o é. Estaria a expressão designando todo humano, qualquer humano, ou o ser celeste cuja vinda é predita por Dn 7,13? ("Eu via, nas visões da noite, e eis que com as nuvens do céu vinha um como Filho de homem.")

É neste segundo sentido que o título aparece numa sentença muito antiga, relatada por duas fontes independentes: o Evangelho de Marcos e a Fonte das palavras (*Q*). Esta sentença é uma das palavras sobre o Filho do Homem que mais seguramente remonta a Jesus:

> Pois se alguém se envergonhar de mim e das minhas palavras em meio a esta geração adúltera e pecadora, também o Filho do Homem se envergonhará dele, quando vier na glória de seu Pai, com os santos anjos (Mc 8,38).
>
> Eu vos digo: todo aquele que se declarar por mim diante dos homens, o Filho do Homem também há de se declarar por ele diante dos anjos de Deus. Mas aquele que me tiver negado diante dos homens será renegado diante dos anjos de Deus (Lc 12,8-9; e paralelo Mt 19,32-33a).

Estamos aqui diante de uma mesma afirmação sob duas variantes: aderir à mensagem de Jesus ou negá-la será verificado no Julgamento escatológico pelo Filho do Homem. A posição tomada diante de Jesus, portanto, decidirá a sorte última de cada um por ocasião da vinda do Filho do Homem. Questão: *Jesus e o Filho do Homem são duas pessoas diferentes ou a mesma pessoa?* A dúvida é permitida, pois, sobre cinquenta e um casos em que a expressão "Filho do Homem" é citada nos evangelhos sinóticos, um paralelo em outro evangelho apresenta, em trinta e sete casos, o "eu" de Jesus. Dito diferentemente: em trinta e sete casos sobre cinquenta

208. Exceção: Jo 12,34 (mas a multidão cita Jesus!).

e um, a releitura cristã substituiu ao "Filho do Homem" o "eu" de Jesus[209]. Exemplo: os perseguidos "por causa do Filho do Homem" (Lc 6,22) se tornaram em Mateus os perseguidos "por minha causa" (Mt 5,11).

Mas, se é da mesma pessoa que se está falando, por que Jesus fala dele na terceira pessoa? E, se não se trata da mesma pessoa, qual relação existe entre ambas?

Estamos diante de um cenário bem diferente do precedente. *É praticamente certo que a expressão "Filho do Homem" fez parte do linguajar de Jesus.* Além de figurar somente em sua boca nos evangelhos, seu rápido desaparecimento, já em Paulo, sinaliza que uma locução tão marcada por um carimbo tipicamente judaico não poderia ser recebida no mundo greco-romano. Lembro que *mashiah* só sobreviveu ao transformar-se em nome próprio de Jesus: Cristo.

Responder às questões enumeradas precedentemente requer um exame das ocorrências da expressão. As cinquenta e uma ocorrências se dividem em três categorias: 1) o Filho do Homem *presente* ("As raposas têm tocas e os pássaros do céu, ninhos; o Filho do Homem, porém, não tem onde recostar a cabeça" (Mt 8,20)); 2) o Filho do Homem *sofredor* ("O Filho do Homem vai ser entregue nas mãos dos homens; eles o matarão e, quando tiver sido morto, após três dias, ressuscitará" (Mc 9,31)); 3) o Filho do Homem *futuro* ("És tu o Messias, o Filho do Deus bendito?", pergunta o sumo sacerdote diante do Sinédrio; e Jesus responde: "Eu sou, e vereis o Filho do Homem assentado à direita do Todo-poderoso e vindo com as nuvens do céu" (Mc 14,61-62)). Bibliotecas inteiras foram escritas

---

209. Joachim Jeremias inventariou 25 casos onde a expressão "Filho do Homem" foi substituída pelo "eu" de Jesus nos evangelhos sinóticos; e acrescentou 12 casos em que o Evangelho de João oferece duas versões de uma palavra de Jesus, uma contendo o título, outra o "eu". Exemplos: Jo 3,13 e 20,17; 3,14 e 12,32; 5,27 e 5,22; 6,27 e 6,51 etc., in "Die älteste Schicht der Menschensohn-Logien", *Zeitschrift für die neutestamentliche Wissenschaft*, 58, 1967, p. 159-172, sobretudo p. 159-164.

sobre este tema, e todas as posições foram defendidas, desde a ideia de que Jesus jamais havia falado do Filho do Homem (posição a ser esquecida) até a ideia de que a expressão, em todas as suas categorias, emanava de Jesus[210].

Na verdade, a segunda categoria, a do Filho do Homem *sofredor*, deve ser descartada do debate; ela tem todas as chances de ser datada do período pós-pascal. Além da noção de sofrimento ser totalmente estranha à concepção judaica do Filho do Homem (o que não seria uma razão suficiente), esta noção se encontra acima de tudo nos anúncios da paixão-ressurreição, que são com toda certeza uma montagem do Evangelista Marcos (8,31; 9,31; 10,33-34). Mas foi exatamente depois da Páscoa que os discípulos puderam dizer (como no caso do Messias) que *Jesus era o Filho do Homem, embora diferentemente; isto é, por sua morte.*

A primeira categoria, a do Filho do Homem *presente*, é mais delicada. Jesus teria sido designado um humano, um filho de humano, não importando qual humano? Foi dito que Ele não tinha onde recostar sua cabeça (Mt 8,20), que era um comilão e um beberrão (Mt 11,19), que era culpado (Mt 12,32), que tinha autoridade para perdoar os pecados (Mc 2,10), que era senhor do sábado (Mc 2,28). Em todas essas menções, Jesus fala de sua autoridade recusada, desrespeitada, contestada. Dito de outra forma: o uso da expressão dramatiza a crise entre Jesus e seus contemporâneos. Contrariamente ao que foi sugerido, "Filho do Homem" não corresponde aqui ao *bar nasha* hebraico, que designa todo humano, todo filho de humano

210. A negação de qualquer utilização por Jesus do título "Filho do Homem" procede de Philipp Vielhauer, "Gottesreich und Menschensohn in der Verkündigung Jesus" e "Jesus und der Menschensohn". In: *Aufsätze zum Neuen Testament.* Munique: Kaiser, 1965, p. 92-140 [Col. "Theologische Bücherei", 31]. A atribuição a Jesus do título em suas três categorias foi defendida por Carsten Colpe, art. *ho huios tou anthrôpou*, in Gerhard Friedrich (ed.), *Theologisches Wörterbuch zum Neuen Testament*, 8, Stuttgart, Kohlhammer, 1969, p. 403-482, sobretudo p. 433-444.

(traduziríamos tranquilamente por "on"[211]). Isto porque em todas as menções do Filho do Homem *presente*, Jesus não faz uma generalização sobre o que caracteriza todo humano; Ele fala de si[212].

A questão retorna: por que falar de outro se Jesus quer falar de si? Mais um passo para responder.

O Filho do Homem e as nuvens do céu

A terceira categoria, a do Filho do Homem *futuro*, guarda a chave de nossas interrogações. Ela deriva dessa famosa visão do Profeta Daniel que viu "com as nuvens do céu, alguém como um Filho de Homem" (Dn 7,13). A fórmula é comparativa; o ser celeste que Daniel vê chegar de Deus é *como* um filho de homem. Trata-se muito provavelmente de um personagem coletivo, o povo de Israel renovado por Deus. Ocorre que, com o passar do tempo, essa fórmula foi retomada e despida de seu caráter comparativo para transformar-se num título escatológico: *o* Filho do Homem. Essa figura, esse tipo messiânico, é evocada no livro etíope de Enoque (37–71) e no 4º livro de Esdras (13). É assim que, no limiar da era cristã, a esperança coletiva de Daniel se transmutou em expectativa de uma figura messiânica, um ser celeste vindo da parte de Deus para proceder a um Julgamento do mundo e restaurar o Israel das origens. Em relação ao Messias, a vocação do Filho do Homem é definitivamente universal. Eis como Jesus fala da repentina vinda dos dias do Filho do Homem:

---

211. A tese segundo a qual o título "Filho do Homem" é empregado por Jesus como uma perífrase de teor genérico e não como um título foi defendida em VERMES, G. *Jésus le Juif*. Op. cit., p. 211-251. Cf. tb., CASEY, M. *The Solution of the "Song of Man" Problem*. Londres: Clark, 2009. (O *on* acima citado, em francês serve de pronome pessoal indefinido, e significa, p. ex., nós, a gente, uma pessoa; ex.: *on dit que* = diz-se que [N.T.])

212. SCHRÖTER, J. *Jesus von Nazaret: Jude aus Galiläa* – Retter der Welt. Leipzig: Evangelische Verlagsanstalt [Col. "Biblische Gestalten", 15, 2013⁵, p. 255].

> Como aconteceu nos dias de Noé, assim acontecerá nos dias do Filho do Homem: comiam, bebiam, casavam-se ou se davam em casamento, até o dia em que Noé entrou na arca, então veio o dilúvio e os fez perecer a todos. Ou também como ocorreu nos dias de Lot: comiam, bebiam, compravam, vendiam, plantavam, construíam; mas no dia em que Lot saiu de Sodoma, Deus fez cair uma chuva de fogo e de enxofre e os fez perecer a todos. Acontecerá do mesmo modo no Dia em que o Filho do Homem se revelar (Lc 17,26-30).

A imagem oscila: por vezes o Filho do Homem (como aqui) parece presidir o Julgamento do mundo, por vezes Ele é defensor ou acusador diante do Juiz supremo (como em Lc 12,8-9). Mas pouco importa. A questão maior é: Estaria Jesus falando de si mesmo ou de outro? As palavras sobre o Filho do Homem *presente*, assim como a interpretação cristã das palavras sobre o Filho do Homem *sofredor*, fariam pender para o primeiro sentido. Mas não estariam as palavras mais antigas, como as que citamos em Mc 8,38 e Lc 12,8-9, preservando o modo de falar de Jesus, que a interpenetração ulterior com seu "eu" não fez desaparecer? A esta questão arduamente discutida responderia assim: a antiguidade da dissociação entre o "eu" de Jesus e a figura escatológica do Filho do Homem é uma pedra de toque que o historiador não pode ignorar. *Se Jesus não declarou ser o Filho do Homem futuro, é que, para a tradição judaica, este ser era escolhido por Deus e dele procedia.*

Explico-me! É mais lógico que a dissociação entre Jesus e o Filho do Homem seja historicamente primeira, ao passo que a fusão na fé dos primeiros cristãos tenha intervindo posteriormente. O inverso é inconcebível. Jesus está convencido, e o anunciou reiteradamente, que no dia do Julgamento o Filho do Homem ratificaria a posição tomada pelos homens a seu respeito e a respeito de seu ensinamento[213]. Portanto, Ele afirma com toda clareza o caráter último

213. Mc 8,38; 9,37; 10,17-22; Mt 5,11-12; 5,21-48; 11,20-24; Lc 6,47-49; 12,8-9.

e escatológico daquilo que é portador. Mas não declara "eu serei esse juiz derradeiro", já que autodesignar-se seria antecipar-se à opção que pertence a Deus.

O homem podia aspirar a tornar-se mestre no judaísmo. Para ser profeta, era necessário ser chamado. Para ser reconhecido Messias, urgia que essa consagração fosse validada pelos homens. Mas, a função de Filho do Homem só podia ser ratificada por Deus. Só Deus podia investir Jesus dessa função e fazer-lhe essa revelação. Se Jesus tinha a firme esperança de que Deus iria proximamente revelar-lhe seu estatuto de Filho do Homem, os discípulos, depois da Páscoa, não tiveram nenhuma dúvida de que Deus lhe havia revelado este estatuto[214]. Tendo recebido a revelação de que Deus havia elevado junto a si o Crucificado, eles realizaram a fusão da qual o Nazareno se havia resguardado: Jesus é o Filho do Homem que esperávamos... mas diferentemente!

O efeito da Páscoa

O efeito da Páscoa não se limitou ao que afirmamos acima. Enquanto Jesus revelava essencialmente a consciência que tinha de si mesmo através de seu falar e agir, e com uma incontestável repugnância à reivindicação de títulos de conteúdo enganoso, na reflexão pós-pascal dos fiéis os títulos vão crescer fortemente. O título de Messias, que amigos e inimigos lhe haviam atribuído, foi revestido da dimensão do sofrimento e reorientado para o universalismo; mas ele foi se empalidecendo até tornar-se um nome próprio. A enig-

214. THEISSEN, G. "Du Jésus de l'histoire au Fils de Dieu du kérygme – L'apport de l'analyse sociologique des rôles à la compréhension de la christologie du Nouveau Testament". Op. cit., p. 604. Uma promessa de Jesus aos seus discípulos pode confirmar sua expectativa: "Jesus lhes disse: 'Em verdade eu vos digo: por ocasião da renovação de todas as coisas, quando o Filho do Homem tomar assento no seu trono de glória, vós que me seguistes, também vós vos assentareis em doze tronos para julgar as doze tribos de Israel'" (Mt 19,28).

mática figura do Filho do Homem pôde ser identificada com Jesus porque, na fé de seus amigos, Deus o elevou para junto de si, no céu. O corretivo do sofrimento igualmente lhe foi aposto. Assim, de uma cristologia evocada, e até mesmo implícita, passou-se a uma cristologia explícita.

Outros títulos se seguiram. Ultrapassando a rejeição do próprio Jesus de não se deixar assemelhar a Deus, os primeiros cristãos lhe atribuíram o título de Senhor (*Kyrios*), que o dotava de uma autoridade divina. *Kyrios* iria rapidamente tornar-se o título cristológico maior. O título Filho de Deus, que durante a vida de Jesus só é pronunciado nos evangelhos por Deus e pelos demônios, também lhe é atribuído após a Páscoa. Mas os evangelistas sinóticos respeitarão o calendário: somente o narrador (Mc 1,1) e o oficial romano, após a morte de Jesus (Mc 15,39), o pronunciaram. O Evangelho de João não terá a mesma restrição. A filiação divina, que vai de par com a unção do Messias real – o rei de Israel é sagrado filho de Deus –, não tem inicialmente nenhuma conotação biológica; o filho é instituído representante autorizado do pai, como sua presença *in absentia*. O Crucificado-ressuscitado não é, portanto, somente atraído para a órbita divina pelo título *Kyrios;* pelo título Filho de Deus Ele é visto numa proximidade única e exclusiva da divindade.

Pararmos por aqui em nossa reflexão nos levaria a concluir: os discípulos finalmente traíram o mestre revestindo-o de maneira extravagante de títulos que Ele não queria. Existe, obviamente, uma defasagem, abundantemente demonstrada por mim, entre o título e a maneira com que Jesus vive a função. E a defasagem aumentou desmedidamente na definição (não mais funcional, mas ontológica) desses títulos no seio da dogmática cristã, com suas especulações sobre a natureza divina de Cristo. Mas, no tocante à sua proximidade com Deus, impossível ignorar a intimidade que Jesus reivindica. Não somente Ele sempre chama a Deus de "Pai", e nunca diferentemente, mas, ao dirigir-se aos discípulos, Jesus faz questão de frisar uma distinção entre "vosso Pai" e "meu Pai"[215]. No fundo, o Evangelista João não se engana ao fazer o ressuscitado dizer: "Eu subo para o meu Pai, que é o vosso Pai, para o meu Deus, que é o vosso Deus" (Jo 20,17). Traduzindo: a experiência única de Deus, que foi a de Jesus, eis o que o Nazareno compartilhou com os seus. Definitivamente, não é o que Jesus pensava de si que é decisivo, mas sua consciência de uma excepcional intimidade com Deus, da qual se quis testemunha.

215. O Evangelista Mateus multiplicou na boca de Jesus a expressão "meu Pai", mas ele não inventou esta idiossincrasia do Jesus histórico (Mt 7,21; 10,32-33; 11,27; 12,50; 15,13; 16,17; 18,10.19.35; 20,23; 25,40.41; 26,29.39.42.53). Cf. Lc 10,22; 22,29; 24,49. Cf. JEREMIAS, J. *Théologie du Nouveau Testament*: la prédication de Jésus. Op. cit., p. 225-231.

9

Morrer em Jerusalém

A morte de Jesus fez nascer duas correntes poderosas no seio da civilização ocidental: o *cristianismo* e o *antissemitismo*. Sem a cruz do Gólgota o cristianismo não se teria construído em religião autônoma. E, mesmo não tendo sido uma invenção cristã, o antissemitismo jamais teria sido tão virulento sem a acusação contra os judeus de terem "matado o Senhor". Isso faz entrever o quanto a abordagem histórica da condenação e da morte de Jesus é ameaçada por deslizes ideológicos.

De um lado os cristãos tendem a considerar o processo judaico contra Jesus o cúmulo da injustiça contra um réu inocente. As fontes evangélicas sobrecarregaram a responsabilidade judaica e exoneraram o poder romano de qualquer iniciativa malévola: de Marcos a João, e mais ainda no evangelho apócrifo de Pedro, assistimos a um enegrecimento progressivo dos atores judeus, enquanto Pôncio Pilatos pleiteia em vão a inocência do Nazareno. Hoje os judeus mais eruditos se inclinam a transferir para o governador romano a responsabilização pela execução de Jesus[216]. Aqui, mais do que nunca, a análise crítica e distanciada das fontes é vital.

Partamos dos evangelhos: eles são unânimes em relatar longamente o fim trágico de Jesus de Nazaré. Tendo ido a Jerusalém e sendo ovacionado pela multidão, que agitava ramos à sua entrada,

---

216. Cf., p. ex., VERMES, G. *Les Énigmes de la Passion* – Une histoire que a changé le monde. Paris: Bayard, 2007. Para o resto, cf. cap. 12 "O descongelamento".

Jesus rapidamente suscitou a hostilidade dos círculos dirigentes. Ele também interveio brutalmente no Templo para expulsar vendilhões e cambistas. Em seguida organizou uma refeição de despedida com seus discípulos e se dirigiu ao Monte das Oliveiras para rezar. Preso, é processado, e o Sinédrio o condena à morte por blasfêmia. O Governador Pôncio Pilatos, a quem é entregue, hesita, depois ordena sua execução por crucificação. A sentença é imediatamente aplicada. Jesus é crucificado nas proximidades das muralhas da cidade, na sexta-feira 7 de abril do ano 30. Na opinião unânime dos evangelhos foi num sábado, o 14 Nissan. De acordo com o calendário lunar judaico, a data 3 de abril do ano 33 também é possível, embora menos provável. O Evangelista João não se engana ao considerar que a execução aconteceu na véspera da festa da Páscoa[217].

O relato dos últimos dias em Jerusalém, cuja versão se encontra em Mc 14–15, é a mais antiga sequência narrativa identificável nos evangelhos. Marcos recolheu uma tradição remontando aos anos 40, em Jerusalém, local em que ela servia de suporte litúrgico para a celebração da Paixão[218]. Imagina-se que esta celebração comportava uma peregrinação para estes lugares, o que explicaria a abundância inabitual, aqui, das indicações topográficas úteis à procissão: todas as subestações de Jesus, de sua estada em Betânia à sua morte no Gólgota, são geograficamente localizadas.

Esse interesse litúrgico explica a razão pela qual a *leitura do relato da Paixão é tão frustrante para o historiador.* O problema é que

217. Eu adoto a datação joanina, que fixa a execução de Jesus na véspera da Páscoa, que naquele dia caía no dia de sábado (Jo 19,14.31). A datação sinótica faz coincidir a morte de Jesus com a festa da Páscoa, o que é improvável (Mc 14,12). A coincidência do sábado com a festa da Páscoa ocorre no ano 30 e no ano 33, embora o ano 33 é menos provável, já que a atividade de Jesus não parece ter sido tão longa. Para uma análise detalhada cf. MEIER, J.P. *Un certain Juif, Jésus: les données de l'histoire*. Op. cit., p. 239-255.

218. TROCMÉ, É. *The Passion as Liturgy.* Londres: SCM Press, 1983.

esse episódio, não obstante conhecidíssimo, encobre inúmeras zonas sombrias, como, por exemplo, por que Jesus subiu a Jerusalém? Sua morte teria sido uma surpresa ou antecipadamente prevista, desejada? Sua última refeição teria sido uma refeição pascal? Que razões levaram Judas a trair o seu mestre? Quem, em última análise, é responsável pela morte de Jesus: as autoridades judaicas ou Pôncio Pilatos? Qual o motivo específico que levou Jesus à condenação? Como se crucificava na época? O que era feito do corpo crucificado? Os textos não respondem explicitamente a estas questões, e o historiador deve recorrer ao direito judaico ou ao direito romano para esclarecer os fatos. Mais uma vez, a honestidade obriga a deixar questões em aberto.

Por que Jesus sobe a Jerusalém?

Comecemos pelo início: por que Jesus subiu a Jerusalém? Vale lembrar que não é a primeira e única vez. Contrariamente ao cenário de Marcos, seguido por Mateus e Lucas, João menciona três subidas à cidade santa por ocasião das festas, e não uma única, no final de sua vida[219]. Sobre este ponto, João deve estar certo. Não é razoável pensar que, enquanto judeu praticante, Jesus tenha evitado participar das peregrinações festivas para Jerusalém. Em sua vontade de dirigir-se a todo Israel, a cidade santa não podia ficar fora de seu campo de ação.

A última subida à cidade santa, no final de sua vida, se reveste, no entanto, de uma significação particular. Albert Schweitzer, o teólogo alsaciano, defendeu a ideia de que Jesus teria subido a Jerusalém com o objetivo de se oferecer como vítima expiatória, e por seus sofrimentos precipitar a vinda do Reino de Deus, já que, na esperança escatológica judaica, a vinda do Reino seria acompanha-

219. Jo 2,13; 5,1; 12,12.

da de um cortejo de tribulações[220]. Não é fácil encontrar nos textos evangélicos apoio para esta teoria. No entanto, Schweitzer tem razão ao pensar que, para Jesus, subir à cidade santa seria parte de uma estratégia de expansão de seu anúncio do Reino de Deus.

Esta subida comportava riscos. A cidade era perigosa aos pregadores da renovação. Flávio Josefo nos relata as tragédias ligadas aos que se levantaram para afirmar o direito de Deus. Tais tragédias se abateram repetidamente: sobre os pretendentes messiânicos por ocasião da morte de Herodes o Grande em 4 a.C.; sobre Judas o Galileu por negar-se a pagar impostos no ano 6 de nossa era; sobre os profetas que incentivavam as multidões crédulas a esperar a repetição dos milagres do êxodo; sobre o Egípcio que arrastou multidões para o deserto, do qual falam os Atos dos Apóstolos e Flávio Josefo[221]. Todos tiveram por lugar de manifestação Jerusalém. Todos morreram vítimas da política repressiva do governador romano. *Não é bom autodenominar-se profeta em Jerusalém, e Jesus sabia disso*: "Jerusalém, Jerusalém, tu que matas os profetas e apedrejas os que te são enviados, quantas vezes eu quis reunir os teus filhos como uma galinha reúne seus pintinhos sob suas asas, e vós não quisestes" (Lc 13,34).

Jesus tem consciência de estar se dirigindo a um local onde sua mensagem baterá de frente com uma resistência mais viva do que a resistência sofrida até então na Galileia. O destino de seu mentor,

---

220. SCHWEITZER, A. "Jesus bricht also gegen Ostern nach Jerusalém auf, einzig um dort zu sterben". In: *Geschichte der Leben-Jesu-Forschung* (1906), II. Munique: Siebenstern, 1966, p. 444-445 [Col. "Siebenstern-Tachenbuch", 79-80]. Segundo Schweitzer, Jesus queria por seu sofrimento desencadear a grande aflição do fim dos tempos (Mc 13,5-27). Sua tese foi parcialmente valorizada em LUZ, U. "Warum zo Jesus nach Jerusalém?" In: *Exegetische Aufsätze*. Tubingen: Mohr Siebeck, 2016, p. 115-131 [Col. "Vissenschaftliche Unersuchungen zum Neuen Testament", 357].

221. Lc (At 21,38) e Flávio Josefo (*Guerre des juifs*, 2, p. 261-263. • *Antiquités juives*, 20, 169-172) se referem ao mesmo profeta iluminado; sua aventura, que foi esmagada pelas legiões do Procurador Felix, pode ser datada do ano 54 a.C.

João Batista, mesmo tendo-se grandemente traçado mais na Galileia do que na Judeia, servia de lição. Uma parábola, cuja narração Marcos situa em Jerusalém, dá o tom: os vinhateiros homicidas (Mc 12,1-12). Trata-se da história de vinhateiros a quem o proprietário confia sua vinha em arrendamento. No momento de receber sua parcela anual, o dono envia um servo que é espancado e mandado de volta de mãos vazias. Outros enviados sofrem a mesma sorte, alguns sendo inclusive mortos. O vinhateiro envia então o próprio filho, que os arrendatários decidem matar para apropriar-se da vinha. Jesus, o narrador, trabalha com metáforas tradicionais: a vinha representa o povo de Israel; o proprietário Deus; e o envio dos servos evoca o envio dos profetas. Os primeiros cristãos moldaram a parábola transformando-a numa alegoria da história da salvação, identificando o filho com Jesus. Não obstante isso, um núcleo da história, no mínimo, remonta a Jesus.

Uma tradição advinda do Deuteronômio, e nascida após o Exílio, no século VI a.C., faz dos profetas *vítimas permanentes de uma rejeição violenta pelo povo*[222]. Essa tradição generaliza e aplica a todos os profetas um destino violento, que historicamente nem sempre aconteceu. Mas, no século I, ela povoava as consciências, e há grandes probabilidades de Jesus tê-la integrado à sua história so-

222. Oriundo da visão deuteronomista da história, esse motivo encontra suas raízes veterotestamentárias em Ne 9,26. Odil Hannes Steck identificou seu traço na literatura do segundo Templo e no judaísmo posterior. O esquema é invariável: apesar das contínuas exortações de seu Deus, Israel permaneceu insensível, rejeitando seus enviados, embora atraia sobre si o julgamento punitivo de Deus. Essa visão simplificadora da história santa animou a mensagem dos pregadores de conversão que vaguearam pelo país durante os séculos precedentes à era cristã, a fim de suscitar um movimento de penitência. Depois de Jesus, os cristãos retomaram essa visão por própria conta na Fonte das palavras (Mt 5,11-12 par.; Lc 6,22; Mt 23,29-39 par.; Lc 11,37-51 e 13,34-35; cf. At 7,52) e junto a Paulo (Rm 11,3; 1Ts 2,15). Cf. STECK, O.H. *Israel und das gewaltsame Geschick der Propheten*. Neukirchen: Neukirchener Verlag, 1967 [Col. "Wissenschaftliche Monographien zum Alten und Neuen Testament", 23].

bre os arrendatários revoltados. Ela emerge também na lamentação sobre Jerusalém acima citada (Lc 13,34), bem como na bem-aventurança dos perseguidos (Mt 5,11-12), e numa invectiva contra os escribas e fariseus (Lc 11,47-51).

Um fogo sobre a terra...

Em que momento Jesus se deu conta de que esta violência se abateria sobre si mesmo? Nossas fontes não permitem datar a consciência de sua morte por ocasião de sua subida a Jerusalém, como Schweitzer o sugeriu. Todo leitor assíduo dos evangelhos tem em mente os três anúncios da paixão que dão ritmo à viagem de Jesus da Galileia para Jerusalém no Evangelho de Marcos (8,31; 9,31; 10,33-34). Mas estes anúncios são tão marcados pela releitura cristã que não é razoável apropriar-se deles para elaborar uma biografia de Jesus. Não é excluído que, por essa recorrência à fórmula, Marcos ecoe um pressentimento do mestre, por Ele mesmo segredado aos seus amigos. Mas, uma vez mais, a formulação de três anúncios é uma composição posterior.

Entretanto, não estamos totalmente desprovidos de dados. Outras palavras, menos frequentemente citadas, evocam um perigo.

> Nesse instante, alguns fariseus se aproximaram e lhe disseram: "Vai-te embora, parte daqui, pois Herodes quer fazer-te morrer". Ele lhes disse: "Ide dizer a essa raposa: eis que eu expulso demônios e realizo curas hoje e amanhã, e no terceiro dia chego ao termo. Mas é necessário que eu prossiga o meu caminho hoje, amanhã e no dia seguinte, pois não é possível que um profeta pereça fora de Jerusalém" (Lc 13,31-33).

Esse intercâmbio com os fariseus nos traz preciosos ensinamentos.

Primeiro ensinamento: para eles (e para Jesus), o perigo vem de Herodes. Trata-se do Antipas, tetrarca da Galileia, o verdugo de João

Batista (Mc 6,17-29). Esse monarca é melindroso, sobretudo quando fareja alguma sombra rondando sua autoridade. João o aprendeu da pior maneira. De Jesus, porém, nenhuma crítica aberta ao poder é relatada. Teria sido o sucesso popular do Nazareno suficiente para inquietá-lo, sobretudo ao se tratar de um conhecido ex-discípulo do Batista? O anúncio do Reinado de Deus e sua vinda iminente teriam sido politicamente julgados subversivos? Tudo considerado, rumores certamente bastaram para alarmar o monarca Herodes. No entanto, uma vez em Jerusalém, Jesus estava fora de seu poder territorial, embora caindo nas mãos de outro monarca, diferentemente feroz, o governador da Judeia, Pôncio Pilatos.

Segundo ensinamento: Jesus manda dizer a Herodes que sua atividade de cura durará três dias. E acrescenta: "e no terceiro dia chego ao termo". Portanto, um final é vislumbrado, no qual os cristãos leram a ressurreição "no terceiro dia". Mas seria forçar a fórmula, de origem bíblica, que reenvia simplesmente a um tempo próximo. Jesus diz que o fim de sua vida terrestre pertence a Deus, e que somente Ele porá nela um termo. Sobre sua morte, mesmo astuto como uma raposa, Herodes não tem nenhum poder.

Terceiro ensinamento: "não é possível que um profeta pereça fora de Jerusalém". Deus quer a morte de seus enviados? Não, mas, por experiência, Jesus conta com ela, e conhece o destino violento dos profetas. Ele sabe que Jerusalém mata os que lhe são enviados (Lc 13,34).

É raro que uma palavra de Jesus abra uma janela sobre a forma com que Ele vislumbrava seu futuro. Eis uma delas, embora um tanto quanto enigmática:

> É um fogo que eu vim trazer à terra, e como quisera que já estivesse aceso. É um batismo que eu tenho de receber, e quanto me pesa até que seja consumado (Lc 12,49-50).

A declaração é brutal: lançar fogo sobre a terra significa provocar um evento ao mesmo tempo destruidor e purificador. Na linguagem bíblica, o fogo geralmente reenvia ao julgamento de Deus, por exemplo, o fogo que se abateu sobre Sodoma e Gomorra (Gn 19). Jesus tem consciência de desencadear uma crise por sua ação e palavras, e inclusive deseja que ela exploda logo. Sua mensagem não é lenitiva; ela polariza e desencadeia adesão ou rejeição. Aqui, é a segunda parte da citação de Lucas acima apresentada que nos interessa. O batismo em questão não é evidentemente o rito de imersão na água, mas seu sentido simbólico: mergulhar na água, desaparecer, morrer, para em seguida renascer. No Getsêmani Jesus fala da "taça" que deseja evitar (Mc 14,36): trata-se do cálice do sofrimento e da morte. As duas declarações se completam. No Horto das Oliveiras, justamente antes que tudo oscile em razão de sua prisão, Jesus mostra sua angústia diante da provação a ser atravessada. Aqui Ele anuncia a inevitabilidade de seu destino de sofrimento e rejeição. E este panorama pesa sobre sua vida.

Enfim, o que pensar das razões que levaram Jesus a Jerusalém? O que obviamente se inscrevia na continuidade de sua obra era anunciar a proximidade do Reino de Deus no coração da cidade santa. *Jesus quis proclamar sua mais firme convicção no lugar mais santo de Israel.* Tratava-se de um deslocamento de alto risco, e disto Jesus tinha plena consciência. Na Galileia, sua proclamação do perdão dos pecados, sua impertinente liberdade na interpretação da Lei, sua desenvoltura em relação às regras de pureza suscitaram resistência e suspeição. Entretanto, quem proclama tal mensagem, inevitavelmente espera hostilidades. Ele mesmo o predisse aos discípulos: "Felizes sois vós quando vos insultam, vos perseguem e mentindo dizem contra vós toda espécie de mal por minha causa. Alegrai-vos e regozijai-vos, porque grande é a vossa recompensa nos céus: foi assim, com efeito, que perseguiram os profetas que vos precederam" (Mt 5,11-12). O que predisse aos seus discípulos, Jesus sabe que, primeiramente, Ele terá de enfrentar.

O destino maldito dos profetas, enviados por Deus e rejeitados pelo povo, o espera. Ele o pressente, talvez até o saiba. Seja como for, sua experiência de Deus e a urgência de sua missão o suplantaram. Ocorre que, nesta cidade onde tudo se sabe, onde tudo é controlado pelo partido dos aristocratas saduceus e pela vigilância da autoridade romana, os acontecimentos desandam mais rapidamente do que o previsto. Assim, a última estada de Jesus em Jerusalém, antes de sua prisão, não durará mais do que uma ou duas semanas.

Uma ovação e escaramuças

A chegada de Jesus a Jerusalém foi potencializada pela tradição cristã, que a transformou numa entrada triunfal. Os fatos, obviamente, foram mais modestos. De Betânia, vilarejo próximo onde residia com seus discípulos, Jesus fez preparar sua entrada enviando dois discípulos a um de seus amigos a fim de pedir-lhe emprestado um jumentinho. O Evangelho de Marcos (11,1-11) data o evento de uma semana antes da Páscoa; talvez tenha sido antes. Logo que Jesus transpõe um dos portais da cidade, as pessoas o aclamam com as palavras do Sl 118: "Bendito o que vem em nome do Senhor". Não é tanto essa aclamação que faz exceção – podia-se, com essas palavras, acolher qualquer peregrino por ocasião de sua entrada no Templo de Jerusalém –, mas o fato de mantos serem estendidos pelo caminho e ramos serem agitados por ocasião de sua passagem. O relato evangélico faz visivelmente eco à profecia de Zc 9,9: "Estremece de alegria, filha de Sião! Prorrompe em aclamações, filha de Jerusalém! Eis que o teu rei vem ao teu encontro; Ele é justo e vitorioso, humilde, montado num jumento, num jumentinho bem novo".

Teria Jesus conscientemente encenado sua entrada em Jerusalém pelo fato dela corresponder à profecia, ou foram os primeiros cristãos que a adequaram ao anúncio profético? Difícil saber! O que historicamente parece mais sólido é o fato de Jesus ter orquestrado sua entrada na cidade santa, e não ter se recusado à ovação messiânica da multidão.

Eis-nos diante da inspiração profética do Nazareno. Os profetas de Israel se afeiçoavam aos atos simbólicos, que não apenas significavam uma realidade por gestos, mas, de alguma forma, a antecipavam. É o caso de Jeremias que, ao ver Jerusalém cercada pelo exército babilônico, compra um campo em território ocupado (Jr 32,6-15). *Vindo à cidade santa para anunciar a iminência do Reino de Deus, Jesus significa por essa cena que o tempo de se converter chegou, pois "Aquele que vem" em nome do Senhor faz sua entrada.* Precisão: Jesus não se anuncia a si mesmo, mas um Reino que está ao alcance de todos.

Os evangelhos situam em Jerusalém uma série de escaramuças com as autoridades religiosas, basicamente relacionadas com o ambiente do sumo sacerdote e dos anciãos, membros do Sinédrio (Mc 11–13). As controvérsias giram em torno da autoridade de Jesus (o que lhe permite fazer o que faz?), sobre a ressurreição dos mortos (os saduceus não acreditam nisso), sobre o imposto a César (é preciso pagá-lo?), sobre o essencial da Torá (qual o mais importante dos mandamentos?). Jesus é testado sobre estas questões-chave. Não é novo, mas em Jerusalém os interlocutores têm peso. Marcos situou aqui um discurso de Jesus sobre os horrores do fim dos tempos, a catástrofe do fim do mundo, a queda dos astros – em suma: o horror cósmico que precederá a vinda do Filho do Homem (Mc 13). Os círculos apocalípticos se alimentavam dessas coisas, na expectativa febril de que os acontecimentos finalmente se desencadeassem. Situar esse discurso de Jesus em Jerusalém depende da opção narrativa do evangelista, mas, será que esta opção não estaria refletindo a tensão que reinava naquele momento entre Jesus e seus discípulos? Se sim, o fato não impressionaria: em Jerusalém tudo assume grande importância.

O Templo ultrajado

Um incidente domina este período: o escândalo do Templo.

> Chegam a Jerusalém. Entrando no Templo, Jesus pôs-se a expulsar os que vendiam e compravam no Templo; derrubou as mesas dos cambistas e os assentos dos vendedores de pombas, e não permitia a ninguém atravessar o Templo carregando seja lá o que fosse. E ensinava e lhes dizia: "Não está escrito: minha casa será chamada casa de oração para todas as nações? Vós, porém, fizestes dela uma caverna de bandidos". Os sumos sacerdotes e os escribas souberam disso e procuravam como o fariam perecer. Pois eles o temiam, porque a multidão era tocada por seu ensinamento (Mc 11,15-18).

Essa ação (único gesto violento relatado de Jesus) confundiu, desde sempre, os leitores. O embaraço dos evangelistas diante desse gesto sacrílego é patente: Marcos o justifica recorrendo a Is 56,7 (a casa de oração para todas as nações) e a Jr 7,11 (a caverna dos bandidos); Mateus o adocica introduzindo milagres de cura (Mt 21,14); Lucas resume ao extremo o episódio (Lc 19,45-48) e João o expõe no início de seu evangelho denunciando a mercantilização do santuário (Jo 2,13-17). Ainda hoje esse gesto continua enigmático, pois Jesus não deixou nenhuma interpretação autorizada dele. Os historiadores hesitam sobre o sentido a ser-lhe atribuído. Examinemos algumas hipóteses.

O Evangelista Marcos, o primeiro, avança uma explicação ao denunciar um comércio ilícito ("vós fizestes [do Templo] uma caverna de bandidos"); João o confirma: "[...] não façais da casa de meu Pai uma casa de negócios". Essa leitura se impôs no título tradicionalmente conferido a este episódio: a purificação do Templo. Mas isso se trataria apenas de protestar contra o comércio religioso? Alguns, dentre eles Jacob Neusner, pensam numa reforma cultual: Jesus bloqueia a prática sacrificial que a atividade dos comerciantes implicava visando a promover um culto puramente espiritual[223]. Joaquim Jeremias vê neste ato de Jesus um protesto social contra os lucros que a aristocracia do Templo tirava daquele comércio[224]. Para Ed Sanders, este gesto significa muito mais fundamentalmente uma destruição simbólica do Templo. Sanders se apoia na expectativa, que atravessa toda a escatologia judaica desde Miqueias, de que o antigo Templo será destruído e um novo aparecerá quando soar a chegada do fim dos tempos; Jesus, por seu gesto provocador, teria querido precipitar este evento[225].

Existem também, como sempre, os que contestam a historicidade do acontecimento[226]. Mas quem dentre os primeiros cristãos teria inventado algo assim que, diga-se de passagem, continuavam rezando no Templo? (At 2,46). Quer o cataloguemos no plano moral, religioso, social ou escatológico, o sentido do evento nos foge.

Busquemos compreender o ato mais de perto.

O mais provável é que se trata de um ato simbólico à maneira dos profetas, embora esse ato tenha sido de uma envergadura limitada, visto que, contrariamente, teria desencadeado a intervenção da segurança do Templo. Como qualquer ato profético, *ele simboliza uma reforma a ser feita, mas qual?* O acontecimento se desenvolve no átrio dos pagãos, no primeiro pátio do Templo, aberto a todos. É lá que se realizam as compras dos animais para os sacrifícios e o espaço em que os fiéis abordam os cambistas para a troca de suas moedas impuras pela dracma cunhada em Tiro, única moeda aceita para as oferendas sagradas. Barrar o caminho aos que atravessavam a esplanada carregando qualquer carga devia visar, neste contexto,

---

223. NEUSNER, J. "Money Changers in the Temple: The Mishna's explanation". In: *New Testament Studies*, 35, 1989, p. 287-290.

224. JEREMIAS, J. *Théologie du Nouveau Testament*: la prédication de Jésus. Op. cit., p. 185.

225. SANDERS, E. *Jesus and Judaism*. Londres: SCM Press, 1985, p. 61-90.

226. BECKER, J. *Jesus von Nazaret*. Op. cit., p. 407-410.

os que abasteciam os cambistas e vendedores de animais. Em suma: o pátio dos pagãos funcionava como *um espaço protetor da santidade do Templo,* dando acesso ao átrio das mulheres e subsequentemente ao átrio de Israel (reservado aos homens).

Essa barreira protetora era sinalizada por placas que puniam de morte os não judeus que a ultrapassassem para ingressar nos átrios internos. Conhecemos suas exigências por Fílon e Flávio Josefo. E um desses letreiros foi encontrado, por acaso, em 1871[227]. A ação de Jesus, portanto, tenta bloquear, ao menos simbolicamente, o procedimento pelo qual os fiéis judeus se afastavam de um mundo impuro para aceder à pureza do Templo.

Ir contra os comerciantes é seguramente combater um sistema econômico poderoso e rentável do qual se beneficiava a aristocracia sacerdotal. Mas é muito pouco provável que este tenha sido o primeiro objetivo de Jesus. Urge aproximar este seu gesto combativo à questão da pureza: não é da impureza de outrem que é preciso premunir-se; para Jesus, é esta pureza que exclui que é perigosa (cf. cap. 6 "O puro e o impuro"). Para Jesus, a convicção da proximidade do Reino de Deus implica uma imediação fulgurante da presença de Deus no mundo. É a razão pela qual o Nazareno não fugiu daqueles que a Torá declarava impuros (doentes, mulheres, possuídos, pagãos), mas lhes anunciou a graça inclusiva de Deus. *Essa inclusão se aplica também ao Templo: a presença de Deus junto ao seu povo não se intimida com as barreiras protetoras que filtram alguns e privilegiam outros. Deus se faz presença a todos e a todas, sem discriminação.*

---

227. JOSÈPHE, F. *Guerre des juifs,* 5, p. 194. • JOSÈPHE, F. *Antiquités juives,* 15, p. 417. • PHILON D'ALEXANDRIE. *Legatio ad Caium,* p. 212. O arqueólogo descobridor, Charles Clermont-Ganneau, traduziu assim a inscrição grega: "Que nenhum estrangeiro penetre no interior da grade e no recinto que estão ao redor do Templo; aquele, portanto, que for flagrado, será punido de morte" ("Une stèle du temple de Jérusalem". In: *Comptes-rendus des séances de l'Académie des Inscriptions et Belles-Lettres,* 16, 1872, p. 170-196, cit. p. 178).

É por isso que para Jesus urgia pôr fim a um tipo de procedimento de limpeza pelo qual os fiéis compravam para si uma pureza a fim de ter acesso a Deus. Toda mediação, ainda que milenar, que obstrui a relação com Deus deve ser eliminada. Em Jerusalém, o homem de Nazaré proclama a graça inclusiva de Deus no lugar mais santo da fé de Israel[228]. Que na sequência dessa explosão o entorno do sumo sacerdote e dos escribas "buscasse uma forma de fazê-lo perecer" não impressiona (Mc 11,18). Para eles, o desrespeito ao Templo e ao seu poder era patente. O protesto do Nazareno os denunciava como negociadores da santidade de Deus ("uma caverna de bandidos"). O pior delito não era praticar o comércio, mas ultrajar a santidade divina confiscando-a em proveito próprio.

Última refeição

Pressentindo que a hostilidade desencadeada iria vencer, Jesus faz uma última refeição com os Doze. Lá também, os evangelhos atribuem a Jesus a organização desse momento: dois discípulos são enviados a Jerusalém para encontrar-se com um homem carregando uma bilha com água, segui-lo até a casa em que ele entrasse, para lá preparar a última refeição (Mc 14,12-16). Na ocasião, Jesus se convida junto a um simpatizante do grupo que pertencia aos que anteriormente chamei de "terceiro círculo", ou grupo dos simpatizantes (cf. cap. 7). Em contrapartida, Marcos, e na sequência Mateus e Lucas, se enganam ao falar de uma refeição pascal.

De fato, a refeição da Páscoa se realiza em família e é presidida pelo pai. Ela se constitui de ervas amargas, pães ázimos, cordeiro e vinho. Seu desenvolvimento prevê a explicação da saída do Egito e dos alimentos consumidos, bem como a recitação do grande *hallel*

---

228. Sobre a função religiosa, política, social e econômica do Templo de Jerusalém, cf. os estudos reunidos em CHARLESWORTH, J.H. *Jesus and Temple* – Textual and Archeological Explorations. Mineápolis: Fortress Press, 2014.

(Sl 113–116). Ora, o relato da última refeição não menciona nem as ervas nem o cordeiro. Jesus interpreta apenas dois elementos: o pão e o vinho. Além disso, Ele faz circular uma única taça, da qual todos bebem, ao invés de taças individuais prescritas para a ocasião. Salvo a improbabilidade dos textos evangélicos terem passado sob silêncio os elementos constitutivos da refeição pascal e sua liturgia, por julgá-los evidentes, *a última refeição de Jesus com os Doze não foi pascal.*

A cronologia do quarto evangelho nos auxilia: esta situa a refeição na véspera da Páscoa (Jo 13,1). Mais especificamente ainda: na noite precedente, na quinta-feira à noite (na tradição judaica, o dia começa com o pôr do sol). Segundo este calendário, Jesus foi condenado à morte na sexta-feira, que é o dia "de preparação": o cordeiro era degolado no Templo em previsão da refeição pascal que teria lugar à noite (Jo 19,31). Esta datação se harmoniza com a declaração de Paulo: "[...] o Cristo, nossa Páscoa, foi imolado" (1Cor 5,7). A coincidência temporal da crucificação com o sacrifício dos cordeiros no Templo favoreceu junto aos primeiros cristãos a designação do Cristo como cordeiro pascal. Mas, por que os evangelhos sinóticos fazem Jesus dizer: "Onde está a minha sala, em que vou comer a Páscoa com meus discípulos"? (Mc 14,14; Mt 28,18; Lc 22,11). A resposta natural é que este foi exatamente o caso. Jesus subiu a Jerusalém com a intenção de festejar a Páscoa com sua "família" eletiva; isto é, os Doze. Mas os acontecimentos se precipitaram para causar sua perda e Ele não teve tempo de compartilhar esta refeição festiva.

Por ocasião de sua refeição de despedida, quais palavras foram pronunciadas? O relato daquilo que a tradição cristã muito cedo chamou de instituição da Ceia (ou da Eucaristia) é a tal ponto envernizado pelo uso litúrgico que nos é necessário voltar à reconstituição de sua formulação original. Que nele tenha havido referência à sua morte próxima impõe-se por si. Que Jesus tenha pronunciado sobre o pão partido e partilhado, e não sobre o pequeno pão inteiramente redondo previsto para a liturgia pascal, faz pensar que Ele insistiu na simbólica do corpo partido. Fazer circular uma única taça inaugura um rito de comunhão. Uma referência escatológica pode ser lida em Marcos e Lucas: "Em verdade, eu vos digo, nunca mais beberei do fruto da videira até o dia em que o beber, de novo, no Reino de Deus" (Mc 14,25; cf. Lc 22,18). Ela se apoia na tradição citada por Paulo: "Pois todas as vezes que comerdes deste pão e beberdes deste cálice, anunciais a morte do Senhor, até que Ele venha" (1Cor 11,26). Esta referência escatológica sinaliza que *Jesus inscreve este rito de despedida simultaneamente na perspectiva de sua morte iminente e da vinda próxima do Reino.* De repente, a morte que o aguarda não é mais concebida como um fracasso de sua vinda ao mundo, mas como prelúdio de encontros no Reino de Deus.

A tradição também guardou a lembrança de que Jesus, por ocasião da refeição, anunciou a fuga da provação da parte de seus discípulos, que Simão Pedro o renegaria e que um deles iria traí-lo. Lucidez e amor de seus amigos se conjugam neste momento dramático.

A prisão foi judaica. Ela aconteceu nas oliveiras, fora dos muros, onde Jesus se retirou depois da refeição com seus discípulos, um lugar chamado Getsêmani, que significa "lagar a óleo". A conivência imaginada pelo Evangelista João entre o sumo sacerdote e Pôncio Pilatos, cada um enviando uma escolta, não se respalda na história (Jo 18,1-9). Este relato responde a uma necessidade teológica: mostrar que o mundo inteiro conspira para capturar o Filho de Deus. E mais: Jesus devia dar seu consentimento, já que, ao chegar perto dele, a tropa recua e cai por terra. Obviamente, não foi bem assim! Jesus foi surpreendido pela chegada de um grupo armado com espadas e bastões, enviado pelo entorno dos sumo sacerdotes e dos anciãos. O episódio (real ou simbólico) do beijo de Judas, rito de respeito do discípulo para com seu mestre, povoa todas as lembranças.

Judas: entre perversão e heroísmo

Por que Judas traiu seu mestre? Eis outra questão à qual os textos não respondem.

Um véu de mistério rodeia as motivações de Judas Iscariotes (o sobrenome indica seu vilarejo de origem: Kariot). Em contrapartida, os evangelhos denigrem progressivamente sua imagem. Em Mateus, Judas pergunta aos sumos sacerdotes quanto eles estão dispostos a pagar pela entrega de Jesus, e a resposta é: trinta moedas de prata (Mt 26,15). A soma é irrisória. Segundo Ex 21,32, ela corresponde ao valor de um escravo estrangeiro. Apesar da modéstia da soma, a ideia é que Judas agiu por interesse, juntando ganância e deslealdade. O Evangelista Lucas desenvolve outra dimensão. Antes da última refeição em Jerusalém, "satanás entrou em Judas, chamado Iscariotes, que era do número dos Doze" (Lc 22,3). O gesto de traição é explicado por uma intromissão do mal, à qual Judas cedeu. E já que Judas participou da última refeição, ele se torna exemplo de uma deserção e abandono da fé.

Sua difamação se acelera no quarto evangelho: Judas se torna um vigarista sem escrúpulos. Muito cedo ele é desmascarado, já por ocasião do acontecimento conhecido como a unção de Betânia (Jo 12,1-8). Maria usa de uma quantidade de perfume muito caro para lavar os pés de Jesus, enxugando-os com seus cabelos. Enquanto em Mateus o gesto impressiona os discípulos, aqui a única indignação parte de Judas: "Por que não se vendeu esse perfume por trezentos denários, para dá-los aos pobres?" E o evangelista comenta: "Ele falou assim não porque se preocupasse com os pobres, mas porque era ladrão e, como encarregado da bolsa, roubava o que nela se guardava". Titular da contabilidade do grupo, Judas é um homem corrompido. O evangelista faz remontar assim a antes da Paixão a depravação de Judas, esse mentiroso e avarento. A cena da última refeição (Jo 13) é centrada na figura de Pedro, mas Judas tem sua função. "Durante uma refeição, quando o diabo já incutira no coração de

Judas Iscariotes, filho de Simão, o pensamento de entregar [Jesus] [...]" (13,2). As coisas, no entanto, vão se desenrolar estranhamente. A Pedro que pergunta a Jesus quem seria o traidor, Jesus responde que é "aquele a quem eu der o bocado que vou umedecer no molho" (13,26). Em seguida o entrega a Judas. "E nesse momento satanás entrou em Judas" (13,27).

Como compreender este "sacramento satânico", denominação cunhada pelos comentaristas? A teologia própria ao quarto evangelho molda aqui o relato. De um lado, a morte de Jesus é obra do mal, obra das trevas: satanás busca um cúmplice e o encontra em Judas. De outro lado, Jesus não é um joguete nas mãos do destino; Ele domina os acontecimentos, consente com sua morte, e governa inclusive suas modalidades. Judas é simultaneamente mediador do mal e instrumento de um desígnio divino que transformará a cruz em lugar de salvação. "O que tens a fazer, faze-o depressa", conclui Jesus (Jo 13,27). Eis aqui as premissas do que podemos ler no *Evangelho de Judas*.

Um passo suplementar é dado com a descrição da morte, ou, antes, das mortes de Judas. O Novo Testamento apresenta duas versões. Segundo Mt 27,3-19, Judas se arrepende ("Pequei entregando um sangue inocente"), mas sucumbe sob o peso da culpa e se enforca. Segundo os Atos dos Apóstolos, Judas morre acidentalmente: "Caindo de bruços, seu corpo abriu-se pelo meio, e todas as suas entranhas se derramaram por terra" (At 1,17-20). Esta morte repugnante é o quinhão dos grandes ímpios castigados por Deus.

Para além do Novo Testamento, *escritos apócrifos acentuam a dimensão repulsiva do personagem, tornado a quintessência da perversão atribuída aos judeus*[229]. A maldade retroage: é o menino Ju-

229. A construção da figura de Judas na Cristandade do século II é exposta em: KLAUCK, H.-J. *Judas, un disciple de Jésus* – Exegese et répercussions historiques. Paris: Cerf, 2006, p. 139-163 [Col. "Lectio Divina", 212]. • BURNET, R. *Les Douze*

das, não somente o adulto, o vetor da hostilidade contra Deus. No *Evangelho árabe da infância* (século IV), Judas é uma criança possuída por satanás "que quis morder Jesus, mas não conseguiu". No entanto, ele acerta um soco no lado esquerdo de Jesus, que, por sua vez, caiu aos prantos; é exatamente este lado de Jesus que será transpassado por uma lança na Paixão. Num fragmento copta do *Evangelho de Bartolomeu* (século V), a mulher de Judas o instiga a trair e acaba embolsando o dinheiro que seu marido desviou da caixa dos pobres. O gesto de Judas se torna a replicação do pecado original, que a exegese antiga atribuía à iniciativa de Eva.

O *Evangelho de Judas*, um escrito copta datado, aproximadamente, do ano 150 de nossa era, é a exceção que confirma a regra. Judas tem o estatuto de um discípulo privilegiado de Jesus, beneficiário de um ensinamento esotérico do qual os Doze são privados. Somente ele é o prometido a galgar o nível do "estrelado". Jesus o encarrega de "sacrificar o homem que me carrega". Claramente: o Salvador espiritual pede que Judas o ajude a fazer morrer sua dimensão corporal, para libertar a essência divina que nele existe a fim de que ela alcance o céu. A leitura gnóstica aqui presente emana de uma comunidade que se opõe à ideia da encarnação, defendida pela ortodoxia cristã. Buscando uma garantia de sua doutrina, ela repudia e ridiculariza os Doze, escolhendo aquele que o cristianismo majoritário denegriu[230]. *Eleger Judas como figura prioritária e receptáculo da "verdadeira" doutrina, paradoxalmente confirma o que se passou do lado do cristianismo majoritário: o maldito do cristianismo orto-*

Apôtre – Histoire de la réception des figures apostoliques dans le christianisme ancien. Turnhout, Brepols, 2014, p. 107-130.

230. A interpretação do texto e a avaliação da figura de Judas é ainda discutida, alguns pesquisadores discernindo uma depreciação do personagem manipulado pelos poderes do mal. Esta hipótese de leitura, porém, é improvável. Cf. a análise de DUBOIS, J.-D. *Jésus apocryphe*. Paris: Mame/Desclée, 2011, p. 243-257 [Col. "Jésus et Jésus-Christ", 99].

doxo é erigido em ídolo dos minoritários. Modelo ou contramodelo, herói ou malfeitor, Judas tornou-se refém de teologias opostas.

Voltemos ao Judas histórico. A legenda cristã acrescentou pormenores imaginários à narrativa. Suas motivações devem ser buscadas fora da difamação dos textos. Como o diz Hans-Josef Klauck no final de seu longo estudo do personagem, "deveríamos reconhecer a Judas, como a todo ser humano, o direito de decidir-se contra Jesus"[231]. Hyam Maccoby defendeu uma tese que teve um sucesso efêmero: Judas seria um personagem fictício, produzido por um antijudaísmo desejoso de responsabilizar o povo judeu pela morte de Jesus[232]. Mas este raciocínio está às antípodas do bom-senso. O escândalo não é Judas ser judeu (quem não o era dentre os amigos de Jesus?), mas ser um dos Doze, escolhido pelo próprio mestre. E este escândalo, nenhum texto cristão esconde.

Conclusão: ou deixamos o gesto de Judas revestido de mistério, ou arriscamos uma explicação. Se optarmos pela explicação, *precisamos buscá-la do lado da mensagem escatológica de Jesus*. A ovação messiânica à entrada de Jerusalém podia confirmar a ideia de que Jesus se pretendia Messias. Teria Judas pensado que a prisão de Jesus desencadearia a entrada forçada de seu poder celeste, do qual participaria? Ou, então, decepcionado pela ausência de poder deste candidato ao messianismo, teria Judas traído por ressentimento? De uma forma ou de outra, trata-se de respeitar seu gesto e não se fixar na difamação moral das fontes evangélicas, e também emprestar-lhe uma motivação ligada ao messianismo de Jesus. Afiliado ou não à corrente zelote, Judas, de alguma forma, se inscreve neste movimento.

---

231. KLAUCK, H.-J. *Judas, un disciple de Jésus* – Exegese et répercussions historiques. Op. cit., p. 165.

232. MACCOBY, H. *Judas Iscariot and the Myth of Jewish Evil*. Nova York: Free Press, 1992.

No Sinédrio

O que se passa logo em seguida? Jesus teria sofrido um processo diante do Sinédrio? Quais acusações foram apresentadas contra Ele? O Sinédrio tinha competência para condenar à morte? Sobre estas questões, o debate jurídico e histórico é árduo. Expô-lo em seus detalhes seria longo demais; então, eu o resumirei!

O que sabemos do funcionamento do Sinédrio, esta assembleia de setenta e um membros – composto por sumos sacerdotes (pertencentes às altas famílias sacerdotais), por anciãos e por escribas –, provém de um tratado da Mishná: *Sanhedrin*. Ora, entre este tratado e os relatos evangélicos, foram reveladas vinte e sete contradições[233]. Enumero as mais flagrantes a partir do relato de Marcos.

> Levaram Jesus à casa do Sumo Sacerdote. Todos eles se reuniram: os sumos sacerdotes, os anciãos e os escribas. Pedro, de longe, o seguira até o interior do palácio do Sumo Sacerdote. E estava sentado com os servos e se aquecia junto ao fogo. Ora, os sumos sacerdotes e todo o Sinédrio procuravam um testemunho contra Jesus para fazê-lo condenar à morte e não o encontravam. Pois muitos apresentavam falsos testemunhos contra Ele, mas os testemunhos não concordavam. Alguns se levantaram para um falso testemunho, dizendo: "Nós o vimos dizer: 'Eu destruirei este santuário feito por mãos de homens e, em três dias, construirei outro, que não será feito por mãos de homem'". Mas, mesmo assim, eles não concordavam em seu testemunho. O sumo sacerdote, levantando-se no meio da assembleia, interrogou Jesus: "Nada respondes aos testemunhos que estes aduzem contra ti?" Mas Ele guardava silêncio; nada respondeu. De novo o sumo sacerdote o interrogava; disse-lhe: "És tu o Messias, Filho do Deus bendito?" Jesus disse: "Eu o sou, e vereis o Filho do Homem

233. BROWN, R.E. *La Morte du Messie*. Paris: Bayard, 2005, p. 400-417. • BLINZLER, J. *Le Procès de Jésus*. Paris: Mame, 1962, p. 184-238.

> assentado à direita do Todo-poderoso e vindo com as nuvens do céu". O Sumo Sacerdote rasgou as vestes e disse: "Que necessidade temos ainda de testemunhas? Ouvistes a blasfêmia. Que vos parece?" E todos o condenaram como digno de morte (Mc 14,53-64).

A comparação com as prescrições do tratado *Sanhedrin* revela cinco incorreções maiores. *Primeira:* os processos para questões capitais só podem acontecer de dia; são proibidos aos sábados, nos dias festivos e na véspera desses dias. Ora, o comparecimento de Jesus se dá à noite, e, para João, na véspera da Páscoa. *Segunda:* uma condenação à morte não pode ser estabelecida no dia da audiência, mas por ocasião de uma audiência a ser realizada no dia seguinte. Jesus é imediatamente condenado. *Terceira:* a contradição das testemunhas devia anulá-la, o que não é o caso aqui. *Quarta:* o blasfemo é estritamente definido pelo uso do nome de Deus, o que não é igualmente o caso de Jesus. *Quinta:* o Sinédrio realizava as sessões, ao que parece, na "sala da laje", no adro inferior do Templo, e não na residência do Sumo Sacerdote como aqui[234].

Estaríamos, pois, diante de um relato tendencioso ou mal informado? Aliás, quem forneceu os detalhes se o Sinédrio julga a portas fechadas? É aqui que devemos nos poupar do anacronismo inerente a uma comparação ingênua das fontes. A redação da Mishná data do final do século II. Os rabinos fariseus que a compilaram fazem memória de uma instituição que não existia mais, pois ela desaparecera no ano 70, com a destruição do Templo. O que eles descrevem mais de um século depois corresponde antes ao novo Sinédrio de Jamnia, um círculo de eruditos empenhados em redefinir o judaísmo após a catástrofe de 70. Em suma: não temos nenhuma garantia de que a instituição configurada no tratado *Sanhedrin* tenha funcionado assim no tempo de Jesus, embora possamos pensar que algumas dessas medidas já estivessem em vigor.

---

234. Cf. *j*Sanhedrin 4,1; 5,2; 7,5.

Para complicar o todo, Joseph Blinzler, grande especialista da questão, evoca a possibilidade de um código penal saduceu, desaparecido depois do ano 70, que teria sido aplicado ao caso de Jesus; mas dele não possuímos nenhum vestígio[235]. Ou estaríamos diante de um procedimento excepcional? Aqui chegamos ao limiar de nosso saber histórico no tocante às instituições judaicas anteriores ao ano 70.

Para avançar urge mudar as questões.

Em primeiro lugar: o Sinédrio, na província romana da Judeia, dispunha da competência de condenar à morte? A resposta é clara: não! A pena capital (*jus gladii*) era reservada ao representante da autoridade romana. É impossível imaginar Pôncio Pilatos confiando a uma assembleia judaica um direito que, segundo o direito romano, ele não podia delegar. Aliás, somente Marcos e Mateus falam de uma condenação capital pelo Sinédrio; nem Lucas nem João o fazem[236]. No fundo, o Evangelho de João tem razão ao escrever: "Não nos é permitido condenar ninguém à morte" (Jo 18,31).

Em segundo lugar: a interdição de entrar na área proibida do Templo, passível de morte aos não judeus, não suporia a existência de tal direito? É bastante provável que existisse um privilégio excepcional acordado pelos romanos e ligado ao Templo, mas ignoramos quem deveria executar a sentença (guardas do Templo ou guarnição romana?). Esta exceção sinaliza que os romanos deixavam às autoridades judaicas a liberdade de definir a natureza dos delitos religiosos; o comparecimento de Jesus diante do Sinédrio corresponderia a tal definição.

Em terceiro lugar: quando Jesus compareceu diante das instâncias judaicas? Apesar de suas divergências, os quatro evangelhos apresentam dois comparecimentos. Mateus e Marcos mencionam,

---

235. BLINZLER, J. *Le Procès de Jésus*. Op. cit., p. 219-238. Sua tese foi aceita em LACOCQUE, A. *Jésus, le Juif central*. Op. cit., p. 446-448.

236. Mc 10,33 e 14,64; Mt 26,66. Compare com Lc 22,71 e Jo 18,19-24.

além de uma convocação junto a Caifás, o sumo sacerdote, um comparecimento diante do Sinédrio de noite e uma reunião do Sinédrio de manhã (Mc 14,53–15,1; Mt 26,57–27,1). Para Lucas, Jesus é levado ao sumo sacerdote de noite e comparece diante do Sinédrio de manhã (Lc 22,54-71). Em João, Jesus é interrogado durante a noite por Anás, o antigo sumo sacerdote, depois por Caifás; nenhuma sessão do Sinédrio é mencionada (Jo 18,13-24).

Considerando estas observações, um cenário provável pode ser reconstituído como segue[237]. *O Sinédrio não podia instruir um processo penal que levasse à pena capital. Em contrapartida, ele dispunha do direito de fazer um processo religioso em vista de instruir um delito de fé. Foi isso que aconteceu, o delito religioso devendo ser "convertido" em delito político, só aceitável pelo governador romano se o Sinédrio quisesse obter dele uma condenação à morte.*

O comparecimento diante do Sinédrio deve ter acontecido na parte da manhã. Em contrapartida, Jesus foi levado imediatamente após sua prisão, de noite, ao sumo sacerdote Caifás (antes que Anás); este último quis instruir o caso a fim de engajar a audiência no Sinédrio da melhor forma possível e preparar a transferência para Pilatos. Caifás exerceu seu ofício de sumo sacerdote do ano 18 ao ano 37, ou seja, por 19 anos; tal longevidade pressupõe uma habilidade diplomática pouco comum. Caifás não se parece com Ananus ben Ananus, cuja vontade precipitada de condenar Tiago, irmão do Senhor, sem o acordo do Sinédrio reunido e na ausência do Governador Albino, lhe custou o cargo de sumo sacerdote em 62. No caso de Jesus, a manobra foi bem-sucedida.

---

237. Minha reconstituição é próxima daquela apresentada em BOVON, F. *Les Derniers jours de Jésus*. 2. ed. Genebra: Labor et Fides, 2004, p. 43-48 [Col. "Essais Bibliques", 34]. Uma hipótese alternativa supõe duas sessões do Sinédrio, uma precedentemente (sessão preliminar segundo Jo 11,47-53), e outra de manhã. Cf., p. ex., PUIG I TÀRRECH, A. *Jésus* – Une biographie historique. Op. cit., p. 696-707, 710-712.

As duas cenas de escárnio, onde Jesus é ridicularizado, tiveram lugar na saída de seu comparecimento diante de Caifás ou do Sinédrio. Segundo Mc 14,65, Jesus é ridicularizado como profeta; no final do processo diante de Pilatos, Ele é escarnecido como rei (Mc 15,16-20). Esse tipo de farsa popular existe em todas as culturas; era comum humilhar os condenados. É no pátio do palácio do sumo sacerdote que, apavorado, Simão Pedro renega seu mestre.

O processo religioso

De qual crime religioso Jesus se tornou culpável na visão do Sinédrio? O relato de Mc 14,53-64 gira em torno de duas acusações: uma palavra de Jesus sobre o Templo e sua reposta à questão do sumo sacerdote: "És tu o Messias, o Filho do Deus bendito?" Que a questão de seu messianismo tenha se tornado um crime capital é estranho. Isto porque os falsos messias pululavam no período próximo à era cristã, sem que nenhum deles tivesse sido condenado por blasfêmia (cf. final do cap. 3[238]). Por ocasião da segunda guerra judaica (132-135), o chefe dos rebeldes, Simão Bar Kokhba, foi chamado de Messias pelo Rabino Akiba, o maior sábio da época. O rabino se arrependeu mais tarde, mas nem ele nem Simão foram banidos da memória judaica por se terem enganado de Messias.

No período da redação dos evangelhos, a questão da messianidade tornou-se o maior ponto de atrito entre judeus e cristãos; no tempo de Jesus, no entanto, ela não tinha tamanha importância. De resto, a resposta afirmativa de Jesus em Marcos à questão do sumo sacerdote "Eu sou", em Mateus ela se torna evasiva e ambígua: "Tu o dizes"; e junto a Lucas: "Vós é que dizeis que eu o sou"[239]. *Mateus e*

238. HORSLEY, R.A. *Bandits, prophets and Messiahs* – Popular Movements in the Time of Jesus. Op. cit.

239. Mt 26,64 (*su eipas*, "Tu o dizes") atribui ao sumo sacerdote a responsabilidade de sua afirmação. Lc 22,70 (*hymeis legete hoti eimi*, "Vós é que dizeis que eu o sou")

Lucas têm consciência de um desprezo quanto à messianidade: Jesus não é o Messias no sentido nacionalista e político que seus acusadores entendem. A resposta de Jesus a Pilatos, que figura em Jo 18,36, "minha realeza não é deste mundo", não foi dada diante do Sinédrio, mas em sua essência ela corresponde à posição do Nazareno.

Nos três evangelhos Jesus faz referência à figura enigmática do Filho do Homem: "Vereis o Filho do Homem assentado à direita do Todo-poderoso e vindo com as nuvens do céu" (Mc 14,62). Esta declaração combina dois textos do Antigo Testamento, caros aos primeiros cristãos: o Sl 110,1 e Dn 7,13. Ela indica que Jesus se sente respaldado pela autoridade daquele que, da parte de Deus, virá fazer justiça por ocasião da chegada do Reino. Ele, o Filho do Homem, justificará Jesus.

Se a questão da messianidade não é determinante, o que dizer da crítica ao Templo? Como já foi aventado, o gesto violento de Jesus no Templo não podia ser compreendido pela aristocracia judaica senão como um atentado à santidade de Deus. É na sequência desse incidente que a atitude da multidão de Jerusalém de repente muda em relação ao Nazareno: ela não o aclama mais, não o ovaciona mais, mas se volta contra Ele e se prestará à manipulação dos saduceus que imploram a Pilatos: "Crucifica-o!" *Atacando o Templo, símbolo da identidade do povo eleito e garantia da presença de Deus em Israel, Jesus tocou um ponto ultrassensível da fé judaica e ultrapassou o sinal vermelho.* No processo religioso, testemunhas declaram que Jesus teria dito: "Eu destruirei este santuário feito por mãos de homem e, em três dias, construirei outro, que não será feito por mãos de homem" (Mc 14,58). A violência no Templo é, portanto, decifrada como um gesto destrutivo. Gostaríamos de saber por que Marcos qualifica esta palavra de falso testemunho (Mc 14,57). Uma

---

atribui ainda mais claramente aos membros do sinédrio a responsabilidade, mas a pergunta feita é: "Então, és o Filho de Deus?"

palavra dessas, atribuída a Jesus, circula na tradição cristã: podemos lê-la em Mc 15,29 (nos lábios dos espectadores no Gólgota), em Jo 2,19 e em At 6,14, onde ela é invocada no Sinédrio contra Estêvão, o primeiro mártir cristão. João a aplica à ressurreição: Jesus "falava do Templo de seu corpo" (Jo 2,21). Seja como for, os primeiros cristãos não desprezaram essa realidade. Talvez Marcos subentenda que Jesus não afirmou seu desejo de destruir Ele mesmo o Templo, mas quis anunciar sua destruição escatológica.

Se, no entanto, a questão da messianidade surgiu no final do processo religioso, e não na crítica relativa ao Templo, que foi decisiva, vejo aqui um indício da estratégia do sumo sacerdote. *Esse hábil manipulador precisava de um delito compatível com o direito romano para apresentar Jesus ao governador.* Por que não uma acusação de pretensão messiânica, de cujo fundamento os romanos se desinteressavam, a menos que ela representasse um perigo à ordem pública? Eis a razão pela qual a acusação de Caifás culmina numa crítica não inadmissível no plano religioso, mas que pode sê-lo em termos políticos.

Flávio Josefo relata o caso de outro Jesus (!), Jesus ben Ananias, que, quatro anos antes da guerra judaica entre os anos 66 e 70, percorria Jerusalém profetizando a desgraça da cidade e do santuário[240]. Os magistrados judeus o entregaram ao governador romano para ser punido. Neste caso, o Governador Albino julgou que este profeta da desgraça era louco e o soltou após fazê-lo açoitar. A semelhança credencia a ideia de que um homem que blasfemasse contra o Templo podia ser entregue à autoridade de ocupação. No caso de Jesus, Pilatos não o entendeu como louco, pois, diferentemente de ben Ananias, Jesus de Nazaré tinha congregado ao seu redor discípulos. Além disso, o delito que lhe foi imputado era diferentemente mais grave.

240. JOSÈPHE, F. *Guerre des juifs*, 6, p. 300-305.

O processo político

Pôncio Pilatos não foi o homem conciliador e indeciso que os evangelhos desenham, preocupado em "purificar o poder romano" para aumentar a responsabilidade dos judeus. Fílon de Alexandria e Flávio Josefo pintam seu retrato como o de um chefe matreiro, cruel, pronto a reprimir qualquer agitação popular[241]. Ele apresenta a ferocidade típica dos políticos medrosos. Como o insinua com fineza David Flusser, "a brutalidade de Pilatos não passava de uma compensação excessiva da fraqueza fundamental que o caracterizava"[242].

O Rei Agripa, no ano 40, elaborou numa carta conservada por Fílon a lista "de suas violências, avarezas, brutalidades e torturas, bem como a série de suas execuções sem julgamento e sua terrível e inesgotável crueldade" (*Legatio ad Caim*, 302). O ônus, sem dúvida, é excessivo, mas dá uma ideia mais exata do personagem e de sua prontidão no manejo do bastão. Por ocasião de uma manifestação popular que protestava contra o desvio de uma parte do tesouro do Templo, em vista da construção de um aqueduto, Flávio Josefo relata que Pilatos fez infiltrar na multidão soldados descaracterizados que, ao seu sinal, batiam brutalmente nos revoltosos; muitos foram mortos[243]. O Evangelista Lucas relata o massacre dos peregrinos galileus, mortos enquanto subiam ao Templo com seus animais para o sacrifício (Lc 13,1). É na sequência do massacre dos Samaritanos, atraídos pela pregação de um profeta que lhes prometeu reencontrar os objetos sagrados de Moisés no Monte Garizim, que Pilatos foi denunciado junto ao magistrado da Síria, Lúcio Vitélio, que o enviou

241. PHILON D'ALEXANDRIE. *Legatio ad Caium*, p. 299-305. • JOSÈPHE, F. *Guerre des juifs*, 2, p. 169-177. • JOSÈPHE, F. *Antiquités juives*, 18, p. 55-62; 18, p. 85-89. Jean-Pierre Lémonon analisa estes textos em *Ponce Pilate*. Op. cit., p. 127-159, 189-227.

242. FLUSSER, D. *Jésus*. Op. cit., p. 144.

243. Esse episódio é narrado por Flávio Josefo em duas versões: *Guerre des juifs*, 2, p. 175-177 e *Antiquités juives*, 18, p. 60-62.

a Roma para prestar contas de seus atos; esta repressão aos samaritanos, que data do ano 36, lhe custou o cargo (FLÁVIO JOSEFO. *Antiguidades judaicas,* 18, 85-89).

Os funcionários romanos da corte julgavam os casos pela manhã. Os relatos indicam que imediatamente após a sessão do Sinédrio Jesus foi levado até Pilatos. Dada a iminência da festa da Páscoa, urgia apressar-se. O procedimento judiciário aplicado nas províncias das procuradorias é conhecido sob o nome de *cognitio extra ordinem*: o governador julgava sozinho e promulgava uma sentença sem apelação. Os denunciantes de Jesus apontaram a Pilatos, que dirigia o pretório em seu estrado de juiz (Mt 27,19), atos repreensíveis do ponto de vista do ocupante romano: insubordinação e perturbação da ordem pública ligadas a uma pretensão messiânica.

O procedimento costumava devolver imediatamente a palavra ao acusado. Jesus parece não ter usado nenhum dos estratagemas conhecidos para comover seu julgador, ou seja, vestir-se com roupas pretas ou adotar uma atitude suplicante. Ele simplesmente se cala, atitude que desagrada a Pilatos. Segundo Lucas, depois de um rápido interrogatório, Pilatos envia seu prisioneiro a Herodes Antipas que, por ocasião da festividade, se encontrava em Jerusalém (Lc 23,6-12). Esta transferência era possível, já que a Galileia estava sob seu poder, mas nada obrigava Pilatos a tal gesto de cortesia.

Uma mesma incerteza histórica agrava a anistia pascal, reclamada pela multidão em favor de Barrabás, um zelote preso por ocasião de uma rebelião contra os romanos (Mc 15,6-15). Desconhecemos qualquer comprovação documentária desse costume[244]. Uma medida de soltura, mesmo incomum em cada Páscoa, provavelmente deve ter acontecido por ocasião do processo de Jesus. Três razões

---

244. Exame detalhado em BROWN, R.E. *La Morte du Messie*. Op. cit., p. 904-910. O autor conclui pela sincronia da condenação de Jesus e a libertação de Barrabás; o vínculo teria sido estabelecido pela tradição cristã.

levam a esta hipótese. Por um lado, em vista dos sentimentos antijudaicos imputados a Pilatos, ele não teria tido nenhuma razão de servir aos caprichos das elites judaicas, se não tivesse sido estimulado por um rito de indulgência[245]. Por outro lado, Barrabás também se chamava Jesus, detalhe frequentemente ocultado pela tradição, mas revelado em Mt 27,16. Certamente Mateus não deve tê-lo inventado! Enfim, contrariamente ao desejo do sumo sacerdote de agir discretamente, a multidão aparece no tribunal de Pilatos. Esta *vox populi*, estimulada pelas autoridades judaicas, não podia ser totalmente ignorada pelo governador.

A pressão popular, tanto ou maior do que o pedido oficial do sumo sacerdote, teria, pois, pesado na decisão de Pilatos. O episódio do pedido de não se envolver "na questão deste justo", solicitado por sua mulher, é uma lenda cristã edificante (Mt 27,19). O pedido da multidão para que "o seu sangue [caia] sobre nós e sobre nossos filhos" (Mt 27,25) é outra lenda, e de sabor antijudaico.

Pilatos, finalmente, condena Jesus à morte e o remete aos soldados encarregados de sua execução. Os juristas romanos formulavam assim o enunciado das sentenças: *duci jussit*, "ele ordena que seja levado". Neste caso, Pilatos "entregou Jesus à crucificação, depois de tê-lo mandado flagelar" (Mc 15,15). O motivo da condenação figura no *titulus*, letreiro fixado sobre a cruz, segundo o costume, para informar e desestimular as multidões: "Rei dos judeus". João, em seu desejo de universalizar o evento, escreve que a inscrição figurava em três línguas: hebraico, latim e grego (Jo 19,20). O motivo corresponde à queixa considerada pelo governador da Judeia: ato de

245. Helen K. Bond julga as críticas de Fílon e de Flávio Josefo pouco críveis. Cf. BOND, H.K. *Pontius Pilatus in History and Interpretation*. Cambridge: Cambridge University Press, 1998, p. 25-93 [Col. "Society for New Testament Studies. Monograph Series", 100]. Segundo Gordon Thomas, os romanos dispunham de duas espécies de soltura: a anistia (*abolitio*) e o indulto (*indulgentia*). Cf. THOMAS, G. *The Trial* – The Life and Inevitable Crucifixion of Jesus. Nova York: Bantam, 1987, p. 218-219.

insubordinação por declarar-se Messias instituído por Deus a fim de governar Israel. A infração pela qual Jesus foi declarado culpável é sancionada pela *lex Juliae de majestate*, atribuída a Júlio César, que punia de morte a traição contra o Estado; os governadores das províncias romanas usavam e abusavam dessa lei.

No Gólgota

A pena de morte por crucificação era precedida pela flagelação. O chicote usado era feito de tiras de couro cobertas de osso, espinhos ou chumbo. De Jesus ben Ananias, o profeta que vociferava a desgraça de Jerusalém e seu Templo, Flávio Josefo relata que, "não obstante dilacerado aos ossos pelas chicotadas, jamais pediu arrego, tampouco chorou" (*Guerra dos judeus*, 6, 304). Normalmente o condenado era desvestido, pendurado a um poste, ou jogado por terra. A pena aplicada a Jesus ou foi particularmente rigorosa, ou sua constituição física era pouco robusta, ou ambas conjugadas, pois Pilatos ficou impressionado com a brevidade de sua agonia na cruz (Mc 15,44). Contrariamente ao que poderíamos imaginar, a flagelação tinha por efeito não acrescentar sofrimento a sofrimento, mas abreviar a agonia dos supliciados.

A morte por crucificação não foi uma invenção romana, mas persa[246]. Aplicada pelos romanos no século I, ela foi usada tanto pelos gregos quanto pelos judeus no século I. A Antiguidade considerava um horror este "suplício extremo" (*summum supplicium*), que Cícero qualifica como "o mais cruel e o mais infame, reservado aos escravos" (*Contra Verres*, II, 5, 169). Este suplício era calculado para

---

246. Sobre a pena de morte por crucificação cf. BLINZLER, J. *Le Procès de Jésus*. Op. cit., p. 404-407, 423-429. • HENGEL, M. *La crucifixion dans l'Antiquité et la folie du message de la croix*. Paris: Cerf, 1981, p. 13-113 [Col. "Lectio Divina", 105, 1981, p. 13-113. • COOK, J.G. *Crucifixion in the Mediterranean World*. Tubingen: Mohr Siebeck, 2014 [Col. "Wissenschaftliche Untersuchungen zum Neuen Testament", 327].

controlar uma morte lenta e terrivelmente dolorosa, um espetáculo destinado a dissuadir as multidões. Pregado ao madeiro, o supliciado morria de asfixia por relaxamento muscular. Reservada aos crimes capitais, notadamente ao delito de insubordinação, a crucificação era aplicada aos escravos e aos estrangeiros; os cidadãos romanos, em princípio, eram poupados.

Da morte de Herodes o Grande (4 a.C.) à queda de Massada em 73, a cruz foi o modo de repressão preferido pelos romanos na Palestina, e não poupava ninguém. Flávio Josefo o testemunha. O Procurador Felix (52-59 de nossa era) capturou o chefe zelote galileu Eleazar e fez crucificar seus comparsas em grande número. No início da insurreição judaica, o Procurador Géssio Floro (64-66) fez açoitar e crucificar três mil e seiscentos judeus em Jerusalém, dos quais vários notáveis. O apogeu deu-se por ocasião da ocupação de Jerusalém, com crucificações em massa (quinhentas por dia!) pelas legiões de Tito[247]. Em suma: por mais horrível que pudesse ser, a pena de morte por crucificação não era um ato excepcional.

Apesar da expressão "carregar a própria cruz", o condenado só carregava a travessa (*patibulum*), que os carrascos elevavam em seguida no alto de um poste fixado na terra. A forma de execução era variável, segundo "os livres caprichos e sadismos dos carrascos"[248].

Quanto a Jesus, o caminho que levava da residência do governador (o palácio de Herodes, na colina ocidental de Jerusalém) ao Gólgota não era longo. Mas, enfraquecido pela flagelação, teve que ser ajudado por Simão de Cirene (atual Líbia), recrutado pelos soldados. Este voltava do campo, e seu físico pareceu apto a carregar o *patíbulo* pelo resto do trajeto. O Gólgota é uma colina rochosa com uma subida íngreme, denominada "lugar do crânio" em virtude de

247. JOSÈPHE, F. *Guerre des juifs*, 2, p. 2-52; 2, p. 306-308; 5, p. 451.

248. HENGEL, M. *La crucifixion dans l'Antiquité et la folie du message de la croix*. Op. cit., p. 39.

sua forma, situada num grande terreno sobre o qual foi construída a basílica do Santo Sepulcro. Mulheres piedosas tinham o costume de servir aos condenados um vinho misturado com mirra (Mc 15,23). Oferecer antes do suplício uma bebida narcótica era um gesto de humanidade, mais judeu do que romano. Jesus não o quis, sinal de seu domínio diante do sofrimento.

O condenado era despido. A divisão de suas vestes era um privilégio outorgado aos quatro soldados que formavam o pelotão de execução. A descoberta, em 1968, do esqueleto de um crucificado num ossuário do quarteirão de Giv'at ha-Mivtar (Jerusalém) forneceu precisões sobre o suplício[249]. Jesus foi pendurado com três pregos: um em cada antebraço – e não na palma da mão como o repetem os pintores – e um mais longo nos calcanhares unidos. Um gancho fixado no madeiro e colocado por entre o alto das pernas do condenado evitava que o corpo se dilacerasse, mas também prolongava o calvário. A agonia podia ser longa: o crucificado sempre tentava elevar-se para lutar contra a tetanização e a asfixia. O suporte para os pés, embora presente na iconografia, só aparece no século III.

A execução do Nazareno foi coletiva. Os dois cocrucificados são identificados por Mc 15,27 e Mt 27,38 como "bandidos". O termo *leistes* é empregado por Flávio Josefo para designar os revoltosos zelotes; talvez fosse o caso, mas não necessariamente: bastava transtornar gravemente a ordem pública para sofrer tamanha punição. Que piadas e zombarias tenham sido endereçadas aos supliciados é totalmente possível. Que os sumos sacerdotes se tivessem deslocados para tal zombaria, é menos provável.

Os evangelhos reportam sete palavras de Jesus na cruz: uma em Marcos-Mateus, três em Lucas e três em João[250]. Elas são tão carre-

---

249. Cf. a descrição de TZAFERIS, V. "Jewish Tombs at and near Giv'at ha-Mivtar". In: *Israel Exploration Journal*, 20, 1970, p. 18-32.

250. Mc 15,34 par.; Mt 27,46; Lc 23,34; 23,43; 23,46; Jo 19,26-27; 19,28; 19,30.

gadas teologicamente, e refletem de tal forma os interesses dos primeiros cristãos, que sua historicidade é incerta. Quando muito podemos nos interrogar sobre a citação do Sl 22, colocada na boca de Jesus agonizante por Marcos e Mateus: "*Eloí, Eloí, lemá sabactáni*; que significa: Meu Deus, meu Deus, por que me abandonaste?" (Mc 15,34; Mt 27,46). O fato de este versículo ser transcrito em aramaico indica que a citação não provém de Marcos, mas de uma tradição anterior. Seria suficiente para atribuí-lo ao Jesus da história? O critério do constrangimento iria neste sentido, mas nada garante que os Antigos tenham julgado tão chocante o fato de Jesus ter retomado a queixa do justo sofredor endereçada Àquele que, não obstante o desespero do abandono, continuava sendo o "seu" Deus.

A morte de Jesus nada teve de extraordinária senão sua rapidez; tanto que o próprio Pilatos ficou surpreso. Se o céu escureceu, se o sol estremeceu, foi no coração das raras testemunhas que tal abalo ocorreu: a morte não significaria o eclipse de Deus e o fracasso do mestre? O grito com o qual se desfecha a agonia de Jesus (Mc 15,37) é pouco comum: geralmente os crucificados morriam por asfixia; o coração de Jesus teria cedido antes. O golpe de lança mencionado em Jo 19,31-37, desfechado no lado esquerdo para perfurar o coração e garantir sua morte, é bastante provável que tenha acontecido; sangue e líquido pericardíaco saíram do ferimento. O crucificado de Giv'at ha-Mivtar tem as duas tíbias e o perônio direito quebrados, o que faz supor que Ele recebeu o tratamento reservado aos dois cocrucificados do Gólgota. Jesus, já morto, só sofreu o golpe de lança para confirmar seu passamento.

A sepultura

Segundo o costume romano, os corpos dos crucificados eram deixados no local, oferecidos aos animais e aos abutres, depois abandonados aos cães numa vala comum. Mas os judeus, segundo Flávio

Josefo, tinham "tamanho cuidado com a sepultura que mesmo os que eram crucificados os faziam descer à tumba e os sepultavam antes do cair do sol" (*Guerra dos judeus*, 4, 317). A iminência da Páscoa agravava a urgência.

A iniciativa de sepultar o corpo coube a José de Arimateia, um membro eminente do Sinédrio (Marcos), um rico instruído por Jesus (Mateus), um homem bom e justo (Lucas). Dizer que ele aguardava o Reino de Deus (Mc 15,43) é fazer dele um adepto do terceiro círculo. A tradição guardou a memória deste homem, cuja influência lhe permitiu obter uma audiência com Pilatos em vista de uma autorização oficial para sepultar o crucificado. Nem lavagem do corpo nem unção; apenas um lençol para cobrir o corpo nu. Uma pedra fechava a tumba, para proteger o corpo do assalto dos animais. Que Jesus tenha sido enterrado nas imediações do lugar do suplício é apoiado pela arqueologia, cujas escavações revelaram várias tumbas judaicas do século I nas imediações do Santo Sepulcro.

"Morto por nossos pecados?"

Jesus não buscou nem sua morte violenta nem a considerou indispensável à sua vocação. Em contrapartida, a aceitou como uma saída inevitável de seu engajamento. Ele dizia aos discípulos: "Se alguém quiser ser o primeiro, seja o último de todos e servo de todos" (Mc 9,35). Sua morte ignominiosa realizou essa palavra, já que ela se inscreve na fila dos últimos, em nome do amor infinito de Deus que triunfa da morte. Jesus viveu em conformidade com o que disse ou exortou.

Heinz Schürmann fala da "pró-existência" de Jesus[251]: uma existência para outrem, em favor de outrem, ao serviço de outrem; uma existência que paga o preço do amor pelos pecadores. *O homem de*

251. SCHÜRMANN, H. *Comment Jésus a-t-il vécu sa propre mort?* Paris: Cerf, 1977, esp. p. 57-78 [Col. "Lectio Divina", 93].

Nazaré pressentiu sua morte como realização inexorável de sua "pró-existência". O rito da última refeição com seus discípulos induzia a esta leitura do drama vindouro. Compreendemos assim como, de uma *vida* entregue aos outros, os primeiros cristãos passaram a uma *morte* doada aos outros. Com isso entendiam que a morte não se resume à interrupção da vida, mas o auge de uma vida doada. Assim, da "pró-existência" de Jesus pelos pecadores, chegou-se à compreensão, cara à dogmática cristã, do Cristo "morto por nossos pecados". Eis a consequência do acontecimento inesperado chamado *ressurreição de Jesus*. A isto voltaremos ainda!

Terceira parte
Jesus após Jesus

10

Ressuscitado!

Hesitei longamente para decidir-me sobre a seguinte questão: onde inserir este capítulo? Na conclusão da segunda parte ou na abertura da terceira? Seria a ressurreição de Jesus a conclusão de sua vida terrena ou o início do cristianismo? ("Jesus após Jesus.") As opiniões se dividem, tanto que a historicidade dos acontecimentos da Páscoa é arduamente debatida. A ressurreição de Jesus é um acontecimento da história ou fruto de uma alucinação dos discípulos – pior ainda: uma invenção piedosa? Ou sua morte teria sido apenas aparente?

Estas suspeitas não são novas. Desde sua origem, a ressurreição fez problema. O Evangelista Mateus relata que os sumos sacerdotes subornaram os soldados para que espalhassem o rumor de que os discípulos roubaram o corpo durante a noite e, comenta este autor, "esta história propagou-se entre os judeus até o dia de hoje" (Mt 28,15). Tertuliano, um Padre da Igreja africana do século II, menciona os rumores que circulavam em seu tempo: um jardineiro teria deslocado o corpo para que os visitantes não pisoteassem suas verduras (*De spectaculis*, 30, 6). O filósofo Celso, citado por Orígenes no século III, pensou que a ideia da ressurreição teria se originado no espírito de um adepto de Jesus, tão apegado a Ele, que confundiu sonho com realidade e declarou que seu mestre continuava vivo (*Contra Celso*, 2, 60). Espíritos modernos falarão, em termos psicológicos, de alucinação coletiva.

Duas constantes são invocadas: de um lado, os relatos da aparição do Ressuscitado, diferentemente da Paixão, revelam entre si fortíssimas divergências; de outro, estes fenômenos misteriosos só aparecem aos fiéis (mulheres e discípulos), sem testemunhas externas para validá-los.

O teólogo Ernst Troeltsch formulou este axioma: é histórico o que se explica por analogia a fenômenos conhecidos e resulta de uma causalidade interna à história[252]. Excepcionais e inexplicáveis, os acontecimentos da Páscoa não respondem a estes critérios. Eles são da ordem "meta-histórica", declara Jacques Schlosser[253]. E Jean Zumstein diz mais: "A ressurreição de Jesus não entra no campo da análise esquadrinhada pelo método histórico-crítico"[254]. Explicando: a vida de Jesus acabou na cruz, sua ressurreição, portanto, fugindo à história, depende unicamente da fé. Chegados a este ponto, os historiadores gaguejam. Eis exposto o desafio de nossa reflexão. À questão de saber se a vida de Jesus termina na cruz ou na ressurreição, e se a boa-notícia da Páscoa depende ou não da história, responderei mais adiante, após um exame dos textos.

Uma reviravolta

Voltemos ao sepultamento de Jesus. Não há razão alguma para duvidar de sua autenticidade. José de Arimateia solicitou de Pilatos – e ele a concedeu – a autorização de buscar o corpo de Jesus. Ele o enrolou num lençol e o depositou, sob o olhar de Maria de Magdala e de outra Maria, numa tumba escavada na rocha (Mc

252. TROELTSCH, E. "Über historische und dogmatische Methode in der Theologie". In: *Zur religiösen Lage, Religionsphilosophie und Ethik. Gesammelte Schriften*, II. 2. ed. Tubingen: Mohr, 1922, p. 729-753, sobretudo p. 729-734.

253. SCHLOSSER, J. *Jésus de Nazareth*. Op. cit., p. 329.

254. ZUMSTEIN, J. "Jésus après Jésus – L'événement pascal et les débuts de la christologie". In: DETTWILER, A. (ed.). *Jésus de Nazareth* – Études contemporaines. Op. cit., p. 238.

15,42-46). Ao longo do período de Herodes, os judeus desenvolveram a prática do sepultamento em dois tempos: o sepultamento do corpo permitia sua decomposição, e um ano mais tarde os ossos eram recolhidos num ossuário à espera da ressurreição. José realizou a primeira etapa. Os discípulos, por sua vez, temendo por suas vidas, se calaram. Alguns retornaram à Galileia. Ora, algum tempo depois, alertados pelos relatos de mulheres-discípulas que afirmavam que Jesus estava vivo, se reuniram. Os Atos dos Apóstolos descrevem o grupo dos onze discípulos (sem Judas) reunidos em Jerusalém quarenta dias após a ressurreição "com algumas mulheres, dentre as quais Maria, a mãe de Jesus, e com os irmãos de Jesus" (At 1,14).

O que aconteceu entre a dispersão do grupo e seu reagrupamento? O que motivou os amigos de Jesus a passarem da fuga ao retorno? *Lidos mais de perto, os textos nada esclarecem.* As testemunhas da Páscoa não são pessoas habituadas à expectativa febril do retorno de Jesus. Ao contrário: os evangelhos no-las mostram assustadas, resignadas pelo fracasso, fechadas em si sob o efeito do medo, em seguida repentinamente tomadas de estupefação pela visão de seu mestre vivo (Mt 28,17; Lc 24,20-24; Jo 20,13.19). O evangelho apócrifo de Pedro, redigido por volta do ano 150, faz o apóstolo dizer: "Feridos em nosso coração, permanecíamos escondidos, pois nos procuravam como malfeitores" (26). O traço comum dos relatos das aparições do Ressuscitado não é de alívio, mas de surpresa, e mostram a dificuldade de acreditar nelas (Mc 16,8; Mt 28,8; Lc 24,11; Jo 20,19).

Como explicar essa mudança de postura? O leitor dos evangelhos tem na memória os anúncios da Paixão e da ressurreição, que ecoam três vezes antes da chegada a Jerusalém (Mc 8,31; 9,31; 10,33-34). Mas estas predições são de origem cristã e destinadas a prevenir o leitor sobre a origem da vida de Jesus. Visivelmente, que o mestre estivesse vivo após sua morte não foi programado no espírito dos discípulos.

O único elemento que a história universal registrou para prestar contas deste retorno de uma situação inesperada é um fenômeno de visão. Os detratores antigos admitiam este fenômeno, embora colocando em dúvida seu conteúdo. Por que falar de visões? Porque a linguagem do ver está no centro dos relatos da ressurreição: as mulheres *viram* (Lc 23,23), Maria de Magdala *viu* (Jo 20,18), os discípulos *viram* (Jo 20,25), Tomé *viu* (Jo 20,29[255]). A mais antiga confissão de fé cristã que nos foi transmitida procede da Igreja de Jerusalém, e data do decênio que se seguiu à ressurreição, portanto, no máximo do ano 40. Ela é citada por Paulo e diz o seguinte:

> Cristo morreu por nossos pecados, segundo as Escrituras.
> Foi sepultado.
>
> Ressuscitou ao terceiro dia, segundo as Escrituras. Apareceu a Cefas, depois aos Doze (1Cor 15,3b-5).

A tradução "apareceu" é aproximativa, pois a forma verbal está no singular. Trata-se da forma reflexiva do verbo *horao* ("ver"), mas no passivo: *Ele se fez ver*. Ora, esta forma (*ophte* em grego) é conhecida da Septuaginta, o Antigo Testamento grego, onde é aplicada a Deus que aparece ao seu povo: "O Senhor se fez ver a Abrão e lhe disse" (Gn 12,7). Fílon de Alexandria confirma esta tradução: "Assim não é dito que o sábio viu a Deus, mas que 'Deus se fez ver ao sábio', pois era impossível que alguém se apercebesse do Ser verdadeiro sem que este se revelasse e se mostrasse Ele mesmo" (*De Abrahamo,* 80). Usar esta forma verbal a propósito do Ressuscitado faz lembrar as revelações da Bíblia hebraica: ver Jesus está associado a contemplar a Deus. É igualmente fazer entender que a iniciativa parte do Cristo, não das testemunhas; é Ele que se faz ver, e assim causa uma reviravolta naqueles que o imaginavam perdido.

---

255. Lc 24,23.34; Jo 18,18.25.29; cf. 1Cor 15,5.6.7.8.

Uma crença judaica

O credo hierosolimitano que Paulo lembra em Coríntios é a mais antiga atestação da ressurreição, muito anterior aos evangelhos. Antes de ser exposta nas narrações, a ressurreição de Jesus foi anunciada nas confissões de fé. "Se em teu coração acreditares que Deus o ressuscitou dos mortos [Jesus], serás salvo" (Rm 10,9). Estes credos são teocêntricos, pois apontam Deus como iniciador da ressurreição: Deus reergueu Jesus dos mortos[256]. Eles veiculam a convicção de que a morte não foi o ponto-final da vida de Jesus; após sua execução, Deus retomou a iniciativa.

Sublinhe-se que *esta convicção não se baseia no relato do túmulo vazio, mas na fé judaica relativa à ressurreição dos mortos.* Os primeiros traços desta fé podem ser lidos no Antigo Testamento, onde o poder de Deus não se limita às fronteiras da morte (Dn 12,2; Ez 37,1-14). Após a conclusão da Bíblia hebraica, no livro etíope de Enoque e em 2Macabeus, vai se delineando a crença numa ressurreição individual dos mortos, reservada inicialmente aos mártires: Deus não abandonará os justos que morreram pela fé; Ele os justificará para além da morte e os fará reviver diante dele[257]. No tempo de Jesus, os fariseus foram, junto ao povo, os mais eficazes propagandistas de uma fé na ressurreição geral dos fiéis.

A fé judaica na ressurreição, portanto, não é fruto de uma curiosidade sobre o destino dos mortos. Antes, ela exprime essa convicção de que *a justiça de Deus triunfará no além-túmulo, mesmo se, na história, mal e sofrimento se impõem*[258]. A fé no Deus que reergue os mortos se apoia na fé no Deus criador. Após o silêncio da morte, Deus pronunciará sua última palavra em relação ao destino dos

256. 1Ts 4,14; 1Cor 6,14; 15,4; Gl 1,1; Rm 1,4; 4,24; 6,4; 8,11; 10,9; At 2,24; 3,15; 4,10; 5,30; Ef 1,20 etc.

257. Sb 3,1-9; 5,15-23. 1Enoque 22; 2Mc 7,11.28.

258. MARGUERAT, D. *Résurrection* – Une histoire de vie. 4. ed. Bière: Cabédita, 2015, p. 13-16 [Col. "Parole em liberté"].

justos. Os discípulos aplicaram esta fé a Jesus: o suplício da crucificação, contrariamente ao que afirma o Deuteronômio ("Aquele que foi suspenso ao madeiro é maldito de Deus" (Dt 21,23)), não faz de Jesus um maldito de Deus. Aqui, Deus tomou partido em favor do supliciado trazendo-o de novo à vida.

Essa convicção, portanto, chegou aos amigos de Jesus por visões. Em todas as religiões, visões e sonhos são compreendidos como mediações da revelação divina. Tais mediações significam que a mensagem recebida não é fruto de uma autossugestão, mas de uma revelação transmitida do alto. O Apóstolo Paulo não diz outra coisa quando afirma: "Porventura não sou apóstolo? Acaso não *vi* Jesus, Nosso Senhor?" (1Cor 9,1). E, assim como o mundo onírico, o mundo da visão transgride as normas do mundo real. Disto nos certificamos facilmente quando vemos o Ressuscitado aparecendo e desaparecendo subitamente, quando se aproxima incógnito, quando atravessa paredes e portas trancadas. *Os relatos de aparição nos transportam para outro mundo, que é o da visão, liberto das limitações do mundo empírico.*

Trago outra prova. As aparições do Ressuscitado, como o dissemos, são de uma enorme diversidade. Após sua morte Jesus aparece na Galileia segundo Mateus, em Jerusalém e nas imediações segundo Lucas, em Jerusalém e na Galileia segundo João. Jesus aparece às mulheres, que, por sua vez, narram o ocorrido aos discípulos (Mt 28,9), aos dois discípulos (Lc 24,13-35), a Pedro (Lc 24,34), a Maria de Magdala (Jo 20,11-18), ou a todos os discípulos reunidos (Mt 28,16-20; Lc 24,36-49; Jo 20,19-29). Às vezes Jesus se faz reconhecer, às vezes envia em missão, às vezes doa o Espírito Santo, às vezes interpreta as Escrituras! Essa grande diversidade, para os detratores da ressurreição, é indício de uma ficção onírica ou psicótica; e, em contrapartida, se explica perfeitamente em termos visionários: a visão se inscreve efetivamente no mundo subjetivo dos beneficiários. As aparições, inscritas na intimidade, não se repetem identicamente, mas revelam os traços característicos de seus beneficiários. Assim, nenhuma visão se assemelha a outra.

Uma questão, no entanto, continua pendente, e se refere a quem teria sido o primeiro beneficiário das visões pascais: Pedro (segundo 1Cor 15) ou Maria de Magdala (segundo Lc 24 e Jo 20)? Não seria absurdo imaginar que a vontade de colocar à frente o primeiro dos discípulos, Pedro, suplantou, na Cristandade majoritária, o privilégio pascal que poderia ser acordado a uma mulher que não fazia parte do círculo dos Doze!

O túmulo aberto

Mas, o que aconteceu com a tradição do túmulo aberto? Prefiro falar de túmulo aberto ao invés de túmulo vazio. A simbólica do relato, de fato, não aposta no vazio do túmulo, mas no fato que a pedra que o fechava foi rolada enquanto o cadáver, impuro por definição, precisava ser retirado do mundo dos vivos. A mais antiga versão está no Evangelho de Marcos:

> Passado o sábado, Maria de Magdala, Maria, mãe de Tiago, e Salomé compraram aromas para ir embalsamá-lo. E de manhã muito cedo, o primeiro dia da semana, elas foram à sepultura, tendo despontado o sol. Diziam umas às outras: "Quem nos rolará a pedra da entrada do sepulcro?" E, erguendo os olhos, viram que a pedra estava removida; ora, ela era muito grande.
> Tendo entrado no sepulcro, viram um jovem sentado à direita, vestido com uma túnica branca, e foram tomadas de temor. Mas ele lhes disse: "Não vos assusteis. Procurais Jesus de Nazaré, o crucificado: Ele ressuscitou, não está aqui; vede o lugar onde o tinham posto. Mas ide dizer a seus discípulos e a Pedro: "Ele vos precede na Galileia; lá o vereis, como vos disse".
> Elas saíram e fugiram para longe do túmulo, pois estavam todas trêmulas e transtornadas; e elas não

> disseram nada a ninguém, pois tinham medo (Mc 16,1-8).

Esse relato, com o qual termina o texto de Marcos em sua versão original[259], é recheado de improbabilidades: como as mulheres, que se dirigiram ao túmulo para embalsamar o corpo, imaginavam entrar nele? Por que não tê-lo embalsamado imediatamente, já que a Torá autorizava realizar os ritos funerários inclusive em dia de sábado? Além do mais, quem sonharia embalsamar um corpo cuja putrefação, após dois dias de calor, já se encontrava em estado avançado?

Graves questões pairam, portanto, sobre a historicidade do relato. A ausência de qualquer menção ao túmulo nos credos antigos citados por Paulo intriga. A ausência de uma veneração antiga do túmulo de Jesus em Jerusalém também impressiona; a localização atual do Santo Sepulcro remonta ao Imperador Constantino e à sua mãe Helena; isto é, ao século IV (essa localização é possível, sem impor-se). Notável também é o fato que no meio do relato do túmulo aberto figure a confissão de fé: "Ele ressuscitou, não está aqui". A soma dessas constatações leva a uma conclusão que, a meu ver, se impõe: *a tradição do túmulo aberto não é nem o ponto de partida nem o pressuposto da fé na ressurreição de Jesus*. O inverso parece mais verdadeiro: a fé na ressurreição criou esta tradição segunda, que nunca funcionou como prova da ressurreição. De fato, a ausência do corpo, em si mesma, não diz nada; assim, ela deve ser interpretada pelo personagem angélico a partir da fé na ressurreição.

Dado que a tradição do túmulo aberto figura em Marcos, e que foi retomada sem grandes mudanças por Mateus e Lucas, e inclusive

---

259. A assim chamada "final longa de Marcos" (Mc 16,9-20) emana da Cristandade síria e data de meados do século II; ela consiste numa compilação dos relatos da ressurreição de Mateus, Lucas, João e dos Atos dos Apóstolos. Cf. HUG, J. *La Finale de l'évangile de Marc (Mc 16,9-20)*. Paris: Gabalda, 1978 [Col. "Études bibliques"].

por João[260], podemos concluir que ela é antiga e que, no século I, gozava de grande autoridade. Que novidade ela dizia? Ela se prestava a contradizer a interpretação da morte violenta de Jesus como um castigo divino infligido a um blasfemo. *Se o túmulo foi milagrosamente aberto, é porque Deus estava agindo para reabilitar a memória de Jesus.* Além disso, ela permitia diferenciar a ressurreição das histórias de elevações celestes de personagens ilustres, que na história judaica e na literatura greco-romana de então pululavam[261]. Numa palavra: Jesus realmente morreu (sem ser elevado ao céu em vida), e seu corpo foi recuperado (e não somente sua alma).

O desdobramento dos acontecimentos

Recapitulemos o cenário que se desenhou após a morte de Jesus.

A condenação e a execução de Jesus semearam pânico no grupo dos discípulos. Muitos se esconderam, e alguns voltaram para a Galileia. Somente algumas mulheres ousaram assistir, de longe, a agonia de seu mestre. Logo após a morte e o sepultamento de Jesus por iniciativa de José de Arimateia, várias mulheres e homens discípulos foram submetidos a experiências visionárias cujo traço comum era sempre o mesmo: Jesus está vivo! Essas visões ocorrem onde as pessoas vivem: em Jerusalém ou na Galileia. Maria de Magdala

260. Mt 28,1-8; Lc 24,1-12; Jo 20,1-10.

261. Os antigos relatam a subida ao céu de heróis gregos bem como de imperadores romanos ou grandes homens de Israel. As formas variam: arrebatamento da alma (Abraão, Moisés), elevação celeste (Enoque, Elias, Esdras, Baruc; Rômulo, Héracles, Alexandre Magno), retorno ao céu após uma aparição (anjos ou deuses). Os romanos usam do motivo para apoiar a divinização de seus imperadores, ao passo que a fé judaica vê nele a reabilitação do justo por Deus. O modelo protótipo, do lado judaico, é a elevação de Elias (2Rs 2); do lado romano, o arrebatamento ao céu de Rômulo, primeiro rei de Roma (TITO LÍVIO. *História romana*, I, 16, p. 3-6). Na Roma antiga, é com a dinastia dos julianos que aparece a apoteose do imperador ou *consecratio* (passagem do espaço profano ao espaço sagrado). Referência literária: MARGUERAT, D. *Les Actes des apôtres (1-2)*. 2. ed. Genebra: Labor et Fides, 2015, p. 45-46 [Col. "Commentaire du Nouveau Testamento", 5ª].

talvez tenha sido a primeira beneficiária, mas muito cedo se impôs a tradição de Pedro como primeira testemunha. Foi ele que reuniu os outros discípulos, que abriu espaço às visões coletivas. "Mais de cinco mil fiéis simultaneamente", segundo Paulo (1Cor 15,6).

A convicção de que Jesus não havia conhecido definitivamente as sombras da morte foi imediatamente ligada à lenda do túmulo aberto, que sublinhava a realidade corporal da ressurreição pascal. Alguns pesquisadores pensavam que esta tradição fosse posterior à descoberta, por algumas mulheres, de um túmulo vazio não longe do Gólgota[262]; a hipótese é possível, mas arriscada. Seja como for, *estes fenômenos visionários reconstituíram o grupo dos amigos de Jesus, para quem, doravante, a pretensão do Nazareno de agir em nome de Deus foi validada.*

Não perdi de vista as duas questões do início sobre o final da vida de Jesus e a pertença ou não da ressurreição à história; mas, antes de responder, outro passo faz-se necessário.

O "sim" de Deus

A disparidade dos relatos sobre a ressurreição nos evangelhos gera muitas questões ainda, já que cada evangelista coloriu ao seu sabor a narrativa da Páscoa, aplicando-lhe os temas teológicos que lhe eram mais caros.

Os relatos da Páscoa servem para *legitimar as autoridades reconhecidas nas primeiras Igrejas.* O papel de Pedro como prototestemunha é evidenciado em Lc 24,34, ao passo que João privilegia o discípulo bem-amado (20,1-10). O credo arcaico de Jerusalém já apontava Cefas-Pedro (1Cor 15,5); as mulheres desapareceram deste credo, menos por pressão antifeminista do que por focalização nas grandes figuras representativas do primeiro cristianismo: Pedro,

262. THEISSEN, G. & MERZ, A. *Der historische Jesus* – Ein Lehrbuch. Op. cit., p. 439. • SCHRÖTER, J. & JACOBI, C. (eds.). *Jesus Handbuch*. Op. cit., p. 496.

os Doze e Tiago. O evangelho apócrifo dos Hebreus faz Jesus aparecer a Tiago, irmão do Senhor, figura de legitimação do judeu-cristianismo e chefe da Igreja de Jerusalém[263].

Os relatos de aparição servem também para *ancorar a evangelização cristã*, que começou logo após a Páscoa: o mandato missionário é transmitido pelo Ressuscitado. A conclusão do Evangelho de Mateus é celebrada por seu envio: "Ide, pois, fazei discípulos meus todos os povos, batizando-os em nome do Pai e do Filho e do Espírito Santo, ensinando-os a guardar tudo o que vos ordenei" (Mt 28,19-20). Encontramos semelhantes envios em missão em Lc 24,48, Jo 18,21 e At 1,8.

Os relatos da Páscoa, contestados desde o início, veem infiltrar-se neles *uma apologética da ressurreição*. Ela ainda está ausente no Evangelho de Marcos, que termina pelo único relato do túmulo aberto (Mc 16,1-8). Mas ela aparece em Mateus, que aponta o falso rumor do rapto do cadáver pelos discípulos (Mt 28,12-15). E eclode em Lucas, que defende massivamente a corporeidade do Ressuscitado, até fazê-lo comer diante dos discípulos para provar que não era um espírito (Lc 24,36-43). Em João ela forja a história de Tomé, o duvidoso, e sua exigência de tocar os estigmas do Crucificado para acreditar (Lc 24,24-29).

Mas, o essencial ainda está por vir. Marcos, Mateus, Lucas e João, todos os evangelistas são animados por um único objetivo quando releem a tradição pascal que lhes foi transmitida: *provar a identidade do Crucificado e do Ressuscitado*. A história de João sobre Tomé, o duvidoso, que quer ver e tocar as marcas do suplício no corpo do Ressuscitado é o auge dessa visão comum aos quatro

263. Este extrato atribuído ao evangelho dos hebreus é citado por Jerônimo em *Homens ilustres*, 2: "Quando o Senhor deu a mortalha ao servo do sacerdote, Ele foi a Tiago e lhe apareceu [...] Ele tomou o pão, o abençoou, o partiu e o deu a Tiago o Justo dizendo: 'Meu irmão, coma teu pão, pois o Filho do Homem ressuscitou dos mortos'" (trad. de D.A. Bertrand).

evangelhos. Mas a declaração angélica às mulheres "procurais Jesus de Nazaré, o crucificado: Ele ressuscitou, não está mais aqui" (Mc 16,6), já se faz presente em Mt 28,5-6 e em Lc 24,5-7. Não se trata de apontar apenas a aparição pascal, mas, mais fundamentalmente, de estabelecer a continuidade entre o Jesus anterior à Páscoa e o Cristo depois de sua morte. Dito de outra forma: trata-se de fazer compreender que a morte violenta do Nazareno não é o fechamento de sua vida: Deus retomou a iniciativa e ofereceu um futuro à história de Jesus.

A fé da Páscoa, portanto, é uma leitura teológica da cruz. As visões pascais modificaram poderosamente a compreensão da morte de Jesus ao inverter o olhar das mulheres e dos homens discípulos: não, a cruz não é o fiasco do profeta da Galileia; Deus o reabilitou colocando-se do lado dele. O "não" que lhe opuseram as autoridades de Jerusalém não é irrevogável, ele é suplantado pelo "sim" de Deus. Deus reabilita aquele que parecia, na história, ser o perdedor. Para dizê-lo de outra maneira: a fé na ressurreição deve ser considerada "a primeira interpretação da morte de Jesus"[264].

Jesus após Jesus

Retomo as questões do início. Primeira: a ressurreição pertenceria à vida do Nazareno ou inauguraria o "após Jesus"; isto é, a fé cristã? Segundo Bultmann, os teólogos falaram muito do "salto pascal", que mudou o estatuto de Jesus: o pregador do Reino de Deus tornou-se objeto da pregação cristã. Enquanto Jesus convidava a acreditar em Deus, os cristãos, depois da Páscoa, começaram a crer nele. Portanto, as coisas teriam dado uma guinada completa – para não dizer que entraram em deriva –, após a Páscoa? Alfred Loisy fez fortuna com seu *slogan* cunhado em 1902: "Jesus anunciou o

264. ZUMSTEIN, J. "Jésus après Jésus – L'événement pascal et les débuts de la christologie". Op. cit., p. 239.

Reino e foi a Igreja que surgiu"[265]. Será que um abismo nos separaria da vida e da obra do Nazareno, e que os cristãos as transformaram completamente? Seria o Cristo da Igreja um avatar enganoso do homem de Nazaré?

A mudança entre o antes e o depois da Páscoa não deve ser negada. As experiências visionárias da ressurreição, já que elas mudaram o olhar dos discípulos sobre a morte de seu mestre, os levaram a reler toda a atividade de Jesus: sua morte aviltante não desmente sua vida e sua obra; ao contrário, ela constitui o auge de seu engajamento. De repente, sua mensagem e sua ação se veem validadas, já que aprovadas por Deus. Eis a razão pela qual coloquei este capítulo sobre a ressurreição na parte "Jesus após Jesus": *a Páscoa é uma releitura teológica da vida e da morte de Jesus sob a ótica do consentimento divino.* Há um *antes* e um *depois.*

Mas esta mudança não constitui nem um salto nem um abismo pascal, visto que há continuidade entre a vida do Nazareno e a fé pascal de seus discípulos. A Páscoa não veio acabar com um dogma cristológico sobre a vida de um pobre homem assassinado, mas levou a recompreender quem foi este homem. Dito de outra forma: *A Páscoa marca o início de um após Jesus, mas seria simplesmente falso dizer que este após não tem nada a ver com o antes.* A continuidade entre o *antes* e o *após* reside na vida dos discípulos com seu mestre. Jens Schröter se dá perfeitamente conta disto: "Existe, pois, uma continuidade pessoal entre o tempo pré-pascal e o tempo pós-pascal: as experiências que fizeram aquelas e aqueles que seguiram a Jesus durante sua atividade terrestre constituem o fundamento das experiências pascais que,

---

265. LOISY, A. *L'Évangile et l'Église* (1902). 3. ed. Bellevue, 1904, p. 155. Note-se que, contrariamente ao uso que foi feito deste *slogan*, Loisy justificava a institucionalização do cristianismo após Jesus: a Igreja "veio alargando a forma do evangelho, que era impossível guardá-lo tal e qual, a partir do momento que o ministério de Jesus foi fechado por sua paixão" (ibid.).

desde então, sem ser revinculadas à atividade de Jesus, seriam incompreensíveis”[266].

Esta observação permite compreender a razão pela qual o Ressuscitado só apareceu aos seus amigos, e não ao público a quem iria trazer aquilo que alguns denominariam “prova de sua divindade”. É o vivido com Jesus a condição necessária desta recompreensão de sua atividade, que não faz de Jesus um deus, mas sela a aprovação divina de sua vinda. É também a razão pela qual os evangelhos se abstêm de fazer o Ressuscitado aparecer aos incrédulos.

Mais um passo: se o vivido com Jesus funcionou como chave interpretativa das aparições pascais, seria possível isolar neste vivido um elemento mais particular que teria permitido compreender estas visões? Uma palavra ou um gesto teriam sido mais reveladores? A meu ver, a dúvida não é permitida aqui: o que fez com que os amigos de Jesus compreendessem suas aparições diferentemente do que uma visita de um fantasma é *sua mensagem sobre o Reino de Deus*. Vale lembrar que a originalidade de Jesus foi a de proclamar um Reino vindouro, mas já visualizável no presente. Ora, na fé popular do judaísmo do século I, o Reino de Deus verá a ressurreição dos justos. Jesus retornado à vida é a comprovação da presença deste Reino. Daí por que, se sua morte vergonhosa parecia apontar para o seu fracasso, seu retorno à vida, ao contrário, confirmou o cerne de sua mensagem: o Reino está “no meio/em vós” (Lc 17,21).

A importância aqui do *fundamentum* da pregação de Jesus se encontra confirmada por aquilo que constitui a absoluta novidade do cristianismo: o vínculo entre a ressurreição de Jesus e a ressurreição final dos fiéis. Por volta do ano 54, na primeira carta aos Coríntios, o Apóstolo Paulo formula este vínculo colhido da tradição que o precedeu: “Deus, que ressuscitou o Senhor, nos ressuscitará

---

266. SCHRÖTER, J. *Jesus von Nazareth: Jude aus Galiläa* – Retter der Welt. 5. ed. Leipzig: Evangelische Verlagsanstalt, 2013, p. 301 [Col. “Biblische Gestalten”, 15].

também por seu poder". Não é difícil identificar aqui a dualidade do Reino *já presente* (ressurreição de Jesus) e o *ainda não* (ressurreição geral dos mortos).

O coeficiente pascal

Se o Novo Testamento jamais descreve a ressurreição, o *Evangelho de Pedro* se eximirá dessa prudência. É o primeiro a delinear o fenômeno da ressurreição e a colocá-lo em cena sob o olhar abismado dos soldados.

> Eles viram o céu abrir-se e dois homens, reluzindo intensamente, descendo e aproximar-se do túmulo. [...] Da tumba saíram dois homens, e os dois conduziam outro, e uma cruz os seguia. E a cabeça dos dois chegava até o céu, ao passo que aquela daquele que eles conduziam pela mão ultrapassou os céus. E ouviram uma voz vinda dos céus que dizia: "Pregaste aos que dormem?" E ouviu-se uma resposta vinda da cruz: "Sim" (trad. E. Junod).

Aqui nos deparamos com um mundo teológico totalmente outro, no qual a realidade da ressurreição deve ser provada e sua dimensão cósmica atestada pela intervenção de seres oriundos do céu. Este conto teológico é o início de uma incompreensão milenar dos acontecimentos da Páscoa, arrancados da mística das visões para serem projetados como fantasmagorias no mundo real. É bem verdade que os evangelhos canônicos deram – timidamente, obviamente – um passo nesta direção: Marcos falando da cortina do Templo que se rasgou (Mc 15,38), Mateus narrando que a terra tremeu após a morte de Jesus, que túmulos se abriram e que santos defuntos ressuscitaram (Mt 27,51-53). Recorrer à narrativa para enunciar uma verdade de sentido é um procedimento típico da tradição judaica, mas os escritos apócrifos foram mais longe nessa prática.

Voltemos, porém, à sobriedade do Novo Testamento. Relendo o conjunto da vida de Jesus, os relatos da Páscoa nada mais fazem senão dar-lhe um futuro. Se sua morte não foi um fracasso pessoal, e se o Crucificado (logo Ele!) foi reabilitado por Deus, então é indispensável fazer memória do que Ele disse e fez, já que sua ação foi habitada por Deus. *Aos olhos de seus amigos, a Páscoa não traz uma revelação estranha ao que Jesus foi, mas, ao contrário, revela o que Ele realmente era, embora sem ter sido plenamente reconhecido.* Para os discípulos, e para os fiéis que os sucederam, a ressurreição revela que Jesus não foi somente o sucessor dos profetas, ou um curandeiro totalmente gabaritado, ou um rabino com uma exegese penetrante, mas alguém bem maior. Toda a vida de Jesus, morte incluída, vai desde então ser revisitada a partir da ressurreição.

Na memória dos primeiros cristãos, a Páscoa vai funcionar como o coeficiente que, em matemática, determina o valor de todos os elementos de uma equação. Eu falaria de "*coeficiente pascal*". Os cristãos vão decliná-lo de todas as formas e aplicá-lo a todos os relatos de sua vida.

O coeficiente pascal vai primeiramente se concretizar na concepção da *exaltação de Jesus*. Dir-se-á que Jesus foi "arrebatado para o céu" (At 1,11); que "Deus o fez sentar-se à sua direita nos céus" (Ef 1,20); que Ele "atravessou os céus" (Hb 4,14); que "Deus o elevou pela mão direita, como Príncipe e Salvador" (At 5,31). Esta linguagem de exaltação é outra maneira de falar da Páscoa. Lucas é o único a narrar a elevação ao compor o relato da Ascensão, no qual Jesus é subtraído pela nuvem divina (At 1,9). Em segundo lugar, o coeficiente pascal se traduz pela atribuição a Jesus dos *títulos* que formulam a aprovação divina de sua obra: Senhor, Filho de Deus. Já fiz alusão a este tema (cf. final do cap. 8). A denominação "Senhor" (*Kyrios*), que na Bíblia hebraica é reservada a Deus, é transferida para Jesus a fim de expressar a autoridade divina da qual está revestido. A designação "Filho de Deus" diz a extrema e singular proximidade entre Deus e Jesus; este vínculo no Novo Testamento não é pensado em termos biológicos, mas, diríamos antes, em termos jurídicos: o Filho é o representante autorizado do Pai, é seu porta-voz, sua voz, sua mão.

Estes títulos vão ser reprojetados na biografia de Jesus, e assim o Nazareno passa a ser chamado Senhor e Filho de Deus. Além disso, remontar-se-á a jusante para ancorá-los ao "antes" de Jesus. Dessa forma volta-se à infância, ao nascimento, à concepção, onde Jesus é denominado pelo anjo "Filho do Altíssimo" (Lc 1,32). O quarto evangelho retrocede ainda mais, fazendo de Jesus a encarnação do Verbo divino através do qual Deus cria o mundo (Jo 1,1-18). Estas leituras a jusante ainda são um efeito pascal: o aval que representa o *post-mortem* de Jesus é projetado num a jusante mítico que é o Jesus da história, o *antes. O que é dito de sua origem nada mais é, em última análise, senão uma projeção daquilo que foi revelado depois.* Aqui se prepara o debate sobre a humanidade e a divindade de Jesus, debate ausente no Novo Testamento, mas que vai aparecer na tradição apócrifa (nós o veremos no próximo capítulo), e que causará enormes estragos nos séculos III e IV.

Paranormalidade

A segunda questão formulada na abertura deste capítulo era: a ressurreição de Jesus pertenceria à história ou deveria ser considerada um evento meta-histórico ou supra-histórico? Ela estaria na história ou fora da história? Neste domínio, como a propósito do assim chamado "salto pascal", nos absteremos de afirmações cabais.

Primeiramente podemos dizer que o evento da ressurreição de Jesus foge ao campo de análise do historiador. Mas, será que não poderia ser diferente, visto que este acontecimento investiu um espaço que por definição se esquiva do conhecimento humano, justamente por se tratar do *post-mortem*?[267] Por definição, o saber humano tro-

267. DUNN, J.D.G. *Jesus Remembered (Christianity in the Making*, I). Op. cit., p. 825.

peça no limite da morte e não dispõe de nenhum meio, de nenhuma estratégia, para ultrapassar a fronteira da morte. *O que diz respeito ao* post-mortem *depende da crença, unicamente da crença.* Quando as mulheres no túmulo dizem ter visto o Crucificado vivo, elas não comunicam um saber, mas um testemunho, uma convicção de ordem experiencial.

Mas – e é aqui que urge repudiar as explicações simples –, nem tudo foge à percepção do historiador. Sua busca registra efetivamente dois fatos: 1) a dispersão e a fuga dos discípulos por ocasião da morte do mestre; 2) a recomposição relativamente rápida em Jerusalém do círculo dos onze discípulos e de alguns adeptos, atestada em At 1. Registrando estes dois fatos, o historiador é convidado a associá-los. Como explicar uma reviravolta tão súbita quanto inesperada? Três soluções se apresentam. A teoria psicológica fala de um mecanismo de autopersuasão; vimos que os textos resistem a esta explicação. A teoria da falsificação (roubo do cadáver ou fraude intencional) é mencionada pelos textos, mas permanece gratuita. Os evangelhos propõem uma terceira via: a experiência visionária, pela qual a transcendência faz irrupção na história. Esta teoria é objetivamente inverificável, tanto quanto as duas primeiras.

E é aqui que os raciocínios se separam. Os fiéis optam por esta última teoria. Eles dirão então, com estas palavras emprestadas do escritor suíço Charles-Ferdinand Ramuz a propósito da Gênesis: "Não é uma explicação, mas é a única"[268].

268. Estas palavras emprestadas de Ramuz não são totalmente exatas. Em seu romance *Adão e Eva*, o autor faz um de seus personagens dizer: "O que você quer? É uma explicação, é mesmo a única explicação" (RAMUZ, C.-F. *Romans*, II. Paris: Gallimard, 2005, p. 872 [Col. "La Pleiade"]. Devo esta precisão a Doris Jakubec, da Universidade de Lausanne.

11
Jesus apócrifo

O que aconteceu com Jesus na tradição cristã dos primeiros séculos?

O leitor do Novo Testamento conheceu o Jesus exorcista de Marcos, o mestre da Lei de Mateus, o filósofo compassivo de Lucas e o Jesus soberano de João. Estas imagens do Cristo, selecionadas pela Igreja antiga, datam todas do século I. O que aconteceu nos séculos seguintes, período em que a produção de imagens de Jesus fugiu ao controle da Igreja majoritária? Entre o século II e o século IV, a trajetória de Jesus se assemelha a um espetáculo pirotécnico, projetando imagens de cores e formas infinitamente variadas. Essas construções da figura de Jesus ainda permanecem pouco conhecidas, pois elas emanam de escritos por longo tempo escondidos, negligenciados, e cujo acesso, para alguns, só foram traduzidos em língua francesa [e, obviamente, portuguesa] ultimamente: os apócrifos[269].

Alguém já ouviu falar do Jesus que ri ao ver a cruz sobre a qual Simão de Cirene, por engano, foi crucificado em seu lugar? (*Segundo tratado gnóstico do Grande Seth*). Ou o menino milagreiro nascido de uma Virgem que, por sua vez, também nasceu milagrosamente? (*Protoevangelho de Tiago*). Ou o Jesus piloto da nave celeste que leva

269. Um grande número de textos apócrifos está disponível em: BOVON, F. & GEOLTRAIN, P. (ed.). *Écrits apocryphes chrétiens*, I. Op. cit. • GEOLTRAIN, P. & KAESTLI, J.-D. (eds.). *Écrits apocryphes* II. Paris: Gallimard, 2005 [Col. "Bibliothèque de la Pleiade"]. Para os textos gnósticos, cf. MAHÉ, J.-P. & POIRIER, P.-H. (eds.). *Écrits gnostiques*. Op. cit. Os textos citados provêm desses volumes.

as almas até o Juiz divino? (Salmo maniqueu). Ou o Jesus dançando com seus discípulos? (*Atos de João*). Ou o Cristo entrando gloriosamente nos infernos, de onde arrasta para fora Adão e os profetas para conduzi-los ao paraíso? (*Atos de Pilatos*). Por acaso alguém já ouviu falar da carta de Jesus ao Rei Abgar? (Eusébio de Cesareia)[270].

Uma literatura abundante

Por longo tempo acreditávamos que a Cristandade antiga era unida e que suas divisões só se haviam manifestado lá pelo século XI, com o cisma entre Oriente e Ocidente. Ora, a unidade do cristianismo antigo é uma quimera, construída por Irineu de Lyon no século II e cimentada por Eusébio de Cesareia cento e cinquenta anos mais tarde. *A Cristandade foi plural desde sua origem.* Houve um tempo, que durou até o ano 150, em que a Igreja cristã não conhecia nem textos canônicos nem textos apócrifos, mas diversos evangelhos lidos em diversas comunidades. Conhecemos, de maneira mais ou menos segura, a existência de uma quinzena de evangelhos lidos pelos cristãos no século II. A situação mudou por volta do ano 200, quando a maioria das comunidades passou a ler somente os quatro evangelhos conservados pelo cânon do Novo Testamento. Os outros evangelhos não desapareceram, mas foram considerados pela Igreja majoritária testemunhos imperfeitos, inclusive mentirosos. Eles alimentavam a crença de grupos progressivamente minoritários ou dissidentes.

Contrariamente ao islã, nascido de uma reunificação de crenças, o cristianismo é em seus inícios uma dissidência do judaísmo, cujas expressões se fixaram em culturas variadas. A inculturação da

270. *2º traité du Grand Seth*, 56,4-19. • *Protévangile de Jacques*, 4. • *Évangile de l'enfance selon Thomas*, 2. • *Psaume des errants*, 9. • *Psaumes à Jésus*. • *Actes de Jean*, 94-96. • *Actes de Pilate* (dito também *Evangelho de Nicodemos*), 21-25. • EUSÈBE DE CÉSARÉE. *Histoire ecclésiastique*, I, 13, 10.

fé cristã foi multiforme. Como o diz belamente Régis Burnet, acreditávamos que a Igreja antiga fosse um continente, mas, na realidade, era um arquipélago, ao qual corresponde *uma literatura em forma insular*[271]. Explorar a literatura extracanônica nos obriga a percorrer este arquipélago e descobrir sua inacreditável profusão.

A descoberta dos escritos de Qumran em 1947 revolucionou nosso conhecimento do judaísmo antigo. Um fenômeno idêntico revolucionou nossa percepção do cristianismo dos primeiros séculos quando camponeses egípcios, em 1950, desenterraram mais de cinquenta tratados da biblioteca copta de Nag Hammadi, perto de Luxor. Conhecida essencialmente até então pela refutação dos Padres da Igreja, a doutrina dos cristãos gnósticos dissidentes finalmente veio à tona. Em sua *História eclesiástica*, Eusébio de Cesareia relata as palavras de Papias, bispo de Hierápolis (por volta de 110-130), que declara preferir "às coisas que procedem dos livros [...] as que procedem de uma palavra viva e durável" (III, 39, 4). Ao lado dos evangelhos, já em circulação, Papias informa, pois, sobre tradições veiculadas pela "palavra viva" da tradição oral. Essas tradições, reinterpretadas ao sabor de espiritualidades diversas, foram fixadas em escritos extracanônicos. Assim, ao longo dos primeiros séculos foi se acumulando uma literatura cristã crescente.

A riqueza da biblioteca de Nag Hammadi oferece um apanhado do fervor com o qual estes escritos foram copiados, lidos e recitados, nutrindo assim a crença de seus adeptos. Eles nos documentam sobre a fé, as orações, as práticas e os interesses de comunidades hoje desaparecidas; o mais frequentemente elas viviam à margem da grande Igreja que, desde o século III, construía sua ortodoxia.

Entretanto, se estes textos não despertaram a atenção dos pesquisadores antes do século XIX, eles alimentaram a fé popular e a

271. BURNET, R. *Les Apocryphes* – Témoins pluriels d'une Église plurielle. Bière: Cabédita, 2016, p. 12 [Col. "Parole en liberté"].

habitam ainda hoje: o boi e o burro da manjedoura de Belém, o véu de Verônica com a imagem do rosto de Cristo, a descida de Jesus aos infernos, a evangelização da Índia, a morte vergonhosa de Pôncio Pilatos... tudo isso procede dos apócrifos cristãos. Basta visitar uma Igreja bizantina para constatar o quanto esta literatura inspirou pinturas e mosaicos.

O título "Jesus apócrifo" indica que no grande emaranhado do arquipélago extracanônico privilegiaremos os escritos apócrifos; isto é, os escritos que mantêm um vínculo visível com os textos canônicos (desenvolvendo-os, imitando-os ou completando-os). Qualquer generalização é invalidada, dado que estes documentos são diferentes tanto por seu gênero literário quanto por sua teologia. Alguns são próximos aos evangelhos canônicos, outros são seus antípodas. Alguns alinham sentenças concisas, outros desenvolvem narrações fantasmagóricas. Dentre eles encontramos evangelhos, Atos dos Apóstolos, coleções de *logia*, epístolas, apocalipses. Alguns foram *best-sellers* (o *Protoevangelho de Tiago* foi traduzido numa dezena de línguas), outros, de natureza esotérica, permaneceram confidenciais. O mais frequentemente (mas nem sempre) estes escritos se embrenharam por vias percebidas como "insuficiências evangélicas"; isto é, por zonas temáticas cujos relatos evangélicos quase silenciaram: o nascimento de Jesus e sua infância de um lado, os diálogos com o Ressuscitado de outro. *Tudo se passou como se estes escritos não quisessem entrar em concorrência aberta com os evangelhos canônicos, mas foram se infiltrando nos "brancos" dos relatos canônicos para enriquecê-los com novas dimensões.*

Concentrar-nos-emos nos escritos de onde emerge uma imagem perceptível de Jesus, principalmente ao redor de seis centros de interesse: *a sacralização da mãe; a infância narrada; Jesus o judeu; teria Jesus morrido numa cruz?; da Sexta-feira Santa à Páscoa; uma sabedoria para iniciados.*

A sacralização da mãe

O *Protoevangelho de Tiago* é o mais antigo apócrifo conhecido, dedicado aos familiares de Jesus e ao seu nascimento. Ele data aproximativamente do ano 150 e emana de uma corrente judeu-cristã. Embora tenha sido batizado no século XVI de "Protoevangelho", por ter narrado o que se passou "antes" do evangelho, seu título original, na verdade, é "Natividade de Maria". A intenção é dupla: fazer remontar a santidade de Jesus à sua mãe e "provar" o nascimento virginal. De passagem ele dá uma explicação sobre a presença de irmãos e irmãs na família de Jesus. Este texto foi amplamente difundido; existem mais de cento e cinquenta manuscritos gregos, sem contar as inúmeras traduções.

A Maria descrita neste texto é uma jovem de uma pureza absoluta, criada até a puberdade no Templo de Jerusalém. Ela é filha do milagre, nascida de sua mãe estéril Ana; mas Deus atendeu às preces de Ana e lhe concedeu uma filha, a ela e a Joaquim. Com doze anos, os sacerdotes do Templo decidiram casá-la confiando-a a um viúvo idoso, José, a fim de que a protegesse. A descoberta de sua gravidez escandalizou o sumo sacerdote e irritou José, mas o casal saiu limpo dessa história já que se chegou à conclusão de que nenhum dos dois havia pecado. A caminho de Belém o tempo se cumpriu e Maria deu à luz numa gruta, num lugar deserto. Uma parteira, Salomé, não acreditando no nascimento virginal de Jesus, disse: "Se eu não colocar o dedo e não examinar sua natureza, eu não acreditarei que uma virgem tenha dado à luz".

> A parteira entra e diz: "Maria, te prepare; pois não é uma pequena conversa que circula a teu respeito". E Maria, tendo entendido o que se passava, se colocou à disposição. E Salomé colocou seu dedo em sua natureza. Salomé deu um grande grito e disse: "Ai de minha iniquidade e de minha incredulidade, pois tentei o Deus vivo. E eis que minha mão, devorada pelo fogo, se esconde de mim" (*Protoevangelho de Tiago*, 20,1; trad. A. Frey).

Suplicado por Salomé, Deus lhe concedeu a cura da mão ao tomar a criança em seus braços. Percebe-se do que se nutre o relato: ele se emoldura ao redor dos evangelhos da infância de Lucas e Mateus e mistura os temas emprestados da Bíblia hebraica. Édouard Cothenet tem razão ao falar de um "midraxe cristão"[272]: o quadro do Templo evoca a infância de Samuel (1Sm 1–2), e a esterilidade de Ana faz memória da esterilidade de Sara, a mulher de Abraão (Gn 18). Mas, nesta reescrita narrativa, o texto de Mateus e de Lucas é reinterpretado profundamente: passa-se de uma concepção virginal para um *nascimento* virginal, ou seja, Maria permanece virgem mesmo depois de dar à luz. E esta virgindade *post partum* é tornada crível pela punição da incrédula Salomé. A intenção de combater as dúvidas que circulavam em ambiente judaico sobre a concepção de Jesus pelo Espírito Santo é evidente. Falaremos no próximo capítulo sobre a persistência destas dúvidas no seio do judaísmo.

Fazer de José um viúvo com filhos é bastante hábil. Isto permite combater a ideia de que Jesus teria tido irmãos e irmãs de sangue, respeitando simultaneamente os dados evangélicos sobre seus parentes. Tratava-se, portanto, de irmãos e irmãs adotivos... Esta solução de meio-termo é ainda hoje cultivada em determinados ambientes cristãos.

O *Protoevangelho de Tiago* deve sua extraordinária popularidade ao fato de ter fornecido a primeira base literária do desenvolvimento da mariologia. Ele faz de Maria, a filha do Templo, uma monja antes do tempo, nutrida pela mão de um anjo (8,1). É ela, e não Jesus, a protagonista principal do relato, mesmo que se trate, em

---

272. COTHENET, É. "Le Protévangile de Jacques – Origine, genre et signification d'un premier midrash chrétien sur la Nativité de Marie". In: HAASE, W. (ed.). *Aufstieg und Niedergang der römischen Welt*, II, 25,6; *Religion* – Vorkonstantinisches Christentum: Leben und Umwelt Jesu; *Neues Testament*; *Schluss*. Berlim: De Gruyter, 1988, p. 4.252-4.269, sobretudo p. 4.259-4.263.

última análise, de garantir a impecabilidade da origem do Menino-Deus. Exaltar a mãe é glorificar o filho.

Esta sacralização da mãe alcançará também, não mais o nascimento de Maria, mas o seu fim: a *Dormição de Maria do Pseudo-João* (século V) relata a morte da Virgem, guardada pelos anjos de Deus. É neste texto que figura a cena representada por todos os ícones ortodoxos da Dormição: Jesus, no momento do passamento, recebe a alma de sua mãe simbolizada na imagem de uma criancinha. O relato culmina com a transferência do corpo de Maria ao paraíso. Em outros textos (p. ex., na *Assunção de Maria*), o corpo de Maria é elevado ao céu numa nuvem. Como no caso do nascimento (milagroso como o de Jesus), a elevação de seu corpo ao céu imita a Ascensão de seu filho.

A infância narrada

Tentador era narrar a infância de Jesus, sobre a qual os evangelhos canônicos permaneciam mudos. Um texto remontando ao século III, o *Evangelho da infância segundo Tomé*, e dois textos do século VI fortemente influenciados pelo *Protoevangelho de Tiago*, pelo *Evangelho do Pseudo-Mateus* e pelo *Evangelho árabe da infância*, estão cheios de histórias maravilhosas da vida do Jesus Menino.

Por ocasião da fuga da sagrada família para o Egito, dificuldades e perigos pululavam, mas José e Maria, a todo instante, eram salvos pelo menino. Quando tentaram abrigar-se numa gruta para descansar, uma multidão de dragões os cercou. Mas, "o Senhor, embora com menos de dois anos ainda, levantou-se e pôs-se de pé diante deles. E os dragões o adoraram e, em seguida, se foram" (*Evangelho do Pseudo-Mateus* 18,1). Menino ainda, Jesus enfrentava os poderes do mal e os vencia.

Outro milagre ilustra a solicitude de Jesus Menino para com sua mãe:

> Dois dias após sua partida, aconteceu que Maria, no deserto, padecia com o excessivo calor do sol e, vendo uma palmeira, desejou descansar um pouco à sua sombra. José apressou-se em levá-la para junto da palmeira e a fez descer da montaria. E, depois que Maria se sentou, erguendo os olhos para a copada da palmeira viu que estava carregada de frutos, e disse: "Oh, se for possível, gostaria de provar dos frutos desta palmeira". E José lhe disse: "Espanto-me ao vê-la falar assim, já que percebes o quanto a palmeira é alta [...]". Então o Menino Jesus, sentado sobre os joelhos de sua mãe, a virgem, gritou e disse à palmeira: "Árvore, inclina-te, restaure as forças de minha mãe com teus frutos". E, ao ouvir esta palavra, imediatamente a palmeira inclinou sua copada até os pés de Maria e, após ela colher seus frutos, todos recobraram suas forças (*Evangelho do Pseudo-Mateus*, 20,1-2; trad. J. Gijsel).

O *Evangelho do Pseudo-Mateus* projeta na infância duas imagens: o Jesus exorcista e o Jesus que alimenta as multidões multiplicando pães. Em outras ocasiões, Jesus é apresentado exorcizando um demônio, curando uma leprosa, desenfeitiçando um homem transformado em burro de carga, curando seu irmão Tiago de uma mordida de serpente, carregando água num pano porque seu cântaro tinha se quebrado, ressuscitando um companheiro de brincadeiras etc.[273] A mensagem é clara: *Jesus, desde o nascimento, possuía poderes sobrenaturais que manifestou ao longo de sua vida – e outros não manifestados*. A fé popular nutriu-se dessa teologia narrativa que visava a combater a ideia de um Senhor que adquiriu seus poderes por conta própria.

Outras histórias são mais perturbadoras: elas mostram em ação um Menino Jesus raivoso e vingativo. Um dia, caminhando com seu pai, uma criança que estava correndo esbarrou em seu ombro.

273. *Évangile arabe de l'enfance*, 10-21. • *Évangile de l'enfance selon Thomas*, 9-16.

"E Jesus lhe diz: 'Não continuarás mais teu caminho'". E a criança caiu dura, mortinha (*Evangelho da infância segundo Tomé*, 4,1). A sequência é interessante. As pessoas que viram o drama se impressionaram e os pais da criança morta se ofenderam. Então José foi ter com seu filho e o admoestou. Jesus retrucou afirmando que os pais da criança morta "receberão imediatamente seu castigo". Furioso, José lhe deu um puxão de orelhas. Um mestre, Zaqueu, entretanto, propôs a José que educasse seu filho "a fim de que aprenda a amar os seus companheiros e a honrar as pessoas mais velhas". Jesus respondeu: "Considero-me alheio às coisas que disseste, oh mestre. Mesmo estando entre vocês, não sou igual a vocês".

Evitemos julgar muito rapidamente, concluindo que estes evangelhos da infância narram o que bem entendem. Vale repetir que *uma teologia está por detrás dessas narrativas aparentemente ingênuas, e trata-se da teologia da encarnação: Jesus é Deus na terra.* A criança que molda pássaros com o barro e os vivifica é a imagem do Deus criador; a criança caprichosa é a cólera de Deus que não deve ser provocada pelo ser humano sob pena de morrer. Ora, o Menino-Deus vive no mundo sem ser deste mundo, diria o Evangelista João. Inquestionavelmente, é a humanidade do Nazareno que é abandonada nesta visão da encarnação. O que a criança divina deve aprender não é o poder sobrenatural de fazer viver ou morrer, mas a ciência dos homens. Assim, impressionantemente, o *Evangelho da infância segundo Tomé* narra como, aos oito anos, Jesus pede ao seu pai que lhe ensine a profissão de carpinteiro, ao passo que, quando José confia essa mesma criança superdotada aos mestres para que lhe ensinem o grego, estes se mostram mais ignorantes do que o aluno...

A leitura atenta destes textos apócrifos mostra a vontade de *contextualizar a infância de Jesus no ambiente familiar, escolar e social de Nazaré, na Galileia.* A crônica do peregrino de Piacenza (por volta do ano 570) nos ensina que estes relatos tinham um impacto bem concreto em Nazaré: mostrar aos peregrinos o (pretenso) caderno escolar de Jesus, e um tronco sobre o qual Jesus e seus colegas de brincadeiras se sentavam[274].

Jesus o judeu

No primeiro capítulo deste livro já falamos dos evangelhos judeu-cristãos. Eles procedem dessa corrente da Cristandade muito apegada a Israel e que, ao longo dos séculos, persistiu em considerar o cristianismo um braço do judaísmo. Sua importância, maior no século I, foi declinando em ambiente siro-palestino, do qual desapareceu no século V. Grupos ebionitas e elcasaitas de língua aramaica se mantiveram vivos até o século VIII[275]. A erosão dessas comunidades, simultaneamente rejeitadas pelo judaísmo e pela grande Igreja majoritária, explica o desaparecimento desses evangelhos, dos quais apenas subsistem fragmentos. Trata-se de citações dos Padres da Igreja: Clemente de Alexandria, Orígenes, Epifânio, Jerônimo. Vinte e três citações ou alusões ao *Evangelho dos nazarenos* chegaram até nós, sete do *Evangelho dos hebreus* e sete do *Evangelho dos ebionitas*. É bem provável que as duas primeiras menções recubram o mesmo escrito, mas o pouco conhecimento recomenda cautelas[276].

Os fragmentos destes textos se reportam ao batismo de Jesus, ao chamado dos discípulos, à atividade de cura de Jesus, ou ao seu ensinamento moral. O *Evangelho dos hebreus* relata a aparição do Ressuscitado a Tiago, irmão do Senhor, a quem Jesus entrega o pão e

274. *Antonini Placentini Itinerarium* é a crônica de viagem de um peregrino de Piacenza, realizada na Terra Santa por volta do ano 570.

275. Cf. sobre este tema a pesquisa histórica em MIMOUNI, S.C. *Le Judéo-Christianisme ancien* – Essais historiques. Paris: Cerf, 1998.

276. A tese de dois evangelhos é sustentada em MIMOUNI, S.C. *Les Fragments évangéliques judéo-chrétiens "apocryphisés"* – Recherches et perspectives, Paris: Gabalda, 2006 [Col. "Cahiers de la Revue biblique", 66]; situação atual da pesquisa às p. 13-19.

o vinho[277]. Este episódio apócrifo ilustra a necessidade de consolidar a legitimidade de Tiago ao integrá-lo ao círculo dos doze apóstolos. De fato, é ele que o judeu-cristianismo instituiu como figura titular e garante de sua tradição. Os escritos judeu-cristãos, no interior da literatura apócrifa cristã, são geograficamente e sociologicamente os mais próximos do quadro de vida de Jesus e de seus discípulos.

Os fragmentos que restaram não nos permitem reconstituir a doutrina das comunidades nas quais eles circulavam, mas dizem o suficiente para imaginar o retrato de um Jesus fortemente judaizado, assemelhado ao que os evangelhos de Mateus e de João apresentam. Afortunadamente, um papiro datado aproximativamente do ano 200, e publicado pela primeira vez em 1935, nos abre o acesso direto a um texto revelador da ambiência de então. Trata-se do *Papyrus Egerton 2* (completado pelo papiro de Colônia 255). Eis seu exórdio:

> [Jesus disse] aos legisladores: "[Condenai] aquele, não importa quem, que transgride a Lei, mas não a mim! Pois aquilo que ele faz, [não sabe] porque o faz". Ele volta-se para os chefes do povo e diz: "Perscrutai as Escrituras nas quais imaginais ter a vida; elas dão testemunho de mim. Não imaginai que eu vim vos acusar diante de meu Pai. Quem vos acusa é Moisés, em quem depositais vossas esperanças" (linhas 2-14; trad. D.A. Bertrand).

Na sequência deste intercâmbio, os chefes do povo tentam agarrar Jesus para apedrejá-lo, mas Ele foge, pois "a hora de sua entrega não havia chegado". Fidelidade à Torá e controvérsias sobre a interpretação das Escrituras são indícios certos de um debate interno ao judaísmo, ao passo que o judeu-cristianismo, por sua vez, parece defender uma leitura messiânica da Bíblia hebraica. O *Evangelho dos ebionitas,* no entanto, parece eximir-se desse debate, sobretudo ao defender uma alimentação vegetariana e ao recusar o caráter divino da messia-

277. Frag. 6, apud JERÔNIMO. *De viris illustribus,* 2.

nidade de Jesus. *O objetivo das controvérsias é atestar a conformidade escriturística do ensinamento de Jesus, ou sua perfeita judeidade.*

O quarto centro de interesse, que abordamos após a sacralização da mãe, dos relatos da infância e da demonstração da judeidade de Jesus, nos mergulha numa esfera espiritual totalmente diferente: trata-se, agora, de saber quem morreu na cruz.

Jesus morreu numa cruz?

A questão de saber se o Filho de Deus podia morrer numa cruz agitou a Igreja dos primórdios. Os evangelhos canônicos, insistindo no fato de inscrever a cruz no plano de Deus para a salvação dos homens, entendem responder a esta interrogação[278]. Com o passar do tempo, no entanto, a questão foi se tornando mais aguda: a ideia de *um "Deus" que sofre e morre foi se tornando impensável.* A corrente teológica que não mediu esforços para dissociar Deus do sofrimento gerou a assim chamada teologia docetista. O termo "doceta" procede do verbo grego *dokeo,* significando "parecer", "assemelhar-se". O homem sofredor, portanto, segundo esta corrente teológica, não passava de uma aparência, de uma falsa aparência de Filho de Deus.

Se, desde o século I, o docetismo se infiltrou em muitos ambientes cristãos; ele também se aninhou na corrente gnóstica, fato que pode ser comprovado pela leitura dos livros oriundos da biblioteca copta de Nag Hammadi. Entretanto, ao ouvirmos a expressão "corrente gnóstica", o que normalmente e primeiramente nos vem à mente é uma nebulosa de comunidades que viviam de uma espiritualidade simultaneamente filosófica e mística. O que é, no entanto, a gnose? Resumidamente poderíamos dizer que ela reflete o sentimento de alguém que se sente estrangeiro neste mundo. Jean-Pierre Mahé e Paul-Hubert Poirier, editores do volume *Escritos gnósticos,*

278. Mc 8,31; Mt 26,39; Lc 2,34-35; 24,25-27; Jo 19,28-30; At 2,22-24; 13,27-31; Rm 2,25-26; 5,6-8; 1Cor 1,18-25; Gl 4,4-5 etc.

assim a definem: "A vida terrena é uma decadência: nela somos jogados sem consenti-lo. Desta forma somos transformados em outra coisa da que primordialmente éramos. Esta alienação equivale a uma espécie de cativeiro, do qual precisamos ser redimidos. Nascer neste mundo degenerado leva obrigatoriamente à morte, a não ser que sejamos regenerados. O agente desta libertação é acima de tudo a gnose, associada ao banho batismal"[279]. Os gnósticos vivem da nostalgia de um estado primordial, de natureza divina, que deve ser resgatado pelo viés de ritos associados a um conhecimento. Saber-se redimido (em grego *gnosis*) é privilégio dos iniciados. Este estado é descrito em textos, geralmente difíceis, relativos à criação do mundo, à origem do mal, dos espaços celestes e suas criaturas angélicas, bem como dos mistérios do corpo humano. Os escritos gnósticos fazem uma releitura dos acontecimentos centrais da vida de Cristo a partir de *um dualismo fundamental entre o céu e a terra, que destrói a ideia de um Deus que se encarna no mundo.*

Os *Atos de João,* datados de meados do século II, apresentam nos cap. 94 a 102 uma releitura docetista da Paixão. Jesus é descrito dançando diante dos discípulos antes da prisão e ensinando-lhes um hino à glória do Pai (94 a 96). O Apóstolo João, não suportando sua prisão e sofrimento, foge para o Monte das Oliveiras.

> Quando [o Senhor] foi suspenso na sexta-feira, na sexta hora, houve trevas em toda a terra; e meu Senhor pôs-se no meio da caverna, iluminou-me e disse: "João, pela multidão da terra, em Jerusalém, sou crucificado, sou furado por lanças e varas, sou abeberado por vinagre e fel. Mas a ti vou falar sobre esta montanha para que escutes o que um discípulo deve aprender de seu mestre e um homem de seu Deus". Logo que Ele acabou de falar, mostrou-me uma cruz de luz solidamente fixada [...] (*Atos de João* 97-98; trad. É. Junod e J.-D. Kaestli).

279. MAHÉ, J.-P. & POIRIER, P.-H. (eds.). *Écrits gnostiques.* Op. cit., p. XV-XVI.

Esta cruz de luz, a verdadeira cruz cuja revelação é reservada ao iniciado gnóstico, "não é a cruz de madeira que verás quando descerás daqui". "Também já não serei mais aquele que estava sobre a cruz", revela o Cristo (*Atos de João* 99).

Também encontramos estes dois temas, a saber, o esoterismo do conhecimento e a dissociação do Salvador da cruz, no *Apocalipse de Pedro*, um escrito gnóstico um pouco mais tardio, provavelmente do início do século III.

> O Salvador disse: "Eu te falei: estes são cegos e surdos. Ouve, pois, agora o que te é dito misteriosamente, e guarda-te de revelar estas coisas aos filhos deste *éon* [mundo], pois eles blasfemariam contra ti neste mundo, já que não te conhecem, mas louvar-te-ão assim que te conhecerem".
> "Aquele a quem crucificaram é o primogênito, e a casa dos demônios e o recipiente de pedra onde habitam os demônios, o homem de Elohim, o homem da cruz, aquele que está sob a Lei. Em contrapartida, aquele que está junto dele é o Salvador vivente, Ele, que primeiro estava com Ele, que prenderam e soltaram se evadiu, aquele que, alegre, olha para os que o trataram com violência, enquanto eles estavam divididos" (*Apocalipse de Pedro*, 73,11-23; 8,21-34).

O dualismo subentendido pela doutrina gnóstica aparece mais nitidamente neste extrato. Refiro-me à recusa deste "éon", deste mundo terrestre, dominado pelos arcontes do mal, que leva a uma rejeição do Deus criador, do Deus bíblico (Elohim). A crucificação de Jesus está ligada à Lei judaica, o que está correto; mas, numa reviravolta espetacular dos dados neotestamentários, ela é alinhada ao mundo do mal e não pode teologicamente ser reabilitada. Nenhum sentido salvífico lhe pode ser atribuído. O Salvador divino "se evadiu" do corpo humano e se livrou do sofrimento. Uma das explicações é que Simão de Cirene, que havia sido requisitado para carregar a cruz de um Jesus esgotado (Mc 15,21), foi na realidade crucificado por erro em seu lugar. Falando de Basílides, um mestre da gnose morto em 140, Irineu de Lyon resume esta teoria em seu tratado *Contra as heresias*:

> [O Cristo] não sofreu Ele mesmo a paixão, mas um chamado Simão de Cirene foi requisitado, e carregou a cruz em seu lugar. E foi este Simão que, por ignorância e por erro, foi crucificado, após ter sido metamorfoseado por Ele e confundido com Jesus; quanto a Jesus, este assumiu os traços de Simão, e, mantendo-se por perto, ridicularizava os arcontes (*Contre les hérésies*, I, 24, 4; trad. A. Rousseau)

Para os gnósticos, pensar que o Salvador foi condenado à morte de cruz é típico da ignorância e do erro dos cristãos da Igreja majoritária. É admirável o jeito sutil pelo qual, apoiando-se num episódio evangélico, a gnose consegue inverter sua significação. Uma mesma subversão de sentido acontece com a negação de Pedro. O *Apocalipse de Pedro*, do qual acabamos de falar, lembra a tríplice negação do apóstolo (72,3-4) para fazer dela uma leitura invertida: é a figura do Jesus crucificado que se deve negar a fim de conhecer o Salvador verdadeiro. Irineu de Lyon resume: "Se alguém confessa o Crucificado, diz Basílides, permanece escravo e sob a dominação dos que fizeram os corpos; mas aquele que o nega é libertado de sua influência e conhece a 'economia' do Pai engendrado" (*Contra as heresias*, I, 24, 4).

Estamos aos antípodas da teologia de Paulo, centrada na confissão do Crucificado. Não é difícil concluir que o conflito foi cruento entre a grande Igreja, da qual Irineu é porta-voz, e os cristãos gnósticos, que se vangloriam de um saber negado à Cristandade ordinária. Cada uma dessas duas partes, quanto ao sentido a ser dado à cruz, trata a outra como herética. Ouçamos mais uma vez Irineu: "Poucos homens são capazes de tal saber: não existe mais do que um sobre mil, ou dois sobre dois mil. Dentre os judeus, dizem eles, não existe nenhum, dentre os cristãos, menos ainda. Seus mistérios não devem absolutamente ser divulgados, mas mantidos secretos através do silêncio" (*Contra as heresias,* I, 24, 6). A rejeição ao Deus bíblico, de fato, leva a uma postura antijudaica. Diante dos gnósticos a Igreja antiga manteve a autoridade do Antigo Testamento, a encarnação e a função salutar da cruz.

Entre a Sexta-feira Santa e a Páscoa

O quinto centro de interesse dos escritos apócrifos aninhou-se na crença da visita aos infernos pelo Cristo no período compreendido entre sua morte e sua ressurreição. A fonte desta crença está presente no Novo Testamento: a primeira carta a Pedro declara que Jesus "foi pregar até aos espíritos que se encontravam na prisão" (1Pd 3,19). Os espíritos aprisionados são as almas cativas dos infernos. De repente, o espaço que separa a Sexta-feira Santa da Páscoa foi explorado por toda uma literatura extracanônica, que especialistas reagrupam sob a expressão "ciclo de Pilatos"[280]. Ela se atrelou à figura do governador da Judeia, cuja decisão foi determinante para a condenação de Jesus. O lugar eminente que lhe acorda o Evangelho de João (18,28–19,16) é o sinal precursor da proliferação das lendas cristãs a este respeito nos séculos seguintes.

A Cristandade do Oriente desenvolveu lendas favoráveis a este personagem, transferindo sobre os judeus a responsabilidade pela morte de Jesus. O *relatório de Pilatos*, ampliando um tema de Mt 27,51-53[281], descreve as manifestações sobrenaturais que anunciaram a ressurreição: aparição de anjos, tremores de terra, ressurrei-

280. A denominação é discutida na medida em que reagrupam escritos heterogêneos do ponto de vista literário e cuja redação se estende por um milênio. Cf. as considerações de Jean-Daniel Dubois em GEOLTRAIN, P. & KAESTLI, J.-D. (eds.). *Écrits apocryphes chrétiens*, II. Paris: Gallimard, 2005, p. 243-245 [Col. "Bibliothèque de la Pleiade"].

281. Mt 27,51-53 situou estas manifestações por ocasião da morte de Jesus visando sublinhar sua dramaticidade; aqui elas são colocadas a serviço da ressurreição.

ção dos mortos e destruição das "sinagogas que se haviam decidido contra Jesus". Na *Carta de Herodes a Pilatos*, Herodes suplica a um Pilatos tornado cristão que reze pelo descanso de sua alma. A *Audiência de Pilatos* faz dele o equivalente a um mártir cristão: ele é julgado pelo imperador e decapitado, mas um anjo recolheu sua cabeça. No *Martírio de Pilatos*, ele sofre duas vezes a crucificação, uma primeira vez pelos judeus, uma segunda pelo Imperador Tibério.

A Cristandade ocidental, por sua vez, matizou o retrato de Pilatos. Na *Carta de Pilatos ao Imperador Cláudio*, este se justifica devastando os judeus. Suas palavras se inspiram em Mt 28,12-15, desenvolvendo uma espécie de midraxe cristão:

> Eles [os chefes dos sacerdotes] o crucificaram e, logo em seguida ao sepultamento, colocaram guardas ao redor do túmulo. Mas ele ressuscitou ao terceiro dia enquanto os soldados ainda montavam guarda. A malícia dos judeus inflamou-se então, a ponto de oferecer-lhes dinheiro com estas palavras: "Digam que seus discípulos roubaram o corpo" (*Lettre* 3 [21]; trad. J.-D. Dubois e R. Gounelle).

Na *Morte de Pilatos*, seu retrato se deteriora. Este escrito descreve a condenação de Pilatos pelo Imperador Tibério, seu imediato suicídio e seu fim vergonhoso, já que seu corpo foi jogado no Tibre. Mas este cadáver maldito provocou tantos cataclismos que foi repescado e transportado para a Suíça; aqui as versões divergem: ou "para o território de Lausanne", ou para o pico do monte Pilatos, perto de Lucerna[282].

O apócrifo mais célebre relativo a Pilatos é o *Evangelho de Nicodemos*, também conhecido por *Atos de Pilatos*. Este escrito, difícil de datar (século IV?), conheceu, à semelhança do *Evangelho de Tiago*, uma imensa notoriedade, alimentando peças de teatro ou inspiran-

282. Para o exame das variantes, cf. GEOLTRAIN, P. & KAESTLI, J.-D. (eds.). *Écrits apocryphes chrétiens*, II. Op. cit., p. 413.

do Dante na *Divina comédia*; durante a Idade Média, era lido como um quinto evangelho antes de, no século XVI, ser condenado, relegando-o assim ao esquecimento. Dele existem mais de quinhentos manuscritos e múltiplas versões. Trata-se de "um texto de propaganda"[283], que se apoia nos evangelhos canônicos para defender seu valor e sua historicidade. É o caso, em particular, de sua primeira parte (cap. 1 a 11), que relata a história de José de Arimateia. Ao longo de todos estes capítulos são passados em revista, e defendidos contra as críticas, o nascimento sem pecado de Jesus, suas curas, seu ensinamento, sua morte na cruz, sua ascensão. A passagem mais importante figura nos cap. 17–27, com a descida de Jesus aos infernos[284]. O inferno é concebido aqui como a residência subterrânea das almas e o lugar de castigo das almas maldosas. O Ressuscitado faz nele sua entrada triunfal:

> Novamente uma voz se elevou e dizia: "Levantai as portas!" Logo que ouviu esta voz pela segunda vez, o Hades [inferno] respondeu como se não compreendesse e disse: "Quem é ele, este rei da glória?" Os anjos do Mestre disseram: "O Senhor forte e poderoso, o Senhor poderoso no combate". E ali mesmo, a estas palavras, as portas de bronze foram quebradas e os cadeados de ferro amassados, e todos os mortos enfileirados foram libertados de suas correntes e nós com eles. O rei da glória entrou como um homem e todos os lugares do Hades foram iluminados (*Actes de Pilate* 21,3; trad. C. Furrer).

O Cristo espezinha a morte, agarra então satanás e o livra dos infernos e o leva à parusia. Depois ergue Adão, o abençoa e enfilei-

283. *L'Évangile de Nicodème ou les Actes faits sous Ponce Pilate* [introdução e notas de Rémi Gounelle e Zbigniew Izydorczyk]. Turnhout: Brepols, 1997, p. 19-20 [Col. "Apocryphes"].

284. Esta parte é julgada, em função de sua linguagem, mais tardia do que o resto do livro e datada do século VI. Cf. *L'Évangile de Nicodème ou les Actes faits sous Ponce Pilate*. Op. cit., p. 113-118.

ra em cortejo todos os profetas e todos os santos até o paraíso. O último chegado é o bom ladrão, o malfeitor crucificado com Jesus, a quem lhe havia prometido: "Ainda hoje estarás comigo no paraíso" (Lc 23,43). Por detrás desta narrativa colorida discerne-se a vontade de *traduzir narrativamente uma verdade teológica*: Jesus, por sua morte, concede a redenção à humanidade inteira e apaga o pecado ligado a Adão (Rm 5,12-21). Esta ilustração do poder de Jesus de salvar inclusive os defuntos de seus pecados explica o sucesso deste apócrifo, que perdurou até o final da Idade Média.

Uma questão de precisão: a mais antiga encenação da descida do Cristo aos infernos, baseada na tradição que remonta ao século II, pode ser lida nas *Questões de Bartolomeu*[285]. E aqui, a visita ao inferno não foi depois da ressurreição, mas por ocasião da crucificação. Ao seu discípulo que declara "quando se fez trevas, eu tinha os olhos fixados sobre ti e te vi desaparecer da cruz", Jesus responde: "Quando desapareci da cruz, foi então que desci ao Hades para fazer sair Adão e todos os patriarcas, Abraão, Isaac e Jacó, de acordo com o pedido do Arcanjo Miguel" (7-9). Segue-se o quadro pitoresco dos infernos estremecidos por este "Deus que desce sobre a terra", acompanhado da ressurreição de Adão subindo ao céu escoltado por anjos.

Fora do ciclo de Pilatos, mas interessado também a comentar a ressurreição de Jesus, indico o breve extrato que nos resta de um *Evangelho de Pedro*, do qual os Padres da Igreja falam desde o século III, mas que só foi encontrado em 1886 por um arqueólogo francês: os sessenta versículos desenterrados pertencem ao final deste evangelho perdido e narram a crucificação e a ressurreição. Estima-se que o texto foi escrito por volta do ano 150 no seio do judeu-cristia-

---

285. Sigo a datação proposta por Jean-Daniel Kaestli, mesmo que o escrito, em si, date do século IV. Cf. KAESTLI, J.-D. & CHERIX, P. *L'Évangile de Barthélemy*. Turnhout: Brepols, 1993, p. 60-65 [Col. "Apocryphes"]; sobre a história da crença na descida do Cristo aos infernos, cf. p. 135-142.

nismo sírio. Ele chama a atenção por sua antiguidade; alguns pensam, mas erradamente, que ele repousaria sobre uma tradição ainda mais antiga do que o Evangelho de Marcos[286]. Ele também desperta a atenção por ser o primeiro a fazer o que os evangelhos canônicos se omitiram: *descrever* o fenômeno da ressurreição. Sob o olhar assustado dos guardas, o Ressuscitado sai do túmulo amparado por dois seres celestes: "[...] e os dois sustentavam o outro, e uma cruz os seguia. E a cabeça dos dois chegava até o céu, ao passo que a cabeça do conduzido pela mão ultrapassava os céus" (v. 39-40). Esta estranha visão se inscreve na esteira do Evangelho de João, no qual a cruz coincide com a exaltação do Cristo. Aqui, o Ressuscitado já entrou na esfera celeste, e o apoio dos dois seres angélicos significa que sair da morte é obra de Deus. Que o espetáculo aconteça sob o olhar de não crentes visa a dar crédito à historicidade da ressurreição.

Uma sabedoria para iniciados

O último centro de interesse, que vai se desenvolver essencialmente na Cristandade oriental, é considerar Jesus como o inaugurador de uma sabedoria reservada aos iniciados. Sua mensagem é configurada para alimentar *uma piedade interior, geralmente de alto teor intelectual.* Imagine-se por detrás destes escritos grupos especializados de fiéis que combinam meditação e busca mística. Uma série de evangelhos vincula-se a esta corrente. O mais frequentemente (mas nem sempre), eles encenam um diálogo entre o Ressuscitado e alguns discípulos escolhidos, a quem Cristo confidencia suas revelações.

O mais famoso destes textos é o *Evangelho de Tomé*. Sua antiguidade (por volta de 150), a possibilidade de que se apoie em tradições

---

286. Cf. CROSSAN, J.D. *The Cross that Spoke* – The Origins of the Passion Narrative. Op. cit. • KOESTER, H. *Ancient Christian Gospels* – Their History and Development. Op. cit., p. 216-239.

bem mais antigas e sua proximidade com os Sinóticos fazem com que este evangelho seja o mais estudado dos apócrifos. Seus primeiros versículos exibem o programa:

> Eis as palavras secretas que Jesus, o Vivente, disse, e que Dídimo Judas Tomé transcreveu. Ele disse: "Aquele que vier a encontrar a interpretação destas palavras não provará da morte". Jesus disse: "Aquele que procura, não cessa de procurar, até que tenha encontrado. E quando tiver encontrado, sentir-se-á perturbado; sentindo-se perturbado, ficará maravilhado, e reinará sobre o Todo" (*Evangile de Thomas 1-2*; trad. C. Gianotto).

Este evangelho se apresenta, pois, como a transcrição das palavras secretas de Jesus, o Vivente; sob este nome, é o Filho eterno que fala. Por que são secretas, escondidas, estas palavras? Acompanhemos o raciocínio de Jean-Daniel Kaestli: "O que está escondido, é seu sentido. Ao lado de um sentido manifesto, imediatamente perceptível, as palavras de Jesus têm um sentido profundo, esotérico, que não se revela senão ao preço de uma busca, de um esforço de interpretação"[287]. O leitor, portanto, é convidado a uma busca do sentido escondido, cuja recompensa é não experimentar a morte; isto é, ganhar a eternidade do Reino. Aceder a este conhecimento significa encontrar a salvação. Percebe-se aqui a própria essência da espiritualidade gnóstica, mesmo se o *Evangelho de Tomé* ainda não revele as vastas especulações cosmológicas da gnose posterior.

Sobre os 114 *logia* que o texto apresenta, um quarto coincide com as palavras conhecidas dos evangelhos canônicos, como "Felizes vós, os pobres, porque vosso é o Reino dos Céus" (*logion* 54), ou "Quem procura, encontrará, e a quem bate abrir-se-á" (*logion* 94; cf. Mt 7,8). A outra metade encontra um paralelo parcial nos

287. KAESTLI, J.-D. & MARGUERAT, D. (eds.). *Le Mystère apocryphe* – Introduction à une littérature méconnue. 2. ed. Genebra: Labor et Fides, 2007, p. 83 [Col. "Essais Bibliques", 26].

evangelhos canônicos, mas ao preço de uma forte reinterpretação, como a Parábola do Tesouro Escondido no Campo: o campo passa de um proprietário a outro, o último, encontrando o tesouro, "começou a emprestar dinheiro sem juros a quem o desejasse" (*logion* 109; cf. Mt 13,44); eis aqui a sabedoria como tesouro! Um último quarto de texto é totalmente inédito, e de teor fortemente gnóstico, como: "Ai da carne que depende da alma; ai da alma que depende da carne" (*logion* 112). *O interesse pela biografia de Jesus desapareceu completamente; só permanece o interesse por um ensinamento que promete eternidade.* A antiguidade das tradições recolhidas por Tomé é objeto de vivos debates. Alguns sustentam que este evangelho relê e reinterpreta o ensinamento de Jesus registrado em Mateus, Lucas e um pouco em Marcos. Outros (aos quais me associo) estimam que se trata de uma tradição autônoma, que recolheu a tradição de Jesus antes de sua inserção naqueles evangelhos que iriam se tornar canônicos[288]. Seja como for, mesmo que o *Evangelho de Tomé* apresente algumas sentenças que podemos atribuir ao Jesus histórico (cf. cap. I "Evangelhos salvos das areias"), a maioria foi reinterpretada mais tarde.

Quais são as consequências na compreensão da figura de Jesus?

O Reino, um termo que o *Evangelho de Tomé* cita frequentemente, transformou-se numa realidade eterna, fora do tempo, que "os homens não veem" (*logion* 113). Ele coincide com o mundo divino da luz, de onde os espirituais são oriundos, e que são destinados a reconquistar após a morte. Situar o Reino num além transcendente está aos antípodas da mensagem de Jesus, com sua expectativa de um Reino divino já perceptível na espessura da história e prometido a um desenvolvimento futuro. O dualismo gnóstico se caracteriza

288. Depois de outros, John P. Meier (*Un certain Juif, Jésus*. Op. cit., p. 83-99) defendeu a tese de uma dependência dos evangelhos canônicos. A tese da autonomia foi argumentada em KOESTER, H. "Apocryphal and Canonical Gospels", In: *Harvard Theological Revue*, 7, 1980, p. 105-130, sobretudo p. 112-119.

por sua repugnância ao mundo presente: "Aquele que encontrou o mundo, encontrou um cadáver, e aquele que encontrou um cadáver, o mundo não é mais digno dele" (*logion* 56). A desvalorização do mundo terrestre é tão radical, que ele é assemelhado a um cadáver, a uma realidade sem vida, que não pode mais incluir o eleito entre os seus adeptos.

Quanto a Jesus, sua identidade tornou-se um mistério indizível. À questão "com quem me pareço?", Pedro pensa num anjo e Mateus num filósofo inteligente, mas Tomé diz: "Mestre, minha boca é completamente incapaz de dizer com quem te pareces" (*logion* 13). As respostas dadas à identidade de Jesus por outras comunidades cristãs são aqui declaradas insuficientes. Tomé, imagem do verdadeiro discípulo, dá a verdadeira resposta: diante de Jesus, o silêncio está na ordem do dia, já que em Jesus *é a eternidade que fala*. A ideia da encarnação volatizou-se: como Deus habitaria um mundo condenado à perdição?

Se, como já foi dito, o *Evangelho de Tomé* permanece no âmbito da espiritualidade gnóstica, outros escritos a ultrapassam. A biblioteca de Nag Hammadi no-los deu a conhecer: o *Evangelho de Maria*, o *Evangelho de Felipe*, a *Sabedoria de Jesus Cristo*, o *Diálogo do Salvador*, o *Livro dos segredos de João etc.* Aliás, a publicação do *codex Tchacons* em 2006 apresentou-nos o texto do *Evangelho de Judas*. Menciono abaixo três escritos nos quais a sabedoria para iniciados fortemente se desenvolve.

Do *Evangelho de Maria* (século II), só possuímos dois fragmentos. O texto começa com um diálogo do Ressuscitado com seus discípulos sobre a matéria e o pecado no mundo. Maria de Magdala, já lembrada em nosso livro (cf. cap. 7 "Maria de Magdala"), exerce um papel fundamental neste escrito: "Aquilo que não vos foi dado a conhecer, eu vos anunciarei" (10,8). Seu ensinamento se refere à subida das almas aos lugares celestes após a morte, e a passagem por múltiplas barreiras para lá chegar. É Maria que consola os discípulos entristecidos pela partida de Jesus, mas ela enfrenta a hostilidade de André e Pedro, que contestam o fato de Jesus ter beneficiado uma mulher com um ensinamento privado.

O *Diálogo do Salvador* (século III) é uma iniciação ao conhecimento de si: "A lâmpada do corpo é o intelecto" (125,18-19). Pelo conhecimento, a alma é iluminada por uma luz que transfigura até o corpo. O percurso da alma até o céu é igualmente descrito; seu desfecho é a entrada no quarto nupcial, onde se unirá ao seu consorte celeste. Cristo exerce o papel de iniciador e é o modelo desta sabedoria na qual o humano, oriundo do pleroma divino (plenitude de Deus) e lançado na caducidade do mundo, aprende como alcançar sua pátria celeste. A via à qual o humano é convidado a trilhar é feita de ascese. Já que a existência neste mundo é submetida aos poderes celestes e às suas paixões, toda pessoa deve libertar-se da ira e da inveja. Maria de Magdala, "uma mulher que compreendeu o Todo" (139,12-13), novamente ocupa um lugar central neste texto. Em sua busca de sabedoria, o gnóstico é acusado de ser um indivíduo solitário, mas ajudado por um *monachos* – isto é, um "monge" –, muito embora o monaquismo só venha a conhecer suas origens dois séculos mais tarde, no Egito[289].

O *Evangelho de Judas,* ao qual Irineu fazia alusão no século II sem tê-lo lido, faz a parte boa desse apóstolo demonizado pelos evangelhos canônicos, mas beneficiário aqui das revelações de Jesus sobre o mundo futuro. Sua traição não é estigmatizada, mas torna-se a modalidade pela qual Jesus consegue livrar-se do invólucro carnal para revelar sua identidade de Salvador. A questão de saber se, neste texto obscuro, Judas é reabilitado ou manipulado

289. Françoise Morard retraçou a história do termo desde os papiros gregos do Egito via Septuaginta e a literatura copta até sua retomada pelos ascetas cristãos no século IV. Cf. "Monachos, moine – Histoire du terme grec jusqu'au IVe siècle". In: *Freiburger Zeitschrift für Philosophie und Theologie*, 20, p. 332-410.

pelas forças do mal, é hoje muito discutida[290]. *Seja como for, o Deus transcendente dos gnósticos não tem mais nada a ver com o Deus bíblico no qual acreditam judeus e cristãos.*

Uma recepção fragmentada

Para concluir: entre o Jesus judeu que discute sobre a Torá e o piloto da aeronave celeste das almas, entre a Criança genial e o Visitador dos infernos, entre o interlocutor de Pilatos e o Jesus gnóstico do qual se oculta a própria morte, que coerência existe? Todas estas correntes se inspiraram no "acontecimento Jesus" para explorar a dimensão que satisfizesse suas necessidades e sua cultura. A diversidade do cristianismo das origens e sua capacidade de inculturação se manifestam de maneira deslumbrante.

Se enveredarmos na busca de coerência, imediatamente nos damos conta da diferença entre as leituras inclusivas e as leituras exclusivas. As leituras inclusivas (*a sacralização da mãe, a infância narrada, Jesus o judeu, entre a Sexta-feira Santa e a Páscoa*) buscam oferecer um complemento aos relatos canônicos ao explorar os "brancos" de suas narrativas. As leituras exclusivas (*Jesus morreu numa cruz?; uma sabedoria para iniciados*) se sobrepõem aos evangelhos canônicos falsificando o relato da Paixão ou o fato da encarnação. Entre inclusão e ruptura, a impressionante diversidade do cristianismo dos primeiros séculos inaugurou um percurso que permanecerá esburacado, tortuoso, pedregoso, não obstante as decisões conciliares dos séculos IV e V, que tentaram separar a ortodoxia da heresia.

Seja como for, a verdade de Jesus não se deixou nem se deixa acorrentar por estereótipos.

290. O debate é aberto entre os especialistas do gnosticismo a respeito da apresentação da pessoa de Judas neste evangelho: discípulo privilegiado e auxiliar de Jesus ou fantoche manipulado pelos poderes do mal? Cf. tb. DUBOIS, J.-D. *Jésus apocryphe*. Op. cit., p. 243-257.

12
Jesus à luz do judaísmo

Reconstituir a recepção judaica da figura de Jesus é confrontar-se com uma história patética, ou, se preferirmos, confrontar-se com *uma verdadeira guerra de religião*. Nos primórdios, o debate limitou-se ao ambiente interjudaico, embora, já neste primeiro século, tal debate não tenha sido tão ameno assim. Posteriormente, do século II ao século XIX, as relações entre judaísmo e cristianismo foram alimentadas por desprezos, ódios e medos. Esta história tenebrosa imprimiu sua marca corrosiva na forma com que os judeus, ao longo dos séculos, se pronunciaram a respeito de Jesus. Para emitir um julgamento histórico equilibrado urge reconstituir, diante das palavras judaicas sobre Jesus, a longa lista de condenações cristãs endereçada aos judeus, bem como as proibições históricas que lhes foram impostas e os massacres. Esse clima de ódio recíproco entre as duas religiões explica, do lado judeu, os silêncios, os não ditos, a ferocidade nos termos. É somente a partir de meados do século XX que, pouco a pouco, o terror foi cedendo espaço ao diálogo.

Três períodos podem ser diferenciados. O primeiro, do século II ao século VIII, é o período do desdém, largamente documentado pela literatura rabínica. O segundo, período de chumbo, se situa entre o século IX e o século XIX. O terceiro, período do descongelamento, se alastrou século XX afora.

O silêncio dos rabinos

Vale imediatamente lembrar que uma esperança deve ser posta de molho: a de desenterrar, da literatura rabínica, informações históricas originais sobre Jesus de Nazaré. Pesquisadores imprudentes já se embrenharam nessa via, e se decepcionaram. Entretanto, uma questão se impõe: que fiabilidade histórica acordar a uma sentença rabínica do século V ou do século VII, mesmo que ela veicule e reinterprete uma tradição mais antiga? É a recepção judaica da figura de Jesus, ou, mais exatamente, a reação judaica à pregação cristã, que as palavras dos sábios do Talmud expõem.

Um lembrete: desde o primeiro século de nossa era, a única palavra judaica disponível sobre Jesus é a de Flávio Josefo, cujo *Testemunho de Flaviano* lemos no primeiro capítulo deste livro. Nem Fílon de Alexandria nem Qumran falam do Nazareno. A mais antiga coleção de palavras rabínicas é a Mishná, conjunto de prescrições religiosas compiladas por volta dos anos 200-220 pelo Rabbi Yehuda ha-Nasi. A Mishná recolhe as opiniões dos rabinos do período dito "tanaítico" [ou mishnaico]. Dois comentários à Mishná nos foram legados: o primeiro é o Talmud de Jerusalém, oriundo do judaísmo palestino, datado, aproximativamente, do ano 400; o segundo é o Talmud da Babilônia, bem mais extenso. Embora por longo tempo datado do final do século V, pesquisas recentes situam sua conclusão entre os séculos VII e VIII[291]. Independentemente de sua datação, os dois Talmuds são obra dos *amoraim* [intérpretes]. Ao lado dessas duas sumas da erudição judaica, a Tosefta emerge como um suplemento à Mishná, que circulava entre os anos 250 e 300. Acrescente-se a esses escritos o *corpus* dos comentários às Escrituras denominados *midrashim* e *targumim*.

291. Cf., p. ex., STRACK, H.L. & STEMBERGER, G. *Introduction au Talmud et au Midrash*. Paris: Cerf, 1986, p. 241-244.

Ora, *dessa literatura só um número muito reduzido de menções a Jesus aparece.* Pinchas Lapide as avalia em quinze páginas sobre as quinze mil que compõem o Talmud[292]. Uma pequena gota no grande oceano da literatura rabínica! Entretanto, os especialistas do Talmud discutem arduamente este número, pois, se Jesus às vezes é explicitamente nomeado (Yeshu ha-Notsri), Ele também aparece com nomes emprestados: Ben Pantera (filho de Pantera), Balaam, Ben Stada ou Peloni (que significa: "certa pessoa"[293]). Mais do que nomes codificados, vale lembrar que palavras que mencionam originalmente outros personagens foram, ao longo dos séculos, atribuídas a Jesus. Thiery Murcia não se engana ao reivindicar, ao longo da transmissão das palavras dos sábios, um fenômeno de releitura e de atribuição a Jesus; a identificação destes personagens com Jesus é mais clara nas camadas tardias do Talmud da Babilônia do que no Talmud de Jerusalém[294].

Mas, por que menções tão parcimoniosas sobre Jesus? E por que designá-lo com nomes emprestados?

Podemos presumir várias razões, mesmo se a história da compilação do Talmud nos é mal conhecida. A primeira diz respeito à *censura interna*: de inimigos não se fala. A segunda razão se refere à *censura externa*, ou seja, cristã: era perigoso criticar Jesus. A pressão da Igreja, por outro lado, forçou a prática de expurgar o Talmud das passagens consagradas a Jesus no momento em que foi impresso, embora tenhamos que remontar às versões manuscritas para encontrá-las. A terceira razão é de ordem *histórica*: se as menções inexistem nos dois primeiros séculos (a Mishná), é

292. LAPIDE, P. *Der Jude Jesus*: Thesen eines Juden, Antworten eines Christen. Zurique: Benziger, 1979.

293. Para um inventário das nomeações diretas ou indiretas de Jesus no Talmud, cf. SCHÄFER, P. *Jesus im Talmud*. Op. cit., p. 264-276.

294. MURCIA, T. *Jésus dans le Talmud et la littérature rabbinique ancienne*. Turnhout: Brepols, 2014, passim (p. 319-664).

porque os rabinos se concentravam na pesada tarefa de recompor o judaísmo desmantelado pelas duas guerras judaicas de 66-73 e 132-135. Era urgente codificar as regras de vida. Yeshu não aparece em seus escritos senão no memento em que o cristianismo cresce em poder e ameaça a identidade judaica. É então, mas estamos no século III, que o vento da polêmica começa a soprar mais forte!

Um rabino que acabou mal

A entrada em cena tardia de Jesus no Talmud, digamo-lo assim, explica a razão pela qual *os rabinos reagiram mais ao cristianismo que tinham debaixo dos olhos do que à imagem de Jesus oriunda dos evangelhos.* Um exemplo basta para mostrá-lo. No tratado *Sanhedrin* do Talmud da Babilônia é contada a história de Rabbi Yehoshuah ben Perahiah e de seu discípulo Yeshu ha-Notsri (Jesus de Nazaré). Yehoshuah e seu aluno fogem para Alexandria a fim de escapar das perseguições religiosas de Alexandre Janeu (103-76 a.C.). Ainda a caminho eles param num albergue para descansar. A história gira em torno de um mal-entendido: o termo hebraico *akhsania* tanto significa o albergue quanto o dono do albergue. Yehoshuah usa o primeiro sentido; Yeshu, o segundo. Veja no que deu:

> Ele [Rabbi Yehoshuah] foi servido com deferência. E disse: "Como este albergue é lindo!" Yeshu ha-Notsri lhe disse: "Mestre, seus olhos têm um defeito". Ele lhe respondeu: "Mal-intencionado, é disto que te ocupas!" E tirou quatrocentas trombetas [moedas palestinas] e o mandou para longe. [Yeshu] se apresentou diante dele repetidas vezes, dizendo-lhe: "Me aceite!" [Yehoshuah] tinha a intenção de aceitá-lo; fez-lhe um sinal com a mão. [Yeshu] acreditou que o estava mandando embora. Então partiu, jogou um tijolo [*ou*: uma telha] e se prostrou diante dele. [...] O mestre lhe disse: Yeshu ha-Notsri praticou a bruxaria

> e desvirtuou e enganou Israel (*s*Sanhedrin 107b; trad. T. Murcia[295]).

Desta estranha história sublinhamos em primeiro lugar um flagrante anacrônico: Jesus é situado no século I antes de nossa era. Os rabinos não se pretendiam historiadores; eles se serviam do personagem Jesus para situar o cristianismo diante do judaísmo. Na verdade, este relato é uma pequena alegoria da ruptura entre judeus e cristãos. O que esta alegoria diz? Diz três coisas: Jesus é discípulo de um rabino; a ruptura se decide por um mal-entendido; em consequência, Jesus se afasta e se entrega à idolatria. Tratando-se de um equívoco, percebe-se a ironia em relação a uma religião que se preocupa com as aparências, neste caso, na imagem estética do dono do albergue... O fato de prostrar-se diante de um tijolo é típico de uma veneração idolátrica, pior crime religioso para Israel. Mas, por que um tijolo? Já foi proposto ver nisto a adoração da cruz nas Igrejas do século IV ou V. Daniel Boyarin sugeriu também que se lesse aqui uma alusão ao culto às imagens[296]. Seja como for, estamos diante da objeção religiosa fundamental do judaísmo ao cristianismo: quebrar o monoteísmo outorgando a um homem, Jesus, um estatuto divino. "Se um homem diz que é Deus, é um mentiroso" (*j*Taanit 2,1[297]).

Surpreendente *in fine* é o estatuto outorgado a Jesus: discípulo de um rabino. Dispomos aqui, se bem percebo, de um traço constante na imagem rabínica de Yeshu: equipará-lo aos sábios de Israel. Jesus, por assim dizer, é rabinizado: Ele segue um mestre ou, em outras passagens, ensina a seus discípulos (o Talmud lhe reconhece

---

295. Salvo indicação contrária, as passagens do Talmud são citadas seguindo a tradução de MURCIA, T. *Jésus dans le Talmud et la littérature rabbinique ancienne*. Op. cit. As referências aos tratados precedem da letra *j* para o Talmud de Jerusalém, *b* para o Talmud da Babilônia.

296. BOYARIN, D. *Mourir pour Dieu* – L'invention du martyre aux origins du judaïsme et du christianisme. Paris: Bayard, 2004, p. 153 nota 10.

297. Sentença relatada pelo Rabbi Abahou, do período amoraíta, morto no início do século IV.

cinco discípulos). Mas, esta rabinização é tão acentuada que serve de suporte para uma acusação recorrente: *Jesus é um rabino que acabou mal.* "Ele desviou e enganou Israel": de um lado por seu ensinamento, de outro por seus procedimentos mágicos advindos da bruxaria. A acusação feita ao Nazareno de praticar o exorcismo em nome de belzebu (Mc 3,22) encontra aqui seu eco remoto. A carga de bruxaria pode ser lida nas palavras que Orígenes (século III) atribui ao judeu informante de Celso (*Contra Celso*, 1,6; 1,28). É menos a prática da magia enquanto tal que se recrimina a Jesus (os rabinos às vezes a usavam), mas o fato de, em assim procedendo, ter-se desgarrado de Israel.

A crítica de ser um rabino desvirtuado aparece em diversas variantes no Talmud. Em *b*Berakot 18b lemos esta advertência: "Oxalá possamos não ter nem filho nem discípulo que estrague seu prato em público como Yeshu ha-Notsri". Sublinhe-se de passagem, para confirmar o que foi dito anteriormente da censura, que em várias edições do manuscrito a parte final da frase "como Yeshu ha-Notsri" foi raspada[298]. Como entender a expressão "que estrague seu prato"? A interpretação da linguagem metafórica, que tanto afeiçoa os rabinos, não é completamente garantida. Antes que ver nela uma conotação sexual, fracasso sexual como alguns o imaginaram, a alusão ao ensinamento é mais provável[299].

Na cultura semítica, as metáforas culinárias são na verdade frequentemente associadas à palavra ensinada. "É leite que vos dei a beber, não alimento sólido, senão não o teríeis suportado", escreve Paulo aos Coríntios (1Cor 3,2). E no evangelho: "Vós sois o sal da

298. A parte final da frase é apresentada no manuscrito de Oxford, mas raspada nos manuscritos de Paris, Florença, Munique, Soncino e Wilna. Cf. SCHÄFER, P. *Jesus im Talmud*. Op. cit., p. 267-268.

299. A leitura sexual é defendida em SCHÄFER, P. *Jesus im Talmud*. Op. cit., p. 66. A referência ao ensinamento é defendida, além de outros, em MURCIA, T. *Jésus dans le Talmud et la littérature rbbinique ancienne*. Op. cit., p. 554-564.

terra. Se o sal perde seu sabor, como o que se há de salgar?" (Mt 5,13). Estragar seu prato, portanto, é difundir um pensamento corrompido. Além disso, essa matéria estragada, apodrecida, foi proferida "publicamente" – o que torna o pecado irremediável e contamina os que aderem ao ensinamento de Jesus.

Aqui se visaria o fato de, diferentemente dos rabinos de seu tempo, Jesus ensinar ao povo e não exclusivamente ao círculo de seus alunos? É mais provavelmente a expansão da mensagem no Império Romano, durante os séculos posteriores, que é problematizada aqui.

A punição eterna de Yeshu

Outro texto aponta para o mesmo sentido: *b*Gittin 57a. Esta fábula relata como Onkelos, neto do Imperador Tito, desejoso de se converter ao judaísmo, convoca por magia negra o espírito de Tito, depois o de Balaão, enfim o de Yeshu. Eis seu diálogo com Yeshu:

> Ele [Onkelos] lhe disse: "Quem é considerado neste mundo?"
> Ele [Yeshu] lhe disse: "Israel".
> O que acontece se eu me junto a eles?
> Ele lhe disse: "Busque o bem-estar deles. Não tente prejudicá-los.
> Quem tentar fazê-lo, será como ferir a menina de seus olhos".
> Ele lhe disse: "O que abarca a condenação de um homem como tu?"
> Ele [Yeshu] lhe disse: "Abarca o excremento fumegante. Segundo o que um mestre disse: quem zombar das palavras dos sábios é condenado ao excremento fumegante".

Yeshu aparece no topo de uma lista de inimigos de Israel: Tito é o general das legiões romanas, responsável pela conquista de Jerusalém no ano 70 e pela destruição do Templo; Balaão é o vidente ao qual, por ocasião da conquista de Canaã, o rei de Moab ordena amaldiçoar Israel, mas que vai converter sua ordem em bênção (Nm

22–24). Ainda assim, na tradição judaica como no Novo Testamento, Balaão continuou sendo o tipo de vidente maléfico. É por isso que no Talmud ele se torna um avatar de Jesus[300]. O crime de Yeshu é punido com o castigo mais severo: ferver nos excrementos borbulhantes eternos do inferno. Note-se que o interessado consente com este castigo eterno e o justifica pela palavra do mestre: zombar da palavra dos sábios merece a pena capital. Mais uma vez, é o desvirtuamento de seu ensinamento que é sancionado.

A pena do "excremento fumegante" é vinculada a Jesus no Talmud. Parece, segundo a opinião unânime dos especialistas, que essa tortura eterna era reservada somente para Ele, e que foi inventada para Ele[301]. A mensagem é clara: não somente Jesus não ressuscitou dos mortos, mas também sofre no inferno uma pena eterna sem esperança de redenção. O *mamzer* impuro apodrece nas imundícies.

Um relato repetido quatro vezes, e que cito na versão do Targum de Jerusalém, ilustra o conflito entre curandeiros judeus e curandeiros judeu-cristãos:

> Seu neto [de R. Yehoshuah ben Levi] tinha engolido alguma coisa. Um homem veio e lhe murmurou algo em nome de Yeshu ben Pantera [Jesus], e ele voltou a respirar. Enquanto saía, [Yehoshuah] lhe disse: "O que lhe murmuraste?" Ele lhe respondeu: "Segundo a palavra de 'Untel'". Ele [Yehoshuah] lhe disse: "Teria sido melhor se tivesse morrido!" E foi o que aconteceu, uma espécie de "desprezo advindo do Soberano" (Qo 10,5) (*j*Shabbat 14,4, linhas 34-37).

Enquanto Rabbi Yehoshuah esperava que o curandeiro lhe dissesse qual versículo da Torá havia pronunciado para curar, a "palavra de Untel" designa anonimamente uma palavra de Jesus. A moral da história tirada de Coélet ("desprezo advindo do Soberano") é

300. Nm 31,8.16; Dt 23,5-6; Js 13,22; 24,9-10; Ne 13,2; 2Pd 2,15; Ap 2,14.

301. SCHÄFER, P. *Jesus im Talmud*. 3. ed. Op. cit., p. 167-189.

obscura: incidiria o desprezo sobre o poder taumatúrgico que Deus concedeu por inadvertência ao curandeiro ou sobre o desejo que o neto morresse?[302] No primeiro caso, o poder taumatúrgico do curandeiro judeu-cristão procede de um erro divino, no segundo caso é o desejo do avô que matou seu neto. De uma forma ou de outra, o texto testemunha uma coabitação entre judeus rabínicos e judeus cristãos, graças à qual os primeiros recorrem aos segundos em caso de necessidade. Mas, a sentença rabínica é uma advertência: *o recurso ao nome maldito de Yeshu deve ser proibido*. Numa outra versão do mesmo episódio, Rabbi Eleazar foi mordido por uma serpente, mas Rabbi Ishmael o proíbe de fazer-se curar em nome de Yeshu ben Pantera. Eleazar infringe a ordem e morre (*t*Hullin 2,22-23).

"Ele seduziu Israel"

A passagem mais frequentemente citada e relativa à imagem de Jesus no Talmud é a do tratado *b*Sanhedrin 43a, que já mencionei no primeiro capítulo. Irei reproduzi-la aqui em sua versão completa:

> Ensinaram-nos: na véspera da Páscoa, penduraram Yeshu ha-Notsri. E o arauto saiu à frente dele quarenta dias dizendo: Yeshu ha-Notsri foi apedrejado, pois praticou a bruxaria, seduziu e desencaminhou Israel. Qualquer pessoa que tem conhecimento de um elemento para a sua defesa, que se apresente e dê informações acerca dele! Mas nada encontraram para a sua defesa e o penduraram na véspera da Páscoa. Ulla disse: "Pensais que Yeshu ha-Notsri era daqueles por quem se advogava a seu favor? Era um sedutor!" E o Misericordioso disse: "Tu não terás piedade dele, nem o defenderás" (Dt 13,9), mas lá era diferente: Yeshu ha-Notsri estava próximo do império.

302. Primeira leitura: SCHÄFER, P. *Jesus im Talmud*. Op. cit., p. 126. Segunda leitura: KALMIN, R. "Christians and Heretics in Rabbinic literature of Late Antiquity". In: *Harvard Theological Review*, 87, 1994, p. 155-169, aqui p. 161.

A passagem se apresenta como uma *baraïtha* (tradição oral) contemporânea à Mishná, mas poderia ser mais tardia de alguns séculos. Já sublinhamos que os rabinos não se apresentavam como historiadores, entretanto, como explicar estas diferenças com a versão evangélica da Paixão? Essa discrepância confirma a que ponto as declarações rabínicas sobre Jesus, mesmo fundamentando-se em palavras antigas, são reelaboradas como ficções teológicas visando a posicionar o cristianismo diante do judaísmo. A iniciativa do arauto que convida durante quarenta dias (um período simbólico!) a tomar a defesa do sedutor de Israel está de acordo com o direito judeu; seu fracasso sinaliza que Jesus era inescusável e sua falta confirmada.

Os rabinos se defendem assim contra a acusação cristã de um processo arbitrário e injusto. Mas, sobretudo, que reivindiquem para Israel a responsabilidade da morte de Jesus sinaliza que eles não podiam admitir que um incircunciso (Pilatos) resolvesse, por uma crucificação, uma questão intrajudaica. Que Jesus tenha sido apedrejado e em seguida pendurado qualifica seu crime de blasfêmia. Flávio Josefo o testemunha: "Quem quer que ouse blasfemar contra Deus será pendurado o dia inteiro, após ter sido apedrejado, depois será sepultado sem honra e na obscuridade" (*Antiguidades judaicas*, 4, 202). Assim, mesmo que os sábios soubessem pertinentemente que Jesus tinha morrido na cruz, *o sentido teológico governa a ficção*. Não obstante tudo, vale lembrar que em alguns raros textos do Novo Testamento e de Qumran o verbo "pendurar" é usado para dizer crucificação[303]. Trata-se de afirmar o seguinte: Jesus foi sancionado a exemplo dos blasfemadores e idólatras.

Rabbi Ulla viveu por volta do ano 300. Sua intervenção visa a reforçar a legitimidade da sentença de morte, agravada por ele ao afirmar: "Yeshu ha-Notsri estava próximo do império [outra tradução: 'do governo']". Por que essa referência ao império, que sem

303. Gl 3,13; At 5,30; 10,39; 4Q169 3-4, col. 1,7-8; 11Q19 64,8-12.

nenhuma dúvida podemos identificar com o governo romano? Em sua obra monumental *A morte do Messias*, Reymond Brown se mostra hesitante: “Talvez tenha sido essa alusão à crucificação (castigo associado aos romanos) que levou ao comentário talmúdico sobre uma implicação dos gentios – a menos que não se trate simplesmente de uma identificação judaica posterior ao ano 325 entre Cristandade e poder romano”[304]. Em outros termos: ou se trata de uma referência ao caráter romano da execução de Jesus, ou é uma apreciação do conluio entre o cristianismo e o poder político romano. De fato, no século IV, o “império” é cristão e o estatuto de *religio licita* é contestado ao judaísmo. É tentador, portanto, optar por esta atualização da palavra dos sábios ao estatuto político da Cristandade no Império Romano, já que, por via de consequência, o judaísmo se encontrava fragilizado. Ao delito de *minut* – isto é, de heresia religiosa, imputado ao cristianismo – vem juntar-se o da cumplicidade com o poder político.

Ecos do Evangelho?

Perguntamo-nos se seria possível detectar, nas palavras dos sábios relativas a Jesus, *um conhecimento das escrituras evangélicas*. Até aqui, nas passagens citadas, um contato com a pregação cristã bastou para explicar os traços emprestados ao Nazareno. Duas passagens poderiam ser mais promissoras.

Um texto de *b*Shabbat chama a nossa atenção. Ele ironiza uma situação incômoda para os judeus, a saber: que mulheres judias desejosas de se divorciar se dirigissem a juízes cristãos, já que estes tratavam marido e mulher em pé de igualdade. O filósofo apresentado é cristão.

> Imma Shalom era mulher de Rabbi Eleazar e irmã de Rabban Gamaliel. Vivia perto deles um filósofo que

304. BROWN, R.E. *La Morte du Messie*. Op. cit., p. 432-433.

> tinha a reputação de jamais deixar-se corromper. Eles queriam zombar dele. Imma Shalom lhe apresentou então um candelabro de ouro. E lhe disse: "Quero que me deem uma parte do bem familiar". Ele lhe respondeu: "Compartilhai!" Então ele [R. Gamaliel] lhe disse: "Está escrito para nós: 'Lá onde há filhos, a filha não herda'". Ele [o filósofo] respondeu: "Desde o dia em que abandonastes vosso país, a Lei de Moisés foi rejeitada e a lei do evangelho a substituiu, e nesta lei está escrito: 'Filho e filha herdarão partes iguais'". No dia seguinte, por sua vez, ele [R. Gamaliel] apareceu e lhe trouxe um jumento da Líbia. Ele [o filósofo] lhe disse: "Eu olhei mais adiante, no final do livro, e lá está escrito: 'Eu não vim nem para abolir a Lei de Moisés nem para acrescentar-lhe algo', e nesta Lei está escrito: 'Quando há um filho, a filha não herda'". Imma Shalom lhe disse: "Que teu saber brilhe como um candelabro de ouro". R. Gamaliel acrescentou: "O jumento chegou e destruiu o candelabro de ouro" (*b*Shabbat 116a-b; trad. J. Klausner).

A sátira é mordente, já que coloca a postura cristã em contradição consigo mesma. Num primeiro momento, o filósofo cristão convida a dividir os bens familiares por ocasião da separação dos esposos. O dom do candelabro rendeu frutos. No momento em que R. Gamaliel o faz perceber que segundo o costume judeu a filha é deserdada em favor do filho, o filósofo responde que a "lei do evangelho" substituiu o direito judeu e prevê a igualdade na partilha. Um presente mais caro (o jumento da Líbia) o leva a mudar de opinião: no final do evangelho, diz Ele, está escrito: "Eu não vim nem para abolir a Lei de Moisés nem para acrescentar-lhe algo". De repente, o direito judaico se vê reabilitado. Malicioso comentário final de R. Gamaliel denunciando a venalidade do filósofo: "O jumento chegou e destruiu o candelabro de ouro".

A expressão traduzida neste texto por "evangelho" é *avon gillayon*, que significa: o "rolo do pecado". Este pseudônimo do Evangelho é recorrente no Talmud. A formulação atribuída ao Evangelho faz imediatamente pensar em Mt 5,17-18: "Não penseis que vim ab-rogar a Lei ou os Profetas: não vim ab-rogar, mas cumprir. Pois em verdade eu vos declaro, antes que passem o céu e a terra, não passarão da lei um *i* nem um ponto do *i*". Esta afirmação peremptória da validade integral da Torá é própria ao evangelho; ela emana da Cristandade de Mateus engajada numa relação forte com o judaísmo sinagogal, e que defendia uma continuidade de fundo entre o ensinamento de Jesus (que reinterpreta a Lei, mas sem ab-rogá-la) e a tradição mosaica. É difícil atribuí-la tal e qual ao Jesus histórico, mas a questão maior não está lá: esta questão aparece no primeiro evangelho e os rabinos manifestamente se deram conta.

Para Dan Jaffé, "estaríamos diante de um fenômeno único, que apresentaria a retranscrição quase palavra por palavra de um versículo evangélico no Talmud da Babilônia"[305]. A referência à posição de Mateus sobre a manutenção da Torá em regime cristão é inegável. Entretanto, a identificação da fonte continua indecifrável: reminiscência de leitura? Citação de uma coleção de *logia* de Jesus? Eco da pregação cristã? Retomada e argumento da propaganda cristã diante do judaísmo? Seja como for, a sátira rabínica considera a argumentação dos cristãos, mas a devolve contra eles: se os cristãos defendem a Torá, que sejam coerentes consigo! Se Jesus não é um novo legislador, mas confirma a validade da Lei mosaica, a propaganda cristã, por sua vez, é desautorizada.

A última passagem que citarei do Talmud, da qual temos três versões, é mais estranha. Ela chega a ser escabrosa. Trata-se de um diálogo entre dois rabinos, Rabbi Eleazar e Rabbi Aqiba, que viveram entre o século I e II. O primeiro foi preso por *minut* (heresia) e o segundo, ao visitá-lo, lhe disse:

305. JAFFÉ, D. *Le Judaïsme et l'avènement du christianisme* – Orthodoxie et hétérodoxie dans la littérature talmudique Ier-IIe siècles. Paris: Cerf, 2005, p. 312.

> "Rabbi, talvez um *minim* [heréticos, cristãos] tenha dito em tua presença uma palavra que te agradou." Ele [R. Eleazar] respondeu: "Sim, pelos céus!, lembraste-me. Certa vez, subi à praça de Séforis e um homem veio na minha direção: chamava-se Jacob de Kephar Sikhnaya. Ele me dirigiu uma palavra em nome de Yeshu ben Pantera [Jesus, filho de Pantera], que me agradou. Ela está escrita em vossa Torá: 'Nunca levarás à casa do Senhor, teu Deus, o salário de uma prostituta nem o pagamento de um cão' (Dt 23,19). O que fazer com isso?" Eu lhe respondi: "Estas oferendas são proibidas". Ele me disse: "Como oferendas são proibidas, mas podem destruí-las". Eu lhe disse: "Neste caso, o que fazer delas?" Ele me respondeu: "Que façamos delas banheiros e latrinas. [...] Assim fala Ben Pantera: eles vieram do excremento, e voltarão ao excremento. Como o diz (Mq 1,7): 'pois foi com um salário de uma prostituta que ela os reuniu, e eles voltarão a ser um salário de prostituta'. E farão disso latrinas para o público" (Qohélet Rabba, 1, 8, 3[306]).

Para Joaquim Jeremias, é evidente que esta controvérsia "foi inventada para lançar o descrédito sobre Jesus"[307]. Seria isso mesmo?

A tese relativa à autenticidade dessa controvérsia tem bons argumentos. A anedota põe em cena um rabino conhecido, Eleazar, cujas simpatias pelos cristãos são conhecidas, e que, no ano 95, foi banido por heresia. É historicamente plausível que ele tenha encontrado um amigo discípulo de Jesus, e que o tema da discussão recubra os interesses dos sábios. O princípio é bíblico: o dinheiro proveniente da prostituição não pode ser recebido como pagamento de um sacrifício. Por outro lado, o argumento atribuído a Jesus pertence à casuística: que o dinheiro da prostituição não seja total-

---

306. Variantes: *t*Hullin 2,24; *b*Aboda Zara 16b-17a. Comparação dos textos em MIMOUNI, S.C. *Les Chrétiens d'origine juive dans l'Antiquité*. Paris: Albin Michel, 2004, p. 111-118.

307. JEREMIAS, J. *Les Paroles inconnues de Jésus*. Paris: Cerf, 1970, p. 34 [Col. "Lectio Divina", 62].

mente banido como o prescreve o Deuteronômio, mas autorizado por Deus para um uso tão restritivo (latrinas!), é um tiro no escuro. A retórica de Jesus em matéria de interpretação da Lei, da forma como nós a percebemos, é muito mais radical. Ela raramente se apoia na Escritura, como aqui, no versículo de Miqueias, para se legitimar. É nestas camadas mais tardias da tradição, de Mateus em particular, que sua interpretação empresta o estilo da *halakah* própria aos rabinos[308].

Uma vez mais, a história secular do desenvolvimento da tradição rabínica nos foge e nos deixa na incerteza. Será que o relato estaria nos transmitindo uma autêntica palavra de Jesus, desconhecida dos evangelhos? Em caso afirmativo, isso se trataria da única palavra de Jesus transmitida pelo Talmud, fora da tradição cristã... A hipótese é altamente improvável. A partir disso, de duas coisas uma: ou a controvérsia é autêntica, e nos relata o que os rabinos ouviram da pregação judeu-cristã, ou trata-se de uma *controvérsia disfarçada*, visando a ironizar uma palavra de Jesus. Qual? "Na verdade, eu vos declaro, os coletores de impostos e as prostitutas vos precedem no Reino de Deus" (Mt 21,31). Neste cenário, esta palavra do Nazareno teria sido redirecionada pelos sábios para terminar num propósito escabroso de apoio às prostitutas.

A denominação "filho de Pantera [ou Pandera]" se refere à reputação de bastardo, *mamzer*, atribuída a Jesus. Ela pode ser lida no Talmud, mas floresceu nos *Toledot Yeshu*. É lá que fartamente a encontramos. Sua recorrência vem de seu efeito: filho de Maria e de seu amante, nascido, portanto, em estado de impureza, Yeshu não pode ser o Messias filho de Davi, menos ainda filho de Deus.

---

308. A *halakah* é a exegese das partes prescritivas da Escritura. Para perceber a *halakah* de Mateus, compare Mt 12,1-8 e Mc 2,23-28; Mt 12,9-14 e Mc 3,1-6; Mt 19,1-9.16-26 e Mc 10,1-12.17-27.

Os séculos de chumbo

O período que vai do século IX ao século XX pode ser considerado um período de chumbo. É o tempo da Cristandade triunfante, do lançamento das cruzadas, do confinamento dos judeus em guetos. Séculos de cultura judaica florescente (na Espanha sob a dominação árabe ou no Império Otomano) alternam com medidas de repressão; dentre elas, a expulsão dos judeus da Espanha (1492). Desde 1242 são organizadas fogueiras de Talmuds. Desde 1263, as edições do Talmud são expurgadas do nome de Jesus ou das passagens julgadas chocantes para a doutrina cristã. Se o Talmud (doravante borrado) documenta a atitude do judaísmo rabínico em relação a Jesus até o século VIII, onde se conclui o Talmud da Babilônia, outro escrito nos informa sobre a percepção judaica de Jesus a partir do século IX: o *Sefer Toledot Yeshu* ("Livro de histórias de Jesus"), também denominado "História da mãe e de seu filho".

A existência dessa literatura popular, redigida em hebraico e em *yiddish* na Europa ocidental, é atestada pela primeira vez por Agobard, bispo de Lyon, em 830. Esta literatura conheceu, portanto, uma primeira fixação literária no século IX, mas as tradições que ela explora remontam, para algumas, até o século II, sob forma oral. Para a tradição do Jesus *mamzer*, é possível remontar inclusive até o século I, como o vimos no primeiro capítulo deste livro. Trata-se de *uma paródia dos evangelhos*, que visa a reinterpretar os episódios da vida de Jesus num sentido favorável à causa judaica. Os alvos principais da releitura polêmica são a história do nascimento de Jesus e a Paixão[309]. Nestes contraevangelhos se misturam relatos evangélicos

---

309. Sobre a história da tradição dos *Toledot* cf. SCHÄFER, P. *Jüdische Polemik gegen Jesus und das Christentum*. Munique: Carl Friedrich von Siemens Stiftung, 2017. • ALEXANDER, P.S. "Narrative and Counternarrative: The Jewish Anti-gospel (The *Toledot Yeshu*) and the Christian Gospels". In: Baron, L.; HICKS-KEETON, J. & THIESSEN, M. (eds.). *The Ways that often Parted* – Essays in Honor of Joel Marcus. Atlanta: SBL Press, 2018, p. 377-401 [Col. "Early Christianity and its Literature", 24].

relidos numa ótica polêmica, lendas populares e diálogos talmúdicos inspirados nos apócrifos cristãos. A intenção é, evidentemente, oferecer uma réplica à propaganda cristã.

Joseph Klausner comenta assim: "Os judeus, na impotência de vingar-se, mediante atos, de seus poderosos inimigos, recorreram à palavra e à escrita. Assim, fábulas e lendas cheias de rancor, e mais frequentemente ainda de zombaria mordaz e incisiva, contra o cristianismo, contra seu fundador e contra os cristãos, foram se multiplicando"[310].

Às vezes proibida, semiclandestina, esta literatura de resistência chegou até nós em variantes múltiplas[311]. Klausner, em 1922, escrevia: "Nossas mães conheciam o conteúdo por tradição oral – naturalmente com todo tipo de corrupções, omissões e adições, frutos da imaginação popular – e as transmitiam aos seus filhos"[312]. Ela só despertou a atenção dos eruditos tardiamente, no início do século XX[313]. Estas diferentes versões manuscritas se associam a um cenário comum, que pode ser resumido da forma que segue:

> Um tal de Yohanan [José], homem justo e versado no estudo da Torá, contraiu noivado com Miryam de Belém [Maria], jovem moça casta e pura. Entretanto, além de José, Miryam tinha Pantera [Pandera], que em se disfarçando em José se infiltrou em sua casa. Não obstante a resistência de Miryam, por estar em estado de impureza, José conseguiu realizar seu objetivo. Uma vez Maria grávida, Yohanan, cientificado

310. KLAUSNER, J. *Jésus de Nazareth* – Son temps, sa vie, sa doctrine. Op. cit., p. 64.

311. Tradução francesa de cinco versões manuscritas (Vienne, Strasbourg, Wangenseil, Huldreich, Geniza du Caire). In: OSIER, J.-P. *L'Évangile du ghetto*. Paris: Berg International, 1984.

312. KLAUSNER, J. *Jésus de Nazareth* – Son temps, sa vie, sa doctrine. Op. cit., p. 56.

313. Primeira análise científica dos *Toledot*: KRAUSS, S. *Das Leben Jesu nach jüdischen Quellen*. Berlim: Calvary, 1902. Resumo da discussão: SCHÄFER, P.; MEERSON, M. & DEUTSCH, Y. (eds.). *Toledot Yeshu ("The Life Story of Jesus") Revisited*. Tubingen: Mohr Siebeck, 2011 [Col. "Texts and Studies in Ancient Judaism", 143].

de que a criança não era sua, fugiu para a Babilônia. Miryam deu à luz um filho, por ela denominado Yehoshua, nome de seu tio; quando o filho abandonou o bom caminho, seu nome foi abreviado, e passou a se chamar Yeshu. O menino estudou a Torá, mas rapidamente sua insolência com seus mestres veio à tona. Os sábios julgaram então que ele era bastardo (*mamzer*), e filho da impureza.
Jesus fugiu então para Jerusalém e, no Templo, descobriu o "Nome que não se deve pronunciar". Deslocando-se então para Belém, reuniu ao seu redor um grupo de jovens e se proclamou Messias e Filho de Deus. Para fundamentar suas afirmações, curou um aleijado e um leproso pelo poder do "Nome que não se deve pronunciar". Acusado de bruxaria e denunciado à Rainha Helena, que reinava então em Israel, ele ressuscitou um morto, fato que impressionou as multidões. Retirando-se para a Alta Galileia, realizou incontáveis milagres e atraiu multidões. Os sábios de Israel decidiram então revelar a Yehuda [Judas] Iscariotes o "Nome que não se deve pronunciar", para que ele pudesse rivalizar com seu mestre. E aconteceu o seguinte: encarcerado pela rainha, Yeshu foi libertado por seus discípulos, fugiu para o Egito, onde aprendeu truques de bruxaria.
De volta a Jerusalém, Yeshu foi traído por Yehuda, que se prostrou diante dele para que os sábios de Israel pudessem identificá-lo. Jesus foi então, na véspera de sábado, pendurado num *chou palmiste* [tronco de couve grande como uma palmeira]. Ele foi sepultado, mas Yehuda [Judas] retirou o corpo do túmulo e o escondeu no jardim de sua casa. Quando os discípulos de Yeshu chegaram ao túmulo e não encontraram o corpo, anunciaram à rainha que Yeshu tinha ressuscitado. A rainha quis então punir os sábios de Israel por terem matado o Ungido do Senhor. Entretanto, por inspiração divina, os sábios descobriram o corpo no jardim de Yehuda e o levaram como prova à rainha.

> Os discípulos de Yeshu fugiram, e se multiplicaram mundo afora como enxames. Eles tinham doze apóstolos, que fizeram imenso mal aos judeus. Em face desta situação, Simon Képha [Pedro] ordenou aos seus discípulos que parassem de atazanar os judeus. Fazendo-se passar por um adepto de Yeshu, Simon Képha foi então viver solitariamente numa torre construída para ele [São Pedro de Roma], onde foi enterrado após sua morte[314].

Os *Toledot* não são uma ficção propriamente dita, mas um contraevangelho que subverte os dados do relato cristão sem rejeitá-los. Os episódios conhecidos da vida de Jesus são de fato facilmente identificáveis: o nascimento irregular (mas não virginal), o nome dado a Jesus (mas não vindo de Deus), o debate com os sábios relatado em Lc 2 (mas qualificado de insolente), a acusação de bruxaria (mas confirmada), a estada no Egito (mas para aprender a magia), a descoberta do túmulo (mas o corpo foi roubado) etc. Diferentemente das passagens do Talmud, os *Toledot Yeshu* pressupõem um conhecimento sofisticado dos evangelhos. Eles contêm, para o uso de populações judaicas, *um verdadeiro manual de desconstrução da pregação cristã.*

Cito um extrato dos *Toledot* do manuscrito Huldreich, a fim de fazer ver o grau de sutileza do relato paródico. Jesus e seus discípulos foram para um albergue para se alimentar e passar a noite, para em seguida continuar a viagem.

> Eles saíram de lá e encontraram uma mulher, com um cântaro de água nos ombros. "Dá-nos de beber, lhe disse Yeshu, e eu te abençoarei de tal maneira que não te faltará mais água em tua cidade." "Tonto! Se és taumaturgo, disse-lhe a mulher, por que não te favoreces com um milagre que te traga água?" "Foi-nos dito: 'à minha bebida misturo lágrimas' (Sl 102,10)".

---

314. Inspiro-me aqui, resumindo-a, numa apresentação dos *Toledot* em KLAUSNER, J. *Jésus de Nazareth* – Son temps, sa vie, sa doctrine. Op. cit., p. 57-60.

> Eles desapareceram em jejum e na aflição. "'Humilhava-me jejuando' (Sl 35,13), disseram de mim", declarou então Yeshu. Nisto, homens de Quiriataim vieram ao seu encontro e Yeshu lhes pediu um pão. Um deles respondeu: "Se dançares diante de mim, te darei meu asno além do pão e o jumentinho que está aqui!" Yeshu dançou diante deles e lhe deram o asno, o pão e o jumentinho. Sobre mim, disse Yeshu, disseram: "Então a virgem dançará com alegria" (Jr 31,13); minha mãe era virgem quando nasci e agora eis-me aqui, dançando com alegria. Agora tenho um asno, pois também disseram de mim: "humilde e montado num asno" (Zc 9,9) (trad. J.-P. Osier).

Os episódios evangélicos recompostos se encadeiam rapidamente. O encontro com a mulher do cântaro se refere ao diálogo de Jesus com a Samaritana (Jo 4). A necessidade de pão e a proposta de dançar diante do homem para obtê-lo são uma paródia da Tentação (Mt 4). O asno que Jesus monta é o da entrada messiânica em Jerusalém (Mt 21,5 cita Zc 9,9). A explicação do episódio sempre desautoriza a versão evangélica e a recompõe em detrimento de Jesus.

A longa duração dos *Toledot* mostra a necessidade vital experimentada pelo judaísmo de resistir à pressão ideológica do cristianismo que enfrenta. A última edição dos *Toledot* em yiddish data de 1932. Amos Funkenstein fala de uma relação "mágica" entre judeus e cristãos ao longo dos séculos, feita de aversão e fascinação[315]. *Parodiar o outro significa precisar dele para definir-se.* Vale lembrar que ao longo dos séculos, bem mais do que se imaginava, as identidades

---

315. Citado em GOLDISH, M. "The Salvation of Jesus and Jewish Messiahs". In: STAHL, N. (ed.). *Jesus among the Jews*. London: Routledge, 2012, p. 106. No mesmo sentido: GAGER, J.G. & STÖKL BEN EZRA, D. "L'éthique et/de l'autre: le christianisme à travers le regard polémique des *Toledot Yeshu*". In: BERTHELOT, K.; NAIWELD, R. & STÖKL BEN EZRA, D. (eds.). *L'Identité à travers l'éthique*. Turnhout: Brepols, 2015, p. 73-90 [Col. "Bibliothèque de l'École des Hautes Études – Sciences religieuses", 168].

cristã e judaica foram construídas uma diante da outra, numa mistura de antagonismo e dependência recíprocas.

O descongelamento

O que denomino descongelamento é a *saída das posições congeladas entre judeus e cristãos em vista de abrir um debate que não seja ideologicamente bloqueado.* Do lado cristão, foi preciso esperar a década de 1970 para que fosse levada em conta a judeidade de Jesus, mesmo se um Ernest Renan, já em 1863, se esforçasse para re-situar o Nazareno no contexto geográfico e social de seu tempo. Do lado judeu, historiadores começaram a reapropriar-se de Jesus de Nazaré, investindo seu conhecimento do Talmud para reivindicar sua pertença ao mundo judaico do passado. No século XIX, Joseph Salvador (1838) via em Jesus um continuador do espírito profético, mas lhe imputava um interesse excessivo pela vida espiritual em detrimento das preocupações terrestres. Heinrich Graetz (1867) delineava a efervescência messiânica na Judeia do século I e sublinhava o papel preponderante dos essênios, que "representavam o mais idealmente a época messiânica, e que, pela vida ascética que levavam, só esperavam o Reino do Céu". Seus discípulos mais famosos teriam sido João Batista e Jesus de Nazaré[316]. Entre o respeito que Graetz devota a Jesus, que o compara a Yehuda ha-Nasi, o compilador da Mishná, e as palavras dos *Toledot Yeshu*, o tom mudou radicalmente.

Mas, é a obra de Joseph Klausner que marcou uma verdadeira reviravolta. Já vimos os trabalhos deste historiador do povo judeu que fez aparecer por primeiro uma vida de Jesus em hebraico

316. SALVADOR, J. *Jésus-Christ et sa doctrine.* Paris: A. Guyot et Scribe, 1838. • GRAETZ, H. *Sinaï et Golgotha ou les origins du judaïsme et du christianisme suivi d'un examen critique des évangiles anciens et modernes.* Paris: Michel Lévy, 1867, p. 283. Citados em GRAETZ, M. "Les lectures juives de Jésus au XIXe siècle". In: MARGUERAT, D.; NORELLI, E. & POFFET, J.-M. (eds.). *Jésus de Nazarhet* – Nouvelles approches d'une énigme. Op. cit., p. 490-493.

(1922). A introdução exibe sua ambição: "Se pudermos dar aos leitores judeus uma noção exata do Jesus *histórico*, uma noção que não seja nem a da teologia cristã nem a da teologia judaica, e que seja científica e maximamente objetiva; se pudermos dar-lhes uma ideia do que esta doutrina simultaneamente tão próxima e tão distante do judaísmo [...], então teremos preenchido uma página branca da história de Israel, cujo outro lado até então havia sido escrito quase que exclusivamente por cristãos"[317].

A ideia central de Klausner é que Jesus nasceu do judaísmo, que é "o mais judeu dos judeus, mais judeu do que Shimeon ben Shetah, mais judeu inclusive que Hillel". Ele é "para a nação judaica um grande moralista e um artista em parábolas"[318]. Sua moral, emprestada do espírito farisaico, é a mais alta realização que ele legou à humanidade. E, no entanto, o povo judeu o rejeitou. O que contaminou o pensamento de Jesus, o que o fez abandonar a via dos sábios, segundo Klausner, foram as "quimeras apocalípticas"; aqui ele está se referindo ao imaginário do Reino de Deus e a radicalidade das regras éticas do Nazareno.

Por conseguinte, conclui Klausner, o judaísmo sentiu-se no dever de rejeitá-lo. E explica: "Esta doutrina sorveu sua origem do judaísmo profético, e em certa medida do judaísmo farisaico, mas, por um lado, negava tudo aquilo que ligava o judaísmo à vida, e, por outro, levava este judaísmo a uma espécie de extremismo que, num certo sentido, criava um *não judaísmo*. Assim se explica este fenômeno aparentemente estranho: o judaísmo que gerou o cristianismo sob sua primeira forma (a doutrina de Jesus) perseguiu seu filho sentindo que este queria dar-lhe o beijo da morte"[319]. Formulação pungente: Jesus, novo Judas, ofereceu ao judaísmo o beijo da morte.

---

317. KLAUSNER, J. *Jésus de Nazareth* – Son temps, sa vie, sa doctrine. Op. cit., p. 10.

318. Ibid., p. 594.

319. Ibid., p. 541-542.

A brilhante inteligência de Klausner lhe fez perceber a irredutibilidade de Jesus no seio do judaísmo antigo. Mas percebe-se que, apesar de sua ambição de "objetividade", o historiador judeu concorda com o veredicto teológico do Talmud: Jesus é um rabino que acabou mal. Klausner concorda igualmente com os sábios do Talmud ao justificar a decisão judaica de eliminá-lo. Sobre este último ponto, sua voz é bastante solitária: a maioria dos historiadores judeus que o sucederam faz os romanos carregarem a responsabilidade da condenação do Nazareno ou, no mínimo, aliviará a carga judaica transferindo-a para os romanos.

O caminho aberto por Joseph Klausner foi seguido, alguns decênios mais tarde, por inúmeros historiadores judeus. *Desde então Jesus é reivindicado pelo judaísmo, não como filho de Deus nem como Messias, mas como filho de Israel.* Shalim ben-Shorin e David Flusser veem nele um rabino fariseu com um discurso moral sobre o amor. Shmuel Safrai e Geza Vermes o afiliam ao círculo piedoso dos *hassidim*, e dentre eles aos curandeiros carismáticos galileus. Israel Knohl estima que o messianismo sofredor de Jesus copia o messianismo de Qumran. Jacob Neusner examina a interpretação que Jesus faz da Torá, mas contesta a ideia de que o judaísmo mosaico do século I precisasse de um reformador. Guy Stroumsa considera que o judaísmo ofereceu ao cristianismo o profeta perfeito[320]. O debate, já que agora é debate mesmo, está aberto.

---

320. BEN-CHORIN, S. *Mon frère Jésus* – Perspectives juives sur le Nazaréen. Paris: Seuil, 1983 (orig. al., 1967). • FLUSSER, D. *Jésus*. Op. cit. • SAFRAI, S. "Jésus et le mouvement des *hassidim*". In: *Proceedings of the 10Th World Congress of Jewish Studies, August 16-24, 1989*. Jerusalém, 1990, p. 1-8. • VERMES, G. *Jésus le Juif*. Op. cit. • KNOHL, I. *L'autre messie*. Paris: Albin Michel, 2001 (orig. hebr. 2000). • NEUSNER, J. *Un rabbin parle avec Jésus*. Paris: Cerf, 2008 (orig. ingl. 1993). • STROUMSA, G. *La Fin du sacrifice* – Les mutations religieuses de l'Antiquité tardive. Paris: Odile Jacob, 2005. Cf. JAFFÉ, D. *Jésus sous la plume des historiens juifs du XXe siècle*. Paris: Cerf, 2009.

Estes historiadores conseguiram dissociar a figura de Jesus dos séculos de perseguição em que os cristãos brandiam a imagem do Cristo para desautorizar o judaísmo. Contra o Cristo das Igrejas, eles reinvestem no Jesus da história. Para dizê-lo com as palavras de Harry Austryn Wolfson: Jesus não salvará os judeus, mas os judeus salvarão Jesus reivindicando-o[321].

321. Citado por HARVEY, W.Z. "Harry Austryn Wolfson on the Jew's Reclamation of Jesus". In: STAHL, N. (ed.). *Jesus among the Jews*. Londres: Routledge, 2012, p. 156.

13
Jesus no islã

A recepção de Jesus no islã foi problemática. A leitura do Alcorão desperta uma dupla impressão. Por um lado, Jesus aparece como uma figura evidentemente marcante. Não é mencionado frequentemente (somente 93 versículos sobre mais de 6.000 falam dele e de Maria[322]), mas seu papel e sua dignidade são marcantes. Nascido milagrosamente de Maria, é reputado sem pecado, figura eminente entre os profetas, Messias, Espírito e Palavra de Deus: "Jesus, Filho de Maria, é o Profeta de Deus, sua Palavra lançada em Maria, um Espírito emanando dele" (surata 4, v. 171[323]). Por outro lado, o Alcorão nega fortemente a natureza divina de Jesus: "O Messias, filho de Maria, não passa de um profeta" (5,75); "Os que dizem: 'Alá é o Messias, filho de Maria' são ímpios" (5,72). A figura de Jesus Cristo suscita no Alcorão uma dificuldade teológica fundamental: seria possível, ao lado de Alá, imaginar outro ser divino?

Para compreender, uma breve contextualização pode ajudar.

Seis séculos se passaram desde o nascimento de Jesus de Nazaré. Os historiadores são unânimes em dizer que o islã eclodiu num

322. Dispersos em todo o Alcorão, estes versículos se concentram nas suratas 3, 5 e 19. [Surata, sura ou surat é um termo que significa "capítulo" no Alcorão (N.T.)].

323. Cito o Alcorão na tradução de Denise Masson (*Le Coran.* Paris: Gallimard, 1967 [Col. "Bibliothèque de la Pleiade"]) e substituo "Alá" por "Deus" quando o texto o permite. Sua tradução foi aprovada por várias autoridades muçulmanas, dentre as quais a mesquita do Cairo. Na sequência, as referências do Alcorão são indicadas pelo número da surata (capítulo) seguida do versículo.

tempo e num lugar onde a figura de Jesus era largamente conhecida. A Arábia pré-islâmica, a Arábia do século VII onde viveu Maomé, é uma encruzilhada religiosa onde coabitam judaísmo, cristianismo, zoroastrismo e os cultos politeístas da península arábica. Quanto ao cristianismo, ele prospera sob diversas denominações que convivem lado a lado e se combatem: comunidades judeu-cristãs, gnósticas e batistas. O islã nasce simultaneamente de uma retomada de elementos constitutivos do judaísmo e do cristianismo e ao mesmo tempo de uma reação a estas tradições religiosas. O mundo bíblico – Antigo e Novo Testamento bem como os escritos parabíblicos – marca presença na literatura islâmica. A este respeito, mais do que um efeito de geração espontânea, é justo considerar o Alcorão *um conservatório de tradições religiosas preexistentes e um esforço original de síntese.*

Um monoteísmo radical

O islã nasceu da afirmação da *unicidade de Alá* contra qualquer divindade concorrente. Esta verdade, que poderíamos considerá-la um dogma fundador do islã, é martelada ao longo dos 114 capítulos [suratas] do Alcorão.

Diante do monoteísmo judeu, a negação de qualquer outra divindade não era problema; ela devia, em contrapartida, ser difundida diante dos politeísmos árabes e diante do cristianismo. Para o islã, assim como para o judaísmo, a ideia de uma filiação divina é inconcebível. "Se um homem diz ser Deus, é um mentiroso", lê-se no Talmud (*j*Taanit 2,1). O Alcorão é igualmente categórico: "Não há senão um Deus único. Se eles não renunciarem ao que dizem, um terrível castigo cairá sobre os que dentre eles permanecerem incrédulos" (5,73). Os "eles" visados aqui, em primeiro lugar, são os cristãos. "Alá é único. Glória a Ele! Como teria Ele um filho?" (4,171). "Ele, Alá, é uno! Alá! O impenetrável! Ele não engendra, ele não é engendrado, nada é igual a Ele!" (112,1-4). Tudo está dito!

Mas, qual é, ou, antes, quais são os cristianismos com os quais o monoteísmo radical de Maomé entra em colisão frontal? O cristianismo que afirma com maior força a divindade de Jesus é uma corrente denominada monofisita, ativo no Oriente desde o século V; ele defendia a ideia de uma única natureza em Cristo (e não a humana e a divina), e que sua natureza divina havia absorvido sua humanidade. Esta cristologia não está longe do pensamento gnóstico, que a biblioteca de Nag Hammadi nos fez conhecer, e a respeito do qual sublinhamos que sua imagem do Salvador divino colocava em risco a encarnação (cf. final do cap. 11).

A concepção cristã da Trindade, que divide Deus em três pessoas, só podia ser recusada por Maomé em repugnância a qualquer deriva politeísta. A adoração cristã da Trindade abriu espaço para a acusação de triteísmo. Um versículo do Alcorão o faz ver claramente:

> Deus disse: "Oh Jesus, filho de Maria!
> Foste Tu que disseste aos homens: 'Tomai a mim e à minha mãe por duas divindades, e abaixo de Deus?'"
> Jesus disse: "Glória a ti! Não me pertence declarar o que não tenho o direito de dizer".
> "Tu o terias sabido, se eu o tivesse dito" (5,116).

O Jesus do Alcorão recusa a ideia de estar à origem da teologia trinitária. Mas, curiosamente, a trindade anunciada aqui é feita de Deus, Jesus e Maria. A substituição do Espírito Santo por Maria corresponde à importância assumida pelo culto marial, em particular na Cristandade oriental, na sequência do Concílio de Éfeso que a declarou *Theotokos*, "mãe de Deus". Maomé julga a Cristandade que tem sob seus olhos: rezar para Jesus e Maria faz desta religião, segundo o seu modo de ver, um triteísmo.

Sabemos que os debates cristológicos do século IV (Niceia 325; Constantinopla 381) e do século V (Éfeso 431; Calcedônia 451) legislaram sobre as duas naturezas de Cristo e sobre a consubstancialidade divina do Pai e do Filho. Embora estas decisões conciliares tivessem fixado a doutrina majoritária, a Cristandade permanecia dividida, notadamente entre nestorianos (que acentuavam a humanidade de Jesus) e os monofisitas (que acentuavam a parte divina). Em suma: Maomé tinha sob seus olhos um cristianismo que, de uma forma ou de outra, acreditava na divindade de Jesus Cristo, mas discutindo entre si esta realidade. Por outro lado, a piedade marial era tão forte que a Virgem parecia estar sendo alçada ao pedestal divino. Ora, o monoteísmo radical de Maomé só podia rejeitar qualquer proximidade com o Deus único. É lá que repousa o pecado de descrença dos cristãos: "Alá não perdoa ser associado a quem quer que seja" (4,48; cf. tb. 19,35).

Os biógrafos de Maomé falam de seus contatos com as Igrejas siríacas, e notadamente seus encontros em Bosra (Síria) com o Monge Bahira, que exerceu para ele a função de iniciador. As informações sobre Jesus no Alcorão dependem muito mais (ainda o veremos) dos evangelhos apócrifos do que dos escritos canônicos. O conhecimento da fé cristã que Maomé demonstra revela-se fortemente impregnado das comunidades marginais, ainda que não seja preciso imaginar pequenos grupos secretos ou dissidentes, já que o cânon das Escrituras ainda não estava plenamente definido. Seja como for, a ausência de qualquer explicação sobre a pessoa de Jesus sinaliza que a pregação cristã era conhecida de seus ouvintes.

Uma tradição polifônica

Vejamos rapidamente algumas informações sobre as escrituras do islã antes de analisar mais precisamente sua recepção de Jesus. A tradição muçulmana confessa que o texto do Alcorão foi ditado a Maomé pelo anjo Gabriel (*Djibril*). Uma abordagem mais crítica, no entanto, constata a heterogeneidade literária e teológica deste *corpus*: os 114 capítulos (suratas) apresentam uma compilação de palavras diferentes e às vezes contraditórias. Repetições, mudanças de temáticas, rupturas de tom atestam que, ao invés de um tratado doutrinal monolítico, o Alcorão é *um vasto mosaico de sentenças.* A lógica de sua disposição nos foge, à exceção da primeira, onde longas suratas precedem suratas mais curtas. Apesar da uniformidade de seu estilo sapiencial, o Alcorão não é menos diversificado do que o Novo Testamento. Mais do que num autor único, é numa pluralidade de autores que esta polifonia faz pensar.

Além disso, a crítica histórica detecta dois estratos sucessivos na origem das suratas. Elas estão ligadas à biografia do Profeta. Entre seu nascimento (por volta de 570) e sua morte (por volta de 634-635), Maomé viveu em Meca, depois foi morar com seus companheiros a 500km de lá, no oásis de Yathrib, antigo nome de Medina. Hégira (622) foi o seu lugar de exílio, considerada tradicionalmente o berço da era muçulmana. A tradição islâmica, desde o século X, diferenciou as 86 suratas de Meca e as 28 suratas de Medina. Um sábio alemão, Theodor Nöldeke (1836-1930), pesquisou os critérios que permitem diferenciar estes capítulos, considerando seu estilo, as relações entre Maomé e seus opositores, e as regras que estruturam os ritos e a vida da comunidade[324]. Em Medina, a polêmica com os adversários, os judeus e os cristãos, se arrefece ao passo que a estrutura legislativa se amplia. Hoje não existe mais o acordo sobre a distribuição dos capítulos entre "Makka e Madina" [Meca de Medina], dada a ausência de testemunhos históricos sobre este período.

Lembramos que o Alcorão que lemos não é o de Maomé, mas um texto fixado pelo terceiro califa, Otomã, falecido em 656.

Para ser completo, urge acrescentar que o Alcorão faz-se acompanhar de uma importante literatura: A *Sira*, biografia do Profeta, e os *Hádice* ou *Hadiz*, coleções de palavras e atos do Profeta. Os *Hadiz* foram colecionados desde o século VIII e proliferam em seguida até

---

324. NÖLDEKE, T. *Geschichte des Qorans,* 1860 [trad. ingl.: *The History of Qur'ân.* Leiden: Brill, 2013].

formar um conjunto incalculável. Eles constituem uma espécie de comentário ao Alcorão, esclarecendo seus enigmas e suas passagens obscuras. Estes ditos e relatos comportam inúmeras sentenças atribuídas a Jesus, algumas próximas dos evangelhos, outras oriundas da sabedoria ancestral. Eles testemunham, depois de Maomé, um conhecimento dos escritos evangélicos[325].

No Alcorão, as referências a Jesus se dividem em quatro grupos: 1) o nascimento e a infância; 2) a morte; 3) o ensinamento e os milagres; 4) as declarações sobre sua função, seu lugar entre os profetas, sua natureza, seu estatuto diante de Deus. Abordaremos estes quatro grupos de temáticas sucessivamente.

Nascimento e infância de Jesus

O Alcorão apresenta dois relatos do nascimento de Jesus. O primeiro, na surata 3, intitulada "A família de Imran", é o relato da Anunciação (3,42-47). Ele é precedido, nos v. 35-41, pelo relato do nascimento de Maria (*Maryam*), descendente de Imran, que sua mãe confia a Deus. Maria vive uma vida piedosa no Templo e recebe cada dia seu alimento de Deus. Zacarias, seu tio, pede a Deus que conceda para si uma descendência, embora sua mulher seja estéril. Enquanto reza no Templo, anjos lhe anunciam a novidade do nascimento de João Batista. Em seguida aparece o anúncio feito a Maria:

> Os anjos disseram: "Oh Maria! Deus te anunciou a boa-nova de um Verbo emanando dele.
> Seu nome é: o Messias, Jesus, filho de Maria, ilustre neste mundo e na vida futura;
> Ele está entre os que são próximos de Deus.

325. Tarif Khalidi reuniu e traduziu mais de 300 Hadiz em *Un musulman nommé Jésus* – Dits et récits dans la littérature islamique. Paris: Albin Michel, 2003, formato de bolso, 2014. Cf. tb. MARKSCHIES, C. & SCHRÖTER, J. (eds.). *Antike christliche Apokryphen in deutscher Uebersetzung* – I/1: Evangelien und Verwandtes. Op. cit., p. 193-208.

> Desde seu berço Ele falará aos homens como um ancião e fará parte dos justos."
> Ela disse: "Meu Senhor! Como poderei ter um filho, se nenhum mortal me tocou?"
> Ele disse: "Deus assim cria o que deseja. Uma vez que decreta algo, basta dizer: 'seja!' [...] e é" (3,45-47).

O leitor do Evangelho de Lucas reconhece sem dificuldade o cenário de seu primeiro capítulo com suas duas anunciações: o anúncio do nascimento de João Batista a Zacarias seu pai, e o anúncio do nascimento de Jesus a Maria acompanhado do diálogo com o anjo. Mas o relato do Alcorão é combinado com o nascimento de Maria e sua infância no Templo, temas emprestados do *Protoevangelho de Tiago* (5–10).

A surata 19, intitulada "Maria", prossegue relatando o nascimento de Jesus (19,16-34). O pai, José, está ausente. Maria, sozinha, vai para um "lugar afastado", que lembra o lugar deserto do *Protoevangelho de Tiago* (17,3). Ela dá à luz debaixo de uma tamareira e a criança assume a palavra para consolá-la, já que ela chora desconsolada. É então que acontece o famoso milagre da tamareira. Jesus lhe disse: "Sacode na tua direção o tronco da tamareira; isto fará com que frescas tâmaras maduras caiam sobre ti. Come, bebe e pare de chorar" (19,25-26). Este episódio maravilhoso é a transposição de um prodígio relatado pelo *Evangelho do Pseudo-Mateus* 20,1-2 (século VI). Mas o evangelho apócrifo situa o acontecimento na fuga de José e Maria para o Egito (cf. cap. 11 "Infância narrada"). Uma dependência literária direta dos dois escritos apócrifos parece excluída. O Alcorão tece o relato em forma de midraxe, parafraseando, onde se misturam (o que é normal) fundamentos canônicos e apócrifos.

Lembro de passagem que a única comprovação conhecida de uma combinação entre o *Protoevangelho de Tiago* e o milagre da tamareira proveniente do *Evangelho do Pseudo-Mateus* é a decoração iconográfica da Igreja de Kathisma, dedicada a Maria, uma Igreja bizantina cujas ruínas foram escavadas em 1990. Situado entre Jerusalém e Belém, este santuário octogonal comporta em seu centro uma rocha que tradicionalmente passou a ser considerada o local em que Maria teria descansado, por ocasião da fuga para o Egito[326]. A antiguidade desta combinação de tradições no seio da Cristandade palestina é um indício da fonte de inspiração do texto do Alcorão.

Que o filho fale desde o berço é atestado pelo *Evangelho árabe da infância* (século VI): "Jesus, ainda no berço, disse à sua mãe: 'Eu sou Jesus, Filho de Deus, o Verbo, que tu engendraste como o Anjo Gabriel te havia anunciado'" (1,1). No Alcorão, esta declaração se torna:

> Eu sou na verdade o servidor de Deus.
> Ele me deu o Livro; ele fez de mim um profeta; ele me abençoou, onde eu estiver.
> Ele recomendou-me a oração e a esmola – enquanto eu estiver vivo –
> e onde eu estiver.
> E me fez gentil para com minha mãe.
> Não me fez nem violento nem lamentável.
> A paz está comigo desde o dia em que nasci; estará comigo no dia em que eu morrer, bem como no dia em que eu for ressuscitado (19,30-33).

Quando o *Evangelho árabe da infância* diz "Filho de Deus", o Alcorão comenta: "Não convém que Alá se dê um filho" (19,35). Imaginamos sem dificuldade estes relatos maravilhosos circulando na piedade popular no século VII. Mas Maomé reformula e adéqua o nascimento de Jesus ao cânon de sua teologia: o filho de Maria nasce sem pai e não é filho de Deus.

A figura de Maria, por sua vez, é venerada. Alá efetivamente a escolheu e a "preferiu a todas as mulheres da humanidade" (3,42). É a única mulher chamada por seu nome no Alcorão, e mais frequentemente do que Jesus (trinta e quatro vezes, ao passo que Jesus é nomeado vinte e cinco vezes). Desde seu nascimento, Jesus consola

326. DYE, G. "La figure de Jésus dans le Coran". In: *Jésus* – Une encyclopédie contemporaine. Paris: Bayard, 2017, p. 350.

esta mulher que dá à luz sem marido. O pai é completamente tirado de circulação. Não subsiste senão Maria, *ícone feminina da submissão a Deus*, crença muçulmana por excelência.

De volta à sua família após ter dado à luz a Jesus, Maria é objeto de críticas: "Oh, Maria! Fizeste algo de monstruoso! Oh irmã de Aarão! Teu pai não era um homem perverso e tua mãe não é uma prostituta" (19,27-28). Note-se de passagem o anacronismo que faz de Maria a irmã de Aarão, irmão de Moisés. Os comentaristas estimam tratar-se de outro Aarão, ou entendem o termo "irmã" no sentido da descendência[327]. Mas, voltemos à indignação da família. Qual é a monstruosidade não dita, recriminada a Maria? O texto não é explícito, mas não é difícil supô-la: trata-se da desconfiança de amores ilícitos nascida da irregularidade do nascimento de Jesus. Deparamo-nos aqui com o menino *mamzer*, o bastardo, do qual falam os escritos judeus (cf. cap. 2 o item "Um filho ilegítimo", e cap. 12 o item "Os séculos de chumbo").

Tabarî, um comentarista muçulmano, na virada do século IX para o século X, quebrou o silêncio do Alcorão fazendo José intervir. Ele escreve: "Os judeus afirmam que Gabriel não teve participação neste acontecimento, mas que foi José, o carpinteiro, que teve relações com Maria, e que Jesus era um filho ilegítimo, mas Deus interveio e livrou Maria desta desconfiança"[328]. O comentarista exime, obviamente, Jesus e sua mãe de qualquer desconfiança. Em duas passagens o Alcorão afirma a propósito do nascimento milagroso de Jesus: "Uma vez que [Deus] decreta algo, basta dizer: 'seja!' [...] e é" (3,47; 19,35). A criança presente no seio de Maria é obra do Criador. À imagem de Adão, *Jesus nasce sem pai terrestre e procede diretamente do poder criador de Deus.*

---

327. Disponível em www.maison-islam.com/articles/?p=371

328. TABARÎ. *Chronique*, I [traduzido por H. Zotenberg. Paris: Imprimerie impériale, 1867, p. 539-540]. Devo esta referência a MORDILLAT, G. & PRIEUR, J. *Jésus selon Mahomet*. Paris: Seuil/Arte, 2015, p. 103.

Mas, uma vez mais, ele só é filho de Maria.

No Alcorão, o nome de Jesus é *Isâ ibn Maryam,* que significa: Issa, filho de Maria. A denominação "filho de Maria" é seu nome mais frequente. O que se enfatiza aqui é sua irredutível humanidade.

Uma morte aparente

Outro ponto forte da referência a Jesus no Alcorão é a menção de sua morte. Acabamos de ler a surata 19: "A paz está comigo desde o dia em que nasci; estará comigo no dia em que eu morrer, bem como no dia em que eu for ressuscitado" (19,33). Esta passagem não é a única a mencionar a morte de Jesus. No entanto, ela parece contradizer a passagem da surata 4, que polemiza com os Judeus:

> Nós os punimos porque eles não creram,
> porque eles proferiram uma horrível calúnia contra Maria
> e porque disseram: "Sim, nós matamos o Messias, Jesus,
> filho de Maria, o Profeta de Deus". Mas eles não o mataram;
> eles não o crucificaram, isto se lhes pareceu assim.
> Os que discordam quanto a isso estão na dúvida;
> disto não possuem um conhecimento certo; apenas seguem uma conjectura;
> certamente eles não o mataram, mas Deus o fez ascender até Ele: Deus é poderoso e justo (4,156-158).

A "horrível calúnia" contra Maria é o boato judeu de sua infidelidade ou de seu estupro para explicar o nascimento de Jesus. Entretanto, o mais surpreendente da passagem aparece na sequência do texto: aos judeus que disseram "nós matamos o Messias", o Alcorão responde que não o mataram, que não o crucificaram, "isto se lhes pareceu assim". Como entender esta afirmação totalmente enigmática? A tradução da formulação árabe *wa-lâkin shubiha la-hum* é muito discutida. Literalmente significaria "pareceu-lhes". Édouard

Montet traduziu assim: "para eles era uma aparência"[329]. O termo *shubiha* designa uma ilusão, uma miragem. Os judeus pensavam ter crucificado o Messias, mas foram vítimas de uma ilusão. Um monge sírio, João Damasceno, na virada do século VII para o século VIII, relata o que ele entendeu deste versículo. Segundo Maomé, escreve o monge, "os judeus, desrespeitando a Lei, quiseram colocá-lo [Jesus] na cruz e, após se terem apossado dele, não crucificaram senão sua sombra" (*Écrits sur l'islam*, 2[330]).

A morte de Jesus, portanto, é vista como um *simulacro*. Râzî, teólogo islâmico do século XII, dividiu as interpretações muçulmanas deste versículo em dois tipos. Para alguns, Deus enganou os judeus fazendo com que eles vissem um indivíduo muito parecido com outro, ou seja, um sósia de Jesus. Para outros, o próprio Jesus pediu a um de seus discípulos para que assumisse sua semelhança e se fizesse passar por Ele, e assim foi crucificado em seu lugar. Judas seria o candidato natural desta substituição[331]. Ora, o leitor dos evangelhos gnósticos identifica imediatamente um tema conhecido: para os defensores da cristologia docetista, a ideia de um Salvador divino que sofre e morre é impensável. Por isso foi inventada a teoria da substituição: outro é morto no lugar de Jesus, por exemplo, Simão de Cirene (já falamos disso no final do segundo capítulo). Sem dúvida essa teoria está na raiz do versículo do Alcorão que afirma que Jesus não foi morto, mas que "Deus o fez ascender até Ele" (4,158). Jesus elevado ao céu emerge aqui como uma prova de que Deus o poupou da morte. Assim, segundo o Alcorão, judeus e cristãos se equivocaram ao afirmar que Ele foi crucificado.

---

329. *Le Coran*, I. Paris: Payot, 1958, p. 140 [Col. "Petite Bibliothèque Payot", 40].

330. Citado segundo a tradução de R. Le Coz: DAMASCÈNE, J. *Écrits sur l'islam*. Paris: Cerf, 1992 [Col. "Sources Chrétiennes", 383].

331. Roger Arnaldez coleciona alguns comentários sobre este versículo em *Jésus, Fils de Marie, prophète de l'Islam*. Paris: Desclée, 1980, p. 191-204 [Col. "Jésus et Jésus-Christ", 13].

Como, em contrapartida, explicar que uma teoria docetista, que diviniza Jesus de Nazaré, tenha sido retomada por um islã que, inversamente, nega a natureza divina do "Profeta Jesus"? A solução aventada pelos especialistas parece direcionar-se para a ideia de que Maomé teria assumido a afirmação sem se preocupar com as motivações teológicas. Ou seja, para ele, a natureza de Jesus não estava em discussão: o filho de Maria era humano, nada mais que humano. Dizer que Deus deixou seu enviado morrer ameaçaria a soberania divina. Para o islã, portanto, era inconcebível admitir que os judeus dispusessem do poder de matar o Profeta Jesus, já que *a decisão de fazer Jesus morrer só pertencia a Deus.*

Estaria o Alcorão negando a morte de Jesus? A resposta requer esgueirar-se por entre afirmações não vinculadas umas às outras. O versículo acima, já citado, parece admiti-lo, enquanto afirma que Jesus diz "a paz está comigo desde o dia em que nasci; estará comigo no dia em que eu morrer, bem como no dia em que eu for ressuscitado" (19,33). Sua ressurreição, portanto, acontecerá no fim dos tempos. Mas outra passagem afirma claramente que "os filhos de Israel conspiraram contra Jesus, [entretanto] Deus também conspirou, e por ser melhor do que seus conspiradores, disse: 'Oh Jesus! Eu, de fato, vou chamá-lo a mim, elevá-lo a mim, salvá-lo dos incrédulos" (3,54-55). Combinando as duas passagens é possível concluir que, no Alcorão, a morte de Jesus na cruz foi um simulacro orquestrado por Deus para conspirar e para enganar os judeus, bem como para libertar seu profeta, visando a atraí-lo para si. Dessa forma, outra pessoa teria morrido em seu lugar; Deus teria elevado a Jesus, livrando seu profeta das mãos dos judeus.

É possível, como o sugere Guillaume Dye, que este famoso versículo do Alcorão sobre a morte de Jesus (4,157) esteja baseado numa polêmica mais antijudaica do que anticristã[332]. Isto porque

332. DYE, G. "La figure de Jésus dans le Coran". In: *Jésus* – Une encyclopedie contemporaine. Op. cit., p. 354.

regularmente os judeus são alvo dos ataques do Alcorão: apesar das "provas incontestáveis" trazidas por Deus, eles não acreditaram em Jesus, caluniaram sua mãe e acusaram seu filho de magia (2,87.253; 3,86; 5,110; 43,63; 61,6).

Ensinamento e milagres

Depois do nascimento, da infância e da morte, um terceiro grupo de versículos fala sobre o ensinamento e os milagres de Jesus.

Tratando-se de seu ensinamento, Jesus é primeiramente situado numa corrente de profetas inspirados. "Nós enviamos revelação a Abraão, Ismael, Isaac, Jacó, as tribos, Jesus, Jó, Jonas, Aarão, Salomão, e atribuímos os Salmos a Davi" (4,163). Jesus é, portanto, o elo de uma corrente de enviados de Deus que começa com Abraão e, *via* profetas, continua até Maomé, em quem a corrente encontra seu término. O mandato divino dos profetas é anunciar boas notícias e advertir os homens "a fim de que, após a vinda dos profetas, não tenham nenhum argumento contra Deus" (4,165).

É exatamente a continuidade da mensagem divina e sua permanência que sublinha o Alcorão. Jesus foi enviado para confirmar a Torá: "Nós enviamos, depois dos profetas, Jesus, filho de Maria, para confirmar a Torá que o precedeu" (5,46). Mas, esta insistência na identidade da mensagem serve à polêmica antijudaica, já que foram justamente os judeus que cometeram fraudes a este respeito. Eles não respeitaram a Torá que lhes tinha sido transmitida, eles a falsificaram: "Os injustos substituíram as palavras por outras que não lhes tinham sido ditas" (2,59; 7,163). Esta crítica de falsificação é repetida, mas pouco concretizada. Mesmo assim é possível entender que o delito foi praticar a usura e dilapidar os bens das pessoas (4,160-161).

Entretanto, Jesus se separa da linha profética à medida que é categorizado como "Palavra de Deus": "Verdadeiramente, o Messias,

Jesus, filho de Maria, é o Profeta de Deus, a Palavra por Deus lançada em Maria, um Espírito emanando dele" (4,171). Por ocasião da Anunciação, o mensageiro angélico prediz a Maria que ela dará à luz "um Verbo emanando dele [Deus]" (3,45). Segundo a confirmação do anjo, Jesus pode ser chamado Palavra de Deus à medida que Deus lhe ensinará "a Torá e o Evangelho" (3,48). Na acepção do Alcorão, o Evangelho não deve ser confundido com os textos cristãos; a denominação é geral, e designa a revelação recebida de Deus, e que Jesus a transmite aos homens.

Sobre o conteúdo desse Evangelho, o Alcorão é pouco explícito. "Ele [Deus] recomendou-me a oração e a esmola – enquanto eu estiver vivo – e onde eu estiver. E me fez gentil para com minha mãe" (19,31-32). Se o Alcorão não é claro, a tradição islâmica dirá mais ao multiplicar os *hadîths* introduzidos por "Jesus disse" ou por "Deus revelou a Jesus"[333].

Alguns *hadîths* retomam passagens do Antigo Testamento:

> Foi revelado a Jesus: "Uma terra é maldita se ela é governada por jovens" (n. 24[334]).

Esta sentença poderia reproduzir um dito da sabedoria oriental, mas constata-se que ela possui um precedente em Coélet 10,16: "Ai de ti, país, que tens como rei um menino e cujos príncipes madrugam para suas comilanças".

Outros *hadîths* se inspiram incontestavelmente em palavras do evangelho:

> Jesus disse: "Aquele que é misericordioso neste mundo é aquele a quem será manifestada a misericórdia no outro mundo" (n. 155).

---

333. Reproduzimos na sequência os *hadîths* compilados por Tarif Khalidi (*Un musulman nommé Jésus* – Dits et récits dans la littérature islamique. Paris: Albin Michel, 2003; formato de bolso, 2014), indicando sua numeração entre parênteses.

334. O *hadîths* n. 24 é reatado por Muhammad ibn Sa'ad (século IX).

> Jesus disse: "Se for dia de jejum para alguém dentre vós, que unja sua cabeça e sua barba e seque os lábios, a fim de que as pessoas não saibam que está jejuando. Se dá com a mão direita, que o esconda da mão esquerda. Se reza, que feche a cortina de sua porta, pois Deus prodigaliza o louvor como fornece os meios de existência" (n. 4).

> Jesus disse: "Por que vindes a mim vestidos como asnos, se vossos corações são corações de lobos e de predadores? Vesti-vos de reis, mas mortificai vossos corações pelo temor de Deus" (n. 216).

> Jesus disse: "Plantai vosso tesouro no paraíso, pois o coração do homem está onde estiver o seu tesouro" (n. 33[335]).

A primeira sentença reproduz a exortação à misericórdia com a promessa de que Deus, por sua vez, será misericordioso em seu Reino (Mt 5,7; Lc 6,36). A segunda resume a catequese sobre o jejum e a oração e a polêmica contra os hipócritas que exibem sua piedade (Mt 6,1-18), com a exortação: "Quanto a ti, ao dares esmola, ignore a tua mão esquerda o que faz a tua mão direita" (Mt 6,3). A terceira se inspira na advertência contra os falsos profetas disfarçados em lobos (Mt 7,15). A quarta copia Mt 6,21: "Onde estiver o teu tesouro, ali também estará o teu coração".

Enfim, para outras sentenças, buscar nelas um antecedente evangélico seria uma perda de tempo. Elas correspondem mais a um ensinamento de sabedoria oriental.

> Deus revelou a Jesus: "Quando os preguiçosos riem, pinte teus olhos com o lápis da tristeza" (n. 261).

335. O *hadîths* n. 155 é relatado por Abu al-Hasan al-'Amiri (século X); o n. 4 por Abdallah ibn al-Mubarak (século VIII); o n. 216 por Abu Hamid al-Ghazali (século XII); o n. 33 por Ahmad ibn Hanbal (século IX).

> Jesus disse: "Oh israelitas, não comam demais, pois quem come demais dorme demais, e quem dorme demais reza pouco, e quem reza pouco se inscreve entre os negligentes" (n. 266).

> Cristo disse: "Carne que come carne? Que ato chocante!" (n. 176[336]).

Em última análise, a moral que resulta de um grande número de *hadîths* é uma moral de ascese e de privação. Aqui as prescrições alimentares são incontáveis. A tradição muçulmana empresta dos evangelhos o que lhe convém e acrescenta o que corresponde às suas necessidades.

Quanto aos *milagres*, o Alcorão os evoca brevemente, mas sempre deixando claro que curas de cegos e leprosos e ressurreições de mortos foram operadas "com a permissão de Alá" (3,49; 5,110). Nas passagens que acabamos de citar também encontramos o milagre do pássaro de barro moldado e dotado de vida pelo Menino Jesus, um episódio do *Evangelho da infância segundo Tomé* 2,1-4. À semelhança do relato apócrifo, este prodígio é interpretado como uma duplicação por Jesus do agir criador de Deus; alhures, o verbo árabe *khalaqa*, "criar", só é usado para referir-se a Deus. A incredulidade judaica diante dos milagres de Jesus é sublinhada: "Eu afastei de ti os filhos de Israel. Quando, com provas irrefutáveis, a eles te dirigiste, dentre seus incrédulos ouviu-se: 'Tudo não passa de pura magia'" (5,110).

O Jesus do Alcorão e sua missão

Já esboçamos a posição do Alcorão sobre a função de Jesus, seu estatuto diante de Deus, seu lugar entre os profetas. O Jesus do Alcorão é honrado como Messias (*masîh*), enviado de Deus (*rasûl*), pro-

---

336. O *hadîths* n. 161 é relatado por Abu al-Qasim ibn 'Asakir (século XII); o n. 266 por Abu al-Husayn Warram ibn Abi Firas (século XIII); o n. 176 por Al-Rahgib al-Isfahani (século XI).

feta (*nabî*), servidor de Deus (*'abd*[337]). Mas, qualquer outra designação que possa associá-lo a Deus é denunciada como mentira: "Não é exagerado dizer – escreve Tarif Khalidi em seu livro *Um muçulmano chamado Jesus* – que o Alcorão é obcecado pelo fantasma do politeísmo"[338]. Suas afirmações nos fazem encontrar a ambivalência entre os enviados de Deus, mas o estatuto de Jesus é redefinido para transformá-lo em precursor de Maomé. Dito de outra maneira: *Jesus é reformatado em profeta do islã.* Poderíamos falar de uma cristologia minimalista, redefinida a partir da vinda do Profeta que oferece um panorama e leva à sua plenitude a revelação de Deus.

Curiosamente, o Alcorão procede com Jesus da mesma maneira que os cristãos procederam com João Batista: mestre espiritual do Nazareno, João foi metamorfoseado pela tradição evangélica em precursor daquele "que vem depois de mim [e que] é mais forte do que eu" (Mt 3,11). Ora, eis o que declara o Jesus do Alcorão: "Oh israelitas! Em verdade eu sou o profeta de Deus enviado a vós para confirmar o que, da Torá, existia antes de mim, para vos anunciar a boa notícia de um profeta que virá depois de mim, cujo nome será Ahmad" (61,6). O nome Ahmad, no Alcorão, só ocorre nesta passagem. Ele significa "o gloriosíssimo", e a tradição muçulmana unânime vê nele uma denominação de Maomé. Pesquisadores islâmicos criticaram esta profecia da declaração de Jesus em Jo 14,16-17: "Eu pedirei ao Pai, e Ele vos dará outro Paráclito, que estará convosco para sempre. É Ele o Espírito da verdade [...]". O "Paráclito" (Consolador), designação do Espírito Santo que o Ressuscitado enviará à sua Igreja, é interpretado como referência dissimulada à vinda de Maomé; o grego *parakletos* é então lido como *periklutos*, "o célebre".

Jesus é o profeta enviado aos "adeptos do Livro". O Alcorão designa com isso os judeus e os cristãos, que se encontram regular-

337. Cf. 19,30; 4,171; 3,48; 4,172; 5,72; 114,117.

338. KHALIDI, T. *Un musulman nommé Jésus*. Op. cit., p. 23.

mente apostrofados e obrigados a submeter-se à verdadeira revelação. Maomé, de fato, não tem absolutamente a intenção de instaurar uma nova religião; não é uma nova religião, mas uma *verdadeira* religião, que Alá lhe transmitiu. O islã representa a verdadeira revelação que os judeus, e principalmente os cristãos, jamais deviam ter desvirtuado. O islã segue "a religião de Abraão, um verdadeiro crente, que não estava entre os politeístas" (2,135). Pois "Abraão não era nem judeu nem cristão, mas um verdadeiro crente submisso a Deus; ele não estava entre os politeístas" (3,67). Eis a razão pela qual o islã pode reivindicar ao mesmo tempo a herança de Israel e a herança do cristianismo, mas sob a reserva de selecionar o que Deus sempre disse. Contra os "adeptos do Livro", o islã se apresenta como detentor de uma revelação não contaminada.

Jesus é efetivamente *uma figura clivada pelos "adeptos do Livro"*: os judeus a recusam, os cristãos fazem dela uma imagem errada. Os judeus são, por um lado, criticados por terem falsificado a Torá e, por outro, por não terem acreditado em Jesus e caluniado sua mãe. Os cristãos são intimados a abandonar suas "extravagâncias", que consistem em imputar a Jesus uma natureza divina ao crerem na Trindade. A impiedade cristã consiste em se enganar sobre Jesus absorvendo-o na esfera divina.

> Oh adeptos do Livro! Não exagerais em vossa religião
> e não digais de Deus senão a verdade.
> Sim, o Messias, Jesus, filho de Maria, é o Profeta de Deus, sua Palavra enviada a Maria, um Espírito que emana dele.
> Acreditem, pois, em Deus e em seus profetas. Não digais "três". Cessai de fazê-lo, que será melhor para vós (4,171).

> Alá impede o paraíso a quem quer que atribua associações a Alá.
> Sua morada será o fogo.

Não há defensores para os injustos.
Sim, são ímpios os que dizem "Deus é, na verdade, um dos três" (5,72-73).

Em resumo: para o Alcorão, Jesus é Messias (em consonância com os cristãos e contra os judeus); mas não é nem divino nem ressuscitado (com os judeus e contra os cristãos).

Desprezada pelo Alcorão, a via gnóstica será, em contrapartida, desenvolvida na mística sufista. Estreitamente associada à figura de Maria que se abriu ao sopro divino, a figura de Jesus tipifica o nascimento espiritual destinado a realizar-se em cada ser. Ela ocupa um lugar central na obra de Ibn'Arabî (séculos XII-XIII), na qual Jesus é considerado "o selo da santidade". O tema (apócrifo cristão) da cruz de luz é retomado na gnose ismaeliana, para a qual o verdadeiro Messias não deve ser buscado neste mundo, mas nas profundezas da consciência. Vale lembrar que, contrariamente ao cristianismo, onde uma ortodoxia progressivamente marginalizou a gnose, a ausência de um magistério dogmático central no islã favoreceu uma profusão de espiritualidades gnósticas. Elas se desenvolveram particularmente na mística iraniana[339].

"Tu o terias sabido, se eu o tivesse dito"

Voltemos ao Alcorão. O triunfo da verdadeira religião, ou seja, do islã, será proclamado no fim do mundo, que coincidirá com a segunda vinda de Jesus. Os textos são lacônicos a este respeito. "Jesus é, na verdade, o anúncio da Hora. Não duvideis e segui-me, porque este é o caminho reto!" (43,61). Segundo os evangelhos sinóticos, a "hora" é a parusia, o retorno de Cristo sobre a terra[340]. Em contrapartida, os *hadîths* são muito mais explícitos: Jesus voltará para jul-

339. CORBIN, H. *En islam iranien* – Aspects spirituels et philosophiques. 3 vol. Paris: Gallimard, 1991.

340. Mc 12,32; Mt 24,44.50; 25,13; Lc 12,39.

gar os vivos e os mortos, matar os anticristos (*dajjâl*) e estabelecer o islã como religião universal[341]. Maomé parece não exercer nenhum papel, a não ser assistir o triunfo de Jesus.

Jesus é o único a tomar distância das crenças que seus discípulos supostamente teriam dele. Isto é verdade, em primeiro lugar, no tocante à sua natureza divina. Já citei sua resposta a Deus, que lhe perguntou: "Foste Tu que disseste aos homens: 'Aceita a mim e a minha mãe por duas divindades, abaixo de Deus?' Jesus respondeu; 'Tu o terias sabido, se eu o tivesse dito'" (5,116).

O Alcorão, por assim dizer, não desenvolve um Jesus *após* Jesus. Ele corrige o Evangelho e coloca Jesus *contra* Jesus. A pregação do Reino é ocultada, a morte na cruz negada, a ressurreição reenviada ao fim dos tempos, a filiação divina recusada ao invés de interpretada. Sobre este último ponto, na verdade, não é tanto do Jesus da história que corrige a imagem, mas antes de um Jesus que Maomé considera exageradamente deificado pela Cristandade oriental do século VII.

341. Suyûtî Iman. *Le Retour de Jésus*. Paris: IQRA, 2000.

Epílogo

O historiador mais cético deve convir: a vida de Yeshu, judeu galileu, mudou o rosto do mundo. Alguns objetarão: mas teria sido Jesus algo mais do que um pescador local, um curandeiro exaltado, cuja ambição – cintilante em Jerusalém – foi neutralizada por pessoas socialmente bem situadas? Neste livro eu quis mostrar que esta leitura minimalista não resiste ao exame histórico. Só o "efeito Jesus" – isto é, o impacto de sua personalidade sobre seus contemporâneos – explica essa fixação de sua memória junto aos seus adeptos.

Na primeira parte deste livro, o exame das fontes documentárias permitiu alcançar com as mãos a antiguidade excepcional e a abundância das informações que dispomos sobre ele. A teoria mítica do Jesus imaginário é uma fraude intelectual. Em contrapartida, o imaginário cristão se entusiasmou quando consistiu em descrever seu nascimento e sua infância. O mistério de sua origem expôs Jesus à condição frágil do filho *mamzer*, vindo ao mundo fora de uma união legalizada pela Torá. Essa condição lançou uma luz singular sobre o seu celibato e sobre a atenção por Ele devotada às categorias sociais marginalizadas (como Ele mesmo a experimentou). Que o filho sem pai só tenha chamado a Deus pelo nome de Pai não impressiona mais. A fé de Jesus transfigurou a precariedade de sua condição. Com a idade de trinta anos, um encontro provocou uma reviravolta em sua vida: o encontro com João Batista, o profeta desgrenhado do Jordão. É por ocasião do batismo que Jesus, por uma visão mística, obtém a revelação de sua vocação. A pregação de conversão de João o convenceu a afiliar-se a Ele, tornando-se seu discípulo e batizando em seu círculo. A prisão de seu mentor espiritual levou-o a empreender sua própria obra de pregação, retomando inúmeros temas de João, mas invertendo sua imagem de Deus: não mais o Deus da ira, mas o Deus que acolhe incondicionalmente.

A segunda parte do livro declinou a vida do Nazareno até a sua morte. Sua prática de cura lhe valeu um inegável sucesso popular. Mas, sobretudo – e isto é grandioso –, Jesus considerava seus milagres uma ativação do Reino de Deus na terra. Assim, o Jesus que cura inscreve a vitória de Deus sobre o mal no próprio corpo humano. Desta maneira, e de uma forma única em seu tempo, o Nazareno vê concretizar-se ao seu redor a presença do Reino de Deus. Esta presença do Reino não encontra sua fonte numa opinião teológica de Jesus, mas em sua experiência de vida. É a razão pela qual as parábolas, das quais faz abundante uso, não devem ser confundidas com historietas morais; elas têm por função visualizar o Reino e fazer decifrar seus traços no mundo, permitindo assim que seus ouvintes façam a mesma experiência de Jesus. As parábolas são uma espécie de "manual de instrução" sobre o Reino.

Poeta do Reino, Jesus foi também um mestre de sabedoria; seu ensinamento fez implodir as normas razoáveis admitidas pelos rabinos e instalou um estado de urgência ao redor das necessidades de outrem. É impressionante e imprescindível constatar que para Jesus o meio-termo não era uma opção. Sua redefinição de impureza, propriamente revolucionária, aponta para a mesma direção: Ele se aproxima daqueles e daquelas que a moral reprova, já que para Ele não representam uma ameaça de contaminação. Suas refeições, que escandalizaram, são lugares de uma santidade compartilhada. Jesus faz-se circundar de um grupo de íntimos [os Doze] prefigurando o Israel futuro, mas o grupo mais ampliado de seus adeptos engloba discípulas mulheres, das quais a tradição esqueceu parcialmente a memória.

O que Jesus pensava de sua vocação? Quem era Ele aos seus próprios olhos? Perscrutar os textos com atenção permite dizê-lo: é praticamente certo que Jesus usou apenas o título "Filho do Homem" não para identificar-se com este enviado divino (somente Deus pode decidi-lo), mas porque esperava que ele validasse sua ação no Julgamento último. As pessoas o saudavam como profeta, mas Ele se considerava "mais do que um profeta", justamente por ter consciência de seu papel único de revelador de Deus. A multidão o saudava como Messias, mas Ele não concordava com este título, já que impregnado de sabor nacionalista e violento. Após sua morte, os discípulos o compreenderam como Messias, mas diferentemente, ou seja, exatamente por uma fidelidade que comportava inclusive a morte, e de cruz. Desta forma surgiu a noção, desconhecida até então, de um Messias sofredor. Jesus, por sua vez, nunca *disse* quem Ele era, apenas *fez* o que era.

Ele morreu em Jerusalém, no final de um processo religioso seguido por um processo político. As razões de sua condenação não são evidentes. Teria sido condenado por blasfêmia, por ter-se declarado Messias? Pouco provável, já que o delito de messianidade não era capital à época. Se este delito foi invocado, foi para apresentá-lo ao Governador Pôncio Pilatos, pronto em reprimir qualquer desordem pública. Este, portanto, seria um motivo politicamente válido. O verdadeiro delito, no entanto, parece ter sido a injúria feita ao Templo pelo gesto violento da expulsão dos mercadores, bloqueando assim as operações ligadas aos sacrifícios. Este gesto se inscrevia na lógica da redefinição da pureza: a presença de Deus junto a seu povo não se mistura às barreiras protecionistas que filtram umas e preservam outras. Deus faz-se presente a todos e a todas, sem discriminação.

A terceira parte do livro se interessa pelo destino de Jesus de Nazaré. Como Jesus foi compreendido, recebido, interpretado? A primeira interpretação da vida e da morte de Jesus foi a fé em sua ressurreição. Foi através de experiências visionárias, um fenômeno de tipo paranormal, que seus amigos, mulheres e homens, receberam a convicção inesperada de que Deus se solidarizou com o homem suspenso no madeiro. A Páscoa não faz do Nazareno um deus. E é falso pensar que este "após" Jesus não tenha nada a ver com o seu "antes". Ou seja, a Páscoa não traz uma revelação estranha ao que Jesus era, mas sela a aprovação divina daquilo que Jesus foi e fez em vida.

A recepção de Jesus foi em seguida redesenhada pelos três grandes monoteísmos: cristianismo, judaísmo e islã. No cristianismo, os evangelhos extracanônicos constituem uma literatura abundante. Eles emanam de correntes cristãs dissidentes, às vezes herdeiras de tradições não consideradas pelos evangelhos canônicos, mas frequentemente tornando crível sua doutrina através de ficções teológicas. As visões panorâmicas são diversas: sacralizar a mãe, relatar a infância de Jesus, fixar sua judeidade, poupar-lhe a morte ou desenvolver uma sabedoria para iniciados. Estes escritos testemunham a enorme diversidade do cristianismo e sua capacidade de produzir, a partir de uma matriz comum, sínteses culturais variadas.

A recepção judaica de Jesus revela a história patética do ódio entre o cristianismo e o judaísmo ao longo dos séculos. Este destino tenebroso imprimiu sua marca sobre a maneira com que os judeus, expostos ao antissemitismo cristão, defenderam sua identidade religiosa. Do século II ao século VIII, os rabinos falam pouco de Yeshu ou o taxam de rabino rebelde, desvirtuado. Do século IX a meados do século XX, podemos falar sem medo de um período de chumbo: o Talmud é censurado pelos cristãos; a paródia do evangelho que são os *Toledot Yeshu* circula, às vezes por debaixo do pano. O descongelamento intervém por volta de 1970, após o que os eruditos judeus se interessaram pelo Nazareno e investiram seu conhecimento do Talmud na leitura dos evangelhos.

A recepção de Jesus no islã foi problemática: como imaginar, ao lado de Alá, outro ser divino? O islã nasce na Arábia do século VII, onde a figura de Jesus era largamente conhecida. Mas Maomé julga o cristianismo que tem debaixo de seus olhos, onde a adoração da Trindade passa por um triteísmo. O monoteísmo radical que o islã defende admite Jesus como profeta – aliás, um grande profeta –, mas nega que Ele possa ser filho de Deus. A herança das cristandades dissidentes orientais pode ser percebida nos relatos islâmicos do nascimento de Jesus, onde abundam os empréstimos dos evangelhos apócrifos. Sua morte no madeiro é interpretada como um simulacro, à maneira (mas por razões bem diferentes) do cristianismo gnóstico. Em última análise, Jesus é reformatado em profeta do islã, precursor de Maomé.

A extrema variedade que domina a recepção de Jesus nos três monoteísmos pode causar vertigem. O que poderia sobrar do Nazareno no prisma de três religiões que se excluem? De minha parte, guardo duas convicções. Por um lado, Jesus é o bem comum dos três monoteísmos. Compartilhar esta figura é a via real oferecida ao diálogo inter-religioso. Por outro lado, a verdade de Jesus não pode ser aprisionada a uma fórmula. Voltar ao Jesus da história é uma tarefa permanente.

Inclassificável Jesus...

Obras de referência

ALLISON, D.C. *Jesus of Nazareth, Millenarian Prophet.* Mineápolis: Fortress, 1998.

BARBAGLIO, G. *Gesù ebreo di Galilea* – Indagine storica. Bolonha: Dehoniane, 2002.

BECKER, J. *Jesus von Nazaret.* Berlim: De Gruyter, 1995.

BEN-CHORIN, S. *Mon frère Jésus.* Paris: Seuil, 1983.

BOCK, D.L. & WEBB, R.L. (eds.). *Key Events in the Life of the Historical Jesus.* Tubingen: Mohr Siebeck, 2009 [Col. "Wissenschaftliche Untersuchungen zum Neuen Testament", 247].

BOCKMUEHL, M. (ed.). *The Cambridge Companion to Jesus.* Cambridge: Cambridge University Press, 2001.

BOVON, F. & KOESTER, H. *Genèse de l'écriture chrétienne.* Turnhout: Brepols, 1991 [Col. "Mémoires Premières", 1].

BUSSE, U.; REICHARDT, M.; THEOBALD, M. (eds.). *Erinnerung an Jesus* – Festschrift R. Hoppe. Göttingen: Vandenhoeck und Ruprecht/Bonn University Press, 2011 [Col. "Bonner Biblische Beiträge", 166].

CHARLESWORTH, J.H. *The Historical Jesus* – An Essential Guide. Nashville: Abingdon Press, 2008.

CHARLESWORTH, J.H. (ed.). *Jesus and Archeology*. Grand Rapids: Eerdmans, 2006.

CHARLESWORTH, J.H.; ELLIOTT, J.K.; FREYNE, S. & REUMANN, J. *Jésus et les nouvelles découvertes de l'archéologie.* Paris: Bayard, 2006.

CHARLESWORTH, J.H. et al. (eds.). *Jesus Research* – The First/Second Princeton-Prague Symposium on Jesus Research. 2 vol. Grand Rapids: Eerdmans, 2009, 2014.

CHILTON, B. *Rabbi Jesus* – An Intimate Biography. Nova York: Doubleday, 2000.

CHILTON, B. & EVANS, C.A. (eds.). *Studying the Historical Jesus* – Evaluations of the State of Current Research. Leiden: Brill, 1994 [Col. "New Testament Tools and Studies", 19].

CIOLA, N.; PITTA, A. & PULCINELLI, G. (eds.). *Ricerca storica su Gesù* – Bilanci e prospettive. Bolonha: Dehoniane, 2017 [Col. "Studi biblici", 81].

CLAUSSEN, C. & FREY, J. (eds.). *Jesus und die Archäologie Galiläas*. Neukirchen: Neukirchener Verlag, 2008 [Col. "Biblisch-Theologische Studien", 87].

COTTER, W. *Miracles in Greco-Roman Antiquity*. Londres: Routledge, 1999.

CROSSAN, J.D. *Jesus* – A Revolutionary Biography. Nova York: HarperCollins, 1994.

______. *The historical Jesus* – The Life of a Mediterranean Peasant. São Francisco: HarperSanFrancisco, 1991.

CROSSAN, J.D. & REED, J.L. *Excavating Jesus* – Beneath the Stones, Behind the Texts. São Francisco: HarperSanFrancisco, 2001.

DETTWILER, A. (ed.). *Jésus de Nazareth* – Études contemporaines. Genebra: Labor et Fides, 2017 [Col. "Le Monde de la Bible", 72].

DETTWILER, A. & MARGUERAT, D. (eds.). *La Source des paroles de Jésus (Q)* – Aux origines du christianisme. Genebra: Labor et Fides, 2008 [Col. "Le Monde de la Bible", 62].

DUNN, J.D.G. *Jesus Remembered* (*Christianity in the Making*, I). Grand Rapids: Eerdmans, 2003.

DUNN, J.D.G. & McKNIGHT, S. (eds.). *The Historical Jesus in Recent Research*. Winona Lake: Eisenbrauns, 2005.

EHRMAN, B.D. *Jésus avant les évangiles* – Comment les premiers chrétiens se sont rappelé, ont transformé et inventé leurs histoires du Sauveur. Paris: Bayard, 2016.

______. *Did Jesus Exist?* – The Historical Argument for Jesus of Nazareth. Nova York: HarperOne, 2013.

______. *Les Christianismes disparus*. Paris: Bayard, 2003.

EVANS, C.A. *Jesus and His Contemporaries* – Comparative Studies. Boston: Brill, 2001.

FABRIS, R. *Gesù il "Nazareno"* – Indagine storica. Assis: Citadella, 2011.

FLUSSER, D. *Jésus*. Paris/Tel Aviv: De l'Éclat, 2005.

FREYNE, S. *Jesus* – A Jewish Galilean. Londres: Clark, 2004.

GIBERT, P. & THEOBALD, C. (eds.). *Le Cas Jésus-Christ* – Exégètes, historiens et théologiens en confrontation. Paris: Bayard, 2002.

GOWLER, D. *Petite histoire de la recherche du Jésus de l'Histoire*. Paris: Cerf, 2009 [Col. "Lire la Bible", 160].

GRAPPE, C. *Le Royaume de Dieu* – Avant, avec et après Jésus. Genebra: Labor et Fides, 2001 [Col. "Le Monde de la Bible", 42].

HARNISCH, W. *Die Gleichniserzählungen Jesu*. Göttingen: Vandenhoeck und Ruprecht, 1985 [Col. "Uni-Taschenbücher", 1.343].

HOLMÉN, T. (ed.). *Jesus in Continuum*. Tubingen: Mohr Siebeck, 2012 [Col. "Wissenchaftliche Untersuchungen zum Neuen Testament", 289].

HOLMÉN, T. & PORTER, S.E. (eds.). *Handbook for the Study of the Historical Jesus*. 4 vol. Leiden: Brill, 2011.

JEREMIAS, J. *Théologie du Nouveau Testament*: la prédication de Jésus. Paris: Cerf, 1996.

______. *Les Paroles inconnues de Jésus*. Paris: Cerf, 1970 [Col. "Lectio Divina", 62].

Jésus – Une encyclopédie contemporaine. Paris: Bayard, 2017.

JOSSA, G. *Voi chi dite che io sia?* Turim: Paideia, 2018 [Col. "Studi Biblici", 195].

______. *Tu sei il re dei Giudei?* – Storia di un profeta ebreo di nome Gesù. Roma: Carocci, 2014.

KLAUSNER, J. *Jésus de Nazareth* – Son temps, sa vie, sa doctrine. Paris: Payot, 1933 [original hebraico, 1922].

KREPLIN, M. *Das Selbstverständnis Jesu* – Hermeneutische und christologische Reflexion. Tubingen: Mohr Siebeck, 2001 [Col. "Wissenchaftliche Untersuchungen zum Neuen Testament", 2.141].

LACOCQUE, A. *Jésus, le juif central*. Paris: Cerf, 2018 [Col. "Lire la Bible", 194].

LÉMONON, J.-P. *Jésus de Nazareth* – Prophète et sage. Paris: Cerf, 2001 [Cahiers Évangile, 119].

LEVINE, A.-J.; ALLISON JR, D.C. & CROSSAN, J.D. (eds.). *The Historical Jesus in Context*. Princeton: Princeton University Press, 2006.

MAGNESS, J. *Stone and Dung, Oil and Spit. Jewish Daily Life in the Time of Jesus*. Grand Rapids: Eerdmans, 2011.

MARGUERAT, D. *Jésus et Matthieu* – À la recherche du Jésus de l'histoire. Paris/Genebra: Bayard/Labor et Fides, 2016 [Col. "Le Monde de la Bible", 70].

______. *Le Dieu des premiers chrétiens*. 4. ed. Genebra: Labor et Fides, 2011 [Col. "Essais Bibliques", 16].

______. "La Quête du Jésus de l'histoire et la judaïcité de Jésus". In: JAFFÉ, D. (ed.). *Studies in Rabbinic Judaism and Early Christianity* – Text and Context. Leiden: Brill, 2010, p. 3-16 [Col. "Ancient Judaism and Early Christianity", 74].

______. *L'Aube du christianisme*. Paris/Genebra: Bayard/Labor et Fides, 2008 [Col. "Le Monde de la Bible", 60].

______. "Jésus historique: une quête de l'inaccessible étoile? – Bilan de la "troisième quête". In: *Théophilyon*, 6/1, 2001, p. 11-55.

______. *L'homme qui venait de Nazareth* – Ce qu'on peut aujourd'hui savoir de Jésus. 4. ed. Aubonne: Du Moulin, 2001.

______. "Jésus de Nazareth". In: MAYEUR, J.-M.; PIETRI, C.; PIETRI, L.; VAUCHEZ, A. & VENARD, M. (eds.). *Histoire du christianisme* – I: Le Nouveau Peuple (des origines à 250). Paris: Desclée, 2000, p. 7-58.

MARGUERAT, D. & JUNOD, E. *Qui a fondé le christianisme?* – Ce que disent les témoins des premiers siècles. Paris/Genebra: Bayard/Labor et Fides, 2010.

MARGUERAT, D.; NORELLI, E. & POFFET, J.M. (eds.). *Jésus de Nazareth* – Nouvelles approches d'une énigme. 2. ed. Genebra: Labor et Fides, 2003 [Col. "Le Monde de la Bible", 38].

MEIER, J.P. *Un certain Juif, Jésus* – Les données de l'histoire. 5 vol. Paris: Cerf, 2004-2008 [Col. "Lectio Divina"].

MERKLEIN, H. *Jesu Botschaft von der Gottesherrschaft*. 3. ed. Stuttgart: KBW, 1989 [Col. "Stuttgarter Bibelstudien", 111].

NEUSNER, J. *Le Judaïsme à l'aube du christianisme*. Paris: Cerf, 1986 [Col. "Lire la Bible", 71].

ONUKI, T. *Jesus* – Geschichte und Gegenwart. Neukirchen: Neukirchener Verlag, 2006 [Col. "Biblisch-Theologische Studien", 82].

PENNA, R. *Gesù di Nazaret nelle culture del suo tempo*. Bolonha: Dehoniane, 2012.

PERROT, C. *Jésus et l'histoire*. 2. ed. Paris: Desclée, 1993 [Col. "Jésus et Jésus-Christ", 11].

PUIG I TÀRRECH, A. *Jésus* – Une biographie historique. Paris: Desclée de Brouwer, 2016.

______. *Jesus*: An Uncommon Journey. Tubingen: Mohr Siebeck, 2010 [Col. "Wissenchaftliche Untersuchungen zum Neuen Testament", 2.288].

RENAN, E. *Vie de Jésus* (1863). Paris: Gallimard, 1974 [Col. "Folio Classique", 618].

SACCHI, P. *Gesù e la sua gente*. Cinisello Balsamo: San Paolo, 2003.

SANDERS, E.P. *Jesus and Judaism*. Londres: SCM, 1985.

SCHLOSSER, J. *Jésus de Nazareth*. 2. ed. Paris: Agnès Viénot, 2002.

______. *Le Dieu de Jésus*. Paris: Cerf, 1987 [Col. "Lectio Divina", 129].

SCHRÖTER, J. *Jesus von Nazaret: Jude aus Galiläa* – Retter der Welt. 5. ed. Leipzig: Evangelische Verlagsanstalt, 2013 [Col. "Biblische Gestalten", 15].

SCHRÖTER, J. & JACOBI, C. (eds.). *Jesus Handbuch*. Tubingen: Mohr Siebeck, 2017.

STANTON, G. *Parole d'Évangile?* Paris/Montreal: Cerf/Novalis, 1997.

STEGEMANN, W.; MALINA, B.J. & THEISSEN, G. (eds.). *Jesus in neuen Kontexten*. Stuttgart: Kohlhammer, 2002.

THEISSEN, G. *Le Mouvement de Jésus* – Histoire sociale d'une révolution des valeurs. Paris: Cerf, 2006.

______. *Jesus als historische Gestalt*. Göttingen: Vandenhoeck und Ruprecht, 2003 [Col. "Forschungen zur Religion und Literatur des Alten und Neuen Testaments", 202].

______. *Urchristliche Wundergeschichten*. 6. ed. Gütersloh: Gerd Mohn, 1990 [Col. "Studien zum Neuen Testament", 8].

______. *Le Christianisme de Jésus* – Ses origines sociales em Palestine. Paris: Desclée, 1978 [Col. "Relais Desclée", 6].

THEISSEN, G. & MERZ, A. *Der historische Jesus* – Ein Lehrbuch. 4. ed. Göttingen: Vandenhoeck und Ruprecht, 2011.

UNIVERSITÉ DE STRASBOURG. *De Jésus à Jésus-Christ* – I: Le Jésus de l'histoire. Mame/Desclée, 2010 [Col. "Jésus et Jésus-Christ"].

VAN DER WATT, J. (ed.). *The Quest for the Real Jesus* – Radboud Prestige Lectures by Prof. Dr. Michael Wolter. Leiden: Brill, 2013 [Col. "Biblical Interpretation Series", 120].

VAN VOORST, R.E. *Jesus Outside the New Testament*. Grand Rapids: Eerdmans, 2000.

VERMES, G. *Jésus le juif*. Paris: Desclée, 1978 [Col. "Jésus et Jésus-Christ", 4].

VIVIANO, B. *Le Royaume de Dieu dans l'histoire*. Paris: Cerf, 1992 [Col. "Lire la Bible", 96].

WEDDERBURN, A.J.M. *Jesus and the Historians*. Tubingen: Mohr Siebeck, 2010 [Col. "Wissenchaftliche Untersuchungen zum Neuen Testament", 269].

ZIMMERMANN, R. (ed.). *Kompendium der Gleichnisse Jesu*. 2. ed. Gütersloh: Gütersloher Verlagshaus, 2015.

ZIMMERMANN, R. et al. (eds.). *Kompendium der frühchristlichen Wundererzählungen* – I: Die Wunder Jesu. Gütersloh: Gütersloher Verlagshaus, 2013.

Por capítulo

Algumas publicações de referência são assinaladas em relação ao tema de cada capítulo.

1 O que sabemos de Jesus?

BARDET, S. *Le Testimonium Flavianum*. Paris: Cerf, 2002.

BOVON, F. & GEOLTRAIN, P. (eds.). *Écrits apocryphes chrétiens*, I. Paris: Gallimard, 1997 [Col. "Bibliothèque de la Pleiade"].

CHARLESWORTH, J.H. (ed.). *Jesus and Archeology*. Grand Rapids: Eerdmans, 2006.

EHRMAN, B.D. *Jésus avant les évangiles* – Comment les premiers chrétiens se sont rappelé, ont transformé et inventé leurs histoires du Sauveur. Paris: Bayard, 2016.

______. *Did Jesus Exist?* – The Historical Argument for Jesus of Nazareth. Nova York: HarperOne, 2013.

MARKSCHIES, C. & SCHRÖTER, J. (eds.). *Antike christliche Apokryphen in deutscher Uebersetzung.* 2 vol. Tubingen: Mohr Siebeck, 2012.

MEIER, J.P. *Un certain Juif, Jésus* – Les données de l'histoire, I. Paris: Cerf, 2004 [Col. "Lectio Divina"].

2 Uma criança sem pai?

BARBAGLIO, G. *Gesù ebreo di Galilea* – Indagine storica. Bolonha: Dehoniane, 2002, p. 111-135.

BARBU, D. "L'Évangile selon les Juifs: à propos de quelques témoignages anciens". In: *Anabases*, 28, 2018, p. 157-180.

BROWN, R.E. *The Birth of the Messiah.* 2. ed. Londres: Chapman, 1993.

CHILTON, B. "Jésus, le *mamzer* (Mt 1,18)". In: *New Testament Studies*, 47, 2001, p. 222-227.

MAGNESS, J. *Stone and Dung, Oil and Spit. Jewish Daily Life in the Time of Jesus.* Grand Rapids: Eerdmans, 2011.

NORELLI, E. "Jésus en relation – Des adeptes, des alliés et des adversaires". In: DETTWILER, A. (ed.). *Jésus de Nazareth* – Études contemporaines. Genebra: Labor et Fides, 2017, p. 87-124 [Col. "Le Monde de la Bible", 72].

PENNA, R. *Gesù di Nazaret nelle culture del suo tempo.* Bolonha: Dehoniane, 2012.

3 Na escola de João Batista

BECKER, J. *Johannes der Täufer und Jesus von Nazareth*. Neukirchen: Neukirchener Verlag, 1972 [Col. "Biblische Studien", 63].

JOSSA, G. "Due svolte decisive nella vita di Gesù – Dalla minaccia del giudizio all'annuncio del Regno; dall'annuncio del regno al rinnovo dell'alleanza". In: CIOLA, N.; PITTA, A. & PULCINELLI, G. (eds.). *Ricerca storica su Gesù* – Bilanci e prospettive. Bolonha: Dehoniane, 2017, p. 127-141 [Col. "Studi Biblici", 81].

LÉGASSE, S. *Naissance du baptême*. Paris: Cerf, 1993 [Col. "Lectio Divina", 153].

MÜLLER, U.B. *Johannes der Taüfer*: jüdischer Prophet und Wegbereiter Jesu. 2. ed. Leipzig: Evangelische Verlagsanstalt, 2013.

THEISSEN, G. "Jésus et Jean-Baptiste: rupture ou continuité?" In: DETTWILER, A. (éd.). *Jésus de Nazareth* – Études contemporaines. Genebra: Labor et Fides, 2017, p. 65-86 [Col. "Le Monde de la Bible", 72].

WEBB, R.L. *John the Baptizer and Prophet*. Sheffield: Sheffield Academic Press, 1991 [Col. "Journal for the Study of the New Testament – Supplement Series", 62].

4 O homem das curas

COTTER, W. *Miracles in Greco-Roman Antiquity*. Londres: Routledge, 1999.

MARGUERAT, D. *Le Dieu des premiers chrétiens*. 4. ed. Genebra: Labor et Fides, 2011, p. 33-47 [Col. "Essais Bibliques", 16].

MERZ, A. "Les miracles de Jésus et leur signification". In: DETTWILER, A. (ed.). *Jésus de Nazareth* – Études contemporaines. Genebra: Labor et Fides, 2017, p. 173-194 [Col. "Le Monde de la Bible", 72].

PERROT, C.; SOULETIE, J.L. & THÉVENOT, X. *Les Miracles*. Paris: De l'Atelier, 1995.

THEISSEN, G. *Urchristliche Wundergeschichten*. 6. ed. Gütersloh: Gerd Mohn, 1990 [Col. "Studien zum Neuen Testament", 8].

TWELFTREE, G.H. *Jesus the Exorcist* – A Contribution to the Study of the Historical Jesus (WUNT 2.54). Tubingen: Mohr Siebeck, 1993.

ZIMMERMANN, R. et al. (eds.). *Kompendium der frühchristlichen Wundererzählungen* – I: Die Wunder Jesu. Gütersloh: Gütersloher Verlagshaus, 2013.

5 O poeta do Reino

ALLISON, D.C. *Jesus of Nazareth, Millenarian Prophet*. Mineápolis: Fortress Press, 1998.

FREYNE, S. *Jesus* – A Jewish Galilean. Londres: Clark, 2004.

GRAPPE, C. *Le Royaume de Dieu* – Avant, avec et après Jésus. Genebra: Labor et Fides, 2001 [Col. "Le Monde de la Bible", 42].

HARNISCH, W. *Die Gleichniserzählungen Jesu*. Göttingen: Vandenhoeck und Ruprecht, 1985 [Col. "Uni-Taschenbücher", 1.343].

MARGUERAT, D. *Parabole*. Paris: Cerf, 1991 [Col. "Cahiers Évangile", 75].

VIVIANO, B. *Le Royaume de Dieu dans l'histoire*. Paris: Cerf, 1992 [Col. "Lire la Bible", 96].

ZIMMERMANN, R. (ed.). *Kompendium der Gleichnisse Jesu*. 2. ed. Gütersloh: Gütersloher Verlagshaus, 2015.

6 O mestre de sabedoria

GIBERT, P. & THEOBALD, C. (eds.). *Le Cas Jésus-Christ* – Exégètes, historiens et théologiens en confrontation. Paris: Bayard, 2002, p. 17-170.

GRAPPE, C. "Jésus et l'impureté". In: *Revue d'Histoire et de Philosophie Religieuses*, 84, 2004, p. 393-417.

LÉMONON, J.-P. *Jésus de Nazareth* – Prophète et sage. Paris: Cerf, 2002 [Col. "Cahiers Évangile", 119].

MARGUERAT, D. "La Quête du Jésus de l'histoire et la judaïcité de Jésus". In: JAFFÉ, D. (ed.). *Studies in Rabbinic Judaism and Early Christianity* – Text and Context. Leiden: Brill, 2010, p. 3-16 [Col. "Ancient Judaism and Early Christianity", 74].

NEUSNER, J. *The Idea of Purity in Ancient Judaism*. Leiden: Brill, 1973.

SCHLOSSER, J. *Le Dieu de Jésus*. Paris: Cerf, 1987 [Col. "Lectio Divina", 129].

7 Seus amigos, seus concorrentes

BURNET, R. *Marie-Madeleine (Ier-XXe siècles)* – De la pécheresse repentie à l'épouse de Jésus: histoire de la réception d'une figure biblique. Paris: Cerf, 2004.

EVANS, C.A. *Jesus and His Contemporaries* – Comparative Studies. Boston: Brill, 2001.

MEIER, J.P. *Un certain Juif, Jésus: Les données de l'histoire* – III: Attachements, affrontements, ruptures. Paris: Cerf, 2005 [Col. "Lectio Divina"].

NEUSNER, J. *Le Judaïsme à l'aube du christianisme*. Paris: Cerf, 1986 [Col. "Lire la Bible", 71].

NORELLI, E. "Jésus en relation: des adeptes, des alliés et des adversaires". In: DETTWILER, A. (ed.). *Jésus de Nazareth* – Études contemporaines. Genebra: Labor et Fides, 2017, p. 87-124 [Col. "Le Monde de la Bible", 72].

THEISSEN, G. "Frauen im Umfeld Jesu". In: *Jesus als historische Gestalt*. Göttingen: Vandenhoeck und Ruprecht, 2003, p. 91-110 [Col.

"Forschungen zur Religion und Literatur des Alten und Neuen Testaments", 202].

8 Jesus e sua vocação

DUNN, J.D.G. *Jesus Remembered* (*Christianity in the Making*, I). Grand Rapids: Eerdmans, 2003, p. 615-762.

FREY, J. "Continuity and Discontinuity between 'Jesus' and 'Christ' – The Possibilities of an Implicit Christology". In: *Revista Catalana de Teologia*, 36, 2011, p. 69-98.

JOSSA, G. *Tu sei il re dei Giudei?* – Storia di un profeta ebreo di nome Gesù. Roma: Carocci, 2014.

KREPLIN, M. *Das Selbstverständnis Jesu* – Hermeneutische und christologische Reflexion. Tubingen: Mohr Siebeck, 2001 [Col. "Wissenchaftliche Untersuchungen zum Neuen Testament", 2.141].

LACOCQUE, A. *Jésus, le juif central*. Paris: Cerf, 2018, p. 35-108 [Col. "Lire la Bible", 194].

THEISSEN, G. "Du Jésus de l'histoire au Fils de Dieu du kérygme. L'apport de l'analyse sociologique des rôles à la compréhension de la christologie du Nouveau Testament". In: *Études Théologiques et Religieuses*, 83, 2008, p. 575-604.

9 Morrer em Jerusalém

BLINZLER, J. *Der Prozess Jesu*. 4. ed. Regensburgo: Pustet, 1969.

BOVON, F. *Les Derniers Jours de Jésus*. 2. ed. Genebra: Labor et Fides, 2004 [Col. "Essais Bibliques", 34].

BROWN, R.E. *La mort du Messie*. Paris: Bayard, 2005.

KLAUCK, H.-J. *Judas, un disciple de Jésus* – Exégèse et répercussions historiques. Paris: Cerf, 2006 [Col. "Lectio Divina", 212].

LÉGASSE, S. *Le Procès de Jésus* – L'histoire. Paris: Cerf, 1994 [Col. "Lectio Divina", 156].

LOHSE, E. *Die Geschichte des Leidens und Sterbens Jesu Christi*. Gütersloh: Gütersloher Verlagshaus Gerd Mohn, 1964.

VERMES, G. *Les Énigmes de la Passion*. Paris: Bayard, 2005.

10 Ressuscitado!

BARTON, S. & STANTON, G. (eds.). *Resurrection* – Essays in Honour of L. Houlden. Londres: SPCK, 1994.

MAINVILLE, O. & MARGUERAT, D. (eds.). *Résurrection* – L'après-mort dans le monde Ancien et le Nouveau Testament, Genebra/Montreal: Labor et Fides/Médiaspaul, 2001 [Col. "Le Monde de la Bible", 45].

MARGUERAT, D. *Résurrection* – Une histoire de vie. 4. ed. Bière: Cabédita, 2015 [Col. "Parole en liberté"].

THEISSEN, G. & MERZ, A. *Der historische Jesus* – Ein Lehrbuch. 4. ed. Göttingen: Vandenhoeck und Ruprecht, 2011, p. 415-446.

WILCKENS, U. *Auferstehung*. Stuttgart: Kreuz-Verlag, 1970 [Col. "Themen der Theologie", 4].

ZUMSTEIN, J. "Jésus après Jésus – L'événement pascal et les débuts de la christologie". In: DETTWILER, A. (ed.). *Jésus de Nazareth* – Études contemporaines. Genebra: Labor et Fides, 2017, p. 235-249 [Col. "Le Monde de la Bible", 72].

11 Jesus apócrifo

BOVON, F. & KOESTER, H. *Genèse de l'écriture chrétienne*. Turnhout: Brepols, 1991 [Col. "Mémoires premières", 1].

BURNET, R. *Les Apocryphes* – Témoins pluriels d'une Église plurielle. Bière: Cabédita, 2016 [Col. "Parole en Liberté"].

DUBOIS, J-D. *Jésus apocryphe*. Paris: Mame/Desclée, 2011 [Col. "Jésus et Jésus-Christ", 99].

ELLIOTT, J.K. *The Apocryphal Jesus* – Legends of the Early Church. Oxford: Oxford University Press, 1996.

KAESTLI, J.-D. & MARGUERAT, D. (eds.). *Le Mystère apocryphe* – Introduction à une littérature méconnue. 2. ed. Genebra: Labor et Fides, 2007 [Col. "Essais bibliques", 26].

SCHRÖTER, J. (ed.). *The Apocryphal Gospels within the Context of Early Christian Theology*. Lovaina: Peeters, 2013 [Col. "Bibliotheca Ephemeridum Theologicarum Lovaniensium", 260].

12 Jesus à luz do judaísmo

JAFFÉ, D. *Jésus sous la plume des historiens juifs du XX*^{e} *siècle*. Paris: Cerf, 2009.

______. *Le judaïsme et l'avènement du christianisme* – Orthodoxie et hétérodoxie dans la littérature talmudique Ier-IIe siècles. Paris: Cerf, 2005.

KLAUSNER, J. *Jésus de Nazareth* – Son temps, sa vie, sa doctrine. Paris: Payot, 1933 (original hebraico, 1922).

MURCIA, T. *Jésus dans le Talmud et la littérature rabbinique ancienne*. Turnhout: Brepols, 2014.

OSIER, J.-P. *L'Évangile du ghetto*. Paris: Berg International, 1984.

SCHÄFER, P. *Jesus im Talmud*. 3. ed. Tubingen: Mohr Siebeck, 2017.

STAHL, N. (éd.), *Jesus among the Jews*. Londres: Routledge, 2012.

THOMA, C. "Jésus dans la polémique juive de l'Antiquité tardive et du Moyen Âge". In: MARGUERAT, D.; NORELLI, E. & POFFET, J.-M. (eds.). *Jésus de Nazareth* – Nouvelles approches d'une énigme. 2. ed. Genebra: Labor et Fides, 2003, p. 477-487 [Col. "Le Monde de la Bible", 38].

13 Jesus no islã

ARNALDEZ, R. *Jésus* – Fils de Marie, prophète de l'Islam. Paris: Desclée, 1980 [Col. "Jésus et Jésus-Christ", 13].

GALLEZ, É.-M. *Le messie et son profete* – Aux origines de l'Islam. 2 vol. 4. ed. Versalhes: Éd. de Paris, 2012.

KHALIDI, T. *Un musulman nommé Jésus* – Dits et récits dans la littérature islamique. Paris: Albin Michel, 2003 [de bolso, 2014].

MICHAUD, H. *Jésus selon le Coran*. Neuchâtel: Delachaux et Niestlé, 1960 [Col. "Cahiers Théologiques", 46].

MORDILLAT, G. & PRIEUR, J. *Jésus selon Mahomet*. Paris: Seuil/Arte Éd., 2015 [de bolso, 2017].

MOURAD, S.A. "Jesus in the Qur'an and Other Early Islamic Texts". In: CHARLESWORTH, J. et al. (eds.). *Jesus Research: New Methodologies and Perceptions* – The Second Princeton-Prague Symposium on Jesus Research. Grand Rapids: Eerdmans, 2014, p. 753-765.

Agradecimentos

Este livro não teria sido possível sem a participação de várias pessoas. Em primeiro lugar, os incontáveis pesquisadores e pesquisadoras com quem compartilhei pesquisas, hipóteses, análises, questões, hesitações... e que não citei por medo de tornar o texto mais pesado, tornando-o assim mais legível. Que eles se sintam aqui agradecidos globalmente. Muitos se encontram na bibliografia. A redação do livro foi acompanhada por aquelas e aqueles que aceitaram reler as primeiras versões e me sugeriram melhorias. Marie-France Berthoud, Irène Kernen e Madiana Roy releram, à medida de sua evolução, o conjunto do texto. Rafaël Aubert e Élisabeth Robert releram os dois primeiros capítulos. Jean-Daniel Dubois e Jean-Daniel Kaestli releram o cap. 11. Simon Claude Mimouni releu o cap. 12. Shafire Keshavjee releu o cap. 13. Estejam certos de minha gratidão pela generosidade com que vos empenhastes na leitura e correção de meu texto. Enfim, o Instituto de Ciências Bíblicas da Universidade de Lausanne que colocou à minha disposição recursos informáticos e livrescos aos quais abundantemente recorri. Sinto-me orgulhoso e agradecido de haver-me beneficiado de tantas competências acumuladas nestes anos de trabalho.

EDITORA VOZES LTDA.
Rua Frei Luís, 100 – Centro – Cep 25689-900 – Petrópolis, RJ
Tel.: (24) 2233-9000 – Fax: (24) 2231-4676 – E-mail: vendas@vozes.com.br

UNIDADES NO BRASIL: Belo Horizonte, MG – Brasília, DF – Campinas, SP – Cuiabá, MT
Curitiba, PR – Fortaleza, CE – Juiz de Fora, MG – Petrópolis, RJ – Recife, PE – São Paulo, SP